중대재해처벌법 실무와 최신 동향

중대재해처벌법
실무와 최신 동향

현장 중심의 사례와 조사 · 행정조치 대응 방안

김병현 · 한생일 지음

메디치

지난 몇 년간 우리 사회는 산업재해와 안전사고를 둘러싼 인식과 제도에서 큰 변화를 겪어왔습니다. 그 중심에 중대재해처벌법이 있습니다. 그러나 법이 시행된 이후 현장에서는 "무엇을, 어떻게 지켜야 하는지"에 대한 실무적 갈증이 끊이지 않았습니다. 법률 조항은 명확해 보이지만, 막상 현장에서 마주하는 상황은 훨씬 복잡하고, 기업과 경영책임자, 안전관리자, 노동자 모두가 서로 다른 입장에서 이 법을 해석하고 적용해 왔기 때문입니다.

이 책 『중대재해처벌법 실무와 최신 동향』은 그런 의미에서 매우 시의적절한 출간입니다. 기존의 해설서들이 조문 분석과 제도적 배경에 집중했다면, 이 책은 법원 판결문, 수사 기록, 언론 보도, 그리고 산업현장의 생생한 목소리를 폭넓게 담아냈습니다. 특히 법이 실제로 적용된 사건에서 어떤 쟁점이 다뤄졌고, 재판부가 어떠한 판단을 내렸는지, 그 결과가 산업현장에 어떤 영향을 미쳤는지 구체적으로 보여줍니다.

김병현 변호사는 검찰에 재직 당시 산업안전 분야를 개척하였고 변호사로 활동하면서는 업계 최초로 전문가 컨소시엄을 구성하여 사고예방을 위한 점검시스템 구축에 앞장서 왔습니다. 한생일 국장 역시 행시 출신으로서 수사 현장과 관리업무를 통한 경험과 지속적인 사례연구가 풍부한 분으로 알려져 있습니다.

그렇기에 책 곳곳에 현장 종사자들의 목소리를 담을 수 있었고, 법률 문장만으로는 결코 알 수 없는 '실제 안전관리의 어려움'을 생생하게 전달합니다. 안전 장비가 현장에 있었음에도 불구하고 절차가 지켜지지 않아 발생한 사고, 안전관리 매뉴얼이 존재했지만 실행력을 확보하지 못한 사례 등은, 독자들에게 제도와 실무 사이의 간극을 절감하게 합니다.

중대재해처벌법은 단순한 처벌 규정이 아니라, "사고를 예방하기 위한 경영의 변화"를 끌어내는 법입니다. 그러나 그 목적을 달성하기 위해서는 법의 정신을 올바르게 이해하고, 이를 현장에서 실현할 수 있는 구체적 방법을 찾아야 합니다. 이 책은 바로 여러분이 그 해답을 찾는 여정에서 든든한 길잡이가 되어 줄 것입니다.

오늘날 안전은 기업의 경쟁력이며, 사회적 신뢰의 핵심입니다. 법률의 해석과 판례의 흐름을 정확히 짚어내고, 이를 토대로 한 실무적 대안을 제시하는 이 책이 더 많은 사람에게 읽히고 활용되기를 기대합니다. 나아가 이 책이 우리 산업현장에서 "사고 없는 일터"를 만드는 데 크게 이바지하리라 확신합니다.

2025년 9월

한국안전문화진흥원 연구소 소장
(고려대학교 보건과학연구소 연구교수)

윤석준

『중대재해처벌법 실무와 최신 동향』의 출간을 진심으로 축하드립니다.

저는 평생을 현장에서 노동자들과 함께하며, 안전하고 인간다운 일터를 만들기 위해 싸워왔습니다. 수많은 산업재해의 현장을 지켜보며, 법과 제도가 종이 위에만 존재해서는 결코 노동자의 생명과 안전을 지킬 수 없다는 사실을 절실히 깨달았습니다. 그런 점에서, 이번 책은 기존의 법령 해설서와는 전혀 다른 새로운 지평을 열었다고 확신합니다.

이 책은 단순히 법 조항을 나열하는 데 그치지 않고, 법원 판결문과 실제 사건 사례, 그리고 무엇보다 현장의 목소리를 충실히 담아냈습니다. 특히 산업현장에서 땀 흘리며 일하는 노동자들이 어떤 위험에 노출되고 있는지, 그 위험을 줄이기 위해 현장에서 어떻게 준비하고 대응해야 하는지를 실무적으로 풀어낸 점이 인상 깊습니다. 이는 단순한 이론서가 아니라, 노동자와 현장 관리자 모두에게 '살아있는 지침서'가 될 것입니다.

중대재해처벌법은 제정 당시부터 사회적으로 큰 반향을 일으켰지만, 현장에서는 여전히 어떻게 이해하고 적용해야 하는지 혼란이 적지 않았습니다. 이 책은 그런 혼란을 줄이고, 법을 현실에 맞게 활용하는 방법을 구체적으로 제시합니다. 법률가, 경영인뿐만 아니라 현장의 안전관리자, 노조 간부, 그리고 노동자 스스로가 꼭 읽어야 할 이유가 여기에 있습니다. 특히 안전관리자는 이 책을 통해 법의 핵심 취지와 실무 대응 절차를 정확히 이해함으로써, 불필요한 법적 위험을 예방하고 현장에서 즉시 실행할 수 있는 안전대책을 세울 수 있을 것입니다.

김병현 LKB평산 법무법인 대표는 일찍이 노동계와 소통이 잘되어 '노조가 사랑한 공안검사라는 호칭이 있었고 검찰 공안부서에 산업안전 전담을 신설하고 각종 세미나를 개최하면서 산업재해 예방에 힘써온 선각자입니다. 노사관계의 최고 권위자가 재야로 나와 LKB평산의 대표이사로서 활발하게 활동을 하고 있으면서 자신의 전공인 산업안전 관련 책자를 발간하게 더욱 기쁩니다.

저자는 현장을 누구보다 잘 아는 시각으로, 노동자의 안전을 최우선에 두고 법을 해석하고 사례를 분석했습니다. 그 결과, 법의 취지를 살리면서도 현실성이 높은 해법을 제시하고 있습니다. 무엇보다 이 책이 가진 가장 큰 가치는, '노동자의 생명과 안전'이라는 중대재해처벌법의 본질적 목적을 흔들림 없이 견지했다는 점입니다.

다시 한번, 이 귀한 책 『중대재해처벌법 실무와 최신 동향』의 출간을 진심으로 축하드리며, 이 책이 더 많은 현장에 깊이 스며들어 '중대재해 없는 사회'를 만드는 데 큰 힘이 되기를 기대합니다.

2025년 9월

한국플랫폼프리랜서노동공제회 이사장
(제25대 한국노동조합총연맹위원장)

김동만

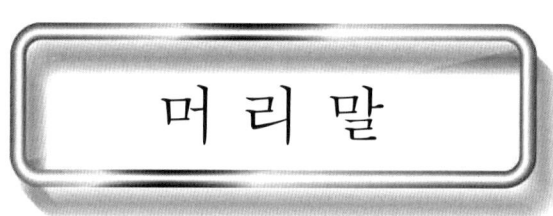

　세계를 견인하는 대한민국의 오늘을 위해서 제조업, 건설업 등 수많은 기업체가 각고의 노력을 하고 있다. 그런데 언론 등에 따르면 야간에 공장에서 작업을 하다가 또는 건설 현장 등에서 작업 중 압착 또는 추락 등으로 사망사고가 연이어 발생하고 있다. 중대재해처벌법 시행 이후에도 사망자 수에 큰 변화가 없으니 마음 아픈 일이다.

　이 책은 중대재해처벌법의 주요 내용과 실무사례를 중심으로 기술하였으며, 중대재해처벌법을 제대로 이해하고 이행하기 위하여 선행적으로 지득해야 할 산업안전보건법 등 관련 법령도 설명을 하였다.

　특히 추상적인 법조문 해석이나 담론적 논의를 지양하고 사업 현장에서 적용가능한 안전관련 이슈, 중대재해처벌법 관련 주요 사례, 산업안전보건법(이하 "산안법"이라고도 함) 관련 사례, 중대재해 관련 기고문·논문, 언론기사, 고용노동부 자료, 검찰청 벌칙 해설서, 실무자료, 검찰의 불기소처분, 법원의 판결(2025. 8월 기준) 등을 토대로 실전적인 정보를 제공하고자 한다.

　실무자들은 분야별로 어떠한 안전관련 규정 위반이 있는지 구체적인 사례를 통하여 숙지하고 있으면 현장에서 도움을 받을 수 있을 것이다. 더 나아가 이러한 위반행위로 적발될 때 어떠한 처벌이나 불이익이 있는지, 알게 된다면 사전에 그러한 불상사가 발생하지 않도록 철저히 대비할 수 있을 것이다.

　저자 김병현은 검찰에서 산업안전부문을 공안부 특정전담으로 신설한 후 각종 세미나와 강의를 통해 전문화에 주력하는 등 산업재해 부문의 선구자라 자부하고 있고, 저자 한생일은 안전관리책임자, 관리감독자 등으로 근무하면서 환경이나 안전문제를 지속적으로 연구해 온 바 있다.

저자들의 경험에 의하면, 대부분의 노동부나 검찰 종사자들은 엄한 처벌이 산재를 예방할 수 있다는 생각을 한다. 물론 이러한 사고가 무의미한 것은 아니지만 현장 관리자들의 상시화된 체감형 경고의식이 더 중요하다.

사법당국이나 최고 경영진의 개입에 앞서서 중간 관리자들의 각성을 요청드린다. 실제로 주52시간 근무제는 부서별 책임자들의 노력으로 정착이 빨라졌다고 할 것이다.

안전보건관리 실무 경험과 수사기관에서 안전보건 관련 수사·연구 경험을 바탕으로 작성한 이 책자가 현장의 안전책임자와 사업주들에게 필요한 정보를 제공하여 법규를 준수하면서도 효율적으로 사업을 수행하는 데 도움이 되길 기대한다.

2025년 9월

김병현·한생일

차례

추천사_4

머리말_8

| 제1장 | 중대재해처벌법_17 |

▲ 중대재해처벌법과 산업안전보건법의 비교_19

1. 제정 배경, 해외 유사법제, 주요 내용, 핵심 용어_23

   가. 제정 배경_23
   나. 해외 유사법제_24
   다. 주요 내용_25
   라. 핵심 용어_26

2. 적용범위 및 시기_30

   가. 적용범위_30
   나. 적용시기_32

3. 안전 및 보건 확보의무_32

   가. 안전보건관리체계의 구축 및 이행_34
   나. 대책 수립·이행 조치, 관리상 조치_50
   다. 안전보건관리체계 구축 사례_52
   라. 도급인의 안전 및 보건 확보의무_75

4. 중대산업재해 사업주와 경영책임자등의 처벌_78

   가. 의의 및 법적 성격_78
   나. 범죄의 구성요건 및 가중처벌_79
   다. 양벌규정_80

5. 안전보건교육의 수강_81

   가. 경영책임자등의 안전보건교육의 수강_81
   나. 안전보건교육 미이수에 대한 과태료 부과_82

6. 중대산업재해 발생사실 공표_83

   가. 의의 및 공표 대상_83
   나. 공표 내용, 절차, 방법 등_85
   다. 주요 공표 사례_85

7. 산업안전보건 관련 연간 추진 일정 점검_86

   가. 주요 주기별 점검 사항_86
   나. 월간 점검 사항_86
   다. 반기 점검 사항_88

8. 중대시민재해의 이해_93

   가. 의의_93
   나. 적용대상_93
   다. 원료·제조물 관련 안전보건관리체계의 구축 및 이행조치_94
   라. 공중이용시설, 공중교통시설 관련_95

9. 중대재해처벌법 대응 요령_96

   가. 최고안전보건책임자 지정 또는 안전부문 대표이사직 신설_97
   나. 안전보건확보의무의 충실한 이행 및 점검 강화_99
   다. 주요 체크리스트 1_105
   라. 주요 체크리스트 2_106
   마. 안전보건관리활동 점검 주기 예시_107

바. 안전보건관리활동 점검 방법_110

사. 안전보건관리체계의 구축 및 이행에 관한 조치 시 유의사항_114

아. 책임 면제 사례 및 대응 요령_117

자. 안전보건규정 위반 빈발 사례_124

10. 관련 사례·판례 및 최신 동향_129

가. 중대재해처벌법 제정 이전 사례 분석_129

나. 중대재해처벌법 시행 이후 적용 사례_136

(1) 주요 입건 사례_136

(2) 입건 주체 관련_136

(3) 실질적 지배·운영·관리 관련_137

(4) 적용유예 관련 사례_139

(5) 경영책임자등의 법상 의무 준수와 면책 관련_142

(6) 안전보건관리체계 구축 및 이행의 의무위반과 관련성_143

(7) 정부 규제 방향과 단속 대비 방안_148

(가) 정부 규제 방향과 실태_148

(나) 대응 방안_151

(8) 기소·불기소 사례 분석_152

(가) 주요 기소 사례 및 법원 판결 분석_152

(나) 주요 불기소 사례_160

(다) 중대재해처벌법 위반과 구속수사 사례_162

다. 중대재해처벌법 관련 산업재해 현황_166

라. 안전보건조치 의무 위반(사업주의 책임 확대) 관련_168

마. 중대재해처벌법 관련 최신 동향_174

바. 중대재해처벌법 관련 대법원 판례_179

11. 중대재해처벌법 및 동법 시행령_185

| 제2장 | 산업안전보건법_199 |

▲ 2025년부터 달라지는 산업안전보건제도_201

1. 제정 배경 및 핵심 용어 등_204

   가. 제정 배경 및 개정 경과_204
   나. 법의 구성 체계_205
   다. 핵심 용어, 적용 범위_205
   라. 사업주 기본 조치 및 의무_206
   마. 특수건강진단_208

2. 안전보건관리체계_210

   가. 이사회의 보고 및 승인_210
   나. 안전보건관리책임자_211
   다. 산업안전보건위원회_217
   라. 안전보건관리규정_219

3. 안전보건교육_219

   가. 안전보건 교육대상자 및 교육시간_219
   나. 일반사업장 안전보건교육안(예시)_221
   다. 자체교육 공통 내용 및 방식(예시)_223

4. 안전상의 조치와 보건상의 조치_224

　가. 법령 요지 등의 게시, 위험성평가, 안전보건표지의 설치·부착_224
　나. 안전조치 및 보건조치_226

5. 유해·위험방지계획서, 공정안전보고서, 안전보건진단_232

　가. 유해·위험방지계획서_232
　나. 공정안전보고서_236
　다. 안전보건진단 등_237

6. 도급 시 산업재해예방_238

　가. 도급의 제한_239
　나. 도급인의 안전조치 및 보건조치_242
　다. 도급인의 안전보건 관련 정보 제공_244
　라. 도급인 측 처벌사례_244
　마. 적격 수급인 선정 의무_245

7. 건설업 등의 산업재해예방 및 발생 시 조치_253

　가. 건설공사발주자의 산업재해 예방조치_253
　나. 작업 중지_257
　다. 산업재해조사표의 작성 등_262

8. 건설업 산업안전보건관리비_264

    가. 의의 및 경과_264
    나. 적용대상 공사 및 계상기준_265
    다. 산업안전보건비 사용기준_267
    라. 사용내역 확인 및 정산_270

9. 주요 사례 및 판결_272

    가. 주요 쟁점사항에 대한 판례의 입장_272
    나. 원청이 도급인에 해당하여 유죄가 선고되기 위한 요건_282
    다. '안전조치 미이행 공사현장' 벌금형 최근 주요 사례_285
    라. 안전보건규칙 위반과 죄형법정주의 관련_286
    마. 안전조치 위반, 업무상 과실치사상죄 관련_289
    바. 보건조치 위반, 업무상 과실치사상죄 관련_293
    사. 타워크레인 대여 사업주의 산안법상 위험방지 의무_298
    아. 형식상 발주자이지만 실질적으로 도급인에 해당하는 경우_302
    자. 대표자가 아닌 제3자를 안전보건총괄책임자로 지정한다는
        임명장이 있는 경우_306

제1장
중대재해처벌법

제1장 중대재해처벌법

〈중대재해처벌법과 산업안전보건법의 비교〉

구분	중대재해처벌법	산업안전보건법
법의 성격	경영진 중심의 안전관리의무 (사전적·예방적 성격)	현장 중심의 안전조치 (사후적·대응적 성격)
목적	중대산업재해 예방을 위한 경영	근로자의 안전·보건 확보 및 사고 발생 시 대응
적용 대상	사업주, 경영책임자, 안전보건관리책임자 등	사업주, 근로자, 안전관리자 등
처벌 대상	사업주, 경영책임자등	사업주, 안전관리자
예방시스템 구축	안전보건관리체계 구축 의무화	작업장 안전조치 및 보호구 지급 등 구체적 조치 중심
법 적용 기준	중대재해 발생 시 형사처벌 가능	안전조치 미비나 사고 발생 시 형사처벌·과태료·행정처분 등
감독 및 집행방식	사고 발생 후 경영책임자에 대한 수사 및 처벌 중심	고용노동부의 감독·점검 및 개선명령 중심
특징적 요소	조직적·제도적 안전관리체계 구축 요구	현장 중심의 안전조치 및 근로자 보호 중심

중대재해처벌법은 사고 예방을 위한 시스템 구축에 중점을 두고 일반 시민까지 보호대상으로 하고 있으며, 산업안전보건법은 현장 중심의 안전조치와 사고 발생 후 대응에 초점을 맞추며, 근로자 보호에 방점을 둔다.

〈중대재해처벌법 체계의 이해〉

구분	내용	비고
적용대상	상시근로자 수 5인 이상이면 적용 대상 (건설업은 건설공사 **금액 제한 없음**)	※ 일반사업장 (5인미만 미적용) 상시근로자 5인 이상
처벌대상자	▶ **경영책임자등** ① 사업을 대표하고 사업을 총괄하는 권한과 책임이 있는 사람 ② 이에 준하여 **안전보건에 관한 업무를 담당하는 사람** * "이에 준하여..."에 대해 수사기관에서는 가능한 좁게 해석하는 경향	예) 대표이사, 기관장 ※ 해당 사업의 실질적 최종 의사결정자 기준
중대산업재해	▶ 산업안전보건법 제2조 제1호에 따른 **산업재해** 중 ① 사망자 1명 이상 ② 동일한 사고로 6개월 이상 부상자 2명 ③ 동일한 유해요인으로 급성중독 등 직업성 질병자 1년 내 3명 이상 ▶ 중대산업재해의 대상(종사자의 범위) ① 근로기준법상 근로자, ② 도급, 용역, 위탁 등 형태에 상관없이 **특수형태근로종사자(특고) 포함** 대가(금전적 대가 불요)를 목적으로 노무 제공자, ③ 각 도급단계의 수급인, 수급인의 근로자·노무 제공자 ※ 중대재해처벌법상 종사자 개념은 산안법상 특고보다 넓은 개념	※ **산업재해** 노무를 제공하는 사람이 업무에 관계되는 **건설물·설비·원재료·가스·증기·분진** 등에 의하거나 **작업 또는 그 밖의 업무**로 인하여 사망 또는 부상하거나 질병에 걸리는 것
경영책임자 의무	〈사업주, 경영책임자등의 안전·보건확보의무〉 ① 재해예방을 위한 인력예산 등 **안전보건관리체계의 구축·이행** ② 재해 발생 시 **재발방지 대책**의 수립 및 이행 ③ 관계 당국의 법령에 따른 **개선·시정명령 이행** ④ 안전·보건 관계법령에 따른 **의무이행에 필요한 관리상 조치**	**안전보건전담조직 설치 의무** (건설업 시공능력평가 상위 200위 이내 및 상시근로자수 500명 이상은 필수)
처벌	▶ 안전보건확보의무를 위반하여 중대재해 발생 시 처벌 * 의무위반과 중대재해 사이 예견가능성, 상당인과관계 필요 		경영책임자	법인
사망사고	1년 이상~30년 징역 또는 10억원이하 벌금(병과可)	50억원 이하 벌금
부상 또는 직업성질병	1개월 이상~7년 이하 징역 또는 1억원 이하 벌금	10억원 이하 벌금		※ 단순 의무불이행만으로는 처벌되지 않음 ※ **가중처벌** 형이 확정된 후 5년 이내에 사고 발생 시 **2분의1까지 가중**
교육수강	▶ 안전보건교육의 수강 대상 중대산업재해 발생 기관의 경영책임자등 (1회 연기신청, 미이행 시 5천만원 이하 과태료 부과)	※ 안전보건확보의무 위반으로 중대산업재해가 발생했는지와 무관
공표	▶ 중대산업재발생사실 공표(법 제13조) 중대재해처벌법 위반으로 형이 확정되고 그 범죄사실이 통보된 사업장 대상	※ 2025.4.16. 중대재해처벌법 위반으로 확정된 사업장 7개소 공표

<중대재해처벌법과 산업안전보건법의 내용 비교>

구분		중대재해처벌법		산업안전보건법
중대산업재해		중대재해(**중대산업재해**, 중대시민재해) ※ (산안법 제2조 제1호 산업재해 중)		▶ **중대산업재해** (산안법 제2조, 규칙 제3조)
		①사망자 1명 이상 ②동일사고 6개월 이상 치료 부상자 2명 ③동일 유해요인 **직업성 질병자** (급성중독 등) 1년 내 3명 이상		①사망자 1명 이상 ②3개월 이상 요양 부상자 동시 2명 이상 ③부상자·직업성 질병자 동시 10명 이상 발생 재해
형사처벌 ※ 경영책임자: 형식보다 실질 → **기업총수**가 영향력을 행사하여 **개별사안** 지시하면 **공범**으로 처벌가능	대상	경영책임자(기업총수) 등 법인, 개인사업자	대상	행위자(안전보건관리책임자) ※회사의 조직·규모 고려
	유형	사망사고	1년 이상 징역 또는 10억원 이하 벌금(병과○) (법인 50억원 이하 벌금)	사망사고	7년 이하 징역 또는 1억원 이하 벌금 (법인 10억원 이하 벌금)
		부상, 직업성 질병	7년 이하 징역 또는 1억원 이하 벌금 (법인 10억원 이하 벌금)	안전보건 조치 미준수	5년 이하 징역 또는 5천만원 이하 벌금
징벌적 손해배상		고의·중과실로 법정 의무를 위반하여 중대재해를 발생하게 한 경우 **손해액의 5배 이하**(법 제15조)		관련규정 없음
보호대상 (중대재해처벌법: 시설·장소·장비의 실질적 지배·운영·관리)		▶ 종사자 ①근로자 ②**노무제공자** (도급, 용역, 위탁 등 계약형식 무관 대가목적 노무 제공자) ③**수급인**, 수급인의 근로자·노무제공자 ▶ 이용자		근로자 ※ 실질적 고용관계 필요
노무제공유형		도급, 위탁, 용역		도급
적용대상		사업장으로 한정		사업 단위, 장소 제한 없음
적용범위		5인 미만 사업장 적용 제외		전 사업장 적용 (※ 산업안전보건관리체제: 50인 이상 적용)
의무내용		▶ 경영책임자등의 종사자에 대한 (포괄적) 안전보건확보의무 ①안전보건관리체계의 구축·이행조치 ②재해 재발방지 대책 수립·이행조치 ③행정기관등 명령사항 이행조치 ④안전보건법령상 의무이행 조치 → 안전보건확보 의무 위반만으로는 처벌받지 않음(※ 의무위반으로 중대산업재해가 발생해야 처벌됨)		▶ 사업주의 (구체적) **안전조치** (물적위험·작업방법 및 작업장소로 인한 위험 예방조치) ▶ 사업주의 (구체적) **보건조치** (화학적·물리적 유해요인 노출, 작업방식·작업환경에 의한 건강장애 예방조치) ※ 산업안전보건기준 규칙(680개 조문) → 안전보건조치 의무위반 시 바로 처벌

〈중대재해처벌법 해석 주요 쟁점〉

구분	관련 규정 및 해석의 쟁점
산업재해의 범위 예시	※ 산업안전보건법 제2조 산업재해의 정의 : 노무를 제공하는 사람이 업무에 관계되는 건설물·설비·원재료·가스·증기·분진 등에 의하거나 **작업 또는 그 밖의 업무로 인하여** 사망 또는 부상하거나 질병에 걸리는 것 1. **출퇴근 사고** : 사업주의 지배관리 여부 기준. 회사에서 제공하는 버스를 타고 발생한 출퇴근 사고는 포함되나, 자가용, 버스 등 이용 사고는 불포함 2. **과로사**(과도한 업무로 인한 **뇌심혈관 질환 등**) 포함 가능 3. **사무직 근로자만 있는 사업장 포함** : 사무직이라고 하더라도 넘어지거나 감전, 과로사 등 중대산업재해가 발생할 수 있음 4. 산업재해로 볼 수 없는 직장 내 괴롭힘으로 인한 사망 및 자살 등에는 적용되지 않음. 다만, 직장 내 괴롭힘이 작업 수행의 방식으로 행하여지거나 업무에 편승해 이루어진 경우, 자살이 직무 스트레스 등이 과도하여 정상적인 인식능력 등이 현저히 낮아진 상태에서 발생한 경우는 적용 가능
CSO 선임과 CEO의 면책 여부	CEO에게 안전보건확보의무를 부과하고 있으므로 CSO를 선임하였거나 CEO가 관여하지 않았다고 면책되는 것은 아님(대표이사가 안전보건에 관한 사항을 CSO에게 전부 위임하고 실질적·최종적 의사결정권을 행사한 사실이 없다면 중처법상 경영책임자에 해당하지 않을 수 있음 *검찰 불기소처분 사례 有) → **해당조치 관련 최종적 권한과 책임을 지는 자가 누군지를 기준으로 판단**
공사금액 기준	건설업 : 공사금액 제한없이 적용. *공사금액은 총공사금액이 아닌 **개별공사금액**(대검찰청 해설서등)으로 판단[1]. ※ **판례는 총공사부기금액을 기준으로 함**
직업성 질병의 범위	법 제2조 제2호 다목에서는 대통령령으로 정하는 직업성 질병자가 1년 이내 3명 이상 발생한 경우로 한정하고 있지만, 가목의 "사망자가 1명 발생한" 경우 직업성 질병의 개념 범위에 관한 규정을 두고 있지 않음 → 따라서 과로사 등 대통령령으로 정하는 직업성 질병에 제한되지 않으나 질병과 사망 사이에 직접적인 인과관계가 인정되어야 함
해외사업장적용 여부	고용노동부는 해외에 설립된 별도 법인은 적용대상이 아니라고 하나, ↔ 대검 해설서는 국내법인 소속 근로자가 출장·파견 등으로 업무를 수행하고 있고, **한국법인이 실질적으로 지배·운영·관리하면 적용 가능**하다고 해석함
근로자의 범위	1. **직업계고 현장실습생**을 중대재해처벌법상 근로자로 볼 수 있는가? 현장실습생에 대한 특례규정이 없으므로 원칙적으로 적용대상으로 볼 수 없으나 실질적 고용관계에 비추어 추가 검토가 필요함 2. **파견 근로자**가 산업안전보건법상 상시근로자에 포함되는가? 고용노동부 포함 의견에 비하여 **대검찰청**은 중대재해처벌법에 상시근로자 수에 대한 별도 규정이 없고 근로기준법에서 제외하고 있으므로 **비포함**으로 해석
건설공사 발주자 적용 여부 (도급인과 건설공사발주자)	고용노동부는 발주는 법상 도급·용역·위탁이므로 시공을 총괄할 경우 적용될 수 있다(일반적으로 미적용)고 하며, **대검찰청은 시공을 주도·총괄 또는 실질적 운영·관리하지 않을 경우 처벌이 어렵다고 해석함** *대법원 : 건설공사과정에서 발생할 수 있는 유해·위험요인에 대한 실질적인 지배·관리권한을 가지고 있는지를 주된 요인으로 해 해당 건설공사에 대해 실질적인 영향력의 정도나 해당 공사에 대한 전문성, 시공능력 등 종합적 고려

---

[1] 2022. 2. 8. 판교 테크노밸리 사옥 신축공사 노동자 사망사고의 경우, 전체 공사대금은 490억(시공사 요진건설)으로 중대재해처벌법이 적용(노동부 압수수색 시 적용)되나, 승강기 설치(공동 수급사 현대 엘리베이터 등) 공사대금은 5억 3,900만원으로 중대재해처벌법이 아닌 산업안전보건법이 적용되었음.

1. 제정 배경, 해외 유사법제, 주요 내용, 핵심 용어

가. 제정 배경

중대재해 처벌 등에 관한 법률(이하 '중대재해처벌법' 또는 '중대재해법', '중처법'이라고도 함)은 태안화력발전소 압사사고, 물류창고 건설현장 화재사고[2], 현대중공업 아르곤가스 질식사고와 같은 산업재해로 인한 사망사고와 함께 가습기 살균제 사건 및 4·16 세월호 사건과 같은 시민재해로 인한 사망사고 발생 등으로 사회적 문제가 되었다. 이러한 현실을 감안하여 사업주, 법인 또는 기관 등이 운영하는 사업장 등에서 발생한 중대산업재해와 공중이용시설·공중교통수단을 운영하거나 위험한 원료 및 제조물을 취급하면서 안전·보건 조치의무를 위반하여 인명사고가 발생한 중대시민재해의 경우, 사업주, 경영책임자, 법인 등을 처벌함으로써 종사자와 일반 시민의 안전권을 확보하고, 기업의 조직문화 또는 안전관리 시스템 미비로 인해 일어나는 중대재해사고를 사전에 방지하기 위하여 2021년 1월 26일 제정(시행 2022. 1. 27.)하였다.[3]

이 법은 2021년 제정 이후, 50인 미만 사업장에 대한 적용유예 논의가 있었으나 여야 합의 불발로 2024년 1월 27일부터 5인 이상의 모든 기업에 확대 적용되었고, 법 제정 이후 현재까지 단 한 차례의 개정도 추진되지 않았다. 다만, 국회에서 개정법률안이 일부 발의된 상태이다. 예를 들어 민형배의원 등이 제정 본래 취지를 명확히 하기 위해, 제명을 「중대재해 예방 등에 관한 법률」로 변경하는 개정법률안을 제출하였고, 김주영의원 등이 땅꺼짐, 공항 사고 등 안전사고로 인한 인명피해에 경각심을 주고자 도로·활주로 등도 중대시민재해 요건인 '공중이용시설'에 포함하는 법률안이 발의되어 있고, 구자근의원 등이 경영책임자 정의와 안전·보건 관계법령의 범위를 구체화하고 법 적용의 혼란을 최소화하고자 제5조를 삭제하는 등 경영자 개인과 법인에 대한 형사처벌 수준을 완화하는 내용으로 개정법률안을 제출하기도 하였다.[4]

이 법은 산업안전보건법이 해당 사업장의 산업재해 예방에 대한 책임자 등을 규율하는 것과 달리 사업주 또는 경영책임자등이 준수해야 할 안전 및 보건 확보의무를 부과하고 이를 위반하여 사고가 발생하는 경우 처벌한다는 점에서 사회적 반향을 일으키고 있다.

중대재해처벌법상 안전·보건 확보의무를 위반하여 **사망자 발생** 등 중대산업재해에 이르게 한 사업주 또는 **경영책임자등이 종전 산업안전보건법상의 처벌과는 달리 1년 이**

---

2) 2020. 4. 이천물류센터 신축공사현장 사망사고를 말함. 2020년 4월 29일 오후 1시 32분 이천시 모가면 소고리 640-1 한익스프레스 남이천물류센터 냉동 및 냉장 물류창고 신축 현장 지하 2층에서 화재가 발생하여, 오후 6시42분에 불을 진화하였다. 이 화재로 38명이 사망하고 10명이 부상했다.
3) 중대재해 처벌 등에 관한 법률[시행 2022. 1. 27.] [법률 제17907호, 2021.1.26.,제정], 【제정·개정이유】 참조.
4) 국회 의안정보시스템 참조. <https://likms.assembly.go.kr/bill/BillSearchResult.do>.

상 징역 또는 10억원 이하 벌금 부과 등 무거운 형사처벌을 받을 수 있고, 해당 법인도 **징벌적 손해배상책임**을 질 수 있다는 것이 두드러진 점이다.

나. 해외 유사법제

우리나라의 중대재해처벌법은 그 명칭과 외형은 영국의 유사 법률을 본받았고, 내용에서는 호주와 캐나다 법제를 참고한 것으로 알려져 있다. 우리의 중대재해처벌법과 유사 법제가 시행되고 있는 영국, 캐나다, 호주 등 국가에서는, 우리나라에서 근로자가 사망하는 산재사고가 발생하였으나 회사대표 등 책임자를 제대로 처벌하지 못했던 것처럼 관련 법률이 미비하여 재해예방과 책임자를 제대로 처벌하지 못하는 한계가 있었다. 따라서 이를 반성하고 사회적 논의과정을 거쳐 사망사고 등이 발생한 중대재해를 예방하고 책임자를 엄벌하고자 별도의 법률이 제정된 것이다.

(1) 캐나다 법제

해외사례에서 우리의 중대재해처벌법과 유사한 법제를 가장 먼저 도입한 국가는 캐나다이다. 1992년 5월 9일 캐나다 노바스코샤주 플리머스(Nova Scotia Plymouth)의 웨스트레이 석탄 광산(Westray Mine) 지하에서 메탄이 폭발하여 작업 중이던 광부 26명이 사망하였다. 사고 후 폭발사고가 명백한 인재라는 사고조사보고서가 발표되었다. 조사보고서에 따르면, 광산 자체에 대한 관리가 허술하였다. 무엇보다 광부들의 안전이 무시되고 정부의 관리감독이 제대로 되지 않았음이 드러났다. 그런데 26명의 노동자가 사망했음에도 당시 법률로는 회사와 관리책임자를 기소할 수 없었다. 당시 캐나다 법률에는 노동자의 건강과 안전에 나쁜 영향을 끼치는 경영자의 행위에 대한 처벌조항이 마련되어 있지 않았기 때문이다.[5] 이에 대한 반성으로 2003년 '단체의 형사책임법(criminal liability of organization)'을 제정하게 되었다.[6]

(2) 영국 및 호주 법제

영국에서는 우리의 세월호 사건과 유사한 1987년 엔터프라이즈 여객선 침몰사고, 1997년 철도 충돌사고 등을 계기로 '기업과실치사 및 기업살인법(Corporate Manslaughter and Corporate Homicide Act, 이하 기업살인법이라고 함)'이 2007년 제정되었다. 이 법 제정으로 기업 등이 주의의무를 위반하여 노동자가 사망하는 사고

---

[5] 캐나다 노바스코샤주 산업박물관 홈페이지 자료 등 참조.
  〈https://museumofindustry.novascotia.ca/what-see-do/coal-and-grit/tragedy-westray, 2022. 4. 11. 방문〉.
[6] 캐나다 연방법무부 홈페이지 참조. <https://www.justice.gc.ca/eng/rp-pr/other-autre/c45/c45.pdf>.

가 발생하면 상한이 없는 벌금을 선고할 수 있다. 또한 해당 기업에 대하여 대외적으로 위반사실 및 벌금 액수 등 공표도 가능하다.7) 영국의 기업살인법에서는 행위 주체를 기업, 정부조직, 지자체, 노동조합, 비영리단체 등으로 확대하고 있지만, 최고경영자 등에게 개인 책임을 묻는 조항은 포함되어 있지 않다. 다만 최고경영자 등은 다른 법률 규정으로 처벌은 가능하다. 영국은 이 법 제정 이후, 노동자의 사망을 기업입장에서 매우 중대한 문제로 받아들이게 되었고, 다른 여러 산재예방 노력과 연계하여 산재 사망자 수가 줄어들어 법 제정의 효과가 나타난 것으로 분석되었다.8)

한편 호주는 2003년 수도 캔버라가 있는 준주(準州)9)에서 동일한 취지의 법률을 제정하였고 이후 다른 주에서도 유사한 규정을 도입하였다.

그러나 우리나라와 같은 독립된 중대재해처벌법의 형태는 아니고, 형법을 개정하거나, 산업안전보건법에 관련 내용을 추가·보완하였다. 그러나 우리와 달리 해당 범죄가 성립하기 위해서는 "심각한 부주의로 근로자의 사망에 중대한 원인을 제공하였을 것" 등 까다로운 요건을 충족하여야 한다.10)

다. 주요 내용

이 법의 주요 내용은 다음과 같이 요약된다.

첫째, 사업주 또는 경영책임자등은 사업주나 법인 또는 기관이 실질적으로 지배·운영·관리하는 사업 또는 사업장에서 종사자의 안전·보건상 유해 또는 위험을 방지할 의무가 있고, 사업주나 법인 또는 기관이 제3자에게 도급, 용역, 위탁 등을 행한 경우 제3자의 종사자에 대한 안전 및 보건 확보의무를 부담하게 하였다(제4조 및 제5조). 둘째, 사업주 또는 경영책임자등이 안전 및 보건 확보의무를 위반하여 중대산업재해에 이르게 한 경우 사업주와 경영책임자등을 처벌하고, 법인 또는 기관의 경영책임자등이 처벌 대상이 되는 위반행위를 하면 그 행위자를 벌하는 외에 그 법인 또는 기관에 대해서도 벌금형을 부과하게 하였다(제6조 및 제7조). 셋째, 사업주 또는 경영책임자등은 생산·제조·판매·유통 중인 원료나 제조물의 설계, 제조, 관리상의 결함이나 공중이용시설 또는 공중교통수단의 설계, 설치, 관리상의 결함으로 인한 그 이용자 등의 생명, 신체의 안전을 위하여 안전보건관리체계 구축 조치를 하는 등 안전 및 보건 확보의무를 부담하게 하였다

---

7) 영국 정부 법률 홈페이지 참조. <https://www.legislation.gov.uk/ukpga/2007/19/contents, 2022. 4. 11. 방문>.
8) 경향신문, 2020. 12. 24.자, "기업살인법 만든 영국, 산재 적은 이유…7단계 걸친 도급업체도 모두 기소" 기사 참조. <https://m.khan.co.kr/politics/assembly/article/202012240600005#c2b, 2022. 4. 11. 방문>.
9) 호주에서 準州란 연방정부의 재정에 의존하여 행정을 하고 있는 주를 말한다.
10) 중앙일보, 2021. 1. 11.자 기사, "영국·호주·캐나다 중대재해법 살펴보니, 효과는 "글쎄…""
    <https://www.joongang.co.kr/article/23967796#home, 2022. 4. 11. 방문>.

(제9조). 넷째, 사업주 또는 경영책임자등이 안전 및 보건 확보의무를 위반하여 중대시민재해에 이르게 한 경우 사업주와 경영책임자등을 처벌하고, 법인 또는 기관의 경영책임자등이 처벌 대상이 되는 행위를 하면 그 행위자를 벌하는 외에 그 법인 또는 기관에 대해서도 벌금형을 부과하였다(제10조 및 제11조). 다섯째, 사업주 또는 경영책임자등이 고의 또는 중대한 과실로 이 법에서 정한 의무를 위반하여 중대재해를 발생하게 한 경우, 해당 사업주, 법인 또는 기관은 중대재해로 손해를 입은 사람에 대하여 그 손해액의 5배를 넘지 않는 범위에서 배상책임을 지게 하였다(제15조). 여섯째, 정부는 중대재해 예방을 위한 대책을 수립·시행하도록 하고, 사업주, 법인 및 기관에 대하여 유해·위험 시설의 개선 등 중대재해 예방사업에 소요되는 비용을 지원할 수 있도록 하며, 그 상황을 반기별로 국회 소관상임위원회에 보고하도록 하였다(제16조).[11]

라. 핵심 용어

〈중대산업재해 유형과 주요 사례〉

유형 및 판단기준	주요 사례
사망자가 1명 이상 발생	· 사고사, 직업성 질병사(구체적 사정 종합적 고려) · 부상·질병이 발생한 날로부터 일정시간 경과후 발생한 경우에는 **직접적인 인과관계**[12]가 있는 경우에 한함
동일한 사고로 6개월 이상 치료가 필요한 부상자가 2명 발생 : 의사의 최초 진단 소견서로 판단 ※ 치료과정에서 기간이 늘어나 6개월 이상 치료 필요 부상자가 2명 이상 발생 시 그 시점부터 중대산업재해 발생	· 하나의 사고 또는 **장소적·시간적으로 근접성을 갖는 일련의 과정에서 발생한 사고** · 화재·폭발사고로 직접 화상을 입은 경우 및 폭발압 충격으로 인한 추락, 파편으로 인한 충돌 등 포함 · 치료기간에는 재활에 필요한 기간 원칙적으로 미포함
동일한 유해요인으로 급성중독 등 대통령으로 정하는 직업성 질병[13]자가 1년 이내에 3명 이상 발생 ※ 발병원인이 동일하다고 객관적으로 입증되는 경우(각 종사자간 유해요인 노출·발병시기 무관)	· 유해요인이란 중대재해처벌법 시행령 별표 1에서 급성중독 등 직업성 질병의 원인으로 열거하고 있는 화학적 유해인자, 유해작업 등을 말함 · 건강장해를 일으킬 수 있는 습한 상태에서 하는 작업, 오염된 냉각수에 노출된 장소에서 하는 작업, 고열작업 또는 폭염에 노출된 장소에서 하는 작업 등

---

11) 중대재해 처벌 등에 관한 법률[시행 2022.1.27.] [법률 제17907호, 2021.1.26., 제정]【제정·개정이유】, ◇ 주요 내용 참조.
12) 인과관계에 따른 처벌 대상 확대를 줄이고자 사고 후 6개월 이내 또는 72시간 이내(산안법상 영업정지 참조) 사망으로 제한하자는 견해도 있다(전형배, 2021. 11. "중대재해처벌법 해석상 쟁점" 참조).
13) 중대재해처벌법에서 급성중독을 예시로 들며 직업성 질병의 범위를 대통령령으로 위임한 입법취지(동일한 유해요인으로 급성중독 등 대통령령으로 정하는 직업성 질병자) 등을 고려하여 시행령은 제2조 별표 1에서 **인과관계의 명확성, 사업주의 예방 가능성 및 피해의 심각성을 주된 고려 요소**로 삼아 직업성 질병을 24가지로 규정(급성중독, 의식장해, 경련, B형 간염 등 24가지 질병).

첫째, "중대산업재해14)"란 산업재해(산업안전보건법 제2조 제1호) 중 **사망자가 1명 이상 발생**하거나, **동일한 사고로 6개월 이상 치료가 필요한 부상자가 2명 이상 발생** 또는 동일한 유해요인으로 급성중독 등 대통령령으로 정하는 직업성 질병자15)가 1년 이내에 3명 이상 발생한 경우를 말한다. 중대재해처벌법의 **중대산업재해는 기본적으로 산업안전보건법의 "산업재해"를 전제로 하므로** 산업안전보건법상의 산업재해에 해당하지 않는다면 중대재해처벌법의 중대산업재해에도 해당하지 않는다.

산업안전보건법 제2조에서는 '산업재해'를 "노무를 제공하는 사람이 업무에 관계되는 건설물·설비·원재료·가스·증기·분진 등에 의하거나 작업 또는 그 밖의 업무로 인하여 사망 또는 부상하거나 질병"으로 정의하고 있다. 따라서 산업재해는 업무와 관련성을 가지는 건설물이나 설비원재료, 가스, 증기, 분진 등 유해하거나 위험한 물적 요인 등 작업환경, 작업내용, 작업방식 등에 따른 위험 또는 업무 그 자체에 내재하고 있는 위험 등으로 인해 노무제공자에게 발생한 사망 부상 또는 질병을 말한다.16)

"동일한 사고로 6개월 이상 치료가 필요한 부상자 2명 이상 발생한 경우"란 하나의 사고 또는 장소적·시간적으로 근접성을 갖는 일련의 과정에서 발생한 사고로 인하여 6개월 이상 치료가 필요한 부상자가 2명 이상 발생한 경우를 말한다.

예를 들어 화재·폭발 사고 시 직접적으로 화상을 입은 경우 이외 폭발압 충격으로 인한 추락, 파편 충돌 등을 포함한다. 만약 사고가 발생하게 된 유해·위험요인 등 그 원인이 같은 경우라도 시간적·장소적 근접성이 없다면 각각의 사고가 별개의 사고에 해당할 뿐 동일한 사고에 해당하지 않는다. 같은 업체로부터 구매 또는 대여한 기계·기구·설비 등을 사용하는 2개 이상의 사업장에서 그 기계·기구·설비 등의 동일한 결함으로 발생한 사고라 하더라도 그 원인이 동일한 것일 뿐 동일한 사고는 아니다.17)

둘째, '종사자'에는 근로기준법상의 **근로자**(직종무관 임금 목적 근로 제공자, 공무원 포함), 도급, 용역, 위탁 등 계약의 형식과 관계없이 그 사업의 수행을 위하여 **"대가를 목적으로"** 노무를 제공하는 자(**노무제공자**, 건설기계운전자 등 **특수형태근로종사자**

---

14) 중대재해에는 중대산업재해와 중대시민재해가 있다. 중대시민재해는 특정 원료·제조물, 공중이용시설·공중교통수단의 설계·제조·설치·관리상의 결함을 원인으로 하여 발생한 재해로서 ①사망자가 1명 이상 발생 ②동일한 사고로 2개월 이상 치료가 필요한 부상자가 10명 이상 발생 ③동일한 원인으로 3개월 이상 치료가 필요한 질병자가 10명 이상 발생하는 결과를 야기한 재해를 말한다(중대산업재해 제외).
15) 중대재해 처벌 등에 관한 법률 시행령(9. 법 및 시행령 참조) [별표 1] 직업성 질병(제2조 관련).
16) 고용노동부, 「중대재해처벌법 중 중대산업재해 해설서」 9면 참조. 한편 산재보험법의 업무상의 재해는 업무상의 사유에 따른 부상 질병 사망만이 아니라 부상 또는 질병이 치유되었으나 정신적 또는 육체적 훼손으로 인하여 노동능력이 상실되거나 감소된 상태인 장해와 출퇴근 재해도 포함된다. 따라서 사업주의 예방가능성을 전제로 한 산업안전보건법의 산업재해를 개념요소로 한 **중대재해처벌법의 중대산업재해에는 해당하지 않는 경우에도 산재보험법의 업무상 재해에는 해당할 수 있다**.
17) 고용노동부, 「중대재해처벌법 중 중대산업재해 해설서」 11면 참조.

14종 포함), 사업이 여러 차례의 도급에 따라 행해지는 경우 **각 단계의 <u>수급인</u>**(※ 산안법과 차이)18), 각 단계의 수급인과 근로계약 관계에 있는 사람(**수급인의 근로자**), **각 단계의 수급인에게 대가를 목적으로 노무를 제공하는 사람**도 포함한다. 경영책임자가 속한 법인 등일 실질적으로 지배·운영·관리하는 사업·사업장에서 수급인이 업무에 관계없이 사망한 경우에도 중대산업재해에 해당한다.

> ▲ 근로기준법상 근로자 해당 여부 대법원 판례
> 근로기준법상 근로자 해당 여부는 고용계약인지 도급계약인지 관계없이 그 실질에 있어 근로자가 사업·사업장에 **임금을 목적으로 종속적인 관계에서 사용자에게 근로를 제공하였는지** 여부에 따라 판단한다(대법원 2006. 12. 7. 선고 2004다29736 판결).

셋째, 사업주, 경영책임자등(일종의 신분범19))에 관한 개념이다.

사업주란 자신의 사업을 영위하는 자20) 또는 타인의 노무를 제공받아 사업을 하는 자를 말한다. 중대재해처벌법이 산업안전보건법과 달리 제반 의무를 개인으로서의 사업주와 경영책임자등에게 부과하고 개인사업주가 아닌 사업주를 경영책임자등과 구분하여 법인 또는 기관으로 표현하고 있는 점에 비추어 볼 때 중대재해처벌법 제3조 이하에서 규정하는 사업주는 행위자로서 개인사업주만을 의미한다(※ 법 제3조(적용범위) 상시근로자가 5명 미만인 사업 또는 사업장의 사업주(개인사업주에 한정한다. 이하 같다) 또는 경영책임자등에게는 이 장의 규정을 적용하지 아니한다).

경영책임자는 실질적으로 사업을 대표하고, 안전의무에 관한 최종 의사결정권을 가진 자를 말하는데, 법상 **"경영책임자등"이란 사업을 대표하고 사업을 총괄하는 권한과 책임이 있는 사람 또는 이에 준하여 안전보건에 관한 업무를 담당하는 사람**, 중앙행정기관의 장, 지방자치단체의 장, 지방공기업의 장, 공공기관의 장을 의미한다.

중대재해처벌법은 사업의 대표자이자 사업 경영의 총괄책임자에게 종사자의 중대산업재해를 예방하도록 안전 및 보건 확보의무를 부여하고 있는 것이 특징이다.

---

18) 산업안전보건법은 근로기준법상 근로자를 기준으로 종사자를 규정하지만, 중대재해처벌법은 근로기준법상 근로자 외에 노무를 제공하는 자, 즉 특수형태근로종사자, 플랫폼 종사자 등도 포함함. 즉, 중대재해처벌법이 산업안전보건법보다 더 넓은 범위의 종사자를 보호 대상으로 한다고 볼 수 있다.
19) 신분 없는 자도 공동가공의 의사와 기능적 행위지배가 인정되면 신분범의 공동정범으로 처벌됨.
20) 자신의 사업을 영위하는 자란 타인의 노무를 제공 받음이 없이 자신의 사업을 영위하는 자를 말하므로 <u>중대재해처벌법에 따른 사업주</u>는 근로자를 사용하여 사업을 하는 자로 한정하고 있는 산업안전보건법에 따른 사업주보다 넓은 개념이다.

〈경영책임자 특정 적용유형〉

적용유형	주요 사례
사업을 대표하고 사업을 총괄관리하는 사람이 2명 이상인 경우	* 2명 모두 경영책임자가 될 수 있음 * 직무, 책임과 권한, 기업의 의사결정 구조 등을 종합적으로 고려하여 실질적으로 해당 사업에서 최종 경영책임자가 누구인지 판단 가능
하나의 법인에 복수의 사업 부문을 두는 경우	각 사업부문이 독립분리되어 있어 별개의 사업으로 평가될 수 있는 경우 각 사업을 대표하고 **총괄하는 권한과 책임을 가진 자가 해당 사업 경영책임자임**
복수의 사업 부문을 둔 법인에 전체 사업을 총괄하는 대표가 별도로 있는 경우	사업 부문의 대표가 경영의 독립성을 가지고 별개 사업으로 운영되는 경우 각 부문 대표가 경영책임자임 * 다만, 부문 사업의 중요의사 결정을 총괄대표가 하거나 공동으로 하는 경우 **기업의 의사결정 구조에 따른 영향력 등 종합적으로 고려하여 판단**

사업을 대표하고 사업을 총괄하는 권한과 책임이 있는 사람이란, 대외적으로 해당 사업을 대표하고 대내적으로 사무를 총괄하여 집행할 권한과 책임이 있는 사람을 말한다. 경영책임자등은 사업을 대표하고 사업을 총괄하는 권한과 책임이 있는 사람이라는 점에서 통상적으로 기업의 경우에는 **상법상 주식회사의 경우 그 대표이사**[21] 중앙행정기관이나 공공기관의 경우에는 해당 기관의 장을 말한다.

다만, **형식상의 직위나 명칭에 관계없이 실질적으로 사업을 대표하고 사업을 총괄하는 권한과 책임이 있는 사람이 안전보건확보의무 이행에 관한 최종적인 의사결정권을 가진다고 볼 수 있는 경우**에는 그가 경영책임자에 해당할 수 있다. 따라서 해당 사업에서의 직무, 책임과 권한 및 기업의 의사결정 구조 등을 종합적으로 고려하여 최종적으로 경영책임자등에 해당하는지를 판단하여야 한다.[22]

"사업을 대표하고 사업을 총괄하는 권한과 책임이 있는 사람에 준하여 안전보건에 관한 업무를 담당하는 사람"과 관련하여, 안전보건 업무를 전담하는 최고책임자라 하더라도 사업 경영대표자 등으로부터 사업 또는 사업장 전반의 안전보건에 관한 조직 인력·예산에 관한 총괄·관리 및 최종 의사결정권을 위임받은 경우로 평가될 수 있는 경우가 아니라면 이에 준하여 안전보건에 관한 업무를 담당하는 사람으로 볼 수 없다. 따라서 안전보건에 관한 업무를 담당하는 사람이 선임되어 있다는 사실만으로 사업을 대표하고 사업을 총괄하는 권한과 책임이 있는 사람의 의무가 면제되는 것은 아니다. 경영책임자에 해당하는 사람이 여러 명 있는 경우 개별 사안마다 안전 및 보건 확보의무 불이행에

---
21) 상법 제389조(대표이사) ① 회사는 이사회의 결의로 회사를 대표할 이사를 선정하여야 한다.
22) 고용노동부, 앞의 해설서 21~22면 참조.

관한 최종적 의사결정권의 행사나 그 결정에 관여한 정도를 구체적으로 고려하여 형사책임이 부과되어야 할 것이다.

2. 적용범위 및 시기

가. 적용범위

중대재해처벌법은 중대산업재해에 관한 규정이 적용되는 사업 또는 사업장의 범위를 상시근로자 수를 기준으로 한다.[23] 이에 따라 중대산업재해는 원칙적으로 **상시근로자가 5명 이상인 사업 또는 사업장의 경영책임자등(개인사업주 포함)에게 적용**된다. 여기에서 '사업 또는 사업장'이란 **경영상 일체를 이루면서 유기적으로 운영되는 기업** 등 조직 그 자체를 의미하며 사업장이 장소적으로 인접하여 있을 필요는 없다.[24]

즉 중대재해처벌법 적용 대상 여부는 사업장별 인원이 아니라 경영상 일체를 이루는 하나의 기업에 속한 모든 사업장과 본사의 상시근로자를 모두 합한 수를 기준으로 판단해야 할 것이다. 따라서 장소적 개념에 따라 사업장 단위로 법의 적용 범위를 판단하여서는 곤란하다.

사업 또는 사업장의 상시근로자란 근로기준법상 근로자를 말한다.

> 〈 상시근로자 수 산정방법(근로기준법) 〉[25]
> 해당 사업 또는 사업장에서 ▲법 적용사유 발생일 전 ▲1개월 간 사용한 ▲근로자의 연인원을 같은 기간의 ▲가동일수로 나누어 산정 (근기법 제11조 및 동법 시행령 제7조의2)
> * 상시근로자 수 = $\dfrac{\text{산정기간 동안 사용한 근로자 연인원}}{\text{산정기간 중 가동일수}}$
>
> 例示) 근로자 연인원 산정 시 업무가 바쁠 때 가끔 근무하는 아르바이트생이나, 1주일에 15시간 미만 근무하는 근로자도 해당 근로를 제공한 날에는 1명으로 포함(사업주나 특수형태근로종사자와 같이 근로기준법상 근로자가 아닌 사람은 포함하지 않음)

개인사업주나 법인 또는 기관과 기간의 정함이 없는 근로계약을 체결한 근로자 기간제 근로자뿐만 아니라 일용근로자도 포함된다. 다만 **도급, 용역, 위탁 등 계약의 형식에 관계없이 그 사업의 수행을 위하여 대가를 목적으로 노무를 제공하는 자, 도급, 용역, 위탁 등을 행한 제3자의 근로자는** 안전 및 보건 확보의무 대상은 되지만 해당 사

---

[23] 법 제3조(적용범위) 상시근로자가 5명 미만인 사업 또는 사업장의 사업주(개인사업주에 한정한다.) 또는 경영책임자등에게는 이 장의 규정을 적용하지 아니한다.
[24] 중대재해처벌법은 기업의 안전보건관리체계 미비로 인해 일어나는 중대재해 사고를 사전에 방지하기 위하여 사업을 대표하는 경영책임자등에 대한 처벌규정을 두고 있기 때문이다.
[25] 고용노동부, 24. 1. 29. (수정)50인 미만 기업을 위한 중대재해처벌법 Q&A 자료 참조.
 <https://www.moel.go.kr/policy/policydata/view.do?bbs_seq=20240101826>.

업 또는 사업장의 상시근로자에는 포함되지 않는다.

따라서 상시근로자가 5명 미만인 개인사업주나 법인 또는 기관에서 노무를 제공하는 특수형태근로종사자, 플랫폼종사자 등이 5명 이상인 경우에도 해당 사업 또는 사업장은 이 법의 적용대상이 아니라고 볼 수 있다.

파견 중인 근로자의 파견근로에 관하여는 사용 사업주를 산업안전보건법 제2조 제4호의 사업주로 보며, 도급, 용역, 위탁 등의 관계에서만 적용되는 안전 및 보건 확보의무를 별도로 규정하고 있는 체계 등을 고려할 때 파견근로자는 개인사업주나 법인 또는 기관의 상시근로자에 포함된다는 견해[26]와 중대재해처벌법에 상시근로자 수에 대한 별도 규정이 없고 **근로기준법에서 제외하고 있으므로 파견근로자는 상시근로자에 포함되지 않는다고** 해석하는 견해가 대립하고 있다.[27] 고용노동부는 이후 보도자료, "중대재해처벌법 및 안전보건관리체계에 대한 주요 문답" 자료에서 "7. 상시근로자 수는 어떻게 산정하는 것인가요? 중대재해법상 근로자는 근로기준법에 따른 상시근로자 수 산정방식을 준용해서 판단하면 됩니다.[28]"라고 안내를 하고 있으며, 무엇보다 중대재해처벌법, 파견근로자 보호 등에 관한 법률에도 명확한 규정이 없고,[29] 특히 형사처벌은 죄형법정주의를 엄격하게 적용해야 하므로 파견근로자는 상시근로자에 포함되지 않는다고 볼 여지가 있다.

우리나라 사업·사업장에서 노무를 제공하는 외국인의 근로계약에 대한 준거법은 우리나라 법이므로 상시근로자 수를 산정할 때 해당 외국인 근로자를 포함한다.

여기의 근로자에는 해당 사업장에 계속 근무하는 근로자뿐만 아니라 그때그때의 필요에 따라 사용하는 일용근로자를 포함된다(대법원 2000. 3. 14. 선고 99도1243 판결). 법 시행 후 개인사업주나 법인 또는 기관의 상시근로자 수가 5명 이상이 된 날부터 법이 적용되어 개인사업주나 법인 또는 기관의 경영책임자등에게는 이 법에 따른 안전 및 보건 확보의무가 발생한다. 다만, 법 제6조의 적용에서는 개인사업주 또는 경영책임자가 이 법을 위반하여 중대산업재해가 발생하여야 하므로 **중대산업재해가 발생한 날에도 상시근로자 수가 5명 이상이어야** 한다.[30]

---

26) 고용노동부, 앞의 해설서 31~32면 참조.
27) 대검찰청 중대재해처벌법 벌칙 해설서 참조.
28) 고용노동부 보도자료, 2024. 1. 28. "(참고) 중대재해처벌법 및 안전보건관리체계에 대한 주요 문답"
 <https://www.moel.go.kr/news/enews/report/enewsView.do?news_seq=16131>.
29) 이데일리, 2024. 2. 8.자 기사, "중대재해법 상시근로자에 파견직 포함 여부 논란" 참조.
 <https://m.edaily.co.kr/news/Read?newsId=03234086638788552&mediaCodeNo=0>
30) 대검찰청 해설서에 따르면, 직장 내 괴롭힘으로 인한 사망 및 자살, 자가용 출퇴근 사고 등에는 적용되지 않지만, <u>과도한 업무로 인한 뇌심혈관 질환, 출퇴근 통근버스 사고, 사무직 근로자만 있는 사업장내 사고 등에도 중대재해처벌법이 적용된다.</u> 또 고용부 해석과 달리 해외사업장에도 적용될 수 있다. 다만,

나. 적용시기

이 법은 공포 후 1년이 지난 2022년 1월 27일부터 시행되고 있다. 다만 이 법 시행 당시 개인사업주, 상시근로자가 50명 미만인 사업 또는 사업장과 건설업의 공사금액 50억원 미만의 공사에 대해서는 공포 후 3년이 경과한 2024년 1월 27일부터 시행되고 있다. 2024년 1월 26일까지 기간 동안 상시근로자 수가 50명 이상이 된 법인 또는 기관의 경우 그 시점부터 이 법의 적용대상에 해당된다. 개인사업주에 대해서는 부칙 제1조 단서에 따라 상시근로자 수에 관계없이 2024년 1월 27일부터 적용된다.

> 건설업의 경우는 예외적으로 사업 또는 사업장에 갈음하여 개별 건설공사를 단위로 시행일을 규정하였으므로 **상시근로자 수에 관계없이 금액이 50억원 이상인 건설공사에 대해서는 2022년 1월 27일부터, 50억원 미만인 건설공사는 2024년 1월 27일부터** 이 법이 적용되어 경영책임자의 안전 및 보건 확보의무가 발생한다.

3. 안전 및 보건 확보의무

중대재해처벌법상 안전보건확보의무는 입법취지와 내용상 '경영책임자등이 산업안전보건법의 관련 조치를 제대로 이행하도록 하는 관리·감독상의 조치'를 의미하고, 산업안전보건법과 분리된 의무가 아니다. 따라서 중대재해처벌법의 해석 및 적용에 있어서도 산업안전보건법과의 연계가 필요하다.

중대재해처벌법은 개인사업주 또는 경영책임자등에게 개인사업주나 법인 또는 기관이 **실질적으로 지배·운영·관리하는 사업 또는 사업장**에서 일하는 모든 종사자에 대한 안전 및 보건 확보의무를 부과하고 있다. 사업 또는 사업장에서 종사자의 안전·보건상 유해 또는 위험을 방지하기 위해 사업 또는 사업의 특성 및 규모 등을 고려하여 조치해야 하는 안전 및 보건 확보의무에는 **재해예방에 필요한 안전보건관리체계의 구축 및 이행, 재해 발생 시 재발 방지대책의 수립 및 이행**, 중앙행정기관 지방자치단체가 관계법령에 따라 개선·시정 등을 명한 사항의 이행, 안전·보건 관계법령에 따른 의무이행에 필요한 관리상 조치가 있다(법 제4조).

안전·보건상 유해 또는 위험의 방지는 종사자를 대상으로 하며, 종사자에는 개인사업주나 법인 또는 기관이 직접 고용한 근로자뿐만 아니라 도급·용역·위탁 등 계약의 형식에 관계없이 대가를 목적으로 노무를 제공하는 자, 각 단계별 수급인, 수급인의 근로자와 수급인에게 대가를 목적으로 노무를 제공하는 자 모두를 포함한다.

중대재해법에 현장실습생 특례규정이 없으므로 이들을 근로자로 보기는 곤란하다.

사업 또는 사업장은 개인사업주나 법인 또는 기관이 실질적으로 지배·운영·관리하는 곳이 해당한다. 여기에서 "**실질적으로 지배·운영·관리하는**"이란 의미는 **하나의 사업 목적하에 해당 사업 또는 사업장의 조직, 인력, 예산 등에 대한 결정을 총괄하여 행사하는 경우**를 말한다. 즉 중대산업재해의 발생 원인을 살펴, 해당 시설·장비·장소에 관한 소유권, 임차권 기타 사실상의 지배력을 가지고 있어 위험에 대한 제어 능력이 있다고 볼 수 있는 경우라고 할 것이다.[31] 그런데 사례에서 적용할 수 있는 '구체적인 책임 범위 판단기준'은 아직 명확하지 않은 부분이 있으나, 판례를 통해 조금씩 구체화하고 있는 실정이다.[32]

개인사업주 또는 경영책임자등은 개인사업주나 법인 또는 기관이 실질적으로 지배·운영·관리하는 사업 또는 사업장의 종사자라면 계약의 형식에 관계없이 대가를 목적으로 노무를 제공하는 자, 각 단계별 수급인 그리고 수급인의 근로자와 수급인에게 대가를 목적으로 노무를 제공하는 자 모두의 안전과 건강을 위하여 안전 및 보건 확보의무를 이행하여야 한다.[33]

중대재해처벌법 제4조 법인 또는 기관이 "실질적으로 지배·운영·관리하는 사업 또는 사업장"의 의미에 대한 판단기준에 대해서 자세히 설명하면 다음과 같다.

먼저 판단기준에는 종사자의 유해·위험 요인을 제거·통제할 수 있는 권한이 있는지, 종사자에게 지시권이 미칠 수 있는 관리자의 파견 유무, 시설·설비의 소유권 등이 있으며 이들을 종합적으로 고려하여 판단해야 할 것이다.

판단기준과 관련하여 최근 사례를 보면 다음과 같다.

2022년 3월 충남 00제철 예산공장에서 1톤 규모의 금형설비를 수리·조립하는 과정에서 설비가 떨어져 현장에서 작업 중이던 20대 노동자가 사망하였다. 문제는 사망한 노동자의 소속 회사와 00제철을 둘러싼 계약관계가 복잡하여 중대재해처벌법 적용 대상 기업이 어디인지 불분명한 점이다.

00제철은 예산공장의 모든 설비를 보유하면서도 공장 운영에 대해서는 엠에스(MS)

---

[31] 고용노동부, 앞의 해설서 41면, 109면 참조.
[32] 노동법률 2024. 7월호(2024-07-11), "중대재해처벌법상 의무 이행의 범위 : 기업이 알아야 할 것들"
 <https://www.worklaw.co.kr/main2022/view/view.asp?in_cate=106&in_cate2=0&bi_pidx=36845>
 "①협력업체 작업장 내지 작업 등에 관해 소유권·임차권이나 사실상의 지배력을 가질수록 ②협력업체 작업장을 자유롭게 출입하거나 협력업체의 보고를 통해 작업의 점검과 관리가 용이할수록 ③협력업체의 작업을 총괄·조율하는 지표가 많을수록 ④협력업체 작업장과 작업에 관한 안전설비를 설치·해체할 수 있는 권한을 가질수록 중대재해처벌법상 실질적 지배·운영·관리하는 사업 또는 사업장으로 인정되거나 그러한 책임이 있다고 인정될 가능성이 높아질 것으로 보인다.".
[33] 고용노동부, 앞의 해설서 40~41면 참조. 산안법상 도급인의 책임요건은 ①도급인의 사업장인 경우, ② 도급인 사업장 밖인 경우 i)도급인이 수급인에게 작업장소를 제공 또는 지정했을 것, ii)도급인이 지배, 관리하는 장소일 것, iii)산안법 시행령, 시행규칙에 따른 21개 위험장소일 것의 요건 필요.

그룹의 계열사 심원개발에 위탁하였다. 그런데 심원개발은 다시 그룹 계열사 엠에스티(MST)에게 설비정비 업무를 하게 하였다. 그리고 엠에스티는 다시 사고가 난 작업에 대해서는 다른 협력협체에 맡기는 등 복잡한 구조를 하고 있어 적용 대상 기업 확인이 쉽지 않았다.

이 사례에서 정확한 적용 대상, 즉 사업장을 지배·운영·관리하는 주체가 OO제철과 심원개발 중 어느 곳인지 문제이다. 계약서를 살펴보면, 위탁공장의 건물과 토지, 설비 및 모든 관련 시설의 유지관리에 대하여 수탁자(심원개발)에게 OO제철이 일임한 것으로 나와 있다. 그럼에도 불구하고 OO제철 직원 40여명이 예산공장에 상주하면서 생산운영·설비기술 업무를 맡아 온 것으로 드러났으며 심원개발과 함께 예산공장의 안전보건협의체도 운영하였다. 이를 종합적으로 고려해보면 OO제철이 실질적으로 지배·운영·관리한 것으로 판단할 수 있고, 따라서 OO제철 대표이사를 피의자로 입건 가능할 것이다. 실제로 OO제철 예산공장의 사고와 관련하여 대전지방고용노동청은 OO제철 법인과 대표이사를 중대재해처벌법 위반 혐의로 입건하고 본사 사무실을 압수·수색하였다.34)

"실질적 지배·운영·관리" 여부를 제대로 파악하기 위해서는 원청과 하청의 계약관계와 공정 운영 방식 등을 종합적으로 검토하고, 산업안전보건법과 중대재해처벌법 위반 여부 확인할 필요가 있다.

가. 안전보건관리체계의 구축 및 이행

(1) 안전보건관리체계의 구축 및 그 이행에 관한 조치

'안전보건관리체계의 구축 및 이행'이란 근로자를 비롯한 모든 일하는 사람의 안전과 건강을 보호하기 위해 기업 스스로 유해하거나 위험한 요인을 파악하여 제거·대체 및 통제 방안을 마련하여 이행하며 이를 지속적으로 개선하는 일련의 활동을 의미한다. 여기에는 구체적이고 실현가능한 안전보건 목표와 경영방침의 설정, **안전보건 업무를 총괄·관리하는 전담 조직 설치**35), 유해 위험요인 확인·개선 절차 마련 점검 및 필요한 조

---

34) 한겨레, 2022. 3. 15.자 기사 "위탁공장이다" 선긋기에도…노동부, 현대제철 대표 중대재해법 입건" 참조
 <https://www.hani.co.kr/arti/society/labor/1034739.html>.
35) 법 시행령 제4조(안전보건관리체계의 구축 및 이행 조치) 법 제4조 제1항 제1호에 따른 조치의 구체적인 사항은 다음 각 호와 같다. 1. 사업 또는 사업장의 안전·보건에 관한 목표와 경영방침을 설정할 것. 2. 산업안전보건법 제17조부터 제19조까지 및 제22조에 따라 두어야 하는 인력이 총 3명 이상이고 다음 각 목의 어느 하나에 해당하는 사업 또는 사업장인 경우에는 안전·보건에 관한 업무를 총괄·관리하는 전담 조직을 둘 것. 이 경우 나목에 해당하지 않던 건설사업자가 나목에 해당하게 된 경우에는 공시한 연도의 다음 연도 1월 1일까지 해당 조직을 두어야 한다.
 가. 상시근로자 수가 500명 이상인 사업 또는 사업장. **나. 건설산업기본법 제8조 및 같은 법 시행령 별표 1에 따른 토목건축공사업에 대해 같은 법 제23조에 따라 평가하여 공시된 시공능력의 순위가 상위 200위 이내인 건설사업자.**

치, 재해예방에 필요한 안전·보건에 관한 인력 시설 장비 구비와 유해·위험요인 개선에 필요한 예산 편성 및 집행, 안전보건관리 책임자등의 충실한 업무수행 지원(권한과 예산 부여 평가기준 마련 및 평가·관리), **산업안전보건법에 따른 안전관리자, 보건관리자 등 전문인력 배치**, 종사자 의견청취 절차 마련 청취 및 개선방안 마련·이행 여부 점검, 중대산업재해 발생 시 등 조치 매뉴얼 마련 및 조치 여부 점검, 도급 용역 위탁 시 산재 예방 조치 능력 및 기술에 관한 평가기준 절차 및 관리비용 업무수행기관 관련 기준 마련·이행 여부 점검이 있다.

전담조직은 안전보건확보의무 이행의 집행조직으로 사업·사업장의 안전보건관리체계를 관리·감독하는 등 개인사업주 또는 경영책임자등을 보좌하고, 개인사업주나 법인 또는 기관의 안전·보건에 관한 컨트롤타워로서의 역할을 하는 조직을 의미한다. 여기에서 '안전·보건에 관한 업무를 총괄·관리'한다는 것의 의미는 중대재해처벌법령 및 안전·보건 관계법령에 따른 종사자의 안전·보건상 유해·위험 방지 정책의 수립이나 안전·보건 전문인력의 배치, 안전·보건 관련 예산의 편성 및 집행관리 등 법령상 필요한 조치의 이행이 이루어지도록 하는 등 사업·사업장의 안전 및 보건 확보의무의 이행을 총괄·관리하는 것을 말한다. 다만 사업장의 모든 안전조치 및 보건조치 등 안전 및 보건에 관한 업무를 전담 조직에서 직접적으로 수행하라는 뜻은 아니다.

〈건설업 안전보건업무 전담조직 설치〉

유형	안전보건업무 **전담조직 설치 요부**
시공능력의 순위가 상위 200위 이내인 건설사업자 (건설산업기본법 제8조 및 같은 법 시행령 별표 1에 따른 토목건축공사업에 대해 같은 법 제23조에 따라 평가하여 공시)	O
시공능력 순위가 상위 200위가 되지 않는 건설사업자인 경우에도 해당 **건설회사의 상시근로자 수가 500명 이상**	O

전담 조직은 사업·사업장의 특성 및 규모 등을 고려하여 안전·보건 업무를 총괄·관리할 수 있는 **2명 이상** 합리적인 인원으로 구성해야 한다. 전담 조직은 사업장 현장별 안전관리자 외에 별도의 인력으로 두어야 하고, 해당 조직은 부서장과 해당 부서 모두 안전·보건에 관한 업무만 총괄·관리(가급적 **본사에 설치**)하며, 안전·보건과 무관하거나 생산관리 일반행정 등 안전·보건과 상충되는 업무를 함께 수행할 수 없다.[36]

---

[36] 고용노동부, 앞의 해설서 47~49면 참조.

안전·보건에 관한 업무를 총괄·관리하는 전담 조직 설치 대상 사업·사업장의 범위는 다음 2가지 요건을 모두 충족하여야 한다.

첫째, 실제 배치 여부와는 무관하게 개인사업주나 법인 또는 기관이 모든 사업장에 두어야 하는 **안전관리자, 보건관리자, 안전보건관리담당자, 산업보건의가 총 3명 이상인 사업·사업장**이어야 한다. 도급인이 관계수급인 근로자의 전담 안전관리자를 선임한 경우 수급인이 해당 사업장에 대해 안전관리자를 별도로 둘 필요는 없으나 수급인의 안전관리자 배치 의무 자체가 없어지는 것은 아니므로 수급인도 요건을 충족하는 경우 전담 조직을 두어야 한다.37)

둘째, 상시근로자 수가 500명 이상인 사업·사업장 또는 건설산업기본법상 토목건축공사업에 대해 시공능력을 평가하여 공시된 **시공능력의 순위가 상위 200위 이내인 건설사업자**38)이어야 한다.

다만, 건설사업자의 경우 전년도 시공능력 순위가 200위 범위 밖이었다가 200위 이내로 평가된 경우는 시공능력 순위를 공시한 연도의 다음 연도 1월 1일까지 전담 조직을 두어야 한다. 시공능력 순위가 상위 200위가 되지 않는 건설사업자인 경우에도 **해당 건설회사의 상시근로자 수가 500명 이상인 경우는 전담 조직을 두어야** 한다. 이러한 전담조직은 특정 사업장이 아닌 **전체 사업 또는 사업장을 총괄·관리하여야** 한다.

(2) 유해·위험요인 확인 및 위험성평가

(가) 유해·위험요인 확인 및 점검

개인사업주 또는 경영책임자등은 사업·사업장의 특성에 따른 **유해·위험요인을 확인·개선**하는 업무절차를 마련하고 해당 절차에 따라 유해·위험요인이 제대로 확인되고 개선되고 있는지를 반기 1회 이상 점검 후 점검 결과에 따라 필요한 조치를 해야 한다. 다만 산업안전보건법 제36조에 따라 **위험성평가 절차를 마련하고 그 절차에 따라 위험성평가를 직접 실시하거나 실시 결과를 보고 받은 경우 해당 업무절차에 따라 유해·위험요인의 확인 및 개선에 대한 점검을 한 것으로** 본다(법 시행령 제4조 제3호).

---

37) 산업안전보건법 시행규칙 제10조(도급사업의 안전관리자 등의 선임) 안전관리자 및 보건관리자를 두어야 할 수급인인 사업주는 영 제16조 제5항 및 제20조 제3항에 따라 도급인인 사업주가 다음 각 호의 요건을 모두 갖춘 경우에는 안전관리자 및 보건관리자를 선임하지 않을 수 있다. 1. 도급인인 사업주 자신이 선임해야 할 안전관리자 및 보건관리자를 둔 경우. 2. 안전관리자 및 보건관리자를 두어야 할 수급인인 사업주의 사업의 종류별로 상시근로자 수(건설공사의 경우 건설공사 금액을 말함)를 합계하여 그 상시근로자 수에 해당하는 안전관리자 및 보건관리자를 추가로 선임한 경우.
38) 건설산업기본법 제8조 및 같은 법 시행령 별표 1에 따른 토목건축공사업에 대해 같은 법 제23조에 따라 평가하여 공시된 시공능력의 순위가 상위 200위 이내인 건설사업자일 것.

유해·위험요인은 조직 문화적 측면, 설비와 취급물질, 비상 시·긴급상황 발생 시, 위험도에 영향을 주는 사람 등의 기준에 따라 파악할 수 있다.

유해·위험요인을 확인·개선하는 업무절차란 사업·사업장의 특성에 따른 업무로 인한 유해·위험요인의 확인 및 개선 대책의 수립·이행까지 이르는 일련의 절차를 의미한다. 개인사업주 또는 경영책임자등은 업무처리 절차가 체계적으로 마련되도록 함은 물론 각 사업장에서 그 절차가 실효성 있게 작동하는지 반기 1회 이상 점검하고 확인하도록 하는 내부규정 마련 등 일정한 체계를 구축하여야 한다.39)

이는 개인사업주 또는 경영책임자등으로 하여금 기업이 스스로 건설물·기계·기구·설비 등의 유해 위험요인을 찾아내어 그 위험성을 평가하고 유해·위험요인의 제거·대체 및 통제방안을 마련하고 이행하며 이를 지속적으로 개선하도록 하려는 것이다.

개인사업주나 법인·기관은 유해·위험요인의 확인 및 개선의 이행에 대한 점검에 그치는 것이 아니라 점검 후 유해·위험요인에 대한 개선 조치가 제대로 이행되지 않은 경우에는 유해·위험요인이 제거·대체·통제 등 개선되도록 필요한 조치를 하여야 한다. 필요한 조치는 서류상으로 기록을 남겨두는 것이 중요한 것이 아니라 해당 유해·위험 수준에 맞는 실질적인 조치가 현장에서 직접 이루어질 수 있도록 하여야 한다.

---

39) 또한 유해 위험요인의 확인 및 개선은 기계 기구 설비 원재료 등의 신규 도입 또는 변경, 건설물 기계 기구 설비 등의 정비 보수 시 및 작업방법 절차의 변경 등이 실행되기 전에 실시하여 위험성을 제거한 후 작업할 수 있도록 하여야 하며 정기적으로 확인하여 현재 관리되고 있는 위험성 감소 대책의 실효성을 지속적으로 확보할 수 있도록 하여야 한다. **유해·위험요인을 확인하는 절차는 누구나 자유롭게 사업장의 위험요인을 발굴하고 신고할 수 있는 창구를 포함하여 개인사업주 또는 경영책임자등이 사업장의 유해 위험요인을 파악하는 체계적인 과정을 의미한다.** 유해·위험요인의 확인 절차에는 사업장에서 실제로 유해·위험작업을 하고 있는 종사자의 의견을 청취하는 절차를 포함하여야 한다. 소속근로자 뿐만 아니라 상시 노무를 제공하는 모든 종사자 및 유지보수 작업 납품을 위해 일시적으로 출입하는 모든 사람들이 제기한 유해 위험요인을 확인하는 절차를 마련하여야 한다. 첫째, 사업장 내 모든 기계·기구·설비 현황을 파악하고 기계·기구·설비마다 위험 요소를 세부적으로 확인하되 특히 해당 사업장에서 산업재해가 발생하였던 기계·기구·설비는 반드시 위험요인으로 분류하여야 하며 동종업계에서 발생한 산업재해도 위험요인으로 작용할 여지가 없는지 확인하는 것이 필요하다. 둘째, 화재 폭발 누출의 위험이 있는 화학물질과 건강에 위해를 끼칠 우려가 있는 화학물질 물리적 인자 등을 파악하되 특히 화학물질의 경우에는 화학제품의 제조 수입자가 의무적으로 제공하는 물질안전보건자료에 있는 화학물질의 명칭 유해 위험성 정보 번호 등을 확인하는 절차를 포함하여야 하며 이를 통해 파악한 화학제품에 함유된 물질이 고용노동부 고시 화학물질 및 물리적인자의 노출 기준 별표 1에 해당한다면 유해인자로 분류하여야 한다. 셋째, 기계·기구·설비 유해인자 및 재해 유형과 연계하여 위험장소와 위험작업을 파악하도록 하되 유해·위험요인을 가장 잘 아는 현장 작업자가 참여할 수 있도록 하여야 한다.

⟨유해·위험요인의 제거·대체 및 통제방안⟩40)

재해 유형별 예방조치 방안		예방조치 내역
정형적 재해	떨어짐	교육·주의 등 비재정적 방법(개구부·추락위험 장소 최소화), 제거·대체, 통제(안전난간·덮개·추락방지 설비 설치 등), 개인 보호구
	끼임	교육·주의 등 비재정적 방법, 제거·대체(끼임 위험이 없는 작업방법 등), 통제(방호장치·방호 덮개 설치)
	화재·폭발 재해예방	교육·주의 등 비재정적 방법, 제거·대체(화기작업 시 인화성 물질 제거, 건설공사 시 비가연성 자재 대체), 통제(용접불티 비산방지덮개 설치 등), 개인보호구
	질식 재해 예방	교육·주의 등 비재정적 방법, 제거·대체(밀폐공간이 발생하지 않도록 작업장 조성, 밀폐공간 내부 기계등 제거), 통제(환기·배기장치 설치), 개인보호구(송기마스크)
비정형적 재해예방		정비 등의 작업 시 운전정지, 작업허가제 등
화학물질 관리	유해물질	유기화합물, 금속류 등 유해물질 취급전 물질안전보건자료를 참고하여 비상 시 대응요령 숙지, 정기적으로 작업환경측정, 취급 근로자 정기적 특수건강검진
	위험물질	안전수칙 준수, 51종의 위험물질 규정량 이상 사용 시 공정안전보고서 작성 등

위험성평가(산안법 제36조)란 유해·위험요인을 파악하고 해당 유해·위험요인에 의한 부상 또는 질병의 발생 가능성(頻度)과 중대성(强度)을 추정·결정하고 그 결과에 따라 감소대책을 수립하여 실행하는 일련의 과정이다.

개인사업주나 법인·기관의 경영책임자가 사업장 위험성평가에 관한 지침(〔고용노동부 고시 제2024-76호, 2024. 12. 18. 일부개정, 2025. 1. 2. 시행)에 따른 위험성평가 절차를 도입하고 해당 절차에 따라 각각의 사업장마다 유해·위험요인을 파악하고 이를 평가하여 관리 개선하는 등 위험성평가를 실시하게 한다. **위험성평가를 사업장에서 실시하도록 한 후 그 실시 결과를 보고받은 경우에는 위의 유해 위험요인 확인·개선에 대한 점검을 한 것으로 본다.** 다만 유해 위험요인 확인·개선에 대한 점검을 한 것으로 보는 경우에도 그 점검 결과에 따른 필요한 조치는 별도로 하여야 한다.

따라서 위험성평가 결과를 보고 받은 후 사업장에서 유해 위험요인의 개선 조치가 제대로 이행되지 않아 별도의 조치가 있어야 함이 확인되었음에도 필요한 조치를 하지 않

---

40) 작업장에서 흔히 발생하는 7대 중대재해 위험 요소로 고소작업(추락위험), 불량한 시설관리, 전기·전선작업, 굴착기·지게차 등 들어 올리는 기계, 잠금 및 표지부착, 화학물질, 밀폐공간이 있다.

은 경우에는 해당 의무를 이행한 것으로 볼 수 없다.

위험성평가는 사업주가 주체가 되어 안전보건관리책임자, 관리감독자, 안전관리자·보건관리자 또는 안전보건관리담당자, 대상 작업의 근로자가 참여하여 각자 역할을 분담하여 실시하도록 하고 있다.

위험성평가 절차는 평가대상의 선정 등 사전준비, 근로자의 작업과 관계되는 유해·위험요인의 파악, 파악된 유해·위험요인별 위험성의 추정, 추정한 위험성이 허용 가능한 위험성 여부의 결정, 위험성 감소대책 수립 및 실행, 위험성평가 실시내용 및 결과에 관한 기록의 순서로 이루어지며, 그 유형에는 최초평가, 정기평가(매년), 수시평가(시설·공정 변경 시, 산업재해 발생 시 등)가 있다.

한편, 위험성평가 활동 수준을 심사해 인정하고 산재보험령 감면 등 혜택을 지원하는 '위험성 평가 인정' 사업의 심사·관리가 2025년부터 강화되었다.

위험성평가 실시 시 근로자 참여·공유 단계에서 고용형태(기간제·파견근로자 등) 및 국적과 관계없이 해당 근로자가 누락되지 않도록 근로자 정의를 명확히 하고, 위험성평가 인정사업 내실화를 위해 심사기준를 강화하며, 위험성평가 인정사업장의 사후점검 확대, 인정취소 요건을 추가하고자 관련 규정이 개정되었다. 주요 내용은 위험성평가에 참여하고 그 결과를 공유받는 근로자의 정의를 명확화하고(제3조 제4호), 위험성평가 인정사업 관리를 체계화하였으며(제16조, 제17조, 제18조, 제19조), **위험성평가 인정 심사기준을 강화**하고(제17조 제2항, 제19조, 제20조), **사후점검 및 인정취소 사유를 확대**하였다(제21조, 제22조). 이에 따라 위험성평가 인정기준은 기존 70점에서 90점으로 상향되고, 위험요인 발굴·개선 및 근로자 참여에 대한 배점이 강화되며, 위험성평가 실행 수준은 50%에서 60%, 구성원의 참여·이해 수준은 20%에서 25%로 상향 조정된다. 또 모든 인정사업장에 대해 인정기간 중 1회 이상 사후점검을 하여 내실있는 위험성평가를 실시한다. 인정사업장이 현장심사, 사후점검에서 개선 지적사항을 미이행하는 경우, 중대재해가 발생한 경우 인정이 취소될 수 있다.[41]

---

41) 고용노동부 홈페이지 정보공개 "「사업장 위험성평가에 관한 지침」 일부개정" 자료 참조
<https://www.moel.go.kr/info/lawinfo/instruction/view.do?bbs_seq=20241201150>.
뉴스존 2024.12.31.자 기사 참조.
<https://www.newszone.co.kr/news/articleView.html?idxno=6357>.

〈위험성평가 실시 흐름도〉42)

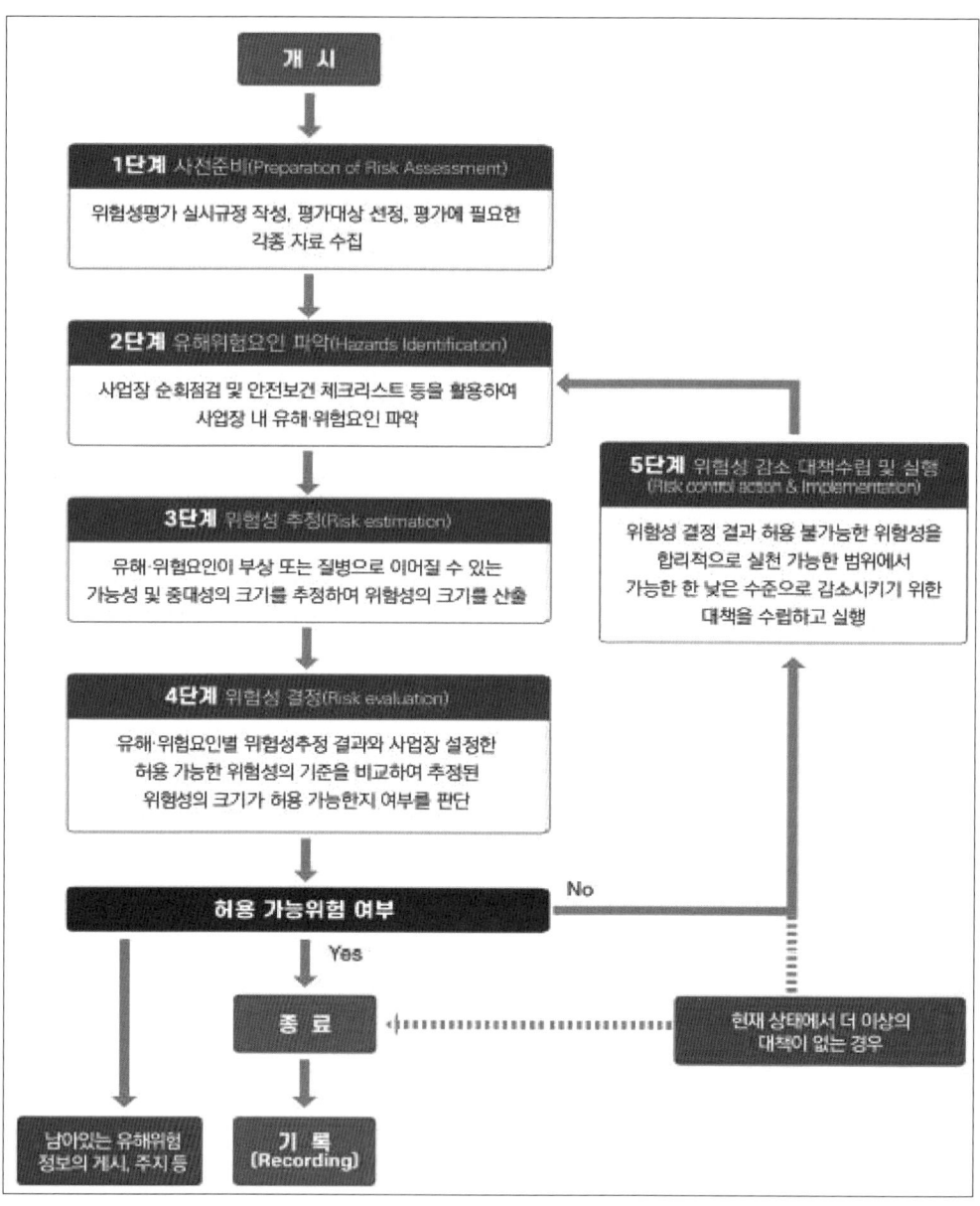

---
42) 고용노동부, 앞의 해설서 65면 참조.

〈수시 위험성평가 점검 상태보고서 예시〉

(위험성평가-산업안전보건법 제36조) (평가척도 (5X4))

위험분류 (재해형태)	유해.위험요인 (기계기구 등)	현재 안전조치	위험성평가 빈도	강도	위험도	위험성 감소(개선)대책	개선후 위험도	점검일자	비고 *개선
작업특성요인 (재해재발)	산재발생 시 재발방지계획 등 미비하면 재발생 위험	재해보고 등 숙지	3	3	9 (약간높음)	1. 노동부 미보고 시 상기내용 과태료 사항 2. 재발방지 계획서 작성 등	2*2 4 (낮음)	5월 18일	
작업환경요인 (충돌)	지하 주차장 등 협소하여 보행자 차량과 충돌위험	보행자 통로 등 미설치	3	3	9 (약간높음)	1. 보행자통로 실선으로 구분 2. 속도방지턱 설치 3. 속도제한표시 등 4. 볼록거울 설치(사각지대)	2*2 4 (낮음)	5월 18일	
전기적요인 (감전.화재 등)	전원콘센트 등 과다연결 (광택기 등)	콘센트 등 과다연결	3	3	9 (약간높음)	1. 과다연결금지 2. 바닥전원선 등 몰딩처리 3. 누전차단기 점검 등 4. 제3종접지 실시	2*2 4 (낮음)	5월 18일	
작업환경요인 (전도.추락)	계단 피로트 등 좌우측 상부에 손잡이 미설치 전도위험	손잡이 미설치	3	3	9 (약간높음)	1. 상부에 손잡이 설치 2. 부직포 설치 등(우천 시) 3. 경고표지 부착 등 4. 아래층에서 위층 이동 청소	2*2 4 (낮음)	5월 18일	
기계적요인 (추락)	A형사다리 사용에 따른 추락위험	1인작업	3	3	9 (약간높음)	1. 2인 중 1명은지지 등 보조 2. 아웃트리거 설치 3. 안전모 착용 등	2*2 4 (낮음)	5월 18일	
생물학적요인 (유기용제)	청소용품 세제,락스 등 근로자 건강보건 조치 미흡	보호구 착용 등	3	3	9 (약간높음)	1. MSDS게시 및 숙지 2. 특별안전보건교육 실시 3. GHS경고표지 부착 등 4. 개인보호구 착용	2*2 4 (낮음)	5월 18일	
화학적요인 (화재 등)	방제실 보안 CCTV 24시간 가동에 따른 화재위험	24시간 전원 ON	3	3	9 (약간높음)	5. 에어컨 가동 적정온도 유지 6. 가스소화기 비치 등	2*2 4 (낮음)	5월 18일	
전기적요인 (감전.화재 등)	전원콘센트 등 과다연결 (통신실 등)	콘센트 등 과다연결	3	3	9 (약간높음)	7. 과다연결금지 8. 바닥전원선 등 몰딩처리 9. 누전차단기 점검 등 10. 제3종접지 실시	2*2 4 (낮음)	5월 18일	
작업환경요인 (끼임)	지하실 배수로 상판 미설치에 따른 발목등 끼임 사고	상판(그라이팅) 등 미설치	3	3	9 (약간높음)	1.배수로 상판 설치 2.야간 순찰 시에는 렌턴 등 휴대할 것 3.경고표지 부착 등	2*2 4 (낮음)	5월 18일	
작업환경요인 (전도)	조리실 바닥 등 물기 등에 따른 전도위험	미끄럼방지 미설치	3	3	9 (약간높음)	1. 미끄럼방지 테이프 설치 2. 미끄럼 방지화 착용 3. 경고표지 부착 4. 개인보호구 착용	2*2 4 (낮음)	5월 18일	
작업환경요인 (전도)	지하 등 어두운 장소 경비 업무 바닥을 확인하지 못하여 넘어지는 사고발생의 위험	조도 등 약간 낮음 (일부)	3	3	9 (약간높음)	1.적정조도 유지 (75LUX이상) (전구 추가 설치) 2. 미끄럼 방지턱(테이프)설치 3. 순찰 시 렌턴 휴대	2*2 4 (낮음)	5월 18일	
작업특성요인 (근골격계질환)	중량물 취급 시 신체의 부담 등 근골격계질환 위험(재활용처리)	중량물 등 1인 작업	3	3	9 (약간높음)	1. 올바른 자세로 작업 2. 중량물 취급 시 2인1조작업 3. 20kg 이상 제한 4. 기계기구 이용(이동대차)	2*2 4 (낮음)	5월 18일	
3									

기계기구 등	사업장관리카드의 기계기구와 반드시 일치할것
안전검사	프레스,전단기,크레인,리프트,압력용기 곤돌라,국소배기장치,원심기롤러기 사출기,고소작업대,컨베이어,로봇 등
위험기계. 기구 (방호장치)	예초기(날접촉예방장치),원심기 공기압축기(압력방출장치),금속절단 기지게차,진공포장기,랩핑기
공정에 필요한 설비장비	에스컬레이터, 청소차, 전동차 등

위험성 수준		개선방법	관리기준
매우 높음	16~20	즉시 개선	즉시작업중지(작업을 지속하려면 즉시 개선해야하는 위험)
높음	15	신속하게 개선	긴급 안전보건대책을 세우고 작업
약간 높음	9~12	가능한 빨리 개선	정비보수기간전에 안전보건대책을 수립하고 개선
보통	8	계획적으로 개선	안전보건 표지부착 작업계획서 작성등 관리대책 필요
낮음	4~6	필요에따라 개선	안전정보 및 주기적 안전보건교육의 제공이 필요
매우 낮음	1~3	무시할 수 있는 위험	현재의 안전대책 유지

빈도(가능성) : 5최상 4상 3중 2하 1최하   강도(중대성) : 4최대 3대 2중 1소

사업주는 1. 사업장 건설물의 설치·이전·변경 또는 해체, 2. 기계·기구, 설비, 원재료 등의 신규 도입 또는 변경, 3. 건설물, 기계·기구, 설비 등의 정비 또는 보수(주기적·반복적 작업으로서 이미 위험성평가를 실시한 경우에는 제외), 4. 작업방법 또는 작업절차의 신규 도입 또는 변경, 5. 중대산업사고 또는 산업재해(휴업 이상의 요양을 요하는 경우에 한정한다) 발생, 6. 그 밖에 사업주가 필요하다고 판단한 경우에 추가적인 유해·위험요인이 생기는 경우에는 해당 유해·위험요인에 대한 수시 위험성평가를 실시하여야 한다. 다만, 제5호(중대산업사고 또는 산업재해(휴업 이상의 요양을 요하는 경우에 한정한다) 발생)에 해당하는 경우에는 재해발생 작업을 대상으로 작업을 재개하기 전에 실시하여야 한다.

수시 위험성평가를 할 때는 위험성평가 실시계획서[43]와 점검 상태보고서[44]를 함께 작성하여 보관하는 것이 바람직하다. 이는 위험성평가 활동의 투명성과 신뢰성을 높이고, 추후 문제 발생 시 관련 자료를 활용하여 신속하게 대처할 수 있기 때문이다.

위험성평가 실시목적, 적용범위, 조직구성, 역할과 책임, 실시시기, 위험성평가 실시방법 및 추진절차, 실시의 시기·방법, 위험성평가 시 유의사항, 기록관리가 포함된 「위험성평가」 실시계획서를 작성하고, 수시 위험성평가 점검 상태보고서를 첨부한다. 수시 위험성평가 점검 상태보고서에는 재해형태에 따라 위험을 분류하고 유해·위험요인, 현재 안전조치를 확인하고 위험성평가를 빈도·강도(3단계), 위험도(매우낮음, 낮음, 보통, 약간 높음, 매우높음, 1~20)에 따라 분류한다.

(나) 위험성평가 보고서 예시

위험성평가 보고서에는 1. 회사개요, 2. 위험성평가 대상 및 평가팀 구성, 3. 위험성평가 교육 실시, 4. 작업형태별 유해·위험요인, 5. 위험성 추정 및 위험성 결정, 6. 위험성 감소대책 수립 및 실행, 7. 위험성평가 수행 예(관리/보안1/보안2, 후생/환경, 시설/운전), 8. 위험성평가표, 9. 위험성평가 감소대책 수립 및 실행 등이 포함되어야 한다.

핵심이 되는 위험성평가표에서는 위험성평가 대상(보안요원, 환경시설요원, 위탁근로자, 운전요원)별로 "유해·위험요인 파악"과 관련하여 인적요인, 기계적요인, 물질·환경적요인, 관리적요인으로 분류하여 원인, 유해·위험요인, 관련근거를 기재하고, 현재 안전보

---

[43] 수시 위험성평가를 실시하기 전에, 평가 범위, 방법, 절차, 참여자 등을 포함한 계획을 수립하고 문서화하는 것이다. 이는 체계적인 평가를 가능하게 하고, 평가 과정에서 누락이나 오류를 방지하는 데 도움을 준다.
[44] 수시 위험성평가를 실시한 후, 실제 위험성평가 결과와 조치사항 등을 기록하는 문서이다. 이를 통해 위험성평가 결과를 명확히 하고, 후속 조치 이행 여부를 확인할 수 있다. 또한, 기록을 통해 개선 사항을 파악하고 지속적인 안전관리를 할 수 있다.

건조치 항목에서는 '근로자 정기교육' 등을 명시하며, 현재 위험성 항목에서는 가능성(빈도), 중대성(강도), 위험성을 단계별로 분류하고, 감소대책에서는 보호구 지급, 협의체 구성 등 세부 내용을 기재한다.

(다) 위험성평가 시 유의사항

첫째, 위험성평가 대상에는 모든 근로자(협력업체, 방문객 포함)에게 안전·보건상 영향을 주는 다음 사항을 포함하여야 한다. ① 회사 내부 또는 외부에서 작업장에 제공되는 위험시설, ② 작업장에서 보유 또는 취급하고 있는 모든 유해물질, ③ 일상적인 작업(협력업체 포함) 및 비일상적인 작업(수리 또는 정비 등), ④ 발생할 수 있는 비상조치 작업. 둘째, 사업장은 위험성평가 결과, 위험을 제거 또는 감소시키기 위한 조치계획을 안전보건활동 추진계획에 포함하여 실시하고 모니터링하여야 한다.

셋째, 위험성 감소대책을 실행한 후 허용 가능한 위험성 수준이 될 때까지 추가의 감소대책을 수립·실행하여야 한다.

넷째, 사업주는 중대재해, 중대산업사고 또는 심각한 질병이 발생할 우려가 있는 위험성으로서 감소대책의 실행에 많은 시간이 필요한 경우에는 즉시 잠정적인 조치를 마련하여야 한다.

다섯째, 사업주는 위험성평가를 종료한 후 남아 있는 유해·위험요인에 대해서는 게시, 주지 등의 방법으로 근로자에게 알려야 한다.

〈위험성평가 수행 예〉

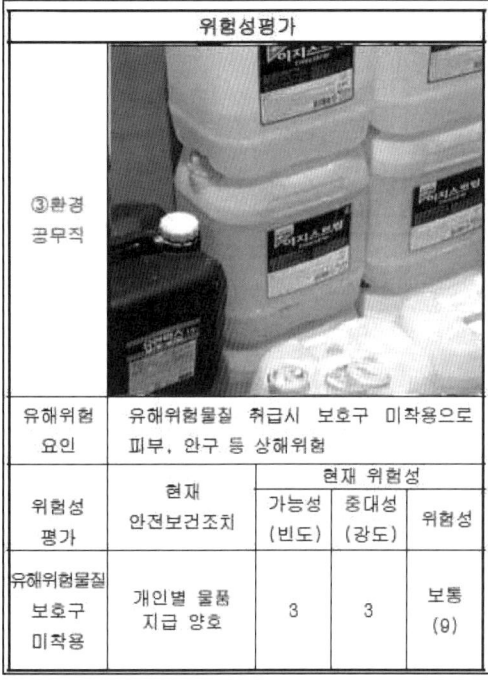

〈위험성평가표 예시〉

"위험성평가 감소대책 수립 및 실행"에서는 유해·위험요인 파악에서 대상별로 요인별로 원인, 유해·위험요인을 기재하고, 관련 근거, 현재 위험성, 감소대책, 개선 후 위험성, 담당자, 조치요구일, 조치완료일 등을 명시한다.

〈위험성평가 감소대책 수립 및 실행 예시〉

공정	유해위험요인 파악			관련근거	현재 위험성	감소대책		개선후 위험성	담당자	조치 요구일	조치 완료일	완료확인
	분류	원인	유해위험요인	법규/노출기준 등		NO	세부내용					
⑤시설 공무직	1.Man (인적요인)	1.1안전수칙미준수 (시설팀/기계)	안전수칙 미준수로 기계 등에 충돌 위험	안전보건규칙 제572조 보호구의 지급등	약간 높음 (9)	⑤-1.1	1.기계 돌출부 등에 방호 시설 2.충돌 위험 등 경고 표지 부착	낮음 (1)	관리 감독자	2022. 11. 30.	2022.12.30	완료
		1.2건축작업시 안전모미착용 (시설팀/건축)	안전모 미착용 상태로 이동사다리 작업 중 전도·추락 상해 위험	안전보건규칙 총칙제6장추락 또는 붕괴에 의한 위험방지	약간 높음 (9)	⑤-1.2	1.사다리 작업은 무조건 안전모 착용 2.2m이상 작업 시 안전대 착용 3.가급적 2인 1조 작업	낮음 (1)	관리 감독자	2022. 11. 30.	2022.12.30	완료
		1.3전기실 판넬 에 부주의로 접촉 (전기팀)	판넬 등에 누전 시 접촉으로 인한 감전 위험	산업안전보건규칙제 3장제302조전기기계 ,기구의접지	보통 (8)	⑤-1.3	1.누전차단기 설치 및 정기 점검 2.판넬등 접촉 금지 경고 표지 부착 3.약전의 위험성 주지	낮음 (1)	관리 감독자	2022. 11. 30.	2022.12.30	완료
	2.Machine (기계적요인)	2.1 수직고정 사다리방호시설 미흡 (시설팀)	수직고정 사다리 방호시설 미흡으로 추락 사고 위험	안전보건규칙 총칙제6장추락 또는 붕괴에 의한 위험방지	보통 (8)	⑤-2.1	1.판넬 등 접촉 금지 경고 표지 부착 2.약전의 위험성 주지	낮음 (1)	관리 감독자	2022. 11. 30.	2022.12.30	완료
		2.2 비상발전기 베터리 방호 취약 (전기팀)	베터리 인출 충전부 방호 취약으로 감전위험	산업안전보건규칙 제 301조 전기기계기구충전부 방호	보통 (8)	⑤-2.2	1.베터리 덮개 폐쇄형 외함 설치 2.감전 주의 표지 부착	낮음 (1)	관리 감독자	2022. 11. 30.	2022.12.30	완료
		2.3 그라인더 덮개 미설치 (시설팀)	그라인더 덮개 미설치 상태 사용 시 연마물 등 비산 상해위험	산업안전보건법 제4장 유해위험방지조치	약간 높음 (9)	⑤-2.3	1.그라인더 덮개 설치 2.불티비산 방지포 등 설치(필요시)	낮음 (1)	관리 감독자	2022. 11. 30.	2022.12.30	완료
	3.Media (물질환경적 요인)	3.1전기판넬 접촉금지표지미부착 (방재팀)	전기 판넬 등 누전 시 접촉 감전위험	산업안전보건규칙제 3장제302조전기기계 ,기구의접지	보통 (8)	⑤-3.1	1.누전차단기 설치 및 정기 점검 2.판넬 등 접촉 금지 경고 표지 부착 3.약전의 위험성 주지	낮음 (1)	관리 감독자	2022. 11. 30.	2022.12.30	완료
		3.2 유해위험물질 표지판 미게시 (조경팀/시설팀)	제초기용, 휘발유, 페인트용 신나 등 관리미흡	산업안전보건법 제4장 유해위험방지조치	약간 높음 (9)	⑤-3.2	1.관련MSDS(물질안전보건자료) 등 비치,교육 2.소분 시 물질명 등 기재	낮음 (1)	관리 감독자	2022. 11. 30.	2022.12.30	완료
	4.Management (관리적요인)	4.1작업안전수칙 미수립 및 각종 표지판 미게시 (기계,건축 전기,방재)	작업안전수칙 미 수립 및 위험경고표지판 미게시등으로 사고위험	산업안전보건법 제 37조 안전보건표지의 설치부착 제 38조 안전조치	보통 (8)	⑤-4.1	1.근로자 안전 수칙 작성 교육 개시 2.충돌 위험 등 경고 표지 부착	낮음 (1)	관리 감독자	2022. 11. 30.	2022.12.30	완료

(3) 재해예방 관련 예산·인력의 편성 및 집행

개인사업주 또는 경영책임자등은 재해예방을 위해 필요한 안전·보건에 관한 인력 시설 장비의 구비와 유해 위험요인의 개선, 기타 안전보건관리체계 구축 등에 필요한 예산을 편성[45]하고 그 편성된 용도에 맞게 집행하도록 하여야 한다.

재해예방을 위해 필요한 인력·시설 및 장비란 산업안전보건법 등 종사자의 재해예방을 위한 안전·보건 관계법령 등에서 정한 인력·시설·장비를 말한다. 특히 재해예방을 위해 필요한 인력이란 안전관리자, 보건관리자·안전보건관리담당자·산업보건의 등 전문인력뿐만 아니라 안전·보건 관계법령 등에 따른 필요 인력을 의미한다.

---

[45] 고용노동부의 「대표이사의 안전보건계획 수립 가이드」에서는 예산 반영 시 충분히 반영되었는지 평가할 항목으로 설비 및 시설물에 대한 안전점검비용, 근로자 안전보건교육 훈련비용, 안전관련 물품 및 보호구 등 구입비용, 작업환경 측정 및 특수건강검진 비용, 안전진단 및 컨설팅 비용, 위험설비 자동화 등 안전시설 개선비용, 작업환경 개선 및 근골격계질환 예방비용, 안전보건 우수사례 포상 비용, 안전보건지원을 촉진하기 위한 캠페인 비용을 들고 있다.

⟨안전보건관리책임자등⟩

안전보건관리책임자	안전관리자와 보건관리자 지휘·감독, **안전보건관리업무 총괄**
관리감독자	**생산공정 단위**의 안·보건관리 및 소속 직원 지휘·감독
안전관리자	안전관련 기술적 사항 안전보건관리책임자 보좌 및 관리감독자 조언
보건관리자	보건관련 기술적 사항), 안전보건관리책임자 보좌 관리감독자 조언
안전보건관리담당자	사업주 보좌(안전·보건관련), 관리감독자 조언 *안전관리자·보건관리자 있거나, 두어야 하는 경우는 제외(산안법 제19조) 제조업·임업·폐기물업 등 상시근로자 20명~50명미만 사업장: 1명 이상 선임
안전보건총괄책임자	도급인의 자신의 근로자와 관계수급인의 근로자의 **산업재해 예방업무 총괄관리 의무**

건설업의 경우 산업안전보건법 제72조, 「건설업산업안전보건관리비 계상 및 사용기준」(고용노동부고시 제2025-11호)에 따른 산업안전보건관리비상 기준이 재해예방을 위해 필요한 인력·시설 및 장비의 구입에 필요한 예산의 기준이 될 수 있다.

더 나아가 산업안전보건법 제15조, 제16조 및 제62조에 따른 안전보건관리책임자(사업장의 실질적 총괄관리자), 관리감독자 및 안전보건총괄책임자[46](도급 시)가 법령상 규정한 각각의 업무를 각 사업장에서 충실히 수행할 수 있도록 조치하여야 한다.

해당 조치에는 "안전보건관리책임자등에게 해당 업무수행에 필요한 권한과 예산을 줄 것", "안전보건관리책임자등이 해당 업무를 충실하게 수행하는지를 평가하는 기준을 그 기준에 따라 반기 1회 이상 평가·관리할 것" 등이 있다.

또한 산업안전보건법(제17조~제19조, 제22조)에 따른 안전관리자, 보건관리자, 안전보건관리담당자 및 산업보건의를 배치하여야 한다. 다만, 다른 법령에서 해당 인력의 배치에 대해 달리 정하고 있는 경우 그에 따르고, 배치해야 할 인력이 다른 업무를 겸직 시는 고시 기준에 따라 안전·보건에 관한 업무 수행시간을 보장해야 한다.

⟨재해예방을 위해 필요한 인력 예시⟩

예시	근거규정
타워크레인 작업 시 신호수 배치	안전보건규칙 제146조 제3항
생활폐기물 운반 시 3명이 1조를 이루어 작업할 것	폐기물관리법 시행규칙 제16조의3 제2항 제3호 나목
2인1조 근무 위험작업과 해당 작업에 대한 6개월 미만인 근로자가 단독으로 수행할 수 없는 작업에 대한 기준 마련	공공기관의 안전관리에 관한 지침 제14조 제3항
스쿠버 잠수작업 시 2인1조로 잠수작업을 하도록 할 것	안전보건규칙 제545조 제1항

---

[46] 안전보건총괄책임자는 도급인의 사업장에서 관계수급인 근로자가 작업을 하는 경우에 도급인의 근로자와 관계수급인 근로자의 산업재해를 예방하기 위한 업무를 총괄하여 관리하도록 지정된 그 사업장의 안전보건관리책임자를 말한다.

〈공사현장 안전보건관리자의 배치기준〉

안전보건관리자	배치기준	인원
안전관리자	공사금액 50억 이상 120억원 미만	1명 이상
	공사금액 120억원 이상 800억원 미만	상동
	공사금액 800억원 이상 1,500억원 미만	2명 이상[47]
	공사금액 1,500억원 이상 2,200억원 미만	3명 이상
	공사금액 2,200억원 이상 3,000억원 미만	4명 이상
	공사금액 3,000억원 이상 3,900억원 미만	5명 이상
	공사금액 3,900억원 이상 4,900억원 미만	6명 이상
	공사금액 4,900억원 이상 6,000억원 미만	7명 이상
	공사금액 6,000억원 이상 7,200억원 미만	8명 이상
	공사금액 7,200억원 이상 8,500억원 미만	9명 이상
	공사금액 8,500억원 이상 1조원 미만	10명 이상
	공사금액 1조원 이상	11명 이상[48]
보건관리자	공사금액 800억원 이상 (토목공사업 공사는 1천억 이상)	1명 이상〔공사금액 800억원(토목공사업은 1천억원)을 기준으로 1,400억원이 증가할 때마다 1명씩 추가〕
안전보건관리담당자	(제조업, 임업, 하수·폐수·분뇨처리업, 폐기물, 환경 정화복원업, **건설업 비해당**) * 안전관리자·보건관리자가 있거나 이를 둬야 하는 경우 제외	상시근로자 20명 이상 50명 미만인 사업장에 1명 이상)
산업보건의	건설업	1명 이상〔공사금액 800억원(토목공사업은 1천억원)을 기준으로 1,400억원이 증가할 때마다 1명씩 추가〕
※ 안전보건관리책임자 (산안법 제15조)	사업장을 실질적으로 총괄·관리하는 자 (해당 사업의 경영에 대한 실질적인 책임과 권한을 가진 최종관리자) ① 상시근로자 50명 이상 사업(1차 금속 제조업 등 22개 사업) ② 상시근로자 300명 이상 사업(농어업, 정보서비스업 등 10개 사업) ③ **건설업 : 공사금액 20억원 이상**, ④ 상시근로자 100명 이상 : 기타	

 안전관리자는 안전에 관한 기술적인 사항에 관하여 사업주 또는 안전보건관리책임자를 보좌하고 관리감독자에게 지도·조언하는 업무를 수행하는 사람으로 상시근로자 **50명 이상 사업장** 또는 **공사금액 50억원**(120억 이상은 안전관리업무 전담) **이상인 건설공사**

---

47) 다만, 전체 공사기간을 100으로 할 때 공사 시작에서 15에 해당하는 기간과 공사 종료 전의 15에 해당하는 기간("전체 공사기간 중 전·후 15에 해당하는 기간") 동안은 1명 이상으로 한다.
48) 매 2천억원 (2조원이상부터는 매 3천억원)마다 1명씩 추가한다. 다만, 전체 공사기간 중 전·후 15에 해당하는 기간은 선임 대상 안전관리자 수의 2분의 1(소수점 이하는 올림) 이상으로 한다.

부터 안전관리자를 두어야 하며, 사업의 종류·사업장의 상시근로자 수에 따라 배치하는 안전관리자의 수가 다르다(산업안전보건법 제17조, 시행령 제16조 별표3). 건설업을 제외한 사업으로서 상시근로자 300명 미만(50명~299명)을 사용하는 사업장의 경우 안전관리자의 업무를 안전관리전문기관에 위탁할 수 있다(법 시행령 제19조). 상시근로자 500명 이상 1천명 미만인 사업장(의복 사업을 제외한 섬유제품 제조업 등)은 안전관리자를 2명 이상 선임해야 한다.

보건관리자는 보건에 관한 기술적인 사항에 관하여 사업주·안전보건관리책임자를 보좌하고 관리감독자에게 지도·조언하는 자로 50명 이상 사업장 또는 **공사금액 800억원 이상인 건설업 사업장부터 보건관리자를 두어야** 하며 사업의 종류·사업장의 상시근로자 수에 따라 배치하는 인원이 달라진다(산안법 제18조).

산업보건의는 근로자의 건강관리나 그 밖에 보건관리자의 업무를 지도하는 사람으로 상시근로자 수가 50명 이상으로 보건관리자를 둬야 하는 사업장에 해당하는 경우 산업보건의를 두어야 한다. 그러나 의사를 보건관리자로 선임하였거나 보건관리전문기관에 보건관리자의 업무를 위탁한 경우(**건설업 제외, 상시근로자 수 300명 미만인 사업장**, 시행령 제20조 제3항)는 산업보건의를 별도로 두지 않을 수 있다. 또 산업보건의는 외부 위촉도 가능하며, 근로자 2천명당 1명의 산업보건의를 위촉한다.

2025년 4월 법령 개정(법 시행령 제16조 제7항, 제20조 제3항, 제29조 제4항)으로 사업주가 안전관리자, 보건관리자, 산업보건의를 해임하거나 위탁계약 종료 시 14일 이내에 고용노동부에 관련 증빙서류 제출해야 한다. 따라서 위임계약서에 해임 사유, 절차, 통보기준 등을 명확히 기재하여 법적 대응 등에 대비하는 것이 좋다.

상시근로자 300명 미만 사업장, **공사금액 120억원 미만인 건설업 사업장**(토목공사업는 150억원 미만 사업장)의 경우에는 안전관리자, 보건관리자 및 안전보건관리담당자는 다른 업무와 **겸직이 가능**하다. 다만, 업무를 겸직하는 경우에도 고용노동부의 별도 고시에 따른 일정 기준 이상의 **안전·보건 업무 수행시간을 보장**하여야 한다.

또한 사업 또는 사업장의 안전·보건에 관한 사항에 대해 다양한 방법으로 종사자의 **의견 청취 절차**를 마련하고, 그 절차에 따라 의견을 들어 재해예방에 필요하다고 인정하는 경우에는 그에 대한 개선방안을 마련하여 이행하는지를 반기 1회 이상 **이행상황을 점검**한 후 필요한 조치를 해야 한다. 다만, 산업안전보건법에 따른 산업안전보건위원회 및 안전 및 보건에 관한 협의체49)에서 사업 또는 사업장의 안전·보건에 관하여 논의하거나

---

49) 산업안전보건위원회는 사업장에서 근로자의 위험 또는 건강장해를 예방하기 위한 계획 및 대책 등 산업안전·보건에 관한 중요한 사항에 대하여 노사가 함께 심의·의결하기 위한 기구로서 근로자위원과 사용자위원이 같은 수로 구성되어야 하고, 위 법 제64조의 도급인의 안전 및 보건에 관한 협의체는 도급인과 수

심의·의결한 경우에는 해당 종사자의 의견을 들은 것으로 본다.

건설업의 경우 공사금액 120억원 이상(토목공사업은 150억원 이상)인 경우 산업안전보건위원회를 구성해야 한다.50) 산업안전보건법 제75조의 건설공사의 안전 및 보건에 관한 협의체(이하 '노사협의체'라 함)는 공사금액이 120억원(토목공사업은 150억원 이상)인 건설공사 도급인이 해당 건설공사 현장에 근로자위원과 사용자위원을 같은 수로 구성·운영하는 노사협의체를 말한다. 정기회의는 2개월마다 노사협의체의 위원장이 소집하며 임시회의는 위원장이 필요하다고 인정할 때에 소집한다.

사업·사업장에 중대산업재해가 발생하거나 발생할 급박한 위험이 있을 경우를 대비하여 법에서 정한 조치에 관한 매뉴얼을 마련하고, 해당 매뉴얼에 따라 조치하는지를 반기 1회 이상 점검한다. 매뉴얼에는 **작업중지**51), 근로자 대피, 위험요인 제거 등 대응조치, 중대산업재해를 입은 사람에 대한 구호조치, 추가 피해방지를 위한 조치사항52)이 포함돼야 하고, 이를 조치에 응할 수 있는 종사자 전원에게 공유하여야 한다.

중대재해처벌법 시행 이후 중대재해 발생으로 고용노동부에서 작업중지명령을 내린 경우에도 이전과 동일하게 작업중지 해제를 신청하면 유해·위험요인의 개선, 안전·보건 필요 조치에 대하여 고용노동부에서 심의하고 있으니 적극적으로 활용하면 된다.53) 다만, 중대재해법 적용사고가 발생한 기업체는 현장 작업 근로자의 의견을 반영하여 좀 더 촘촘한 "사고재발 방지대책"을 세워야 한다. 작업중지 해제 절차는 신청과 해제 심사로 나뉜다. 먼저 사업주가 작업중지명령 해제신청서를 제출하여 사업장의 소재지를 관할하는 지방고용노동청에 작업중지의 해제를 요청하면, 지방고용노동청장은 심의위원회가 작업중지명령 대상 유해·위험업무에 대한 안전·보건조치가 충분히 개선되었다고 심의·의결하는 경우 즉시 작업중지명령의 해제를 결정한다.

또한 제3자에게 업무의 도급·용역·위탁 등을 하는 경우 종사자의 안전·보건을 확보하기 위해 기준과 절차를 마련하고, 그 기준과 절차에 따라 도급·용역·위탁 등이 이뤄지는지를 반기 1회 이상 점검해야 한다. 관련 기준과 절차는, 도급, 용역, 위탁 등을 받는

급인을 구성원으로 하여 운영하는 회의체이며, 같은 법 제75조의 건설공사의 안전 및 보건에 관한 협의체는 공사금액이 120억원 이상인 건설공사 도급인이 해당 건설공사 현장에 근로자위원과 사용자위원을 같은 수로 구성하여 운영하는 노사협의체로서 산업안전보건위원회와 동일한 사항을 심의·의결한다.
50) 제조업등은 상시근로자 50명 이상, 정보서비스업 등은 300명 이상, **기타 업종은 100명 이상인 경우**.
51) **사업주의 작업중지(제51조), 근로자 등 종사자의 작업중지권(제52조)**, 관리감독자의 작업중지권이 매뉴얼에 포함돼야 한다(법 시행령 제4조). 고용부장관은 중대재해가 발생하였을 때 작업중지를 명할 수 있다(제55조). 작업중지 명령은 사고 재발 방지를 위해 유해·위험 요인 개선 조치가 완료될 때까지 해당 작업을 중단시키는 조치이며, **해제는 개선 조치 확인 후 심의위원회를 거쳐 결정됨**.
52) 현장출입통제, 유사작업 중인 사업장에 대한 해당사항 공유, 원인분석 및 재발방지 대책 마련 등 포함
53) 2022. 3. 10. 고용노동부, 언론보도설명자료, "(설명) 서울경제 '형사처벌 강화에...작업중지 전면해제 신청 0'. <https://moel.go.kr/news/enews/explain/enewsView.do?news_seq=13318, 2022. 4. 13. 방문>.

자의 산업재해 예방을 위한 조치 능력과 기술에 관한 평가기준·절차, 도급, 용역, 위탁 등을 받는 자의 **안전·보건을 위한 관리비용**54)**에 관한 기준**, 건설업·조선업의 경우 도급·용역·위탁 등을 받는 자의 **안전·보건을 위한 공사기간 또는 건조기간에 관한 기준**55)**을 말한다.**

특히 건설업·조선업의 경우 비용절감 등을 목적으로 안전·보건에 관한 사항은 고려하지 않은 채 공사기간·건조기간을 정해서는 안 되며 기상 상황, 중대재해가 발생할 급박한 위험 상황 등 돌발 사태 등을 충분히 고려하여 기간에 관한 기준을 마련하여야 한다. 과도하게 짧은 기간을 제시한 업체는 선정하지 않도록 하는 항목도 기준에 포함하는 것이 좋다.56) 법 시행령 제5조 제2항 제3호 "안전·보건 관계법령에 따른 교육실시 점검"의 경우에는 전문기관 등에 위탁해 실시할 수 있다는 규정을 두고 있지 않으므로 사업 또는 사업장 내에서 자체적으로 점검할 필요가 있다.

한편 개인사업주·경영책임자등은 법 시행령 제4조의 안전보건관리체계의 구축 및 이행 조치에 관한 사항, 법 시행령 제5조의 안전·보건·관계법령의 의무이행에 필요한 관리상의 조치 등의 이행사항을 서면(전자문서 포함)으로 작성하여 5년간 보관하여야 한다. 다만 소상공인은 서면 보관 의무가 면제된다.57) 만약 전자문서로 보관하는 경우 전자문서의 최종 결재를 개인사업주 또는 경영책임자등이 직접 하여야 한다.

나. 대책 수립·이행 조치, 관리상 조치

(1) 재해 발생 시 재발방지 대책의 수립 및 그 이행에 관한 조치

개인사업주 또는 경영책임자등은 재해 발생 시 사업 또는 사업장의 특성·규모 등을 고려하여 재발방지 대책을 수립하고 이행될 수 있도록 하고, 사업 또는 사업장에 재해가 발생하면 그 원인을 조사함은 물론 그 결과를 분석하고 보고를 받아야 하며, 향후 재발방지를 위한 현장실무자와 안전·보건에 관한 전문가 등의 의견을 듣는 등의 절차를 거쳐 재해 원인의 근본적 해소를 위한 체계적 대응조치를 마련하여 실행하여야 한다. 이때 재해는 반드시 중대산업재해만을 의미하는 것은 아니고 **경미하더라도 반복되는 산업재해도 포함하는** 개념이다. 사소한 사고도 반복되면 큰 사고로 이어질 위험이 있으므로 경미한 산업재해라 하더라도 그 원인분석 및 재발방지 조치를 통해 중대 산업재해를 초기

---

54) 수급인이 사용하는 시설·설비·장비 등에 대한 안전조치, 방호조치에 필요한 비용, 종사자의 개인보호구 등 안전 및 보호 확보를 위한 금액 등.
55) **수급인 종사자의 산업재해 예방을 위해 안전하게 작업할 수 있는 충분한 작업기간을 고려한 계약기간**.
56) 고용노동부, 앞의 해설서 93면 참조.
57) 소상공인기본법 제2조 제1항에 따른 소상공인은 상시근로자 수가 광업·제조업·건설업 및 운수업은 10명 미만, 그 외의 업종은 5명 미만인 경우를 말한다.

에 예방할 필요가 있다.58) 또한 개인사업주 또는 경영책임자등은 재해가 발생한 경우 이를 보고 받는 절차를 마련하고 재해발생 사실을 보고 받은 때 재해 재발방지 대책을 수립하도록 지시하거나 이를 제도화하여야 한다.

재해 발생 시 재발방지 대책 수립은 이미 **발생한 재해에 관한 사후 조치**를 전제로 하는 것으로서 발생한 **재해 조사와 결과 분석**, 현장 담당자 및 전문가의 의견 수렴 등을 통해 **유해 위험요인과 발생 원인을 파악**하고 동일 유사한 재해가 발생하지 않도록 파악된 **유해·위험요인별 제거 대체 및 통제 방안을 검토하여 종합적인 개선 대책을 수립**하는 일련의 조치를 말한다.

(2) 개선·시정 등 명령 이행, 의무이행에 필요한 관리상 조치

개인사업주 또는 경영책임자등은 중앙행정기관 지방자치단체가 종사자의 안전·보건상 유해 또는 위험을 방지하기 위해 관계법령상의 개선 또는 시정을 명하였다면 이를 이행하여야 한다. 중앙행정기관, 지방자치단체가 개선·시정을 명한 사항이 이행되지 않은 경우에는 해당 법령에 따른 처분과는 별개로 개선·시행 명령의 미이행으로 인해 중대산업재해가 발생하였다면 법 제6조에 따른 처벌대상이 될 수 있다.59)

또한 개인사업주 또는 경영책임자등은 종사자의 안전 및 보건 확보를 위해 안전·보건 관계법령상 의무가 이행되도록 관리하여야 한다. 해당 법령상 의무 미이행에 대한 제재·처분이 이루어지는 것과는 별개로 법 시행령에서 정한 구체적인 관리상 조치가 제대로 이루어졌는지를 살펴 중대재해처벌법령상 의무를 이행하였는지 판단한다. 개인사업주 또는 **경영책임자등은 안전·보건 관계법령**60)**에 따른 의무이행 여부를 반기 1회 이상 직접 점검**하거나 안전·보건 관계법령에 따라 중앙행정기관의 장이 지정한 **기관 등에 위탁하여 점검**하는 경우 등 자신이 직접 점검하지 않은 경우에는 점검이 끝난 후 지체없이 결과를 보고 받아야 하며, 점검 결과 안전·보건 관계법령에 따른 의무가 이행되지 않은 사실이 확인되는 경우에는 인력의 배치, 예산의 추가 편성 집행 등 안전·보건 관계법령에 따른 의무 이행에 필요한 조치를 하여야 한다.

---

58) 하인리히 법칙 (Heinrich's Law) : 사고 발생의 법칙은 주로 하인리히 법칙으로 알려져 있으며, '1:29:300 법칙'으로 불린다. 이 법칙은 한 건의 중대 사고가 발생하기 전에, 29건의 경미한 사고와 300건의 징후 또는 잠재적 위험 요인이 존재한다는 것을 의미한다. 즉, 사소한 문제나 징후를 간과하지 않고 해결하면 큰 사고를 예방할 수 있다.

59) 산안법 제56조(중대재해 원인조사 등) ① 고용노동부장관은 중대재해가 발생하였을 때에는 그 원인 규명 또는 산업재해 예방대책 수립을 위하여 그 발생 원인을 조사할 수 있다. ② 고용노동부장관은 중대재해가 발생한 사업장의 사업주에게 안전보건개선계획의 수립·시행, 그 밖에 필요한 조치를 명할 수 있다.

60) 산업안전보건법, 광산안전법, 원자력안전법, 항공안전법, 선박안전법, 폐기물관리법, 생활물류서비스산업발전법, 생활주변방사선안전관리법, 선원법, 연구실안전법, 기타 개별 법조문에서 직접적으로 근로자 등에 대한 안전보건확보를 규정한 경우.

개인사업주 또는 경영책임자등은 **안전·보건 관계법령에 따라 의무적으로 실시해야 하는 유해·위험한 작업에 관한 안전·보건에 관한 교육이 실시되었는지를 반기 1회 이상 점검**하거나 직접 점검하지 않은 경우에는 점검이 끝난 후 지체없이 점검 결과를 보고 받아야 하며, 유해·위험한 작업에 관한 안전·보건에 관한 교육 실시 여부에 대한 점검 또는 보고를 받은 결과 실시되지 않은 교육에 대해서는 지체없이 그 이행의 지시 예산의 확보 등 교육 실시에 필요한 조치를 하여야 한다.

다. 안전보건관리체계 구축 사례

(1) 안전보건 목표 및 경영방침 설정 (예시)

안전보건 증진·유지를 핵심적인 경영방침으로 정하고, 사내 게시판 등에 게시하여 모든 구성원이 인지하도록 조치한다. 이를 실천하기 위하여 안전보건 조직의 제안이 원활하게 이행될 수 있도록 조직체계를 구성하고 적절한 예산을 배정한다. 또한 조직내 종사자들이 안전보건에 관심을 가지고 참여할 수 있도록 독려하고, 적극적인 참여자에 대해서는 인센티브를 부여하여 긍정적인 분위기를 조성하는 것이 좋다.

안전보건경영방침

OOO은 OOO 종사자와 OOO을 방문하는 **의 생명과 안전을 지키기 위하여 안전보건을 최우선 가치로 정하고, 모든 OOO 종사자가 안전한 환경에서 근무할 수 있도록 다음과 같이 안전보건경영방침을 수립하여 성실히 수행한다.

1. 빈틈없는 안전보건관리체계를 구축하고, 주기적 점검·개선 활동을 통해 재해예방에 앞장선다.
2. 안전보건 증진·유지는 모든 경영자와 관리자의 기본적인 업무임을 인지한다.
3. OOO 종사자들과 지속적인 소통과 협력을 통해 안전한 근무환경을 만들기 위해 최선을 다한다.
4. **의 생명과 안전을 지키는 ****으로서 사회적 책무를 다하고 안전 문화 확산을 위해 노력한다.

2025. 3. 20.

OOO 대표이사

(2) 중대재해처벌법 전담조직 설치·운용 (예시)

(가) 개요

중대재해처벌법 시행령 제4조 제2호에서는 안전보건 업무를 총괄·관리하는 전담조직 설치 의무를 부과하고 있다. 즉 상시근로자 수가 500인 이상이고, 산업안전보건법에 따라 두어야 하는 안전보건 전문인력(안전관리자, 보건관리자, 산업보건의 등)의 합이 3명 이상이면 전담조직 설치 대상이다(법 시행령 제4조 제2호).

(나) 전담조직 설치(중대재해관리팀)

전국을 대상으로 운영되는 회사의 경우 최소 3명(상무 1, 부장 1, 차장 1) 이상의 중대재해전담 인원이 필요한데, 전담 조직은 타 업무와 겸업이 금지된다.

(다) 전담조직 업무

첫째, 매뉴얼 작성 등이 필요하다. 이에는 중대재해처벌법 및 산업안전보건법 등 관계법령에 따른 규정, 매뉴얼 작성, 관리 등이 있다.

둘째, 안전관리자 채용 등 검토를 해야 한다. 안전보건 전문인력(안전관리자, 보건관리자, 산업보건의 등)의 채용 또는 위탁 계약 등 검토가 필요하다.

셋째, 컨트롤타워 기능을 갖추어야 한다. 이는 안전보건관리체계를 관리·감독하는 등 경영책임자를 보좌하고, 안전보건에 관한 컨트롤타워로서의 역할을 수행한다.

넷째, 안전 및 보건 확보의무를 이행해야 한다.

---

① 재해예방에 필요한 **안전보건관리체계의 구축 및 이행**
② 재해 발생 시 재발 방지대책의 수립 및 이행
③ 중앙행정기관·지방자치단체가 관계법령에 따라 개선·시정 등을 명한 사항의 이행
④ 안전보건 관계법령에 따른 의무이행에 필요한 관리상의 조치

세부 업무 내용은 다음과 같다.

① 안전보건 목표와 경영방침의 설정, ② 안전보건 업무를 총괄·관리하는 전담 조직 설치, ③ 유해·위험요인 확인·개선 절차 마련, 점검 및 필요한 조치, ④ 재해예방에 필요한 안전보건에 관한 인력·시설·장비 구비와 유해·위험요인 개선에 필요한 예산 편성 및 집행, ⑤ 안전보건관리책임자 등의 충실한 업무수행 지원 (권한과 예산 부여, 평가기준 마련 및 평가·관리), ⑥ 산업안전보건법에 따른 안전관리자, 보건관리자 등 전문인력 배치, ⑦ 종사자 의견 청취 절차 마련, 청취 및 개선방안 마련·이행 여부 점검, ⑧ 중대산

업재해 발생 시 조치 매뉴얼 마련 및 조치 여부 점검, ⑨ 도급, 용역, 위탁 시 산재 예방조치 능력 및 기술에 관한 평가기준·절차 및 관리비용, 업무수행기관 관련 기준 마련·이행 여부 점검 등이 있다.

(라) 운용 내용

전담인력 3명은 상무 1명, 부장 1명, 과장 1명이며, 업무 개시 일자는 2025. 1. 24.(월)이고, 담당자 업무 분담은 아래와 같다.

구분	업무	인원
상무 (팀장)	○ 안전보건에 관한 업무 총괄 ○ 안전보건의 조직관리에 관한 사항 ○ 안전보건 목표와 경영방침의 설정 점검 ○ 안전보건관리체계의 구축 및 이행 점검 ○ 안전보건 관계법령에 따른 의무이행에 필요한 관리상의 조치 점검	1
담당1 (부장)	○ 재해예방에 필요한 예산 편성 및 집행 ○ 유해·위험요인을 확인 및 개선하는 업무절차 점검 ○ 재해 발생 시 조치 매뉴얼 마련 및 조치 여부 점검 ○ 도급, 용역, 위탁 등의 경우 종사자의 안전 및 보건 확보를 위한 조치 점검	1
담당2 (과장)	○ 안전관리자, 보건관리자, 산업보건의 등 전문인력 채용 및 배치 ○ 종사자 의견 청취 절차 마련, 의견에 따른 개선방안 등 이행 여부 점검 ○ 안전보건에 관한 교육 ○ 산업안전보건위원회	1

※ 이상의 조치 등의 이행에 관한 사항은 서면(전자서면 포함)으로 작성하여 조치 등 이행한 날로부터 5년간 보존

(3) 안전보건 전문인력 배치

(가) 개요

산업안전보건법상 안전보건 전문인력 선임 의무 및 안전보건관리책임자 지정 등을 위해 전국 단위의 사업장을 구분하고 전문인력을 배치한다.[61]

---

[61] 중대재해처벌법 시행령 제4조 제6호 : 산업안전보건법 제17조부터 제19조까지 및 제22조에 따라 정해진 수

(나) 사업장 판단기준

일차적으로 장소적 독립성 여부로 판단하고, 사업장마다 인사·노무관리·회계가 독립적으로 운영되는지를 기준으로 판단한다.

(다) 사업장 구분

OO과 **을 분리하고, ** 이하의 사무소를 하나의 사업장으로 구분(고용노동부와 동일)하였다. 일부 OO과 **이 장소의 동일성이 인정되나, 소속 현업업무종사자에 대한 사용자가 다른 점, 법상 OO과 **의 업무를 구분하는 점 등을 근거로 **을 독립적인 사업장으로 본다.62)

○ 안전보건관리책임자 등 선임자격 및 주요 업무

자격 및 주요업무

구 분	적용사업장	선임대상/자격	주요 업무
안전보건관리책임자	현업종사자 100인 이상	사업장을 실질적으로 총괄·관리하는 사람	- 산업재해 예방계획 수립 등 안전 및 보건에 관한 업무 총괄 - 안전관리자, 보건관리자 지휘·감독
관리감독자	현업종사자 1인 이상	사업장 소속 직원을 직접 지휘·감독하는 사람	- 작업과 관련된 설비의 안전보건 점검 및 조치 지시 - 위험성평가 관련 위험요인 파악 및 개선
안전관리자	현업종사자 50인 이상	관련 자격증 또는 학위 취득자 등	- 위험성평가, 안전교육 등에 대한 조언 및 보좌 - 산재 발생 원인 및 재발방지에 대한 조사·분석 ※ 현업종사자 300명 미만 전문기관 위탁가능
보건관리자	현업종사자 50인 이상	관련 자격증 또는 학위 취득자 등	- 위험성평가, 보건교육 등에 대한 조언 및 보좌 - 가벼운 부상에 대한 치료, 응급처치 등 의료행위 ※ 현업종사자 300명 미만 전문기관 위탁가능
산업보건의	현업종사자 50인 이상	직업환경 또는 예방의학 전문의	- 건강진단 결과 검토 및 근로자 건강보호 조치 - 건강장해 원인조사 및 재발방지 조치 ※ 의사를 보건관리자로 선임한 경우, 보건관리자 업무를 전문기관에 위탁한 경우 선임하지 않을 수 있음

이상의 안전관리자, 보건관리자, 안전보건관리담당자 및 산업보건의를 배치할 것.
62) **과 하부 **의 장소적 독립성이 인정되나, 하부 **의 경우 소속 현업업무종사자의 수가 현저히 적고, 인사·노무관리·회계의 독립성을 인정하기 어려운 점 등을 근거로 **과 동일한 사업장으로 봄.

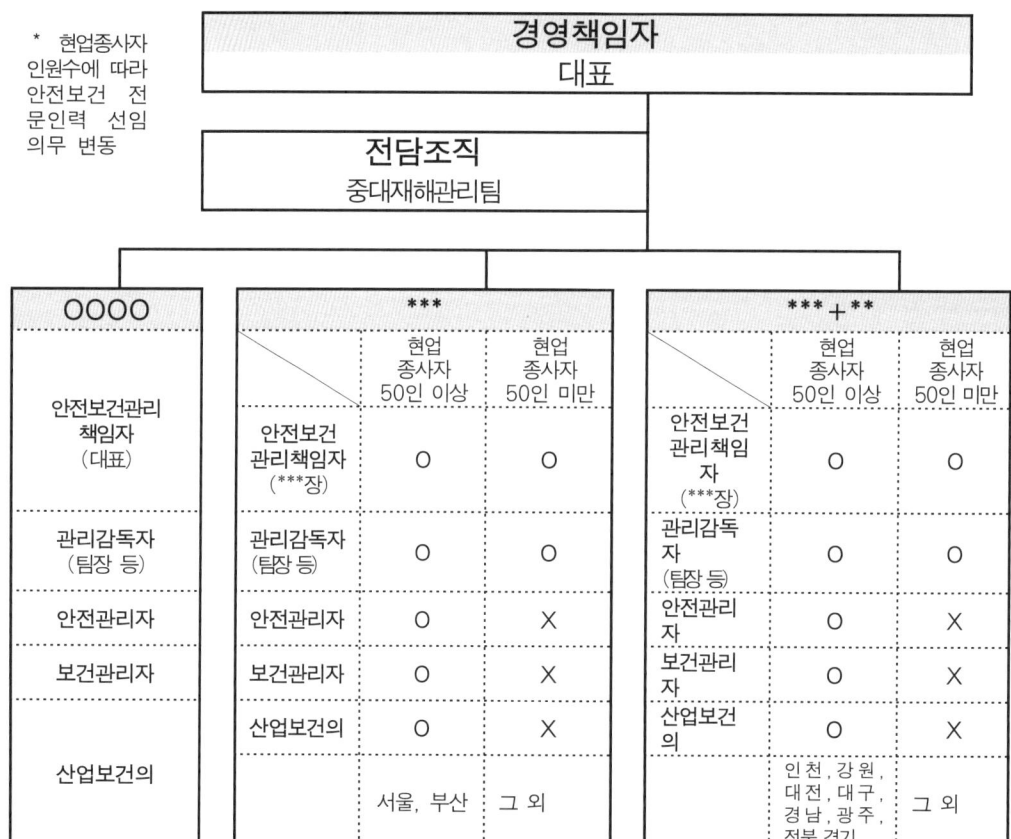

(라) 조치사항

안전보건관리책임자는 각 회사 현업종사자 인원이 법정기준(100인 이상)에 미치지 못하더라도 통일적인 안전보건체계 구축을 위해 본부를 비롯한 모든 ○○와 **에 1인씩 지정하였다. 현업종사자 50인 이상인 본부, 서울, 경기, 인천·강원·대전·대구·경남·광주·전주·경기는 안전보건 전문인력(안전관리자, 보건관리자, 산업보건의)을 선임 또는 위탁 추진하였다.63)

현업종사자 100인 이상인 본부, 서울사무소는 산업안전보건위원회를 구성하였다.64)

---

63) 현업종사자 50인 미만인 경우에도 기관 사정에 따라 안전보건 전문인력 선임 또는 위탁 가능하다.

[본부, OO, ** 단위 사업장 구분]

기관명	공무	보안	시설관리	환경관리	시설경비	합계
본부	12	15	29	32	18	106
본부소속(OO관)	0	0	4	4	3	11
안전보건관리책임자 1명(사장), 관리감독자 4명(OO팀장, OO차장, OO부장, OO상무) 안전관리자 1명, 보건관리자 1명						117
서울OO	5	15	37	53	29	139
안전보건관리책임자 1명(본부장), 관리감독자 2명(OO팀장, OO차장), 안전관리자 1명, 보건관리자 1명						139
대전OO	3	5	13	14	10	45
안전보건관리책임자 1명(본부장), 관리감독자 1명(안전팀장)						45
대구OO	3	4	9	12	10	38
안전보건관리책임자 1명(본부장), 관리감독자 1명(안전팀장)						38
부산OO	4	5	22	24	12	67
안전보건관리책임자 1명(본부장), 관리감독자 1명(안전팀장), 안전관리자 1명, 보건관리자 1명						67
광주OO	4	4	14	13	10	45
안전보건관리책임자 1명(본부장), 관리감독자 1명(안전팀장)						45
경기OO	3	5	0	0	13	21
안전보건관리책임자 1명(본부장), 관리감독자 1명(안전팀장)						21
서울**	21	0	0	0	0	21
안전보건관리책임자 1명(본부장), 관리감독자 1명(안전팀장)						21
서울동부**	7	3	13	18	7	48
안전보건관리책임자 1명(본부장), 관리감독자 1명(안전팀장)						48
서울남부**	8	3	9	14	8	42
안전보건관리책임자 1명(본부장), 관리감독자 1명(안전팀장)						42
서울북부**	8	3	11	16	6	44
안전보건관리책임자 1명(본부장), 관리감독자 1명(안전팀장)						44
서울서부**	6	3	6	11	6	32
안전보건관리책임자 1명(본부장), 관리감독자 1명(안전팀장)						32
경기북부**	8	2	2	7	6	25
경기북부1	3	1	1	8	3	16
안전보건관리책임자 1명(본부장), 관리감독자 2명(안전팀장)						41
인천**	8	3	14	19	10	54
인천서부**	3	2	2	8	4	19
안전보건관리책임자 1명(본부장), 관리감독자 2명(안전팀장), 안전관리자 1명, 보건관리자 1명						73
강원**	4	2	0	3	4	13
강원1	2	2	0	4	2	10
강원2	2	2	0	4	3	11
강원3	2	2	2	3	1	10
강원4	2	2	0	1	1	6
안전보건관리책임자 1명(본부장), 관리감독자 5명(안전팀장), 안전관리자 1명, 보건관리자 1명						50
대전**	6	0	0	0	0	6
대전1	2	2	0	4	2	10
대전2	2	2	0	3	1	8
대전3	1	3	0	1	1	6
대전4	2	2	0	3	2	9
대전5	2	2	4	8	3	19

---

64) 이상의 조치 등의 이행에 관한 사항은 서면(전자서면 포함)으로 작성하여 조치 등 이행한 날로부터 5년간 보존한다.

기관명	공무	보안	시설관리	환경관리	시설경비	합계
안전보건관리책임자 1명(본부장), 관리감독자 6명(안전팀장), 안전관리자 1명, 보건관리자 1명						58
충북**	5	2	7	9	5	28
충북1	2	2	0	2	1	7
충북2	2	2	0	1	1	6
충북3	2	1	0	3	2	8
안전보건관리책임자 1명(본부장), 관리감독자 4명(안전팀장)						49
대구**	7	0	0	0	0	7
경북1	2	2	0	3	1	8
경북2	2	2	0	2	2	8
경북3	2	2	0	4	2	10
경북4	2	1	0	4	2	9
경북5	2	2	0	3	1	8
경북6	2	1	0	1	2	6
경북7	2	1	0	3	2	8
대구서부***	3	2	5	8	4	22
안전보건관리책임자 1명(본부장), 관리감독자 9명(안전팀장), 안전관리자 1명, 보건관리자 1명						86
부산**	10	0	0	0	0	10
부산1***	4	2	2	5	3	16
부산2***	3	0	6	9	4	22
안전보건관리책임자 1명(본부장), 관리감독자 3명(안전팀장)						48
울산**	5	2	8	14	7	36
안전보건관리책임자 1명(본부장), 관리감독자 1명(00부장)						36
경남**	7	4	1	6	6	24
경남서부***	2	2	0	3	2	9
경남1	2	2	2	4	2	12
경남2	2	2	0	3	2	9
경남3	2	2	0	2	1	7
경남4	2	2	0	1	1	6
안전보건관리책임자 1명(본부장), 관리감독자 6명(안전팀장), 안전관리자 1명, 보건관리자 1명						67
광주**	7	0	0	0	0	7
전남1	2	2	1	5	3	13
전남2	2	2	0	1	1	6
전남3	4	2	3	5	4	18
전남4	2	2	0	1	1	6
안전보건관리책임자 1명(본부장), 관리감독자 5명(안전팀장), 안전관리자 1명, 보건관리자 1명						50
전북**	7	3	5	8	5	28
전북1	1	2	2	3	3	11
전북2	3	2	0	3	1	9
전북3	1	2	0	1	1	5
안전보건관리책임자 1명(본부장), 관리감독자 4명(안전팀장), 안전관리자 1명, 보건관리자 1명						53
제주**	5	2	4	4	5	20
안전보건관리책임자 1명(본부장), 관리감독자 1명(00부장)						20
경기남부**	8	0	0	0	0	8
경기남부1	4	2	0	6	4	16
경기남부2	2	2	1	4	3	12
경기남부3	3	2	1	4	2	12
경기남부4	4	2	2	8	5	21
경기남부5	3	2	5	7	3	20
안전보건관리책임자 1명(본부장), 관리감독자 6명(안전팀장), 안전관리자 1명, 보건관리자 1명						89

(4) 유해·위험요인 확인·개선 절차

(가) 목적

안전보건관리체계 구축 의무 중 유해·위험요인 개선 업무절차 마련 및 해당 절차에 따른 확인·개선 여부 점검 규정에 따라 유해·위험요인 개선 절차 및 점검 방안 등을 마련함으로써 재해를 예방하고 지속적으로 개선·관리하는데 그 목적이 있다.

(나) 관련 근거

법 제4조 제1항, 제9조, 법 시행령 제4조 제3호, 제10조 제7호가 이에 해당한다.

> **법 제4조 제1항** 사업주 또는 경영책임자등은 사업주나 법인 또는 기관이 실질적으로 지배·운영·관리하는 사업 또는 사업장에서 종사자의 안전보건상 유해 또는 위험을 방지하기 위하여 그 사업 또는 사업장의 특성 및 규모 등을 고려하여 다음 각 호에 따른 조치를 하여야 한다.
> 　1. 재해 예방에 필요한 인력 및 예산 등 안전보건관리체계의 구축 및 그 이행에 관한 조치
> **법 제9조 제1항** 사업주 또는 경영책임자등은 사업주나 법인 또는 기관이 실질적으로 지배·운영·관리하는 사업 또는 사업장에서 생산·제조·판매·유통 중인 원료나 제조물의 설계, 제조, 관리상의 결함으로 인한 그 이용자 또는 그 밖의 사람의 생명, 신체의 안전을 위하여 다음 각 호에 따른 조치를 하여야 한다.
> 　1. 재해 예방에 필요한 인력·예산·점검 등 안전보건관리체계의 구축 및 그 이행에 관한 조치
> **법 시행령 제4조** 법 제4조 제1항 제1호에 따른 조치의 구체적인 사항은 다음과 같다
> 　3. <u>사업 또는 사업장의 특성에 따른 유해·위험요인을 확인하여 개선하는 업무절차를 마련하고, 해당 업무절차에 따라 유해·위험요인의 확인 및 개선이 이루어지는지를 반기 1회 이상 점검한 후 필요한 조치를 할 것</u>. 다만, 「산업안전보건법」 제36조에 따른 위험성평가를 하는 절차를 마련하고, 그 절차에 따라 위험성평가를 직접 실시하거나 실시하도록 하여 실시 결과를 보고받은 경우에는 해당 업무절차에 따라 유해·위험요인의 확인 및 개선에 대한 점검을 한 것으로 본다.
> **법 시행령 제10조** 법 제9조 제2항 제1호에 따른 조치의 구체적인 사항은 다음 각 호와 같다.
> 　7. <u>중대시민재해 예방을 위해 다음 각 목의 사항이 포함된 업무처리절차를 마련하여 이행할 것</u>(단서 생략). 가. 공중이용시설 또는 공중교통수단의 유해·위험요인의 확인·점검에 관한 사항

> ○ 유해·위험요인을 확인·개선하는 업무절차의 마련
> 　- 경영책임자등은 업무처리 절차가 체계적으로 마련되도록 함은 물론 각 사업장에서 그 절차가 실효성 있게 작동하고 있는지를 주기적으로 점검하고 확인하도록 하는 규정을 마련하는 등 일정한 체계를 구축하여야 함
> ○ '유해·위험요인의 확인 및 개선이 이루어지는지'를 반기 1회 이상 점검
> 　- 경영책임자등은 각각의 사업장에서 위 업무절차에 따라 유해·위험요인을 확인하고, 확인된 유해·위험요인을 제거·대체·통제 등 개선조치가 이루어지고 있는지를 점검하여야 함
> ○ 유해·위험요인의 확인·개선에 대한 점검 후 필요한 조치
> 　- 기관은 유해·위험요인의 확인 및 개선의 이행에 대한 점검에 그치는 것이 아니라, 점검 후 개선 조치가 제대로 이행되지 않은 경우에는 개선될 수 있도록 필요한 조치를 하여야 함

(다) 유해·위험요인 확인·개선 절차

1) 유해·위험요인 확인 및 개선 절차 마련

가) 기본방향

○ 안전보건관리책임자는 점검팀을 통한 유해·위험요인 확인
  - 점검팀이 작업장 순회 점검을 통하여 직접 확인
○ 확인된 유해·위험요인에 따른 개선방안 마련
  - 유해·위험요인의 위험성을 추정하여 개선방안 마련 및 시행

나) 유해·위험요인 확인 방안

○ (의의) 본부/지역본부에 각 점검팀을 구성하여 유해·위험요인 등 파악
○ (명칭) '유해·위험요인 점검팀'(가칭)
○ (구성) 관리감독자, 담당직원, 종사자 및 안전관리자를 포함하여 3명 내외
○ (점검대상) 본부/지방사무소
○ (점검시기) 분기 1회(탄력적 운용 가능하나, 반기 1회 필수)
○ (점검방법) ① 본부 및 지방사무소에서 발생한 모든 '산업재해'와 '아차사고' 현황을 분석하여 유해·위험요인 파악하고, ② 본부 내 모든 기계·기구·설비를 파악하고 위험 유무를 점검한다.
○ (결과조치) 점검팀 운영을 통해 확인된 유해·위험요인에 대하여 간부회의 등을 활용하여 조치방안 결정. 지방사무소는 자체 안전보건관리책임자에게 보고
  ※ 유해·위험요인 확인 시 종사자는 수시로 의견 청취 절차를 통해 의견 제시
○ (기록 및 보존) 점검한 내용에 대하여 5년간 기록 및 보존

다) 유해·위험요인 개선방안

○ (의의) 파악된 유해·위험요인에 대하여 실제적 개선방안을 마련하여 실행함으로써 중대재해 예방
○ (대상) 허용 가능한 위험성이 아니라고 판단되는 요인
○ (목표) 위험요인을 허용 가능한 위험성 수준 이하로 감소
○ (기준) 사고발생의 가능성(빈도)과 중대성(강도)을 예측하여 위험 정도를 평가
○ (방법) 각 청 내에서 유해·위험요인을 제거·대체·통제할 수 있도록 방안을 마련하고 자체 해결이 어려울 경우 본부(중대재해관리팀)에 보고, 지방사무소는 본부(중대재해관리팀)에 보고
  - 위험요인별 개선방안을 결정 시 효과가 가장 높은 수단 선택을 원칙으로 함
  - 현실적인 이유로 근본적인 개선(제거·대체)이 어려운 경우에는 임시적인 방안(공학적·행정적 통제 및 개인 보호구)으로 관리

- 위험요인별 제거·대체 통제방안이 결정되면 자원(예산·인력 등) 배정방안도 마련 필요
- 개선방안이 확정되면 모든 구성원이 공유하고 이행
※ 필요한 경우 전문지식을 갖춘 사람, 안전관리자·보건관리자 등의 지도 및 조언을 받아 실시

○ (기록 및 보존) 실시내용에 대하여 유해·위험요인, 개선방안, 조치내용, 조치 결과를 기록하여 5년간 보존

2) 유해·위험요인 개선 여부 점검 및 조치

가) 목적

○ 유해·위험요인 파악 및 개선 절차를 마련하고 그에 따라 적절한 조치가 이루어지는지를 점검

나) 점검 대상 : 지역사무소

다) 시기

○ 반기 1회(중대재해 발생 우려 등 필요 시 수시 실시)

라) 주체 : 본부 중대재해관리팀

마) 점검방법

○ (서면점검) 지역사무소는 유해·위험요인 확인 및 개선 여부를 문서로 본부(중대재해관리팀)에 보고

- 점검시기 : 필요 시
- 점검인원 : 본부 중대재해관리팀
- 점검내용 : 유해·위험요인 개선 여부, 조치사항 점검 등

○ (현장점검) 서면점검 후 필요 시 본부 중대재해관리팀에서 직접 현장점검

바) 조치 방법

○ 서면점검 및 현장점검에서 유해·위험요인 확인·개선 절차에 하자 또는 운영과정상 미비점이 발견된 경우 본부 중대재해관리팀은 해당 본부 안전보건관리책임자에게 조치를 요구하고, 차회 점검 시 해당 각 지역사무소는 필수 현장점검 대상지로 지정하여 점검

3) 위험성평가[65] 실시(권장)

---

[65] 산업안전보건법에 근거한 위험성평가를 직접 실시하거나 결과를 보고 받은 경우 유해·위험요인 확인 및 개선에 대한 점검을 한 것으로 간주한다.

가) 개요 : 유해·위험요인을 파악하고 해당 유해·위험요인에 의한 부상 또는 질병의 발생 가능성(빈도)과 중대성(강도)을 추정·결정하고 그 결과에 따라 감소대책을 수립하여 실행하는 일련의 과정
나) 방법 : 안전관리자, 보건관리자의 지도 조언을 받아 안전보건관리책임자가 총괄하여 유해·위험요인을 파악·개선 조치를 시행하고, 기계·기구, 설비 등에 전문지식을 갖춘 사람을 참여시키고 위험성평가를 위한 체제를 구축한다.
다) 절차
○ 평가대상의 선정 등 사전 준비
  - 평가 목적 및 방법, 평가담당자 및 책임자 역할, 평가시기 및 절차, 유의사항, 결과의 기록·보존 관련 사항이 포함된 실시규정 작성
○ 유해·위험요인의 파악
  - 사업장 순회 점검, 청취조사, 안전보건 자료, 체크리스트 등의 방법 활용
○ 위험성 추정
  - 가능성(빈도)과 중대성(강도)을 조합하거나 더하는 등의 방법으로 추정
○ 위험성 결정
  - 결정 전 사업장 자체기준을 설정하고 위험성의 크기가 허용 가능한지 아닌지 판단
○ 위험성 감소대책 수립 및 실행
  - 사전에 자체 설정한 기준의 허용 가능한 위험성이 아니라고 판단되면 허용 가능한 위험성 수준으로 될 때까지 대책을 수립·실행
○ 기록 및 보존
  - 유해·위험요인, 위험성 결정 내용, 조치내용 등을 기록하여 5년간 보존
라) 실시 시기
○ 최초평가, 수시평가, 정기평가로 구분하여 실시(최초평가 및 정기평가는 전체 작업을 대상)
○ 정기평가는 최초평가 후 매년 정기적으로 실시
  - 위험성평가 지표, 수치 등은 첨부 표 참조
    ※ 이상의 점검 및 조치 등의 이행에 관한 사항은 서면(전자서면 포함)으로 작성하여 점검 및 조치 등 이행한 날로부터 5년간 보존

【위험성평가의 절차】66)

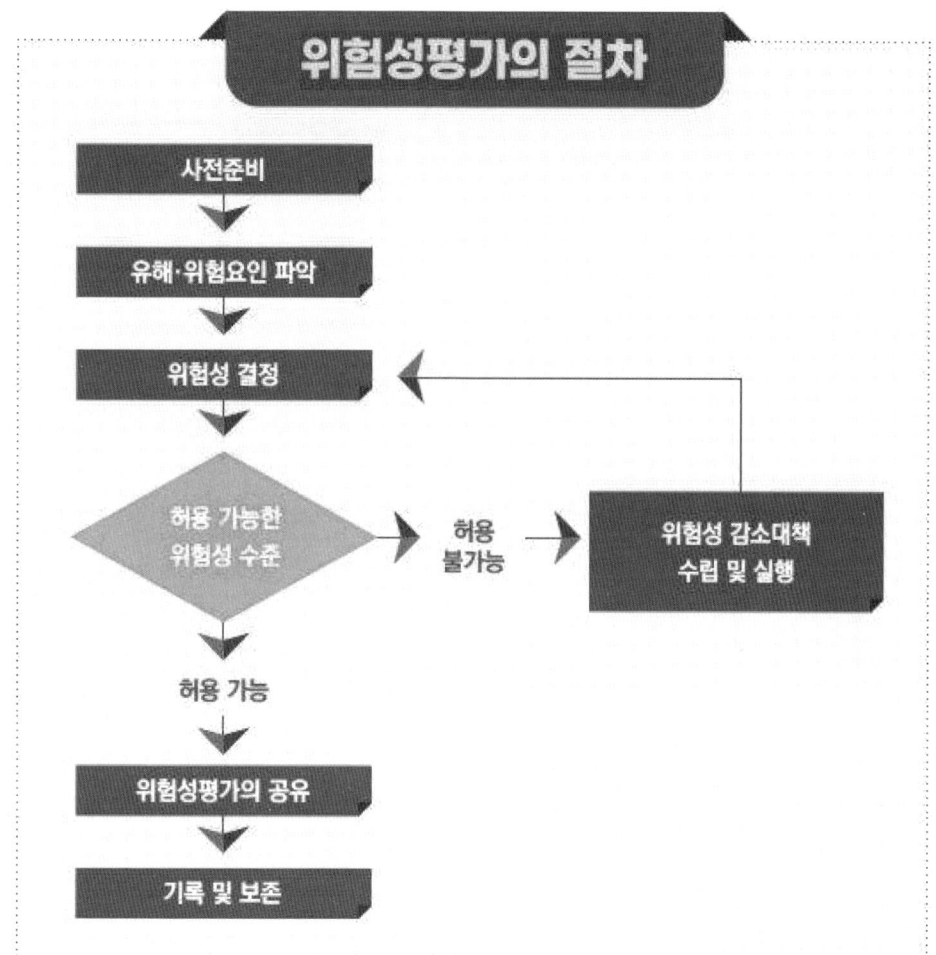

위험성평가의 절차는 ①사전준비, ②유해·위험요인 파악, ③위험성 결정, ④위험성 감소대책 수립 및 실행, ⑤위험성평가의 공유, ⑥기록 및 보존으로 구분.
*위험성평가의 절차를 마쳤다고 위험성평가가 종료되는 것은 아님.
*사업장의 유해·위험요인은 새로 생기기도 하고, 기존 유해·위험요인의 위험성이 변동하기도 하므로, 위험성평가는 사업장의 위험을 관리하기 위한 지속적인 과정에 해당함.
*유해·위험요인의 위험성이 사업장에서 허용 가능한 위험성 수준이 아닌 경우, 위험성 감소대책을 수립·실행하고 다시 위험성을 결정해야 함. 이때는 위험성이 허용 가능한 수준이 될 때까지 감소대책 수립과 실행이 반복되어야 함.

---

66) 고용노동부, 2023 새로운 위험성평가 안내서(2023-05-22) 참조.
<https://www.moel.go.kr/policy/policydata/view.do?bbs_seq=20230501085>.

〈표 1〉 산재사고의 발생 가능성(빈도)

구분	가능성		내용(예시)
최상	매우 높음	5	○ 피해가 발생할 가능성이 매우 높음 - 해당 안전대책이 되어 있지 않고, 표시·표지가 있어도 불비(不備)가 많으며, 안전수칙·작업표준 등도 없음
상	높음	4	○ 피해가 발생할 가능성이 높음 - 안전장치가 없거나 상당한 불비(不備)가 있고, 비상정지장치, 표시· 표지는 웬만큼 설치되어 있으며, 안전수칙·작업표준 등은 있지만 지키기 어렵고 많은 주의를 해야 함
중	보통	3	○ 부주의하면 피해가 발생할 가능성이 있음 - 안전장치 등은 설치되어 있지만, 불비(不備)가 있고, 위험영역 접근, 위험원과의 접촉이 있을 수 있으며, 안전수칙 등은 있지만 일부 준수하기 어려운 점이 있음
하	낮음	2	○ 피해가 발생할 가능성이 낮음 - 안전장치가 설치되어 있으며, 위험영역에의 출입이 곤란한 상태이고, 안전수칙 등이 정비되어 있고 준수하기 쉬우나, 피해의 가능성이 남아 있음
최하	매우 낮음	1	○ 피해가 발생할 가능성이 매우낮음 전반적으로 안전조치가 잘 되어 있음

〈표 2〉 산재사고의 중대성(강도)

구분	중대성		내 용
최대	사망 (장애발생)	4	사망 또는 영구적 근로불능으로 연결되는 부상·질병(업무에 복귀 불가능), 장애가 남는 부상·질병
대	휴업필요 부상/질병	3	휴업을 수반하는 중대한 부상 또는 질병(일정 시점에서는 업무에 복귀 가능(완치 가능))
중	휴업불필요 부상/질병	2	응급조치 이상의 치료가 필요하지만 휴업이 수반되는지 않는 부상 또는 질병
소	비 치료	1	처치(치료) 후 바로 원래의 작업을 수행할 수 있는 경미한 부상 또는 질병(업무에 전혀 지장이 없음)

〈표 3〉 위험성 추정표(예시)

가능성	중대성 단계	최대 단계 4	대 3	중 2	소 1
최상	5	20	15	10	5
상	4	16	12	8	4
중	3	12	9	6	3
하	2	8	6	4	2
최하	1	4	3	2	1

〈표 4〉 위험성 결정

위험성 크기		허용 가능 여부	개선방법
16-20	매우 높음	허용 불가능	즉시 개선
15	높음		신속하게 개선
9-12	약간 높음		가급적 빨리 개선
8	보통		계획적으로 개선
4-6	낮음	허용 가능	필요에 따라 개선
1-3	매우 낮음		

(6) 안전보건 예산 편성 및 집행

(가) 목적

재해예방을 위해서는 충분한 안전보건에 관한 인력, 시설 및 장비의 마련과 유해·위험요인의 개선이 필수적이며, 이를 위해서는 비용 지출이 수반될 수밖에 없으므로, 이에 상응하는 예산을 마련하고 그 용도에 맞게 집행되도록 하기 위함이다.

(나) 관련 근거

중대재해처벌법 제4조 제1항, 제9조 제2항 제1호, 동법 시행령 제4조 제5호, 제10조 제2호가 이에 해당한다.

> **법 제4조 제1항** 사업주 또는 경영책임자등은 사업주나 법인 또는 기관이 실질적으로 지배·운영·관리하는 사업 또는 사업장에서 종사자의 안전보건상 유해 또는 위험을 방지하기 위하여 그 사업 또는 사업장의 특성 및 규모 등을 고려하여 다음 각 호에 따른 조치를 하여야 한다.
> 1. 재해 예방에 필요한 인력 및 예산 등 안전보건관리체계의 구축 및 그 이행에 관한 조치
>
> **제9조 제2항** 사업주 또는 경영책임자등은 사업주나 법인 또는 기관이 실질적으로 지배·운영·관리하는 공중이용시설 또는 공중교통수단의 설계, 설치, 관리상의 결함으로 인한 그 이용자 또는 그 밖의 사람의 생명, 신체의 안전을 위하여 다음 각 호에 따른 조치를 하여야 한다.
> 1. 재해 예방에 필요한 인력·예산·점검 등 안전보건관리체계의 구축 및 그 이행에 관한 조치
>
> **시행령 제4조** 법 제4조 제1항 제1호에 따른 조치의 구체적인 사항은 다음과 같다
> 4. 다음 각 목의 사항을 이행하는 데 필요한 예산을 편성하고 그 편성된 용도에 맞게 집행하도록 할 것
>   가. 재해 예방을 위해 필요한 안전보건에 관한 인력, 시설 및 장비의 구비
>   나. 제3호에서 정한 유해·위험요인의 개선
>   다. 그 밖에 안전보건관리체계 구축 등을 위해 필요한 사항으로서 고용노동부장관이 정하여 고시하는 사항
>
> **제10조** 법 제9조 제2항 제1호에 따른 조치의 구체적인 사항은 다음 각 호와 같다.
> 2. 다음 각 목의 사항을 이행하는 데 필요한 예산을 편성·집행할 것
>   가. 법 제9조 제2항 제4호의 안전보건 관계법령에 따른 인력·시설 및 장비 등의 확보·유지와 안전점검 등의 실시
>   나. 제4호에 따라 수립된 안전계획의 이행
>   다. 그 밖에 공중이용시설 또는 공중교통수단과 그 이용자나 그 밖의 사람의 안전에 관하여 국토교통부장관이 정하여 고시하는 사항

(다) 안전보건 예산 편성 및 집행

1) 예산 편성 필요항목

가) 기본방향

재해예방에 충분한 안전보건에 관한 인력, 시설, 장비를 마련할 수 있도록 예산을 편성하고, 안전보건관리책임자 등이 예산편성 과정에 안전보건 관련 예산항목이 반영되었는지 점검한다.

> ① 설비 및 시설물에 대한 안전점검 비용
> ② 재해예방을 위해 필요한 인력(안전관리자, 보건관리자, 산업보건의 등)에 필요한 비용
> ③ 전담조직(본부 중대재해관리팀) 운용에 필요한 비용
> ④ 안전보건교육 훈련 비용
> ⑤ 안전관련 물품 및 보호구 등 구입 비용
> ⑥ 작업환경측정 및 건강검진 비용
> ⑦ 안전진단 및 관련 용역 비용
> ⑧ 유해·위험요인 확인 및 개선에 필요한 비용
> ⑨ 재해 및 질환 예방 비용
> ⑩ 안전보건 우수사례 포상 비용
> ⑪ 안전보건지원을 촉진하기 위한 홍보비용
> ⑫ 안전보건에 관한 종사자 의견 청취를 위해 필요한 비용
> ⑬ 도급, 용역, 위탁 업체에 대한 안전보건 조치 역량평가에 필요한 비용

나) 안전보건 예산 편성 필요항목

본부 중대재해관리팀은 본부 예산 편성과정에 위와 같은 항목이 편성되도록 의견을 제출할 수 있고, 이후 예산안에 편성 여부를 점검할 수 있도록 한다.

예산의 구체적인 규모는 당해 연도의 사정에 따라 다르므로 일률적인 금액으로 기준을 설정하기보다는 예산 편성에 안전보건 필요예산이 어떻게 분석되어 반영되었는지가 중요하다. 본부 중대재해관리팀이 매년 본부의 안전보건 관련 필요예산 소요를 파악하고, 예산안 편성 시 의견을 제시하고 점검한다.

2) 안전보건 예산 집행 및 점검

가) 기본방향
○ 안전보건 예산이 편성된 용도에 맞게 집행되도록 관리 필요

나) 예산의 집행
○ 안전보건에 관한 예산은 편성된 용도에 맞게 집행

다) 점검
○ 사용 후에는 영수증 등 증빙자료를 첨부하여 안전보건관리책임자에게 제출하고, 안전보건관리책임자는 검토 후 본부(중대재해관리팀)에 제출
 - 지역본부의 안전보건관리책임자는 용도 외 사용 등 부적정한 사용이 발견되는 경우 본부(중대재해관리팀)에 보고
 - 본부 중대재해관리팀은 경위 확인 후 대표님께 보고
 - 대표님은 사안의 경중에 따라 조치가능(징계건의 등)
 - 위 조치 시 비용집행자 및 해당 거래처에 소명 기회 부여
○ 본부 중대재해관리팀은 반기 1회 이상 예산집행 내역을 점검
 - 증빙자료 등이 부실하거나 용도 외 사용이 확인되는 경우에는 경위 확인 후 대표님께 보고(이하 대표님의 조치에 관한 절차는 위와 동일함)
 ※ 이상의 점검 및 조치 등의 이행에 관한 사항은 서면(전자서면 포함)으로 작성하여 점검 및 조치 등 이행한 날로부터 5년간 보존

(7) 안전보건관리책임자 등의 업무수행

(가) 목적

안전보건관리책임자 등에게 업무수행에 필요한 권한과 예산을 부여하고, 업무수행 평가기준을 마련하여 평가·관리함으로써 안전보건관리책임자 등이 산업안전보건법에서 규정한 업무를 충실히 수행할 수 있도록 조치하기 위함이다.

(나) 관련 근거

중대재해처벌법 제4조 제1항, 동법 시행령 제4조 제5호

(다) 안전보건관리책임자 등의 충실한 업무수행을 위한 조치

1) 안전보건관리책임자 등의 권한 부여

가) 기본방향

안전보건관리책임자가 수행하는 업무에 본부 종사자들이 적극적으로 협력할 수 있도록 권한을 부여하고, 안전보건관리책임자의 권한이 유지되고 본부 종사자들이 이행하고 있는지 정기적으로 점검한다.

나) 안전보건관리책임자 등의 권한

○ 안전보건관리책임자 등 : 안전보건관리책임자, 관리감독자, 안전보건총괄책임자

○ 관계법령상 안전보건관리책임자 등의 업무에 필요한 권한을 부여하고, 본부 종사자들은 그와 관련된 협조 요청, 지시사항을 적극적으로 이행하여야 함

〈안전보건관리책임자의 수행업무(산업안전보건법 제15조 제1항)〉

① 사업장의 산업재해 예방계획의 수립에 관한 사항
② 안전보건관리규정(산안법 제25조 및 제26조)의 작성 및 변경에 관한 사항
③ 근로자에 대한 안전보건교육(산안법 제29조)에 관한 사항
④ 작업환경의 점검 및 개선에 관한 사항
⑤ 근로자의 건강진단 등 건강관리에 관한 사항
⑥ 산업재해의 원인조사 및 재발 방지대책 수립에 관한 사항
⑦ 산업재해에 관한 통계의 기록 및 유지에 관한 사항
⑧ 안전장치 및 보호구 구입 시 적격품 여부 확인에 관한 사항
⑨ 위험성평가의 실시에 관한 사항
⑩ 안전보건규칙에서 정하는 근로자의 위험 또는 건강장해의 방지에 관한 사항

○ 관리감독자의 수행업무(산업안전보건법 제16조, 동법 시행령 제15조)

> ① 사업장 내 관리감독자가 지휘·감독하는 작업과 관련된 기계·기구 또는 설비의 안전보건 점검 및 이상 유무의 확인
> ② 관리감독자에게 소속된 근로자의 작업복·보호구 및 방호장치의 점검과 그 착용·사용에 관한 교육·지도
> ③ 해당 작업에서 발생한 산업재해에 관한 보고 및 이에 대한 응급조치
> ④ 해당 작업의 작업장 정리·정돈 및 통로 확보에 대한 확인·감독
> ⑤ 안전관리자, 보건관리자, 안전보건관리담당자, 산업보건의의 지도·조언에 대한 협조
> ⑥ 위험성평가를 위한 유해·위험요인의 파악 및 개선조치 시행에 참여

○ 안전보건총괄책임자의 업무(산업안전보건법 제62조 제3항, 동법 시행령 제53조)

> ① 위험성평가의 실시에 관한 사항
> ② 산업재해가 발생할 급박한 위험이 있는 경우 및 중대재해 발생 시 작업의 중지
> ③ 도급 시 산업재해 예방조치
> ④ 산업안전보건관리비의 관계수급인 간의 사용에 협의·조정 및 그 집행의 감독
> ⑤ 안전인증 대상기계 등과 자율안전확인 대상기계 등의 사용 여부 확인

○ 안전보건관리책임자 등의 협조 요청, 지시에 불이행하는 등 권한행사에 현저히 곤란한 사유가 발생 시 본부 중대재해관리팀에 보고한다. 본부 중대재해관리팀은 경위 확인, 조치사항 검토, 대표 보고 후 징계건의 등 조치 여부를 결정한다.

○ 안전보건관리책임자 등은 안전보건에 관한 제도개선, 적극협조 직원 등 우수사례를 대표님에게 포상을 건의하도록 한다(관련된 포상부문 신설 등 검토).

2) 안전보건 예산 편성

안전보건관리책임자 등이 권한행사를 위해 필요한 예산을 편성하는 것으로 예산편성 시 ① 설비 및 시설물에 대한 안전점검 비용, ② 안전보건교육 훈련 비용, ③ 안전관련 물품 및 보호구 등 구입 비용, ④ 작업환경측정 및 건강검진 비용, ⑤ 안전진단 및 관련 용역 비용, ⑥ 안전시설 개선 비용, ⑦ 재해 및 질환 예방 비용, ⑧ 안전보건 우수사례 포상 비용, ⑨ 안전보건지원을 촉진하기 위한 홍보비용을 고려한다.

또한 예산편성 시 위와 같은 내용이 반영되었는지 안전보건관리책임자 등이 점검할 수 있는 절차 마련

3) 업무수행 평가

가) 기본방향

○ 안전보건관리책임자 등이 충실한 업무수행을 하였는지 점검

나) 평가 시 고려해야 할 사항

> ① 재해발생 감소 및 안전보건교육 실적
> ② 유해·위험요인의 제거 및 감소 실적
> ③ 근로자 건강진단, 작업환경측정의 실시 및 조치내용
> ④ 근로자 의견에 대한 검토 및 반영사항
> ⑤ 안전보건 활동에 대한 우수사례 및 미흡한 사례 발굴 실적
> ⑥ 안전보건 홍보실적

○ 평가는 본부 중대재해관리팀이 반기 1회 이상 실시하고, 그 결과를 대표님께 보고한다.

다) 평가 결과에 대한 조치

○ 대표님은 평가 결과에 대하여 보고 받은 이후 안전보건관리책임자 등에 대한 필요한 조치를 할 수 있음(징계 건의, 담당자 교체 등)

○ 위 필요한 조치를 위해서는 안전보건관리책임자 등의 소명을 듣는 절차를 반드시 거쳐야 함

※ 이상의 점검 및 조치 등의 이행에 관한 사항은 서면(전자서면 포함)으로 작성하여 점검 및 조치 등 이행한 날로부터 5년간 보존

(8) 종사자 의견 청취

(가) 종사자 의견 청취 방법

(1) 기본방향

○ 종사자들의 다양한 의견 청취를 위하여 온/오프라인 창구 동시 운영

- (온라인) : 내부망 배너 설치(게시판으로 연결)
- (오프라인) : 의견 건의함 설치, 산업안전보건위원회, 노사협의회(보안직), 간담회 개최 등

(2) 세부추진방법

○ 내부망 배너 설치

배너명은 '안전보건 신고센터'(가칭)로 하고, 2022. 상반기 중 설치한다. 업무 시스템을 활용한 종사자 접근성 향상 및 메인화면 배너 생성으로 인한 홍보 효과 기대된다.

○ 의견 건의함 설치

건의함명은 '안전 제안함'(가칭)으로 하고, 각급 본부 종사자 작업장, 휴게실 등 접근이 용이한 장소에 설치(지역본부는 지역마다 의견 건의함 설치)한다. 또한 담당직원이 제안서 제출 여부를 쉽게 확인할 수 있도록 투명하게 제작하는 방안도 검토한다. 인터넷 사용없이 종사자가 현장에서 즉시 신고가 가능하고, 담당직원이 직접 확인함으로써 신속한 조치 가능한 장점이 있다.

○ 산업안전보건위원회

안전보건관리책임자와 종사자 상호 간의 의사소통을 통한 종사자의 안전보건 유지, 증진을 목적으로, 관리감독자, 현업종사자 등이 참석하고, 분기 1회 개최하며, 제안 의견 등 논의 사항 기록 유지 및 논의 결과 전 직원 공유한다. 현업종사자 100인 이상 사업장에서는 의무적으로 설치한다.

○ 노사협의회

사용자와 공무직 근로자 상호간의 의사소통을 통한 종사자의 복지증진을 목적으로 하여, 공무직 근로자의 인사·복무·노무를 관장하는 부서장, 공무직 근로자 대표가 참석하며, 분기 1회 개회하고, 근로자의 복지 관련 안건 중 안전보건에 관한 사항을 논의할 수 있다.

(나) 종사자 의견 인정 절차

(1) 목적
  ○ 종사자의 의견 중 재해예방에 필요하다고 인정하는 경우 개선방안을 마련해야 함에 따라 그 필요성을 판단하는 절차 마련 필요

나. 판단 대상
  ○ 종사자 의견 중 소관이 불분명한 의견
  ○ 종사자 의견 중 소속기관 자체 개선방안 이행이 곤란한 의견
    ※ 예) 개선방안 이행에 상당한 예산이 소요되는 경우 등

○ 그 외 종사자의 의견은 해당 기관에서 개선방안 마련 및 이행 조치

다. 판단기준

○ (위험성) 사고 발생 시 피해 규모가 어느 정도인가?
○ (발생가능성) 사고가 얼마나 자주 발생할 수 있는가?
○ (시급성) 조치가 얼마나 빨리 필요한가?

라. 판단절차

○ 이하 참조

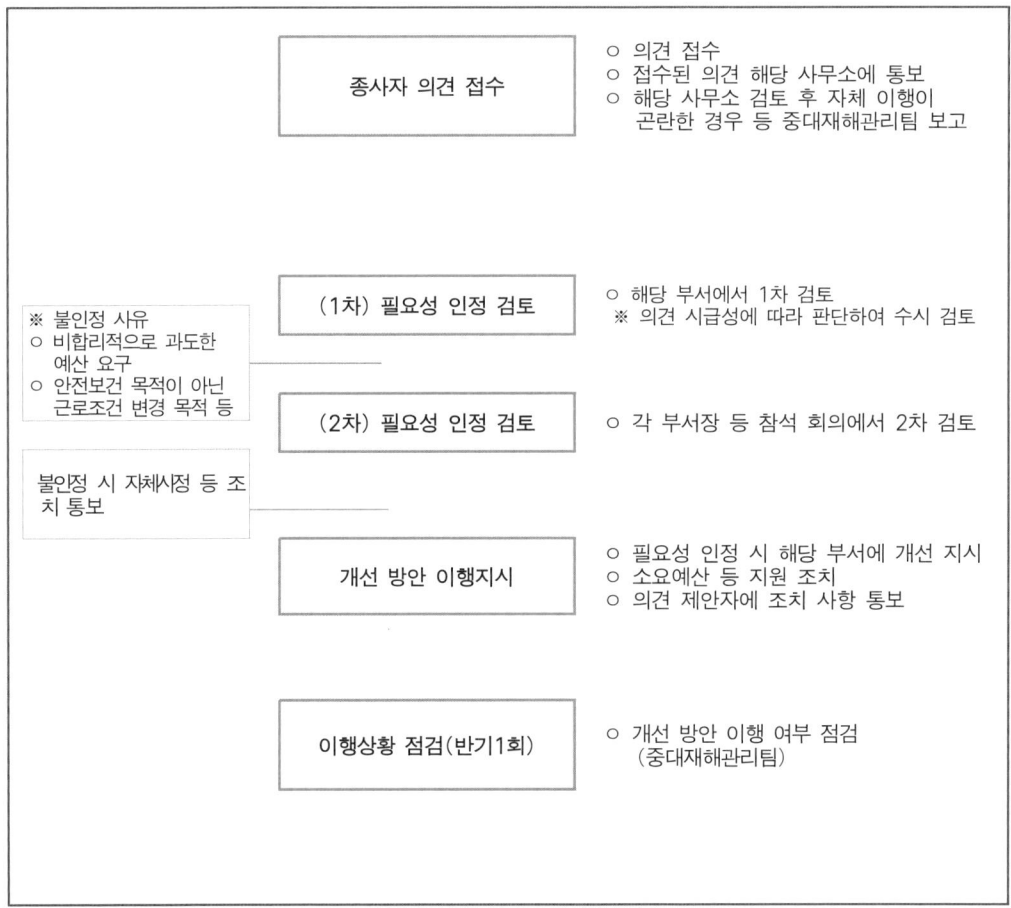

※ 이상의 조치 등의 이행에 관한 사항은 서면(전자문서 포함)으로 작성하여 조치 등 이행한 날로부터 5년간 보존

(9) 중대재해 발생 위험 대비 매뉴얼

 (가) 목적, 관련 근거

 (나) 재해사례와 진단

 (다) 중대재해 대응 조치계획

(10) 도급·용역·위탁 시 안전보건확보

 (가) 목적, 관련 근거

 (나) 수급인의 안전보건조치 역량평가 기준

 (다) 이행 여부 점검

(11) 의무이행에 필요한 관리상의 조치

 (가) 목적, 관련 근거

 (나) 안전보건 관계법령에 따른 의무

 (다) 안전보건 관계법령에 따른 의무이행에 필요한 조치

(12) 안전점검 및 유지관리 계획

 (가) 목적, 관련 근거

 (나) 세부계획

(13) 안전보건 관계법령에 따른 관리상 조치

 (가) 목적, 관련 근거

 (나) 세부계획

※ 안전보건관리체계도 예시

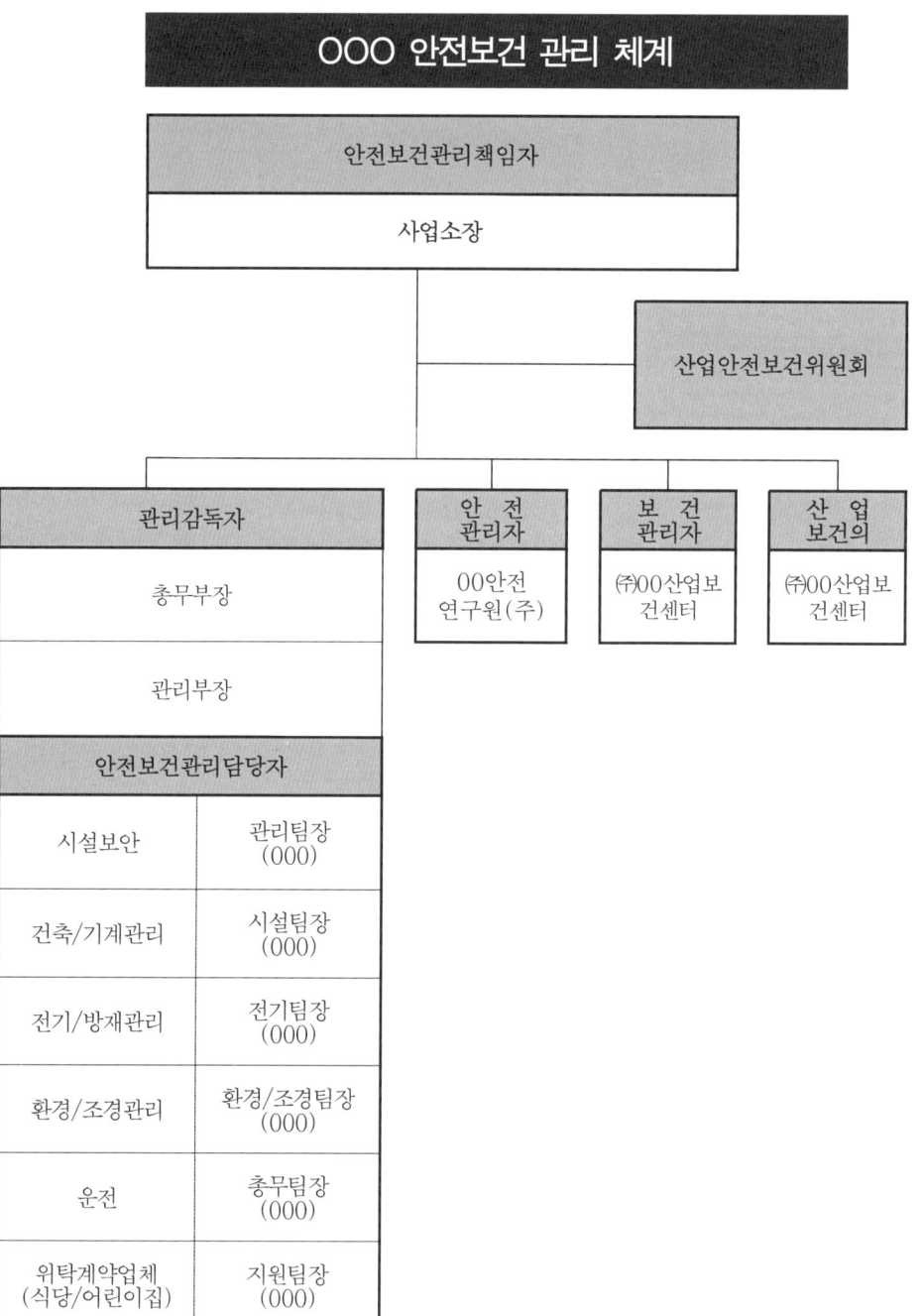

라. 도급인의 안전 및 보건 확보의무

개인사업주나 법인·기관이 제3자에게 도급, 용역, 위탁 등을 한 경우 개인사업주나 법인 또는 기관이 사업 또는 사업장에 대하여 실질적으로 지배·운영·관리하고 있지 않는 경우에도 해당 **시설·장비·장소 등에 대해 실질적으로 지배 운영 관리하는 책임이 있다면 개인사업주 또는 경영책임자등은 제3자인 수급인과 수급인의 종사자에 대해서도 안전·보건 확보의무를 이행해야** 한다(고용노동부 질의회신 참조).[67]

사업주는 근로자의 안전 및 보건에 유해하거나 위험한 작업(도금작업, 수은, 납 또는 카드뮴을 제련, 주입, 가공 및 가열하는 작업, 허가대상물질을 제조하거나 사용하는 작업)을 도급하여 자신의 사업장에서 수급인의 근로자가 그 작업을 하도록 해서는 아니된다(유해한 작업의 도급금지, 산업안전보건법 제58조). 다만, 일시·간헐적 작업의 도급, 수급인이 보유한 기술이 전문적이고 사업주의 사업 운영에 필수 불가결한 경우로서 승인을 받은 경우는 예외이다. 도급의 승인 시 하도급도 금지된다.

또한 사업주는 산업재해 예방을 위한 조치를 할 수 있는 능력을 갖춘 사업주에게 도급하여야 한다. 상세한 기준과 내용은 고용노동부 "**도급사업 안전보건관리 운영 매뉴얼**"에서 정하고 있다. 매뉴얼의 적격 수급업체 선정 가이드라인에는 도급계약 입찰 시 공지사항, 수급업체 안전보건수준평가(평가항목, 평가기준 및 배점), 평가결과 및 선정기준 및 환류 등을 자세히 규정하고 있다(제2장 산업안전보건법 "도급 시 산업재해예방 참조).

건설공사발주자[68]의 경우, 발주도 민법상 도급의 일종이지만 발주자는 종사자가 직접 노무를 제공하는 사업 또는 사업장에 대한 실질적인 지배·관리·운영을 하는 자가 아닌 주문자에 해당하는 것이 일반적이다.

건설공사발주자는 건설공사 기간 시공을 주도하여 총괄·관리하거나 해당 공사 또는 시설·장비·장소 등에 대하여 실질적으로 지배·운영·관리하였다고 볼 만한 사정이 없는 한 해당 건설공사 현장의 종사자에 대하여 도급인으로 법 제4조 또는 제5조에 따른 책임을 부담한다고 보기 어렵다.[69] 다만, **기업이 기존 공장을 증축하거나 유지·보수하기 위하여 외부 업체에 공사를 의뢰했는데 공사현장에서 사고가 발생한 경우** 등에서 책

---

[67] 고용노동부 고객상담센터 FAQ 질의회신(2022. 7. 7.), "도급사업주가 책임을 부담하는 도급인 사업장의 범위" 참조. <https://1350.moel.go.kr/>.
[68] 산업안전보건법 제2조 (정의). 10. "건설공사발주자"란 건설공사를 도급하는 자로서 건설공사의 시공을 주도하여 총괄·관리하지 아니하는 자를 말한다. 다만, 도급받은 건설공사를 다시 도급하는 자는 제외한다. ※ 건설공사에는 건설산업기본법상 건설공사, 전기공사, 정보통신공사, 소방시설공사, 문화재수리공사 등이 있다.
[69] 대검찰청 중대재해처벌법 벌칙 해설서 참조. 이에 따라 2022. 2. 16. 세종~포천 고속도로 건설현장에서 일용직 근로자가 개구부 덮개를 이동하던 중 추락해 사망한 사건에서 시공사인 현대건설은 중대재해처벌법 위반 여부로 조사를 받지만, 발주업체인 한국도로공사는 적용대상에서 제외된다.

임 여부가 문제가 될 수 있다. 예를 들어 공장 건물 지붕을 보수하던 작업자가 추락사고로 사망하거나, 공사 현장 근처에서 해당 공사와 관련 없는 크레인이 오작동하여 현장에 있던 작업자가 인명피해를 입는 경우 등이 있다.

고용노동부에서는 시설, 장비, 장소 등에 대하여 실질적으로 지배·운영·관리하는 책임이 있는 경우란 중대산업재해 발생 원인을 살펴 해당 시설이나 장비 그리고 장소에 관한 소유권, 임차권, 그 밖에 사실상의 지배력을 가지고 있어 위험에 대한 제어 능력이 있다고 볼 수 있는 경우를 의미한다고 보아 다소 넓게 해석하고 있다. 도급인의 사업장 내 또는 사업장 밖이라도 도급인이 작업장소를 제공 또는 지정하고 지배 관리하는 장소 산업안전보건법 시행령 제11조에 따른 21개 위험장소에서 작업하는 경우가 아닌 경우에도 해당 작업과 관련한 시설 설비 장소 등에 대하여 소유권, 임차권, 그 밖에 사실상의 지배력을 행사하고 있는 경우에는 법 제 5조에 따른 책임을 부담한다고 해석한다.[70]

건설공사발주자의 시공의 주도적인 총괄·관리과 관련하여서는, 당해 건설공사가 사업자의 유지·운영에 필수적인 업무인지 아닌지, 상시적으로 발생하거나 이를 관리하는 부서 등 조직을 갖추고 있는지, 예측 가능한 업무인지 등 여러 요인을 종합적으로 고려하여 결정하고 있다. 이는 발주자가 규범적으로 도급인의 안전보건조치 의무를 부담할 지위에 있는지가 판단기준임을 의미한다.

최근 하급심 판결(울산지방법원 2021. 11. 11. 선고 2021고단1782 판결)도 이러한 노동부의 해석기준과 유사한 입장을 취하고 있다. 즉 산업안전보건법의 입법 취지 및 내용에 비추어 볼 때, '건설공사의 시공을 주도하여 총괄·관리하지 아니하는 자'는 실제로 시공을 주도하여 총괄·관리하지 아니한 자를 의미하는 것이 아니고 **'건설공사의 시공을 주도하여 총괄·관리해야 할 지위에 있지 않은 자'**를 의미한다고 보고 있다.

이러한 전제하에, 첫째, 도급하는 건설공사가 도급인의 사업의 일부를 구성하고 도급인의 사업과 같은 장소에서 이루어짐에도 불구하고 이를 **외주화**하여 도급에 의하여 행하는 경우, 둘째, 도급하는 건설공사에 관하여 **도급인의 지배하에 있는 특수한 위험요소**가 있어, 도급인이 건설공사의 시공을 주도하여 총괄·관리하지 않고서는 수급인이 산업안전보건법이 정한 안전·보건조치를 실질적으로 이행하는 것이 현저히 곤란하고 도급인의 총괄·관리가 필수적인 경우, 셋째, 도급인과 수급인의 각 **전문성**, 규모, 도급계약의 내용 등에 비추어 볼 때, 도급인에게는 건설공사의 시공을 주도하여 총괄·관리할 능력이 있는 반면에 수급인에게는 산업안전보건법이 정한 안전·보건조치를 스스로 이행할 능력이 없음이 도급인의 입장에서 명백한 경우, 발주자(도급인)는 시공을 주도하여 총괄·관리할

---

[70] 고용노동부, 앞의 해설서 108면 참조.

지위에 있는 자로서 산업안전보건법상 도급인의 책임을 진다'고 판시하였다.

이러한 판례에 대하여, 건설공사발주자 해당 여부는 형사처벌 가능성을 결정하는 해석인데, 문언의 의미를 넘어서는 해석이라고 비판하는 견해가 있다. 또한 이 견해는 판결이 제시한 기준 중 첫 번째 기준인 '도급하는 건설공사가 도급인의 사업의 일부를 구성하고 도급인의 사업과 같은 장소에서 이루어졌는지 여부'에 대해서도, 대부분의 건설공사발주자가 도급인으로 평가될 수밖에 없다는 이유로 문제가 있다고 지적하고 있다. 특히 자신의 생산 시설에 대한 유지·보수를 위해 건설공사를 발주하는 모든 발주자가 도급인으로 해석되는 불합리가 발생하게 되기 때문이다.[71]

이러한 다양한 입장과 비교하여, 최근 대법원 판례(대법원 2023도14674 판결)의 태도는 자기 사업장 내의 시설·설비의 유지보수공사 등을 도급하는 경우에는 '건설공사발주자'로 판단될 가능성을 다소 낮추어 보고 있어 주목할 만하다.

인천항 갑문 정기보수공사 중 시공사 소속 근로자가 추락·사망한 사건에서, 대법원은 원심과 달리 해당 공사를 도급한 인천항만공사를 '도급인'으로 보아야 한다고 판시하였다. 대법원은 건설공사를 도급하는 사업주가 자신의 사업장에서 사망한 관계수급인의 근로자와 관련하여 산업안전보건법 제167조의 형사책임을 부담하는 도급인에 해당하는지는, **도급 사업주가 자신의 사업장에서 시행하는 건설공사 과정에서 발생할 수 있는 산업재해 예방과 관련된 유해·위험요소에 대하여 실질적인 지배·관리 권한을 가지고 있었는지를 중심으로**[72], 도급 사업주가 **해당 건설공사에 대하여 행사한 실질적 영향력의 정도, 도급 사업주의 해당 공사에 대한 전문성, 시공능력 등을 종합적으로 고려**하여 규범적인 관점에서 판단하여야 한다고 하였다.[73]

이러한 기준으로 판단하면, 인천항만공사가 주된 목적 사업 중 하나로 갑문 보수공사

---

[71] 한국경제, 2022. 5. 10.자 기사, "건설공사발주자 vs 도급인… 중대재해법 처벌의 운명을 가르는 기준" 참조 <https://www.hankyung.com/economy/article/202205104628i>.

[72] 개정 산업안전보건법상 건설공사 도급과 관련한 안전·보건조치의무 및 그 위반에 따른 형사처벌 규정의 해석에서는 위와 같은 산업안전보건법의 규정 체계나 입법 경위와 함께, 개정법상 도급 사업주 안전·보건조치의무는 수급 사업주의 안전·보건조치의무와 중첩적으로 부과되는 것으로서, 개정 산업안전보건법이 제167조에서 관계수급인 근로자 사망에 관한 형사처벌 규정을 신설한 것은 종래 도급 사업주 안전·보건조치의무를 한정적으로만 인정하고 그 의무 위반에 대하여도 제한적으로 형사처벌하던 것에 비하여, 의무 인정범위를 확대함과 함께 그 위반의 결과인 사망사고에 대한 도급 사업주의 책임을 강화하여 도급 사업장에서 발생하는 산업재해를 예방함으로써 근로자의 생명을 보호하기 위한 입법적 결단이라는 점, 다만 개정 산업안전보건법은 건설공사의 경우 그 특수성을 감안하여 도급인의 범위를 시공을 주도하여 총괄·관리하는 자에 한정한 점 등을 고려하여야 한다.

[73] 산업안전보건법이 제173조, 제168조 제1호에서 제38조, 제39조 제1항을 위반한 행위를 처벌하는 것은 산업재해의 결과 발생에 대한 책임을 물으려는 것이 아니라 사업주 등이 산업안전보건법 제38조, 제39조 등에서 정한 **필요한 조치를 이행하지 아니한 것에 대한 책임을 물으려는 것으로** 보이고, 따라서 피고인들이 위와 같이 관계법령상의 **필요한 조치를 이행하지 아니하였다면 그 자체로 산업안전보건법 제173조, 제168조 제1호, 제38조, 제39조 위반죄가 성립**한다(대법원 2007. 11. 29. 선고 2006도7733 판결 등 참조).

의 전 과정을 기획하고 직접 설계했으며 철강구조물공사업 등록은 하지 않았어도 갑문시설의 유지보수를 주 업무로 하는 전담부서를 두고 있으면서, 공사의 사업장에서 진행된 갑문 정기보수공사 과정에서 발생 가능한 산업재해의 예방과 관련된 유해·위험 요소에 대하여 실질적인 지배·관리 권한을 가지고 있었고, 갑문 정기보수공사에 관한 높은 전문성을 지닌 도급 사업주로서 수급인에게 실질적인 영향력을 행사하였다고 보아야 할 것이다. 따라서 공사는 건설산업기본법에 따른 건설공사 시공자격 보유 여부와 관계없이 갑문 정기보수공사의 시공을 주도하여 총괄·관리하는 자로서 단순한 건설공사발주자를 넘어 수급 사업주와 동일한 안전·보건조치의무를 중첩적으로 부담하는 산업안전보건법상 도급인에 해당한다고 보게 된 것이다.74)

중대재해처벌법 제정 이후 건설공사발주자라 하더라도 해당 건설공사 장소에 대해 지배력을 가진 경우 예컨대 자기 사업장 내에서 시설의 유지·보수 공사를 하는 경우 등에는 중대재해처벌법상 의무를 부담할 수 있다는 견해가 대부분이었다. 그런데 위 대법원 판결에서 건설공사발주자 판단기준을 '유해·위험요인에 대한 지배·관리 권한' 유무를 주요하게 고려하게 되면서 자기 사업장 내의 시설·설비의 유지보수공사 등을 도급하는 경우에는 '건설공사발주자'로 판단될 가능성이 다소 줄어들게 되었다.75)

4. 중대산업재해 사업주와 경영책임자등의 처벌

가. 의의 및 법적 성격

중대재해처벌법은 개인사업주 또는 경영책임자등이 법 제4조 또는 제5조에 따른 안전·보건 확보의무를 위반하였다고 하여 곧바로 처벌하는 것은 아니다. **개인사업주 또는 경영책임자등이 처벌을 받기 위해서는 이들이 제4조 또는 제5조의 안전 및 보건 확보 의무를 위반하여 중대산업재해가 발생**하여야 한다.76)

중대재해처벌법은 단순히 사업주인 법인에 대한 처벌이 아닌 개인사업주 또는 경영책임자에게 직접적으로 의무를 부과하고 그 의무를 위반하여 발생한 중대산업재해에 대하여 법 위반 주체로서 처벌하는 점에 그 의미가 있다.

---

74) 인천항만공사는 거대 공기업인 반면에 시공사는 자본금 10억원, 상시근로자 수 약 10명에 불과한 소규모 기업인 점, 인천항만공사의 위험성평가표에 사고 이전부터 중량물 취급과 관련한 사고 위험이 지적돼 있었던 점 등으로 미뤄 인천항만공사가 갑문 정기보수공사 과정의 유해·위험요인에 대한 실질적인 지배·관리 권한을 가진 '도급인'에 해당한다고 판단했다.
75) 법무법인 율촌, 노동팀 뉴스레터 제8호(2025. 2. 3.) "건설공사발주자의 판단 기준에 관한 판례 및 의미" 참조.
<https://www.yulchon.com/ko/resources/publications/legal-update-view/39148/page.do>.
76) 사망은 1년 이상의 징역 또는 10억원 이하의 벌금, 징역과 벌금 병과 가능하다. 부상 또는 직업성 질병 재해는 7년이하의 징역 또는 1억원 이하의 벌금. 형 확정 후 5년 이내 범죄 시 2분의 1까지 가중.

법 제4조 또는 제5조 위반으로 중대산업재해에 이르게 한 죄(이하 '안전보건확보의무위반치사죄등'이라 함)는 개인사업주 또는 경영책임자등이라는 신분이 있어야 범죄가 성립하는 신분범이다. 결과적 가중범[77]과 유사한 형식이나 **안전보건확보의무 위반에 대해서는 기본범죄로 규정하지 않고 사망이라는 중한 결과가 발생한 경우에만 범죄가 성립**하는 것으로 규정하고 있다. 이 구성요건은 일정한 경우 산업안전보건법상 안전·보건조치위반치사죄, 형법상 과실치사상죄, 화학물질관리법상 화학사고로 인한 업무상과실(중과실)치사상죄 등과 상상적 경합[78]이 될 수 있다.

나. 범죄의 구성요건 및 가중처벌

안전보건확보의무위반치사죄는 개인사업주 또는 경영책임자등이 법 제4조 또는 제5조에 따른 안전·보건 확보의무를 위반하여 종사자를 사망이라는 결과에 이르게 한 경우에 성립한다. 종사자에게 부상 또는 직업성 질병이 발생한 경우 성립하는 안전보건확보의무위반**치상죄**는 개인사업주 또는 경영책임자등이 법 제4조 또는 제5조에 따른 안전·보건 확보의무를 위반하여 종사자 중 동일한 사고로 6개월 이상 치료가 필요한 부상자가 2명 이상 발생하거나 동일한 유해요인으로 급성중독 등 대통령령으로 정하는 직업성 질병자가 1년 이내 3명 이상 발생한 경우에 성립한다.

구성요건을 살펴보면, 먼저 개인사업주 또는 경영책임자등의 법 제4조 또는 제5조의 의무를 위반하고, 법 제4조 또는 제5조 의무 불이행에 대한 고의[79]가 인정되고, 사망이나 부상 또는 질병이라는 결과가 발생하고 그 결과 발생에 대한 예견가능성이 있고, 법 제4조 또는 제5조의 **의무위반과 결과 발생 사이에 인과관계가 인정되어야** 한다. 또한 안전보건확보의무위반치사상죄로 형을 선고받고 그 형이 확정된 후 5년 이내에 다시 안전보건확보의무위반치사죄 또는 안전보건확보의무위반치상죄를 저지른 자는 각 형에서 정한 형의 2분의 1까지 가중한다. 여기에서 재범의 판단 시점은 해당 범죄의 성립 시기인 사망, 부상 또는 직업성 질병이 발생한 날로 본다.

---

[77] 산안법의 경우 안전보건조치 의무 위반으로 근로자가 사망한 안전조치위반치사죄, 보건조치위반치사죄(산안법 제167조 제1항, 7년 이하 징역 또는 1억원 이하 벌금)는 안전조치위반죄·보건조치위반죄(산안법 제168조 제1항, 5년 이하의 징역 또는 5천만원 이하 벌금) 기본범죄에 대한 결과적 가중범이다.
[78] 형법 제40조(상상적 경합) 한 개의 행위가 여러 죄에 해당하는 경우 가장 무거운 죄의 형으로 처벌.
[79] 미필적 고의 포함. 판례는 사업주가 사업장에서 안전조치가 취해지지 않은 상태에서의 작업이 이루어지고 있고 향후 그러한 작업이 계속될 것이라는 사정을 미필적으로 인식하고서도 이를 그대로 방치한 경우 고의를 인정하였다(대법원 2010. 11. 25. 선고 2009도11906 판결 등).

⟨중대산업재해 사업주와 경영자 처벌 규정⟩

구성요건	처벌(근거규정)	양벌규정
안전보건의무위반**치사죄** (안전보건확보의무를 위반하여 종사자를 **사망**에 이르게 한 때)	1년 이상 징역 또는 10억원 이하 벌금 (법 제6조 제1항, 제4·5조)	50억원 이하 벌금 (법 제7조)
안전보건의무위반**치상죄** (안전보건확보의무를 위반하여 종사자 중 동일 사고로 **6개월 이상 치료**가 필요한 **부상자**가 2명 이상 발생한 때)	7년 이하 징역 또는 1억원 이하 벌금 (법 제6조 제2항, 제4조, 제5조)	10억원 이하 벌금 (법 제7조)
안전보건의무위반**치상죄** (안전보건확보의무 위반으로 종사자 중 동일 유해요인으로 급성중독 등 대통령령으로 정하는 **직업성질병자가 1년 이내 3명 이상** 발생)		
※ **가중처벌**: 안전보건의무위반**치사상죄**의 2분의1까지 (안전보건의무위반**치사상죄**로 형을 선고받고 그 형확정후 5년 이내 다시 안전보건의무위반**치사상죄**를 범한 자)	2분의 1 가중처벌 (법 제6조 제3항)	

다. 양벌규정

　법인·기관의 경영책임자등이 그 법인·기관의 업무에 관하여 안전·보건 확보의무를 위반하여 중대산업재해에 이르게 한 경우 해당 경영책임자등을 벌하는 외에 그 법인·기관 그 자체를 벌금형으로 처벌한다. 종사자가 사망한 경우 50억원 이하의 벌금, 종사자가 부상 또는 직업성 질병의 해를 입은 경우 10억원 이하의 벌금을 부과한다.

　법인·기관이 그 위반행위를 방지하기 위하여 해당 업무에 관하여 상당한 주의와 감독을 게을리한 경우에 적용되며, 기업의 준법 문화도 주요 판단자료가 될 수 있다. 상당한 주의·감독의무를 게을리하였는지 여부는 당해 위반행위 관련 모든 사정 즉 당해 법률의 입법취지, 처벌조항 위반으로 예상되는 법익 침해의 정도, 양벌규정을 마련한 취지 등은 물론 위반행위의 구체적인 모습과 그로 인하여 실제 야기된 피해·결과의 정도 법인의 영업 규모 및 행위자에 대한 감독가능성 또는 구체적인 지휘감독 관계, 위반행위 방지를 위하여 실제 행한 조치 등을 전체적으로 종합·판단한다(대법원 2009도5824 판결).

5. 안전보건교육의 수강

가. 경영책임자등의 안전보건교육의 수강

중대산업재해가 발생하였다면 경영책임자등은 이로 인한 인명피해에 대한 경각심을 가지고 안전보건관리체계를 구축하고 그 유해 위험요인을 스스로 분석하여 재발방지 대책을 세울 수 있어야 한다. 이를 위하여 중대산업재해가 발생한 법인 또는 기관의 경영책임자등에 대해 안전보건교육을 이수하게 함으로써 중대산업재해 예방에 관한 인식을 개선하고 안전보건관리체계 구축 및 발생한 중대산업재해에 대한 원인 분석과 대책 수립 이행을 촉진하고 있다.

중대산업재해가 발생한 법인 또는 기관의 경영책임자등이 안전보건교육의 이수 대상자이며, 개인사업주는 교육 이수 대상이 아니다. 이들은 안전보건 의무위반 여부나 형 확정 여부와 상관없이 중대산업재해 발생 사실만으로 교육을 이수해야 한다.

경영책임자등이 법 제4·5조에 따른 의무를 위반하여 중대산업재해가 발생했는지 여부는 고려 대상이 아니다. **중대산업재해 발생사실 공표**(제13조)는 제4조에 따른 **의무위반으로 중대산업재해가 발생**할 것을 요건으로 하나, **안전보건교육 수강은 "중대산업재해 발생"만이 요건**인 점에서 차이가 있다. 따라서 중대산업재해 발생 사실만으로도 해당 법인·기관의 경영책임자등은 안전보건교육을 반드시 이수하여야 한다.

교육 시간은 총 20시간 범위 내에서 고용노동부장관이 정하는 바에 따라 이수하여야 한다. 다만, 안전 및 보건 확보의무 위반 여부를 요건으로 규정하고 있지 않아 의무위반에 대한 제재적 성격이 아니라 중대산업재해 예방 강화 및 재발 방지 차원에서 부과되는 의무라는 점을 고려하여 20시간[80] 이내로 규정하고 있다.

안전보건교육에는 안전보건관리체계의 구축 등 안전보건에 관한 경영 방안, 중대산업재해의 원인 분석과 재발 방지 방안이 포함되어야 한다.

한국산업안전보건공단이나 등록된 안전보건교육기관(산업안전보건법 제33조)에 안전보건교육을 의뢰하여 실시할 수 있다. 고용노동부장관은 분기별로 중대산업재해가 발생한 법인 또는 기관을 대상으로 안전보건교육을 이수해야 할 교육대상자를 확정한다. 교육대상자를 확정하기 전에 여러 건의 중대산업재해가 발생하였다면 이를 모두 포괄하여 하나의 분기에 교육을 이수하도록 하며 안전보건교육 수강 중 또는 수강 후 다시 중대산

---

[80] 산업안전보건법상 수강명령(제174조)은 200시간 이하로 규정되어 있으며, 판사의 판결에 따라 결정된다. 판사의 판결에 결정되는 타법의 사례를 참고하면 실제로는 40~80시간 범위내에서 이루어지고 있다. 산업안전보건법 제174조가 시행(2020.1.16)된 이후, 아직 해당 조항에 근거한 수강명령 병과 사례는 없으나 동 조항 신설 이전 하급심 판결에서 40시간의 수강명령을 부여한 바 있다.

업재해가 발생하였다면 해당 재해에 대해서는 종전에 수강한 안전보건교육과는 별도로 다른 분기에 교육을 이수하도록 한다.

안전보건교육 실시일 30일 전까지 해당 교육대상자에게 안전보건교육을 실시하는 안전보건교육기관 등, 교육일정, 그 밖에 안전보건교육의 실시에 필요한 사항을 통보한다. 안전보건교육 대상자임을 통보받은 경영책임자등이 해당 교육일정에 참여할 수 없는 정당한 사유가 있는 경우에는 교육실시일 7일 전까지 고용노동부장관에게 1회에 한하여 연기를 요청할 수 있다. 그리고 안전보건교육의 당사자 부담 원칙에 따라 교육에 드는 비용은 교육대상자가 부담하여야 한다.

나. 안전보건교육 미이수에 대한 과태료 부과

법 제8조 제1항을 위반하여 경영책임자등이 안전보건교육을 정당한 사유없이 이행하지 않은 경우 5천만원 이하의 과태료를 부과한다. 위반 단계별로 1차 위반은 1천만원, 2차는 3천만원, 3차는 5천만원이다(법 제8조 제2·3항, 법 시행령 제7조 별표 4).

위반 횟수에 따른 과태료 가중 부과는 최근 1년간 동일한 위반행위로 과태료 부과처분을 받은 경우에 적용한다. 가중처분 적용 차수는 그 위반행위 전 부과처분 차수(가중처분 적용기간 내에 과태료 부과처분이 둘 이상인 경우 높은 차수)의 다음 차수로 한다. 예를 들어 1년 내 종전 2차까지 과태료 부과 시 다음 차수인 3차를 부과한다.

〈안전보건교육 미이수 과태료 부과 기준〉

위반행위	근거 법조문	과태료		
		1차 위반	2차 위반	3차 이상
법 제8조 제1항을 위반하여 경영책임자 등이 안전보건교육을 정당한 사유없이 이행하지 않은 경우	법 제8조 제2항	1천만원	3천만원	5천만원

특별한 경우 과태료를 감경할 수 있다. 상시근로자 수가 50명 미만인 사업 또는 사업장이거나 공사금액이 50억원 미만인 건설공사의 사업 또는 사업장인 경우에 과태료의 2분의 1범위에서 감경이 가능하다. 또한 위반행위자가 자연재해 화재 등으로 재산에 현저한 손실을 입었거나 사업여건의 악화로 사업이 중대한 위기에 처하는 등의 사정이 있는 경우, 위반행위가 사소한 부주의나 오류로 인한 것으로 인정되는 경우, 위반행위자가 법 위반상태를 시정하거나 해소하기 위해 노력한 것이 인정되는 경우, 위반행위의 정도 동기와 그 결과 등을 고려해 과태료 금액을 줄일 필요가 있다고 인정되는 경우에는 추가로 과태료의 2분의 1 범위에서 감경할 수 있다(법 시행령 제7조 별표 4).

6. 중대산업재해 발생사실 공표

가. 의의 및 공표 대상

공표란 행정법상 의무위반이나 의무불이행이 있는 경우 행정기관이 그 의무위반자나 불이행자의 명단과 그 위반 또는 불이행한 사실을 국민에게 알리는 것으로 여론의 압력, 명예 침해 등을 통해 간접적으로 의무이행을 확보하고자 하는 행정행위이다.

법에서는 경영책임자가 법 제4조에 따른 안전·보건 확보의무를 위반하여 발생한 중대산업재해에 대하여 그 발생사실 공표에 따른 해당 경영책임자의 명예·신용의 침해 위협을 통해 종사자에 대한 안전·보건 확보의무를 이행하도록 간접적으로 강제한다.

공표 대상으로 확정되기 위해서는 안전·보건 확보의무를 위반하여 중대산업재해가 발생하여야 한다. 이러한 요건에 의해 해당 범죄의 형이 확정[81])되어야 하며 법 제12조에 따라 범죄의 형이 확정되어 법무부장관으로부터 고용노동부장관에게 그 범죄사실이 통보된 사업장을 대상으로 한다(법 시행령 제12조 제1항).

산업안전보건법에서도 산업재해를 예방하기 위해 대통령령으로 정하는 사업장(사망재해자 연간 2명 이상 발생, 사망만인율이 규모별 같은 업종 평균 이상, 중대산업사고 발생, 산업재해 발생사실 은폐, 산업재해 발생 보고 최근 3년간 2회 이상 누락)의 근로자 산업재해 발생건수, 재해율 또는 그 순위 등을 공표하도록 규정하고 있는데(산안법 제10조), 이는 중대재해처벌법과 공표 대상과 내용 등이 상이하고 각 법률에 따른 공표 제도가 별도로 규정되어 있으므로 **중대산업재해 발생 사실은 "범죄의 형 확정 및 통보"에 따라 별도의 절차를 거쳐 공표해야 한다**.[82])

---

81) 법 제8조에 따른 안전보건교육의 수강은 안전·보건 확보 의무의 위반 여부를 요건으로 하지 않는다.
82) 중대재해처벌법 제13조 ① 고용노동부장관은 제4조(안전 및 보건 확보의무)에 따른 의무를 위반하여 발생한 중대산업재해에 대하여 사업장의 명칭, 발생 일시와 장소, 재해의 내용 및 원인 등 그 발생사실을 공표할 수 있다.
법 시행령 제12조 ① 법 제13조 제1항에 따른 공표(이하 이 조에서 "공표")는 법 제4조에 따른 의무를 위반하여 발생한 중대산업재해로 법 제12조에 따라 범죄의 형이 확정되어 통보*된 사업장을 대상으로 한다. *법무부장관은 중대재해처벌법에 따른 형이 확정되면 관계기관의 장에게 통보해야 함.
② 공표 내용은 다음 각 호의 사항으로 한다.
1. "중대산업재해 발생사실의 공표"라는 공표의 제목, 2. 해당 사업장의 명칭, 3. 중대산업재해가 발생한 일시·장소, 4. 중대산업재해를 입은 사람의 수, 5. 중대산업재해의 내용과 그 원인(사업주 또는 경영책임자등의 위반사항을 포함한다), 6. 해당 사업장에서 최근 5년 내 중대산업재해의 발생 여부
③ 고용노동부장관은 공표하기 전에 해당 사업장의 사업주 또는 경영책임자등에게 공표하려는 내용을 통지하고 30일 이상의 기간을 정하여 그에 대해 소명자료를 제출하게 하거나 의견을 진술할 수 있는 기회를 주어야 한다. ④ 공표는 관보, 고용노동부나 「한국산업안전보건공단법」에 따른 한국산업안전보건공단의 홈페이지에 게시하는 방법으로 한다. ⑤ 제4항에 따라 홈페이지에 게시하는 방법으로 공표하는 경우 공표기간은 1년으로 한다.

〈고용노동부 2024 하반기 중대산업재해 발생사실 공표(2025-04-14) 참조.[83]〉

⦿**고용노동부공고 제2025-165호**

「중대재해 처벌 등에 관한 법률」 제13조 및 동법 시행령 제12조에 따라 중대산업재해 발생사실을 아래와 같이 공표합니다.

2025년 04월 16일

고용노동부장관

2024 하반기 중대산업재해 발생사실 공표

공표제목	사업장 명칭	중대산업재해 발생 일시	중대산업재해 발생 장소	중대산업재해를 입은 사람의 수	중대산업재해의 내용과 그 원인	최근 5년 내 중대산업재해 발생 여부
1. 주식회사 ●●종합건설 형 확정 통보에 따른 중대산업재해 발생사실의 공표	춘천 교육지원청 청사이전 신축공사	2022년 2월 26일 11시경	강원 춘천시 ●●● 56	사망 1명	○ 내용: 벽체를 절단하던 중 철근콘크리트가 한꺼번에 떨어지면서 비계를 충격하고 이로 인해 비계 위에서 바닥으로 추락하여 사망함 ○ 원인: 주식회사 ●●종합건설의 대표이사는 중대재해처벌법 시행령 제4조제1호(안전·보건에 관한 목표와 경영방침), 제5호(안전보건관리책임자 등 권한, 예산 부여 및 평가기준), 제7호(종사자 의견 청취), 제8호(급박한 위험 대비 매뉴얼) 등 안전보건관리체계를 미구축하였음 이로 인해, 해체작업에 대한 사전조사 및 작업계획서를 작성하지 않았음. 관리감독자로 하여금 안전한 작업방법을 결정하고 작업을 지휘하거나 작업 중 안전대 및 안전모 등 보호구 착용 상황을 감시하는 등 유해위험을 방지하기 위한 업무를 수행하도록 하지 않았음. 이동식비계의 바퀴를 고정시키지 않고, 비계의 최상부에 안전난간을 설치하지 않음으로써 사고에 이르게 되었음	2019년 8월 18일 ~ 2024년 8월 17일까지 중대산업재해 1건 발생

---

[83] <https://www.moel.go.kr/news/notice/noticeView.do?bbs_seq=20250400943>.

나. 공표 내용, 절차, 방법 등

공표 내용에는 '중대산업재해 발생사실의 공표'라는 공표의 제목, 해당 사업장의 명칭, 중대산업재해가 발생한 일시 장소, 중대산업재해를 입은 사람의 수, 중대산업재해의 내용과 그 원인(사업주 또는 경영책임자등의 위반사항 포함), 해당 사업장에서 최근 5년 내 중대산업재해의 발생 여부가 포함된다.

고용노동부장관은 공표하기 전에 해당 사업장의 사업주 또는 경영책임자등에게 공표하려는 내용을 통지하고 30일 이상의 기간을 정하여 그에 대해 소명자료를 제출하게 하거나 의견을 진술할 수 있는 기회를 주어야 한다.

공표는 관보, 고용노동부나 한국산업안전보건공단의 홈페이지에 게시하는 방법으로 하고 공표 기간은 1년으로 한다.

다. 주요 공표 사례

중대재해처벌법 1호 선고 사건으로 알려진 온유파트너스 대표 정OO은 요양병원 증축 현장에서 노동자가 추락하여 사망한 사건으로 기소되어 2023년 4월 6일, 의정부지방법원 고양지원에서 징역1년 6월(집행유예 3년)을 선고받고 그 형이 확정되었다. 이에 따라 2023년 9월 27일 중대산업재해 발생사실을 관보와 고용노동부 홈페이지를 통해 공표하여, 중대재해법에 따른 최초의 발생사실 공표 대상이 되었다.

해당 내용은 고용노동부 홈페이지의 공지사항 공고, "중대산업재해 발생사실의 공표"에서 확인할 수 있다. 고용노동부는 이번 공표를 시작으로 1~6월에 형이 확정·통보된 기업은 하반기에, 7~12월에 형이 확정·통보된 기업은 다음 해 상반기 등 연 2회 공표를 진행할 예정이라고 밝혔다.

<u>202*년 상반기 중대산업재해 발생사실의 공표(예시)</u>

공표제목	사업장 명칭	중대산업재해 발생 일시	중대산업재해 발생장소	중대산업재해를 입은 사람의 수	중대산업재해의 내용과 그 원인	최근 년 내 5 중대산업재해 발생 여부
0000 형 확정 통보에 따른 중대산업재해 발생사실 공표	000 요양병원 증축공사 현장	2028년 5월 14일 13시경	경기 고양시 일산동구 장백로 *** (장항동)	사망 1명	○ 내용: 개구부를 통해 중량물을 끌어올리던 중 중량물이 슬링벨트에서 이탈해 바닥으로 떨어지면서, 근로자가 함께 추락하여 사망함 ○ 원인: 0000의 대표이사는 중대재해처벌법 시행령 제4조 제3호(유해위험요인 확인·개선 절차), 시행령 제4조 제5호(안전관리책임자 평가기준 마련), 시행령 제4조 제8호(위험요인제거 등에 대응하기 위한 매뉴얼)등 안전보건관리체계를 미구축하였음 이로 인해 중량물 인양 중 추락사고 방지를 위한 작업계획을 수립하지 않았으며, 안전대 등 안전조치가 미비된 상태로 작업을 실시하여 사고가 발생하였음	2018년 5월 9일~2023년 5월 8일까지 중대산업재해 1건 발생

7. 산업안전보건 관련 연간 추진 일정 점검

가. 주요 주기별 점검 사항

중대재해처벌법 시행에 따라 각 기관은 안전 및 보건에 관한 절차를 마련하고 종사자에 대한 사업주의 산업안전보건 의무이행 및 안전보건관리체계를 구축·이행하고 이를 체계적으로 확인하고 점검하여야 한다.

추진 일정은 연간, 반기, 분기, 월간 등으로 나누어 볼 수 있는데, 첫째, 1년에 한 번 ①안전보건관리 연간 계획을 수립하고, ②관리감독자에 대하여 안전교육을 실시하며, ③위험성평가를 하고 그 결과를 보고하여야 한다. 근로자 특수건강진단도 연간 1회 실시한다. 둘째, 반기에 1회 ①유해·위험요인을 자체 점검(산안법상 위험성평가로 대체 가능)하고, ②안전보건 관계법령에 따른 의무이행 여부를 점검하고 후속조치를 이행하는 등 안전보건활동 의무이행을 점검한다. 셋째, 분기별로는 분기당 6시간 이상 근로자 정기교육을 이수하게 하고, 산업안전보건위원회를 개최하여 종사자의 안전보건 의견을 청취하며, 재해예방 등을 위한 조치가 필요 시 개선방안을 마련한다. 넷째, 매월 실시하는 점검활동은 기관마다 자체적으로 판단하여 정할 수 있으며 통상 ①안전보건활동 월간 목표 수립 및 월간 실적 보고, ②위탁기관(또는 자체점검) 안전관리 순회점검 및 보건관리 순회점검 실시 여부는 월간 단위로 점검한다. 또한 ③도급·용역·위탁 시 관계 수급 근로자 보호 및 산업재해 예방을 위하여 안전보건협의체를 구성하여 도급인 담당자 사업장을 순회점검도 월간으로 실시한다.

나. 월간 점검 사항

〇〇〇〇 안전보건활동 목표 및 추진계획(2024년 12월)						
목표	세부목표	추진계획	실적	원인 및 대책	주무부서 / 담당자	비고
재해발생제로	1. 근로보건 환경 철저 (구내식당)	- 코로나 재감염 등 위생·보건 여건 확보 충실 - 근로자 작업환경 점검 - 위탁사업장 안전수칙 게시, 안전예방교육 실시				
	2. 안전사고 등 방지	- 작업 간 2인 1조 원칙 준수 - 기본 안전수칙에 대한 정기 교육 실시(12월) - 본사 폭설대비 제설계획 수립				
	3. 승강기 사고 방지	- 본사 승강기 정기 안전점검 실시(12월) - 경사형 휠체어리프트 점검(12월)				
	4. 폭행사고 방지	- 보안인력 2인 1조 편성 운영 - 출입통제시스템 작동 점검(12월) - 비상경보시스템 작동 점검(12월)				
	5. 유해·위험 요소 파악	- 작업 간 유해·위험요소 자가진단표 작성·유지				

안전보건활동 월간 목표 수립 및 월간 실적 보고는 기관 사정에 따라 취약사항이나 사고발생 우려사항 중심으로 실시한다.

예를 들어 "재해발생제로"를 월간 목표로 설정한 경우, 세부목표와 추진계획을 수립하고 실적, 원인과 대책, 담당자 등을 기재한다(위 표 참조).

산업안전보건법 제17조(안전관리자), 제19조(보건관리자), 법 시행령 제19조(안전관리자 업무의 위탁)[84]에 따라 건설업을 제외한 상시근로자 300명 미만의 사업장에서는 위탁기관에 안전관리 및 보건관리를 위탁할 수 있다. 이 경우 안전관리 순회점검 및 보건관리 순회점검 실시 여부를 점검하여야 한다.

안전·보건관리전문기관 및 재해예방 전문지도기관 관리규정에 따르면, 전문기관은 법 시행규칙 제20조 제1항에 따라 사업장의 안전·보건관리상태를 정기적으로 점검하고 그 결과에 따라 사업장을 지도하여야 한다.

첫째, 안전점검과 관련하여, 일반안전점검은 월 2회(격주 단위) 실시하되, 상시근로자 100명 이상 사업장은 수행요원 2명을 1개 조로 하여 실시한다. 정밀안전점검은 신규계약 사업장은 위탁계약 후 1개월 이내, 사고성 중대재해발생 사업장은 중대재해 발생일부터 1개월 이내, 기존 사업장 중 연도말 산업재해율이 전년도 같은 업종의 평균재해율 이상인 사업장은 다음 연도 3월까지 1회 실시하며, 점검인원은 수행요원 2명 이상으로 한다(상시근로자 200명 이상 사업장은 3명 이상).

둘째, 보건점검은, 상시근로자 100명 이상 사업장의 경우 산업보건의는 분기 단위, 간호사는 월 단위, 산업위생기사는 격월 단위로 1회 이상 점검하여야 한다. 다만, 해당 사업장의 업종·작업환경 등의 특성을 감안하여 연간 총 점검횟수의 변동이 없는 범위에서 간호사·산업위생기사 등 사이에서는 그 점검횟수를 서로 조정할 수 있다.

상시근로자 100명 미만 사업장의 경우에는 산업보건의는 반기 단위, 간호사는 월 단위, 산업위생기사는 분기 단위로 1회 이상 점검하여야 한다.

법 제21조 제3항에 따라 안전·보건관리전문기관은 사업장의 안전·보건관리 상태를 정기적으로 점검해야 하며, 점검 결과 법령위반사항을 발견한 경우에는 그 위반사항과 구체적인 개선 대책을 해당 사업주에게 지체없이 통보해야 한다. 또한 안전·보건관리전문기관은 매월 안전·보건관리 상태에 관한 보고서를 작성하여 다음 달 10일까지 전산시스템에 등록하고 사업주에게 제출해야 한다.

---

[84] 법 시행령 제19조(안전관리자 업무의 위탁 등) ① 법 제17조 제5항에서 "대통령령으로 정하는 사업의 종류 및 사업장의 상시근로자 수에 해당하는 사업장"이란 건설업을 제외한 사업으로서 상시근로자 300명 미만을 사용하는 사업장을 말한다. <개정 2021. 11. 19.>
② 사업주가 법 제17조 제5항 및 이 조 제1항에 따라 안전관리자의 업무를 안전관리전문기관에 위탁한 경우에는 그 안전관리전문기관을 안전관리자로 본다.

다. 반기 점검 사항

사업 또는 사업장의 특성에 따른 유해·위험요인을 확인하여 개선하는 업무절차를 마련하고, 해당 업무절차에 따라 유해·위험요인의 확인 및 개선이 이루어지는지를 반기 1회 이상 점검한 후 필요한 조치를 하여야 한다. 다만, 위험성평가(산업안전보건법 제36조)를 하는 절차를 마련하고, 그 절차에 따라 위험성평가를 직접 실시하거나 실시하도록 하여 실시 결과를 보고받은 경우에는 해당 업무절차에 따라 유해·위험요인의 확인 및 개선에 대한 점검을 한 것으로 본다. 따라서 위험성평가는 통상 연도말에 실시 결과 보고를 받게 되므로 자체 유해·위험요인 확인·개선 절차는 상반기 중에 1회 실시하는 것이 바람직하다.

안전보건활동 의무이행 점검은 안전보건 관계법령에 따른 의무이행 여부를 점검하고 후속조치를 이행하는 것으로 고용노동부에서 마련한 체크리스트를 중심으로 자체 마련한 양식에 따라 시행한다.

〈안전보건 관계법령에 따른 의무 이행 자체 검검표 예시〉

1. 목표와 경영방침에 따른 이행

항 목	점검결과			개선사항
	양호	보통	불량	
◎ 안전보건 계획에 따른 이행 여부	○			
◎ 경영방침에 따른 이행 여부	○			

2. 안전보건총괄(관리)책임자 등 안전보건업무 충실 이행

항 목	점검결과			개선 사항
	양호	보통	불량	
◎ 안전보건 계획에 따른 이행 여부 - 도급 등 업무의 위험성평가 실시 - 산업재해 예방 조치 등 도급사업 업무 총괄	○			
◎ 안전보건관리책임자 - 산업재해 예방계획의 수립 - 안전보건관리규정 작성 및 변경, 안전보건교육	○			
◎ 관리감독자 - 지휘·감독하는 작업과 관련된 기계·기구 또는 설비의 안전·보건 점검 및 이상유무 확인, 소속된 근로자의 작업복·보호구 및 방호장치 점검, 작업장 정리·정돈 등	○			
◎ 안전관리자 - 사업장 순회점검, 지도 및 조치 건의, 적격품 선정 - 산업재해 발생 원인조사·분석, 재발방지 보좌, 지도 조언 등	○			

항 목	점검결과			개선 사항
	양호	보통	불량	
◎ 보건관리자 - 사업장 순회점검, 지도 및 조치 건의, 적격품 선정 - 물질안전보건자료 게시·비치, 보좌, 지도·조언 - 산업재해 발생 원인조사·분석·재발방지 보좌, 지도·조언 등	○			
◎ 산업보건의 - 건강진단 결과 검토 및 결과에 따른 작업 배치, 전환 등 근로자의 건강보호 조치 - 근로자 건강장해 원인조사와 재발 방지를 위한 의학적 조치 등	○			

3. 유해·위험요인 확인 및 개선(위험성평가)

항 목	점검결과			개선 사항
	양호	보통	불량	
◎ 내부 절차에 따른 실시 - 위험성평가 방법 - 위험성평가 참여자 - 위험성평가 실시 결과 공지 - 기타	○			

◎ 실시 시기 및 대상의 적정성
 - 매년(계획에 따른 시기), 전체 작업 대상
 - 수시평가
 〈수시평가 대상〉
  1. 사업장 건물의 설치·이전·변경 또는 해제
  2. 기계·기구, 설비 등의 정비 또는 보수
  3. 건설물, 기계·기구, 설비 등이 정비 또는 보수
  4. 작업방법 또는 작업절차의 신규도입 또는 변경
  5. 중대산업사고 또는 산업재해(휴업이상) 발생
  6. 그 밖에 본부 전담조직에 필요하다가 판단한 경우
	○			

◎ 실시 방법의 적정성 - 안전보건관리책임자의 실시 총괄·관리 - 안전관리자, 보건관리자의 지도·조언·보좌 - 관리감독자의 유해·위험요인 파악 - 위험성평가 실시를 위한 교육 등	○			
◎ 유해·위험요인 파악의 적정성 - 현장점검을 통해 위험성평가에 유해·위험요인 파악 누락이 없는지 확인	○			
◎ 유해·위험요인 개선 수준 - 현장점검을 통해 적정 개선 여부 확인	○			

4. 종사자 참여 활성화

항 목	점검결과			개선사항
	양호	보통	불량	
◎ 내부 절차 운영 기반 - 익명 신고함 설치상태 - 내부 직원에 참여절차 안내	○			
◎ 제안제도 운영 - 종사자(도급·용역·위탁 포함)에 안내 - 주기적 제안내용 확인 및 적절한 조치	○			
◎ 아차사고 발굴 제도 운영 - 종사자(도급·용역·위탁 포함)에 안내 - 주기적 제안내용 확인 및 적절한 조치	○			

5. 도급, 용역, 위탁 시 안전보건관리

항 목	점검결과			개선사항
	양호	보통	불량	
◎ 수행한 도급·용역·위탁· 업무 기록·관리	○			
◎ 도급·용역·위탁 계약 단계에서 수급인 선정, 적정기간 기준 준수		○		〔별첨1〕
◎ 도급·용역·위탁 수행단계에서 안전보건활동 - 사전에 유해·위험물질의 유해성·위험성, 유해·위험작업에 대한 주의사항 등 안전보건에 관한 정보 제공 - 협의체 구성·운영, 순회점검 - 적정기간 보장 등	○			
◎ 도급·용역·위탁 완료 후 안전보건수준 평가	○			

6. 재해발생 및 급박한 위험대비 신속 대응

항 목	점검결과			개선사항
	양호	보통	불량	
◎ 대응조직 구성 및 업무 분담 여부	○			
◎ 비상조치계획에 급박한 위험, 중대재해 및 비상상황 발생별로 구분하여 수립	○			
◎ 비상조치계획에 소속기관 근무환경 상 위험성이 높은 위험요인에 대해 재해 발생 시나리오 작성	○			
◎ 비상조치계획에는 필요한 인력 및 시설·장비(인적·물적자원)가 적절히 포함	○			
◎ 비상조치계획에 작업중지·근로자 대피·위험요인 제거 등 대응조치, 재해자 구호조치, 추가피해 방지를 위한 조치가 포함	○			
◎ 비상조치계획에 상황보고 및 전파체계, 조치별 대응조직 및 담당자의 역할이 적절히 구분	○			
◎ 비상 시 즉각 탈출할 수 있는 비상구가 충분히 마련되었고, 즉각 알아볼 수 있는 형태로 표시	○			
◎ 비상상황에 대비한 병원, 소방서 등 유관기관과의 협조체계가 마련	○			
◎ 훈련과정에서 발견된 문제점을 검토 및 개선		○		미실시(코로나)

7. 안전보건 교육 실시

항 목	점검결과			개선 사항
	양호	보통	불량	
◎ 산업안전보건법에 따른 안전보건교육	○			
◎ 유해·위험한 작업에 관한 안전·보건에 관한 교육 실시	○			
◎ 안전보건관리체계(내부 절차·기준·매뉴얼) 교육	○			

8. 산업안전보건법 등 안전보건관련법령 이행

항 목		점검결과			개선 사항
		양호	보통	불량	
안전보건 관리체계	◎ 안전보건총괄(관리), 안전·보건관리자, 산업보건의 선임 및 위촉	○			
	◎ 관리감독자 안전보건 업무 부여 등	○			
	◎ 산업안전보건위원회 구성 및 운영	○			
	◎ 안전보건관리규정 제정 및 변경	○			
산업재해발생 보고 및 기록관리, 법령고지 등	◎ 산업재해조사표 제출 여부 (산재발생일로부터 한 달 이내 제출)	○			
	◎ 법령 요지 및 안전보건관리규정 게시	○			
	◎ 안전보건표지 설치 및 부착	○			
도급에 따른 산업예방 조치	◎ 도급인 및 수급인 안전보건협의체 구성 및 운영 (매월 1회 이상 정기적으로 회의 개최)	○			
	◎ 도급 작업장 순회점검(1회/주)	○			
	◎ 작업장 합동 안전·보건점검(1회/분기) ※ 도급인 및 관계수급인 사업주와 근로자 각 1명	○			
	◎ 안전보건교육 지원 및 실시 확인, 수급업체 위생시설 설치 또는 이용	○			
건설업 등 산업재해 예방	◎ 건설공사 발주자의 산업재해 예방 조치 (기본안전보건대장 수립 및 이행 확인) ※ 50억 이상				비해당
	◎ 안전보건조정자 선임 ※ 2개 이상의 건설공사를 도급한 발주자(50억 이상)				비해당
유해·위험 기계 등에 대한 방호조치	◎ 안전인증대상 기계 등 사용 시 안전인증 취득 여부 ※ 크레인, 고소작업대, 압력용기, 보호구 등				비해당
	◎ 유해·위험기계 등 안전검사 실시 ※ 크레인, 압력용기 등				비해당
유해·위험 물질에 대한 조치	◎ 물질안전보건자료 게시·경고표지 부착·교육 실시		○		보건관리자 권고사항 보완 중
	◎ 석면함유 물질 자재에 대한 석면조사	○			
	◎ 석면함유 물질 자재 해체제거작업 준수 (석면해체제거업자 도급 여부)	○			
근로자 보건관리	◎ 작업환경 측정 및 일반·특수건강진단		○		보건관리자 검토 예정

항목		점검결과			개선사항
		양호	보통	불량	
안전보건 기준	◎ 작업장 및 통로 전도방지 조치 여부 ※ 미끄럼방지 조치, 바닥 청결, 조도 확보 등	○			
	◎ 안전한 사다리 통로 확보 ※ 견고한 구조, 전도 방지 조치, 사다리의 상단은 걸쳐놓은 지점으로부터 60㎝ 이상 등	○			
	◎ 추락위험장소 안전난간 및 덮개 등 설치 여부	○			
	◎ 높은 곳 작업 시 작업발판 설치 여부 - 비계 설치 후 작업발판 조립, 이동식비계, 말비계 사용	○			
	◎ 승강기 보수작업 등	○			
	◎ 밀폐공간 위험작업 보건관리	○			
	◎ 외벽 청소업무	○			
	◎ 추락 등 위험작업 근로장에게 안전모, 안전대 등 보호구 지급 및 착용 여부	○			
	◎ 위험기계 등의 전동기 회전체 등에 덮개 설치 여부	○			
	◎ 전동기 콘센트 등 접지 연결 여부	○			
기타 안전보건 관계법령	기타 안전보건관련 사항	○			

점검일자	2025. 1. 16. ~ 1. 20. (대상기간 : 2024. 7. 1. ~ 12. 31.)	점검자	

8. 중대시민재해의 이해

가. 의의

중대시민재해(법 제2조 제3호)는 특정 원료 또는 제조물, 공중이용시설 또는 공중교통수단[85]의 설계, 제조, 설치, 관리상의 결함을 원인으로 하여 발생한 재해로서 ① 사망자가 1명 이상 발생하는 결과를 야기한 재해, ② 동일한 사고로 2개월 이상 치료가 필요한 부상자가 10명 이상 발생하는 결과를 야기한 재해, ③ 동일한 원인으로 3개월 이상 치료가 필요한 질병자가 10명 이상 발생하는 결과를 야기한 재해를 말한다. 다만, 중대산업재해에 해당하는 재해는 제외한다.

중대시민재해는 건설업, 제조업 등과는 직접적인 관련이 적지만, 검찰의 중대재해처벌법 해석에 따르면, 건물 자체의 결함으로 인하여 방화 등으로 사망사고가 발생한 경우 등의 경우 중대시민재해에 해당할 수 있으므로 전반적인 이해는 필요하다.

중대시민재해의 경우도 위반사항에 대해서는 중대산업재해와 동일한 형으로 형사처벌을 받게 된다. 다만, 중대산업재해와는 달리 중대시민재해에서는 형이 선고된 후 5년 이내에 다시 중대시민재해를 저지른 자에 대한 가중처벌 조항은 두고 있지 않다.

나. 적용대상

일반적으로는 공중이용시설, 제조물 등에 해당하는 경우 적용대상이 될 가능성이 높다. 예를 들어 병원이나 어린이집의 급식에서 10명 이상 집단 식중독이 발생하거나, 숙박업소 보일러 결함으로 일산화탄소가 누출되어 사망자가 발생하는 경우, 자율주행차 소프트웨어의 결함으로 교통사고 사망자가 발생하는 경우, 국내 국제공항에 취항하는 외국

---

[85] 법 제2조(정의)
　4. **"공중이용시설"**이란 다음 각 목의 시설 중 시설의 규모나 면적 등을 고려하여 대통령령으로 정하는 시설을 말한다. 다만, 「소상공인 보호 및 지원에 관한 법률」 제2조에 따른 소상공인의 사업 또는 사업장 및 이에 준하는 비영리시설과 「교육시설 등의 안전 및 유지관리 등에 관한 법률」 제2조 제1호에 따른 교육시설은 제외한다.
　가. 「실내공기질 관리법」 제3조 제1항의 시설(「다중이용업소의 안전관리에 관한 특별법」 제2조 제1항 제1호에 따른 영업장은 제외한다). 나. 「시설물의 안전 및 유지관리에 관한 특별법」 제2조 제1호의 시설물(공동주택은 제외한다). 다. 「다중이용업소의 안전관리에 관한 특별법」 제2조 제1항 제1호에 따른 영업장 중 해당 영업에 사용하는 바닥면적(「건축법」 제84조에 따라 산정한 면적을 말한다)의 합계가 1천제곱미터 이상인 것. 라. 그 밖에 가목부터 다목까지에 준하는 시설로서 재해 발생 시 생명·신체상의 피해가 발생할 우려가 높은 장소.
　5. **"공중교통수단"**이란 불특정다수인이 이용하는 다음 각 목의 어느 하나에 해당하는 시설을 말한다. 가. 「도시철도법」 제2조 제2호에 따른 도시철도의 운행에 사용되는 도시철도차량. 나. 「철도산업발전기본법」 제3조 제4호에 따른 철도차량 중 동력차·객차(「철도사업법」 제2조 제5호에 따른 전용철도에 사용되는 경우는 제외한다). 다. 「여객자동차 운수사업법 시행령」 제3조 제1호 라목에 따른 노선 여객자동차운송사업에 사용되는 승합자동차. 라. 「해운법」 제2조 제1호의2의 여객선. 마. 「항공사업법」 제2조 제7호에 따른 항공운송사업에 사용되는 항공기. 6. **"제조물"**이란 제조되거나 가공된 동산(다른 동산이나 부동산의 일부를 구성하는 경우를 포함한다)을 말한다.

항공기의 결함으로 사고가 발생하여 사망자가 발생하는 경우 등이 중대시민재해에 해당할 수 있다.[86]

공중시설의 구체적인 범위에 대해서는 법 시행령 별표에서 상세히 규정하고 있다. 어린이집의 경우에는 430㎡ 이상이어야 하며, 건축법상 업무시설은 연면적 3천㎡ 이상(오피스텔 제외), 건축법상 둘 이상의 용도에 사용되는 건축물은 연면적 2천㎡ 이상(오피스텔 제외)이 적용대상에 해당한다. 이 경우 둘 이상의 건축물로 이루어진 시설의 연면적은 개별 건축물의 연면적을 모두 합산한 면적을 의미한다.

그리고 도로교량, 철도교량[87], 도로터널, 철도터널[88], 일정한 건축물(고속철도, 도시철도 및 광역철도 역 시설, 16층 이상이거나 연면적 3만㎡ 이상의 건축물, 연면적 5천㎡ 이상(각 용도별 시설의 합계를 말함)의 문화·집회 시설, 종교시설, 판매시설, 운수시설 중 여객용 시설, 의료시설, 노유자시설, 수련시설, 운동시설, 숙박시설 중 관광숙박시설 및 관광휴게시설), 일정한 용도나 규모의 항만, 댐, 상하수도, 옹벽 및 절토사면 등이 이에 해당한다. 단, 주택과 주택 외의 시설을 동일 건축물로 건축한 건축물, 건축물의 주용도가 오피스텔인 건축물은 제외된다.

다. 원료·제조물 관련 안전보건관리체계의 구축 및 이행조치

재해예방에 필요한 인력·예산·점검 등 안전보건관리체계의 구축 및 이행(법 제9조 제1항 제1호)에 따른 조치의 구체적인 사항은 다음과 같다.

첫째, 안전·보건 관계법령에 따른 안전·보건 관리 업무의 수행, 유해·위험요인의 점검과 위험징후 발생 시 대응, 그 밖에 원료·제조물 관련 안전·보건 관리를 위해 환경부장관이 정하여 고시하는 사항을 이행하는 데 필요한 인력을 갖추어 중대시민재해 예방을 위한 업무를 수행하도록 하여야 한다. 둘째, 안전·보건 관계법령에 따른 인력·시설 및 장비 등의 확보·유지, 유해·위험요인의 점검과 위험징후 발생 시 대응, 그 밖에 원료·제조물 관련 안전·보건 관리를 위해 환경부장관이 정하여 고시하는 사항을 이행하는 데 필요한 예산을 편성·집행하여야 한다. 셋째, 원료 또는 제조물로 인한 중대시민재해를 예방하기 위하여 유해·위험요인의 주기적인 점검, 제보나 위험징후의 감지 등을 통해 발견된

---

[86] 대검찰청 중대재해처벌법 벌칙 해설서 참조. 2023. 4. 2명의 사상자가 발생한 분당 정자교 보행로 붕괴사고의 경우 중대시민재해가 적용될 수 있을 것이다.

[87] 도로교량(상부구조형식이 현수교, 사장교, 아치교 및 트러스교인 교량, 최대 경간장 50m 이상의 교량, 연장 100m 이상의 교량, 폭 6m 이상이고 연장 100m 이상인 복개구조물), 철도교량(고속철도 교량, 도시철도의 교량 및 고가교, 상부구조형식이 트러스교 및 아치교인 교량, 연장 100m 이상의 교량).

[88] 도로터널(연장 1천m 이상의 터널, 3차로 이상의 터널, 터널구간이 연장 100m 이상인 지하차도, 고속국도, 일반국도, 특별시도 및 광역시도의 터널, 연장 300m 이상의 지방도, 시도, 군도 및 구도의 터널), 철도터널(고속철도 터널, 도시철도 터널, 연장 1천m 이상의 터널, 특별시·광역시에 있는 터널).

유해·위험요인을 확인한 결과 중대시민재해의 발생 우려가 있는 경우의 신고 및 조치, 중대시민재해가 발생한 경우의 보고, 신고 및 조치, 중대시민재해 원인조사에 따른 개선조치를 하여야 한다. 넷째, 인력·예산 등과 관련된 이행사항을 반기 1회 이상 점검하고, 점검 결과에 따라 인력을 배치하거나 예산을 추가로 편성·집행하도록 하는 등 중대시민재해 예방에 필요한 조치를 하여야 한다. 또한 원료·제조물 관련 안전·보건 관계법령에 따른 의무이행에 필요한 관리상의 조치도 이행하여야 한다.[89]

라. 공중이용시설, 공중교통시설 관련

사업주 또는 경영책임자등은 사업주나 법인 또는 기관이 실질적으로 지배·운영·관리하는 공중이용시설 또는 공중교통수단의 설계, 설치, 관리상의 결함으로 인한 그 이용자 또는 그 밖의 사람의 생명, 신체의 안전을 위하여 재해예방에 필요한 인력·예산·점검 등 안전보건관리체계의 구축 및 그 이행에 관한 조치를 하여야 한다.

첫째, 안전·보건 관계법령에 따른 안전관리 업무의 수행, 안전계획의 이행 등에 필요한 인력을 갖추어야 한다. 둘째, 안전·보건 관계법령에 따른 인력·시설 및 장비 등의 확보·유지와 안전점검 등의 실시, 안전계획의 이행 등을 위해 필요한 예산을 편성·집행하여야 한다. 셋째, 공중이용시설 또는 공중교통수단에 대한 안전·보건 관계법령에 따른 안전점검 등을 계획하여 수행되도록 하여야 한다. 넷째, 공중이용시설 또는 공중교통수단에 대해 연 1회 이상 다음 각 목의 내용이 포함된 안전계획을 수립하게 하고, 충실히 이행하도록 해야 한다. 다섯째, 앞에서 정한 사항을 반기 1회 이상 점검하고, 직접 점검하지 않은 경우에는 점검이 끝난 후 지체 없이 점검 결과를 보고받아야 한다. 여섯째, 점검 또는 보고 결과에 따라 인력을 배치하거나 예산을 추가로 편성·집행하도록 하는 등 중대시민재해 예방에 필요한 조치를 하고, 일곱째, 중대시민재해 예방을 위해 업무처리 절차를 마련하여 이행하여야 한다.

또한 공중이용시설 또는 공중교통수단의 관련 안전·보건관계법령(시행령 제11조)에 따른 의무이행에 필요한 관리상의 조치도 이행해야 한다.

---

[89] 1. 안전·보건 관계법령에 따른 의무를 이행했는지를 반기 1회 이상 점검(해당 안전·보건 관계법령에 따라 중앙행정기관의 장이 지정한 기관 등에 위탁점검도 포함)하고, 직접 점검하지 않은 경우 점검이 끝난 후 지체없이 점검 결과를 보고받을 것. 2. 제1호에 따른 점검 또는 보고 결과 안전·보건 관계법령에 따른 의무가 이행되지 않은 사실이 확인되는 경우 인력을 배치하거나 예산을 추가로 편성·집행하도록 하는 등 해당 의무 이행에 필요한 조치를 할 것. 3. 안전·보건 관계법령에 따라 의무적으로 실시해야 하는 교육이 실시되는지 반기 1회 이상 점검하고, 직접 점검하지 않은 경우 점검이 끝난 후 지체없이 점검 결과를 보고받을 것. 4. 제3호에 따른 점검 또는 보고 결과 실시되지 않은 교육에 대해서는 지체없이 그 이행의 지시, 예산의 확보 등 교육 실시에 필요한 조치를 할 것.

9. 중대재해처벌법 대응 요령

<중대재해처벌법 대응 중점사항>

사고 발생 전 예방조치	사고 발생 후 대응 방안
1. 안전보건 확보 의무 준수 및 안전보건관리체계 강화: (1) 안전보건 목표 설정 및 점검: 안전보건 목표를 명확히 설정하고 정기적으로 그 달성 여부 점검 (2) 경영책임자등이 안전보건관리체계를 구축하고, 필요한 예산과 인력을 확보하며, 위험 요소를 관리하는 등 안전보건확보 의무 준수 ※ 중대재해처벌법상 안전보건확보의무 이행을 증빙할 수 있는 자료 준비 철저	1. 즉시 작업 중지, 대피 및 재해자 구호 (1) 사고 발생위험이 있거나 중대재해가 발생할 경우, 즉시 작업을 중지시키고 근로자를 안전한 장소로 대피 (2) 재해자의 의식, 호흡 등을 확인하고 심폐소생술 등 응급처치를 실시하며, 2차 재해 발생위험이 있을 경우 즉시 추가피해 방지 조치
2. 위험성 평가, 위험 요소 관리 시스템 및 재발방지시스템 구축 : (1) 발생 가능한 위험을 예측하여 사전 관리 및 안전사고 방지 예방 활동 강화 (2) 위험성 평가 및 위험 요소 관리 시스템을 도입하여 현장 위험 요소를 파악하고 개선하는 절차 마련 (3) 유사 사고가 발생하지 않도록 사전에 재발 방지대책을 수립하고 이를 시스템적으로 이행할 수 있는 기반을 마련	2. 사고 보고 (1) 사고 발생 즉시 내부 보고체계에 따라 관리감독자에게 보고하고, 관리책임자 및 안전관리자등에게 신속히 상황 공유 (2) 소방서(119), 경찰서(112), 관할 지방고용노동관서 등 관계기관에 신속하게 신고하고 재해 발생개요, 피해 상황 등 상세 정보 제공
3. 근로자 안전교육·훈련, 안전수칙 준수 점검 (1) 근로자 사고 예방 교육 및 훈련 정기적 실시, 안전 매뉴얼 숙지 여부 점검 (2) 현장 투입 직전 개인보호장비 착용 여부 등 최종 점검, 현장에서도 안전수칙 준수 여부 수시 점검 ※ 사전 교육 및 점검 내용을 기록하고 문서화하여 사고 발생 시 책임을 명확히 할 수 있도록 사전에 증빙자료 보관	3. 사고조사, 현장 보존, 수사 대비 (1) 사고조사 및 원인 분석: 사고 조사반 구성, 관련 자료를 수집·분석, 외부 조사에 대비하여 사고 현장 보존 (2) 수사 초기에 사업장, 공사 현장, 본사에 대하여 예상하지 못한 시기에 압수수색을 진행하거나, 임의제출 형식으로 자료를 요청하므로 미리 대비 필요 ※ 대표이사의 피의자 입건에 대비하여 경영책임자 구조 소명자료 등 준비
4. 비상 대응 매뉴얼 작성 및 훈련, 디지털 기록 장치 활용 (1) 사고 대비 비상 대응 매뉴얼을 작성하고, 정기적인 훈련을 통해 각자의 역할 숙지 (2) 사고 예방 및 원인 규명을 위해 CCTV, 바디캠 등 디지털 기록 장치의 설치 확대 및 관리	4. 재해 원인 조사·재발 방지대책 수립 사고 원인을 철저히 조사하여, 유사 사고가 재발하지 않도록 효과적인 재발 방지대책 수립 및 실태 개선
▲ 종합적인 리스크 관리 (보험/컨설팅/법률자문) 산재보험이나 기업 보험 가입, 법률 전문가 자문, 전문 컨설팅 업체의 주기적 점검 등을 통해 안전보건관리체계가 적정하게 운영되고 있는지 주기적으로 외부의 시각에서 객관적으로 점검하여 중대재해처벌법 위반 여지 사전 예방	

중대재해 처벌 등에 관한 법률이란 사업 또는 사업장에서 경영책임자등의 안전보건의

무 위반으로 중대산업재해가 발생하는 경우 이를 처벌하는 법률이다.

그러므로 중대재해가 발생하지 않도록 사전에 **기계·설비의 위험과 조건 파악, 현장점검**을 통하여 사업장 어디에서 어떤 작업을 할 때 사망자 또는 6개월 이상 부상자의 **발생 가능성이 있는지 세밀히 점검하여 대비**해야 한다. 구체적인 확인은 **안전보건관리체계의 구축 및 이행 조치**(영 제4조)에서 구체화하고 있는 8개 세부항목별 대비표를 만들어 해당 기업의 운영상태를 자체 점검하여 현 운영실태와 미비사항을 점검하고, **안전·보건 관계법령에 따른 의무이행에 필요한 관리상의 조치**(영 제5조)상의 3개 항목에 대해서도 운영실태를 자체 점검해야 한다. 또 **재해 발생 시 재발방지 대책의 수립과 그 이행에 관한 조치**(법 제4조 제2호)도 철저히 확인해야 한다.

그러나 평소에 중대산업재해 예방을 위해 경영책임자가 최선을 다하고 있더라도 불가피하게 중대산업재해가 발생하기 마련이다. 따라서 중대산업재해의 예방조치를 포함하여 제도적인 부분 등 다양한 방법으로 철저히 대비할 필요가 있다.

가. 최고안전보건책임자 지정 또는 안전부문 대표이사직 신설

경영책임자등이 중대산업재해 발생 책임을 면하기 위해서는 법에서 규정하고 있는 경영책임자등과 동일한 책임을 부담할 수 있는 기업 전체의 최고안전보건책임자(CSO, Chief Security Officer) 또는 안전담당이사를 지정하고 권한을 이양하는 방안을 고려해 볼 수 있다.

> *** 대표이사가 CSO를 선임하여 안전보건에 관한 권한을 전부 위임한 실무상 사례**
> 현재(2025. 08. 31.)까지 법원의 판례에서는 명확한 사례를 찾아볼 수 없으나 검찰의 불기소 처분에서 유사한 사례를 찾아볼 수 있다.
> 즉 해당 사안에서 대표이사가 안전보건에 관한 사항을 CSO에게 전부 위임하고도 실질적·최종적 의사결정권을 행사한 사실이 있는지가 쟁점이 되었다. 검찰은 CEO가 안전보건에 관한 권한을 모두 CSO에게 위임하고 실질적으로 안전보건에 관한 권한을 행사한 바 없다는 이유로 중대재해처벌법에서 규정한 경영책임자등(안전보건에 관한 업무에 관하여 사업을 대표하고 사업을 총괄하는 권한과 책임이 있는 자)에 해당하지 않는다고 판단하고 노동청에서 기소의견으로 송치한 대표이사의 중대재해처벌법 위반 혐의에 대하여 혐의없음 불기소 결정을 하였다.

왜냐하면 기업의 안전보건업무를 총괄·관리할 수 있는 실질적 책임과 권한을 가진 자를 별도로 지정하여 **안전보건과 관련한 경영책임자의 최종적 권한을 이관**한다면 중대산업재해가 발생하더라도 경영책임자등이 처벌을 피할 수 있고, 혹시 불가피하게 처벌을 받더라도 그 수위는 상당히 낮아질 수 있기 때문이다.

CSO에게 안전보건 업무를 위임한 경우, 궁극적으로 해당 위임이 적절하고 실효성이 있는지, 즉 CSO에게 실질적인 권한과 책임이 부여되었는지에 따라 대표이사의 면책 여부가 결정될 수 있을 것이다.

그런데 기업내 최고안전책임자에게 실질적으로 기업내 안전보건업무를 총괄·관리하는 권한과 책임을 부여하기 위해서는 **안전보건업무와 관련한 독립적인 조직·인사·예산 권한을 포함한 안전보건업무 관련 최종의사결정권** 등 CSO의 권한과 책임범위에 대하여 이사회 등 객관적 절차를 거쳐 결정하고 이를 서면화하는 것이 좋다.

그러나 고용노동부에서 CSO, 환경안전본부장은 대표이사의 안전보건관리 책임을 대신할 수 없다는 입장을 보이자 별도로 안전부문 대표이사직을 신설하는 등 대처하고 있는 곳도 있다.[90] 현대자동차는 각자 대표이사 체제를 갖추고 있는데, 이동석 대표이사 겸 CSO가 중대산업재해가 발생하여 중대재해처벌법상 경영책임자로 입건되기도 하였다. 건설사의 경우 시공부문 대표와 2인 대표 또는 총괄대표를 포함한 3인 대표 체제로 운영하기도 한다. 이 경우 사업 부문별 대표로 등기이사가 되어 있으면 원칙적으로 부문별 대표이사를 각각 경영책임자로 볼 수 있다. 다만, **3인 대표체제라 하더라도 총괄대표가 실질적 책임자이거나 부문사업의 중요의사 결정을 최종적으로 한다면 비록 형식적으로 안전부문 대표가 선임되어 업무를 수행하고 있다고 하더라도 총괄대표는 중대재해처벌법의 처벌대상에서 벗어날 수 없을 것이다.**

중대재해처벌법이 시행되고 삼표산업 사례, 삼강에스앤씨 등 판결에서 법원의 대체적 경향은 CSO가 선임되어 있더라도 CEO 또는 안전보건업무 관한 실질 최종적 권한을 행사한 경영책임자인 회장 등을 처벌하는 것으로 보인다. 중대재해처벌법은 중대산업재해를 예방하고 경영책임자의 책임을 명확히 하는 법률이므로 그 입법취지를 고려하면 형식상 안전보건이사등이 선임되어 있다는 사실만으로 대표이사의 의무가 면제된다고 볼 수 없다. 또 그 지위나 **명칭에 상관없이 실질적으로 해당 조치와 관련한 최종적 권한과 책임을 지는 자가 형사책임의 주체가 되는 것이 타당하다.** 그러므로 직함이 없는 재벌 총수가 전문경영인에게 특정 업무를 지시하는 등 **영향력을 행사하는 경우 그 재벌 총수도 공범으로 처벌**될 수 있음을 유의해야 한다.

---

[90] 법률신문 2023. 7. 31.자 기사 "중대재해처벌법 위반 처벌 대상은 CSO가 아닌 대표이사" 참조. <https://www.lawtimes.co.kr/news/183710>.

나. 안전보건확보의무의 충실한 이행 및 점검 강화

중대재해처벌법 위반으로 처벌을 하기 위해서는 경영책임자등의 안전 및 보건확보의무 위반 등 책임을 다하지 않고 이로 인하여 중대산업재해에 이른 사실 즉 경영책임자등의 **의무 위반과 사고 사이에 인과관계**가 입증되어야 한다. 따라서 법에서 규정한 안전보건확보의무를 이행한 사실을 객관적으로 입증할 수 있다면 실제로 중대산업재해가 발생하더라도 전혀 처벌받지 않거나 가벼운 처벌을 받을 수 있다.

법 제4조에서는 경영책임자등은 법인이 실질적으로 지배·운영·관리하는 사업 또는 사업장에서 종사자의 안전·보건상 유해 또는 위험을 방지하기 위하여 그 사업 또는 사업장의 특성 및 규모 등을 고려하여, ① 재해예방에 필요한 인력 및 예산 등 안전보건관리체계의 구축 및 그 이행에 관한 조치, ② 재해 발생 시 재발방지 대책의 수립 및 그 이행에 관한 조치, ③ 중앙행정기관·지방자치단체가 관계법령에 따라 개선, 시정 등을 명한 사항의 이행에 관한 조치, ④ 안전·보건 관계법령에 따른 의무이행에 필요한 관리상의 조치를 하도록 규정하고 있다.

> *** 대표이사가 안전보건확보의무 충실히 이행하여 중대산업재해가 발생하였음에도 처벌받지 않은 실무상 사례**
>
> 하도급업체가 근로자들이 독성물질에 노출되어 급성중독 진단을 받은 사안에서 고용노동부에서는 대표이사에 대해서 기소의견(중대재해처벌법 위반 혐의)으로 송치하였으나, 검찰은 안전보건에 관한 종사자의 의견청취, 유해·위험요인 확인 및 개선절차를 마련하고 재해예방에 필요한 예산을 편성하는 등 법이 정한 안전보건관리체계를 구축한 사실이 인정된다고 하여 혐의없음 불기소처분으로 종결하였다.
>
> 중대재해 사고가 발생하였음에도 사전에 안전보건관리체계를 구축하고 반기 1회 점검 의무 등 법령에서 정한 안전보건확보의무 이행을 이유로 면책된 것으로 사업장에서 불가피하게 중대산업재해가 발생하더라도 사전에 안전보건확보의무를 충실히 이행하면 처벌 대상에서 제외될 수 있음을 보여준다. (검찰 불기소처분)

특히 "재해예방에 필요한 인력 및 예산 등 안전보건관리체계의 구축 및 그 이행에 관한 조치"와 관련하여서 다음의 사항을 철저히 준수해야 한다(법 시행령 제4조).

첫째, 사업 또는 사업장의 안전·보건에 관한 구체적이고 현실적인 목표와 경영방침을 설정하고, **안전·보건에 관한 업무를 총괄·관리하는 전담 조직**을 두어야 한다.[91]

---

[91] 산업안전보건법 제17조부터 제19조까지 및 제22조에 따라 두어야 하는 인력이 총 3명 이상이고 다음 각 목의 어느 하나에 해당하는 사업장 (중략) 건설사업자가 나목에 해당하게 된 경우 공시한 연도의 다음 연도 1월 1일까지 해당 조직을 두어야 한다. **가. 상시근로자 수가 500명 이상인 사업 또는 사업장**, 나. 건설산업기본법 제8조 및 같은 법 시행령 별표 1에 따른 토목건축공사업에 대해 같은 법 제23조에 따라

중대재해처벌법에서 요구하는 전담조직의 구성이 제대로 되었다고 인정받기 위해서는, 적어도 회사가 외부에 공시하는 조직도나 인사발령 공지 등을 통하여 조직의 설치나 변경내용이 객관적으로 파악할 수 있는 정도에 이르러야 한다. 그렇지 않고 단지 내부 회의에서 전담조직을 두기로 내부적으로 결정하고 그 구성원을 정한 것에 그치거나, 회사 사정으로 전담조직에 대한 인사발령을 특별한 사정없이 연기한 상태에서 사고가 발생하였다면 이를 두고 중대재해 전담조직이 구성되었다고 평가하기는 곤란하다. 최근 법원의 하급심 판례에서도 이러한 부분에 대하여 조직의 설치나 변경내용이 외부에 공시되었는지를 주요한 판단 지표로 명시하고 있다.

> *** 중대재해처벌법 상 전담조직 구성으로 인정받기 위한 요건(인정되지 않은 사례)**
>
> 중대재해처벌법 시행령이 공포된 이후 본격적으로 중대재해 전담조직 구성을 시작하였고, 2022. 1. 17.경 모회사로부터 받은 자료를 참고로 중대산업재해 발생 시 대응 매뉴얼 제작 사실, OO공장의 안전관리자로 신OO을 중대재해전담조직원으로 내정한 사실, OOOO공업은 2022. 1. 27. 대표이사 주관 17차 안전환경회의를 개최하였는데, 그 회의록에 중대재해처벌법 시행에 따른 대응 내용 중 전담조직 설치 관련 '전담조직 구성, 신규 안전(보건) 관리자 2명 채용'이라는 기재와 함께 비고란에 '1/27'로 기재된 사실 등 중대재해처벌법 시행을 앞두고 중대재해 전담조직을 두기 위한 준비를 시작한 점이 인정되고, 2022. 2. 4. 중대재해처벌법 전담조직 신설에 따라 안전보건전담직원 2명 충원에 대한 내부 결재가 있었고, OOOO공업은 2022. 3. 25. 이사회를 개최하여 안전보건관리 조직의 구성, 인원 및 역할에 대한 안건을 부의하여 만장일치로 통과되었다. 그러나 무엇보다 2022. 1. 27. 전담조직 및 그 구성원들에 대한 인사발표가 나지 않았고, 중대재해처벌법 시행을 앞둔 상황에서, 직원이 980여명 정도 규모의 회사가 인사 담당자 1인이 2022. 2. 4. 코로나19 확진이 되었다는 사정 등만으로 전담조직을 두는 것에 대한 **인사가 이 사건 사고 발생일까지 미루어졌다면 이 사건 사고 발생일 이전에 피고인 OOOO공업이 중대재해처벌법에 따른 전담조직을 두었다고 보기는 어렵다.** (하급심 판례)

둘째, 사업·사업장의 특성에 따른 유해·위험요인을 확인하여 개선하는 업무절차를 마련하고, 해당 업무절차에 따라 유해·위험요인의 확인 및 개선이 이루어지는지를 반기 1회 이상 점검한 후 필요한 조치를 하여야 한다.[92]

셋째, 재해예방을 위해 필요한 안전·보건에 관한 인력·시설·장비의 구비 및 정기 점검(제3호)에서 정한 유해·위험요인을 개선하는 데 필요한 예산을 편성하고 그 편성 용도에

평가하여 공시된 **시공능력의 순위가 상위 200위 이내인 건설사업자**.

92) 다만, 산업안전보건법 제36조에 따른 위험성평가를 하는 절차를 마련하고, 그 절차에 따라 위험성평가를 직접 실시하거나, 실시하도록 하여 실시 결과를 보고 받은 경우에는 해당 업무절차에 따라 유해·위험요인의 확인 및 개선에 대한 점검을 한 것으로 본다.

맞게 집행해야 한다.

넷째, 안전보건관리책임자등에게 해당 업무수행에 필요한 권한과 예산을 부여하고, 해당 **업무를 충실하게 수행하는지를 평가하는 기준을 마련하고, 그 기준에 따라 반기 1회 이상 평가·관리하여야 한다.** 안전보건관리책임자 등이 산업안전보건법에서 규정한 각각의 업무를 충실하게 수행하는지 평가하는 기준을 마련한다는 것은 안전보건관리책임자 등이 산업안전보건법에 따른 의무를 제대로 수행하고 있는지에 대한 평가항목을 구성하는 것을 의미한다.

> * 안전보건관리책임자 등이 업무를 충실하게 수행하는지를 평가하는 기준 마련 및 그 기준에 따른 평가·관리를 제대로 하지 못한다고 본 사례 (법원 판례)
>
> 이 사고는 안전보건관리책임자가 관리감독자로 하여금 유해·위험을 방지하기 위한 업무를 수행하도록 하지 않음으로써, 피해자가 임의로 안전모를 착용하지 않은 채 비정상적인 방법으로 작업하여 발생하였다. 안전보건관리책임자등의 산업안전보건법에 따른 업무수행과 관련한 평가항목이 구체적으로 마련되어 있었다면, 근로자의 작업복·보호구 및 방호장치의 점검과 그 착용·사용에 관한 교육·지도, 위험성평가를 위한 유해·위험요인의 파악 및 개선조치 시행에 참여(관리감독자의 업무. 산업안전보건법 시행령 제15조), 근로자에 대한 안전보건교육에 관한 사항, 작업환경의 점검 및 개선에 관한 사항, 산업재해의 원인 조사 및 재발 방지대책 수립에 관한 사항, 안전보건규칙에서 정하는 근로자의 위험 또는 건강장해의 방지에 관한 사항(산업안전보건법 제15조 제1항에 따른 안전보건관리책임자의 업무) 등의 업무가 실효성 있게 이루어져 안전조치의무 위반 및 이에 따른 사고를 방지할 수 있었을 것으로 보인다. 이 사건 사고 당시 지방노동청의 지적에도 불구하고 이동식비계의 안전난간대 설치 여부 등에 대하여 제대로 확인되지 않는 등 안전보건관리체계의 구축 및 그 이행에 관한 조치가 제대로 이루어졌다고 보기 어려운 점 등을 종합하면, 이 사건 사고 이전 중대재해처벌법상 안전보건관리체계가 구축되었는지 제대로 확인하지 않은 점이 인정된다. 이와 같은 이유로 중대재해처벌법 제4조 제1항 제1호의 안전보건관리체계 구축의무를 이행하지 않았고, 이러한 안전보건확보의무 위반으로 인하여 중대산업재해가 발생하였다고 봄이 타당하다.

즉 안전보건관리책임자(사업장 총괄관리), 관리감독자(사업장의 생산과 관련된 업무와 그 소속 직원을 직접 지휘감독), 안전보건총괄책임자(도급사업장)에 대한 평가항목에는 산업안전보건법에 따른 업무수행 및 그 충실도를 반영할 수 있는 내용이 포함되어야 하고, 평가 기준은 이들에 대한 실질적 평가가 이루어질 수 있도록 구체적 세부적이어야 한다. 자율점검 활동을 통해 안전보건관리책임자등에 대한 평가가 이루어졌다는 사정만으로는 중대재해처벌법 시행령상 안전보건관리책임자등이 산업안전보건법에 따른 의무를 제대로 수행하고 있는지에 대해 평가항목을 구성하는 등 실질적인 평가 기준을 마련하였다고 보기 어려울 것이다.

다섯째, 산업안전보건법에서 정한 수 이상의 안전관리자, 보건관리자, 안전보건관리담당자 및 산업보건의를 배치하여야 한다.[93] 기업규제완화법에서는 일정한 경우 안전보건관리자 선임 요건을 완화하고 있다. 주된 영업분야 등에서 00관리자 1명을 채용한 경우에는 산업안전보건법 제17조에 따른 안전관리자 1명도 채용한 것으로 보는 경우가 있다. 즉 화재의 예방 및 안전관리에 관한 법률 제24조에 따라 특정소방대상물의 관계인이 선임하여야 하는 소방안전관리자 또는 위험물 안전관리법 제15조에 따라 제조소등의 관계인이 선임하여야 하는 위험물안전관리자, 화학물질관리법 제32조 제1항에 따라 선임하여야 하는 유해화학물질관리자 등을 선임한 경우, 산업안전보건법에 따른 안전관리자를 채용한 것으로 간주되기도 한다.

> * **소방안전관리자를 선임한 경우 안전보건관리자 선임에 문제가 없다고 본 사례**
> 중대재해처벌법 시행령 제4조 제6호는 산업안전보건법 제17조부터 제19조까지 및 제22조에 따라 정해진 수 이상의 안전관리자, 보건관리자 등을 배치할 것을 규정하는 한편 다른 법령에서 해당 인력의 배치에 대해 달리 정하고 있는 경우에는 그에 따르도록 규정하고 있고, 기업활동 규제완화에 관한 특별조치법 제29조 제2항 제4호는 화재예방, 소방시설 설치·유지 및 안전관리에 관한 법률 제20조에 따라 **특정소방대상물의 관계인이 선임하여야 하는 소방안전관리자를 채용한 경우 산업안전보건법 제17조에 따른 안전관리자 1명도 채용한 것으로 본다고 규정**하고 있으며, 이 사건 사고 당시 김00과 김00이 제1공장과 제4공장의 소방안전관리자로 배치되어 있었다. 따라서 이 사건 사고 무렵 중대재해처벌법 시행령 제4조 제6호에서 정한 수 이상의 안전관리자를 두었다고 봄이 타당하다. (법원 하급심 판례)

여섯째, 사업장의 안전·보건에 관한 사항에 대해 종사자의 의견을 듣는 절차를 마련해야 한다. 다만, 산안법 제24조에 따른 산업안전보건위원회 및 동법 제64조·제75조에 따른 **안전 및 보건에 관한 협의체에서 사업·사업장의 안전·보건에 관하여 논의하거나 심의·의결한 경우 해당 종사자의 의견을 들은 것으로 본다**(영 제4조 제7호 단서).[94]

---

[93] 단, 타 법령에서 해당 인력의 배치에 대해 달리 정한 경우 그에 따르고, 배치해야 할 인력이 다른 업무를 겸직하는 경우 고용부장관이 정하여 고시하는 기준에 따라 안전·보건업무 수행시간을 보장해야 한다.
[94] 다만, 산안법 제24조의 산업안전보건위원회 및 같은 법 제64조·제75조에 따른 **안전 및 보건에 관한 협의체에서 사업 또는 사업장의 안전·보건에 관하여 논의하거나 심의·의결한 경우 해당 종사자의 의견을 들은 것으로 본다.** *산업안전보건위원회는 사업장에서 근로자의 위험 또는 건강장해를 예방하기 위한 계획 및 대책 등 산업안전·보건에 관한 중요한 사항에 대하여 노사가 함께 심의·의결하기 위한 기구로서 근로자위원과 사용자위원이 같은 수로 구성되어야 함.

〈안전 및 보건 확보의무 이행체계도〉95)

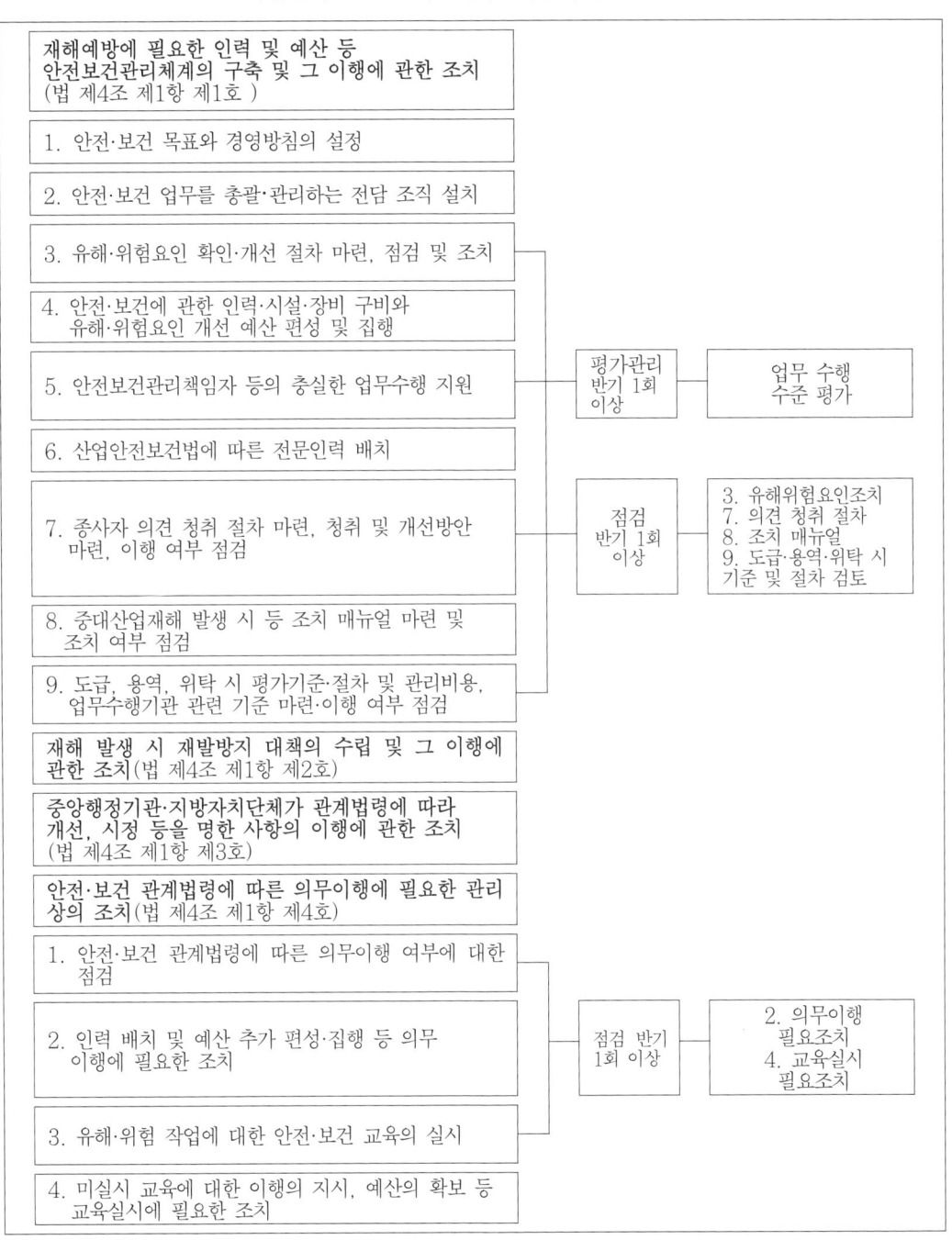

---
95) 고용노동부, "경영책임자가 알아야 할 중대재해처벌법 따라하기", 2022. 3, 21면 참조.

그리고 그 절차에 따라 종사자의 의견을 들어 재해예방에 필요하다고 인정하는 경우에는 그에 대한 개선방안을 마련하여 이행하는지를 반기 1회 이상 점검한 후 필요한 조치를 하여야 한다.

일곱째, 사업장에 중대산업재해가 발생하거나 발생할 급박한 위험이 있을 경우를 대비하여 "작업 중지, 근로자 대피, 위험요인 제거 등 대응조치, 중대산업재해를 입은 사람에 대한 구호조치, 추가 피해방지를 위한 조치"에 관한 매뉴얼을 마련하고, 해당 매뉴얼에 따라 조치하는지를 반기 1회 이상 점검하여야 한다.

여덟째, 제3자에게 업무의 도급·용역·위탁 등을 하는 경우 종사자의 안전·보건을 확보하기 위해 "도급·용역·위탁 등을 받는 자의 산업재해 예방을 위한 조치 능력과 기술에 관한 평가기준·절차, 도급·용역·위탁 등을 받는 자의 안전·보건을 위한 관리비용에 관한 기준, 건설업·조선업의 경우 도급·용역·위탁 등을 받는 자의 안전·보건을 위한 공사기간 또는 건조기간에 관한 기준"에 대한 기준과 절차를 마련하고, 그 기준과 절차에 따라 도급·용역·위탁 등이 이루어지는지를 반기 1회 이상 점검해야 한다.

한편 안전·보건 관계법령에 따른 의무이행에 필요한 관리상 조치와 관련하여 준수할 사항이 있다(시행령 제5조). 첫째, 안전·보건 관계법령에 따른 의무를 이행했는지를 반기 1회 이상 점검하고, 직접 점검하지 않은 경우 점검이 끝난 후 지체없이 점검 결과를 보고받아야 한다. 둘째, 점검·보고 결과 안전·보건 법령에 따른 의무 불이행 사실이 확인되는 경우 인력 배치·예산 추가 편성·집행 등 해당 의무이행에 필요한 조치를 한다. 셋째, 안전·보건 법령에 따른 의무적 유해·위험한 작업 관련 안전·보건교육이 실시되었는지를 반기 1회 이상 점검하고, 직접 점검하지 않은 경우 점검이 끝난 후 지체없이 점검 결과를 보고받는다. 넷째, 점검·보고 결과 실시되지 않은 교육에 대해서는 지체없이 이행 지시, 예산확보 등 교육실시에 필요한 조치를 한다.

또한, "재해 발생 시 재발방지 대책의 수립 및 그 이행에 관한 조치"(법 제4조 제2호)가 잘 관리되고 있는지도 철저히 확인해야 할 것이다. 그리고 위와 같은 안전보건활동에 대하여 근거자료를 포함하여 철저히 문서화하여 보관하여야 한다.

다. 주요 체크리스트 1(안전보건관리체계의 구축 및 이행에 관한 조치)[96]

1. 안전보건 목표	① 사업 또는 사업장의 유해·위험 특성 및 규모를 고려하여 기업 전체, 본사, 사업부서별 목표가 설정되어 있는가?	√
	② 목표에 재해자 수 등 결과지표와 더불어 안전보건 활동 등 과정지표가 포함되어 있는가?	
안전보건 경영지침	① 경영방침에 모든 종사자의 생명보호와 작업장의 안전을 최우선 목표로 한다는 취지를 명확하게 밝히고 있는가?	√
	② 사업장의 유해·위험요인의 개선을 위해 우선적으로 예산과 인력을 배정하도록 하는 내용을 포함하고 있는가?	
	③ 경영방침을 모든 종사자와 이해관계자가 쉽게 알 수 있도록 인트라넷, 게시판 등을 통해 공개하고 있는가?	
2. 안전보건 총괄 전담조직 설치	① (전담조직 설치대상 기업 : 500인 이상 사업, 시공능력 상위 200위 이내 건설업자)) 법 제4·5조에서 정하고 있는 안전·보건확보의무를 총괄·관리하는 전담 조직(최소 2명 이상으로 구성)을 구성했는가?	√
	② (중소기업) 관련 법령의 기준에 따라서 안전보건 전문인력을 채용 배치했거나 외부 안전·보건 전문기관 등에 위탁했는가?	
3. 유해·위험요인 확인·개선절차 점검·조치	① 사업장내 위험한 장소와 기계·기구 및 유해인자에 대한 대책 마련?	√
	② 사업장 내 모든 종사자로부터 유해·위험 요인을 발굴하여 신고하도록 하는 절차를 마련했고 개선 여부를 확인하고 있는가?	
	③ 유해·위험요인을 개선하는 과정 중에는 관련 작업을 반드시 중지하며 개선이 완료된 이후에 작업이 진행되도록 절차를 마련했는가?	
	④ 산업안전보건법 제36조에 따라서 위험성평가를 실시하고 있는가?	
4. 안전보건 인력·시설·장비 및 예산편성·집행	① 안전·보건 관계법령에 따른 의무이행에 필요한 인력, 시설, 장비의 구비를 위해 예산을 편성했는가?	√
	② 시행령 제4조 제3호에 따른 유해·위험요인의 개선에 필요한 예산(종사자 의견 청취에 따른 재해예방에 필요한 내역 포함)을 편성했는가?	
	③ 편성된 예산을 용도에 맞게 집행하고 있는가?	
5. 안전보건관리자 등 업무수행 지원	① 안전보건관리규정 등 내부규정을 통해서 사전에 안전보건관리책임자 등에게 권한과 책임, 예산 등을 명확하게 부여했는가?	√
	② 안전보건관리책임자등이 해당 업무를 충실하게 수행하는지 평가하는 기준이 있고, 반기 1회 이상 평가·관리하고 있는가?	
6. 안전관리자 등 전문인력 배치	① 안전·보건관리자, 안전보건관리담당자, 산업보건의(기업규제완화법에서 면제하는 경우 예외)를 법적 요건 이상으로 배치했는가?	√
	② 안전관리자 등 전문인력의 업무 수행시간을 보장하고 있다. (특히, 해당 업무를 전담하는 경우가 아니라 겸직하고 있는 경우)	

---

[96] 고용노동부, "경영책임자가 알아야 할 중대재해처벌법 따라하기", 2022. 3. 참조.

7. 종사자 의견 청취	① 안전보건에 관한 사항(문제점 및 개선방안 등)에 대해 종사자의 의견을 듣는 신고·제안 절차를 운영하고 있는가?	√
	② 산업안전보건위원회(산안법 제24조)를 구성·운영하고 있는가? *산업안전보건위원회 구성운영 대상(산안법 제24조, 시행령 제34조 별표 9)	
	③ 도급인·수급인 협의체(산안법 제64조), 건설공사 협의체(산안법 제75조) 등을 운영하고 있는가?	
	④ 종사자의 의견을 듣고 재해예방에 필요하다고 인정하는 경우 개선방안을 마련하여 이행 여부를 반기 1회 이상 점검한 후 필요한 조치를 하고 있는가?	
8. 중대산업재해 조치 매뉴얼	① 중대산업재해가 발생하거나 급박한 위험에 대비한 매뉴얼이 마련되어 있고 이행 여부를 반기 1회 이상 점검하고 있는가?	√
	② 해당 매뉴얼에는 중대산업재해 발생 시 작업 중지, 근로자 대피, 위험요인 제거 등 대응조치, 재해자 구호 및 추가 피해방지 조치가 포함되어 있는가?	
9. 도급·용역· 위탁 시	① 도급, 용역, 위탁 등을 받는 자의 산업재해 예방을 위한 조치 능력과 기술에 관한 평가기준·절차가 마련되어 있는가?	√
	② 도급, 용역, 위탁 등을 받는 자의 안전·보건을 위한 관리비용에 관한 기준을 마련했는가?	
	③ 건설업 및 조선업의 경우 도급, 용역, 위탁 등을 받는 자의 안전·보건을 위한 공사기간 또는 건조기간에 관한 기준을 마련했는가?	
	④ 마련된 기준과 절차에 따라 도급, 용역, 위탁 등이 이루어지는지 반기 1회 이상 점검하고 있는가?	

라. 주요 체크리스트 2(재해발생 시 재발방지 대책, 시정명령 이행, 관리상 조치 등)

1. 재해발생 시 재발방지 대책	① 재해가 발생한 경우 보고절차가 마련되어 있는가?	√
	② 재해 발생 시 재발방지 대책을 수립하도록 지시했거나 재발방지 대책을 수립하도록 하고 있는가?	
	③ 재발방지 대책의 담당자와 이행 시기가 정해져 있고 사업주 등이 이행 여부를 확인하는 절차를 두고 있는가?	
2. 시정명령 이행조치	① 중앙행정기관등의 행정처분 사실과 내용에 대해 사업주 등에게 보고되는 절차를 가지고 있는가?	√
	② 사업주 등은 개선 또는 시정을 명한 사항에 대해 주기적으로 이행 여부를 확인하고 있는가?	
3. 안전보건 관계법령 이행에 필요한 관리상 조치	① 법령에 따른 의무를 이행했는지 반기 1회 이상 점검(위탁하여 점검하는 경우를 포함)하고 직접 점검하지 않은 경우 점검이 끝난 후 지체없이 점검 결과를 보고 받고 있는가?	√
	①-1 의무가 이행되지 않은 사실이 확인되면 인력 배치 또는 예산 추가 편성·집행 등 해당 의무이행에 필요한 조치를 하고 있는가?	
	② 의무적으로 실시해야 하는 법령상의 안전·보건 교육 항목 및 내용과 실시 여부를 반기 1회 이상 파악·점검하고 있는가?	
	②-1 점검 또는 보고 결과 실시되지 않은 교육은 지체없이 그 이행의 지시, 예산의 확보 등 필요한 조치를 하고 있다.	
4. 도급용역위탁에서 안전보건확보의무	제3자에게 도급, 용역, 위탁 등을 행한 경우 제3자의 종사자에게 중대산업재해가 발생하지 않도록 제4조의 조치를 했는가?	√

마. 안전보건관리활동 점검 주기 예시(업종과 현장에 따라 다를 수 있음)

연번	구 분	내 용	주기
1	안전보건관리 연간 계획 수립 (중대재해처벌법 제4조)	- 연간 산업안전보건 관리기준 마련 - 체계적 시스템 구축으로 유해·위험요인 관리 - 산업재해 발생 예방 및 안전한 작업환경 조성	연간
2	안전보건활동 월간 목표/실적	- 재해발생 제로화를 위한 세부 목표 수립 및 실적 점검 - 중대재해처벌법 제4조 제1항	**월간**
3	유해·위험요인 자체점검	- 산업재해 및 아차사고 등 조사 - 위험 기계·기구·설비 파악 및 점검 - 중대재해처벌법 시행령 제4조 제3호	반기
4	안전보건활동 의무이행 점검 (7. 연간추진일정 점검 다. 반기 점검 사항 참조)	- 안전보건 관계법령에 따른 의무이행 여부 점검 (중대재해처벌법 제4조 제1항 제4호) - 점검결과 보고 및 후속조치 이행 - 중대재해처벌법 시행령 제5조 제2항 제1호	반기
5	산업안전보건위원회	- 종사자 안전·보건 의견 청취 및 수렴 - 재해예방 등을 위한 조치 필요 시 개선방안 마련 - 산안법 제24조, 중대재해처벌법 시행령 제4조 제7호	분기
6	안전관리 순회점검(위탁) * 업무 위탁 : 산안법 시행령 제19조 "건설업을 제외한 상시근로자 300명 미만 사업장"	- 자체 사업장 시설·환경 순회점검·교육 (시행령 제18조) - 위험성평가에 대한 지도·조언 - 관련 법령 등에 따른 안전에 관한 사항 이행 - 산안법 제17조,(상시근로자 50명 이상, 안전관리자) * 도급사업장 순회점검(1주 1회 이상, 건설·제조업 등은 2일에 1회 이상(산안법 제64조, 법 시행규칙 제80조)	월간
7	보건관리 순회점검(위탁)	- 사업장 시설·환경 순회점검 및 교육 - 위험성평가에 대한 지도·조언 - 관련 법령 등에 따른 보건에 관한 사항 이행 - 산안법 제22조, 법 시행령 제22조 * 도급사업장 순회점검(1주 1회 이상, 건설·제조업 등은 2일에 1회 이상(산안법 제64조, 법 시행규칙 제80조)	월간
8	안전보건협의체	- 도급·용역·위탁 시 관계수급 근로자보호 및 산재 예방 - 도급인 담당자 작업장 순회점검·합동점검 실시 - 산안법 제62조~제66조, 법 시행규칙 제79조~제83조	**월간**
9	안전교육	- 관리감독자 법정교육 이수 (연16시간) - 사업장 업무 및 종사자 지휘·감독 자격 부여 - 산안법 제16조, 법 시행령 제15조, 시행규칙 제26조	연간
9	안전교육	- 근로자 정기교육 이수(분기당 6시간) - 산안법 제29조, 법 시행규칙 제26조	분기
10	위험성평가	- 건설물·기계·기구 등 작업환경 및 근로자 작업행동의 유해·위험요인 파악 - 점검결과에 따른 위험성 및 건강장해 요소 경감 조치 이행 * 산안법 제36조, 법 시행규칙 제37조 - 사업장 위험성평가에 관한 지침(고용노동부)	연간
11	근로자 특수건강진단	- 유해인자 노출 업무 종사자에 대한 건강관리 - 산안법 제130조, 법 시행령 제22조	연간

1. 도급사업장 순회 점검표(예시, 주 1회 이상, 결재 월 1회)

2025년 07월 도급사업 【구내식당】 작업장 순회 점검표

점검자 관리부장

연번	점 검 항 목	점 검 일 자				
		1주차	2주차	3주차	4주차	5주차
1	작업장 조명 확보는 양호한가?	○	○	○	○	○
2	작업장 내 안전통로는 확보되어 있는가?	○	○	○	○	○
3	원재료, 제품 등 정리정돈은 양호한가?	○	○	○	○	○
4	바닥은 미끄러지거나 넘어질 위험이 없는가?	△	△	△	△	△
5	작업장 내 작업공간은 충분한가?	○	○	○	○	○
6	작업자의 보호구 착용은 양호한가?	○	○	○	○	○
7	중량물 취급작업은 양호한가?	○	○	○	○	○
8	작업장 환기상태는 양호한가?	○	○	○	○	○
9	출입구, 비상구 주변에 물건을 두고 있는가?	○	○	○	○	○
10	소화기, 소화전 비치 및 관리상태는 양호한가?	○	○	○	○	○
11	작업장 내 청소상태는 양호한가?	○	○	○	○	○
12	작업자는 무리한 동작을 취하지 않는가?	○	○	○	○	○
13	동력전달부 덮개 및 울 설치상태는 양호한가?	○	○	○	○	○
14	방호장치의 설치 및 기능상태는 양호한가?	○	○	○	○	○
15	안전표지 및 안전수칙 게시상태는 양호한가?	○	○	○	○	○
특이사항		- 2024 하반기 유해·위험요인 조사, 위험성평가 실시 - MSDS(물질안전보건자료) 관리대장 작성·자료 지급 - 개인용 전열기 등 난방기구 관리 철저				

※ 범례 : 양호(○), 보통(△), 불량(X)

2. 안전보건활동 목표 및 추진계획(예시, 월간)

안전보건활동 목표 및 추진계획(2024년 12월)

목표	세부목표	추진계획	실적	원인 및 대책	담당 부서	비고
재해 발생 제로	1. 근로보건 환경 철저 (구내식당, 어린이집)	- 코로나 재감염 등 위생·보건 여건 확보 충실 - 근로자 작업환경 점검 - 위탁 사업장 안전수칙 게시 및 안전예방 교육 실시			보안 2팀	
	2. 안전사고 등 방지	- 작업 간 2인 1조 원칙 준수 - 기본 안전수칙에 대한 정기교육 실시 (12월) - 서울HQ 폭설대비 제설계획 수립			관리팀 보안 1,2팀	
	3. 승강기 사고 방지	- 00지사 승강기 정기 안전점검 실시(12월) - 경사형 휠체어리프트 점검(12월)			보안 2팀	
	4. 폭행사고 방지	- 보안요원 2인 1조 편성 운영 - 출입통제시스템 작동 점검(12월) - 비상경보시스템 작동 점검(12월)			관리팀 보안 2팀	
	5. 유해·위험요소 파악	- 작업 간 유해·위험요소 자가진단표 작성·유지			보안 1,2팀	

바. 안전보건관리활동 점검 방법

안전보건활동에 대한 문제점을 확인·개선하고, 안전보건 업무에 대한 관심도를 제며, 재해예방에 대한 자체 역량을 강화하기 위하여 본사 중대재해 전담부서에서 각 현장이나 개별 공장 등을 대상으로 주기적으로 안전보건관리활동을 점검하여야 한다.

점검 방법은 현장점검과 서면점검으로 나눌 수 있다. 각 부서에서는 해당되는 항목의 자체 점검자료를 제출하고, 점검 전에 중대재해 전담부서에 증빙자료를 제출한다. 도급 사업 추진부서에서는 자체 점검자료('도급·용역·위탁 시 안전보건확보') 및 관련 증빙자료를 제출한다. 만약 MSDS(물질안전보건자료) 취급부서가 있다면 자체 점검자료('물질안전보건자료 관련 안전조치') 및 관련 증빙자료를 제출해야 한다.

현장점검 시 주요 점검 사항은 다음과 같다. 첫째, 안전보건관리체계 구축 방안 등에 따른 안전보건 업무수행 점검이다. 둘째, 안전보건관리책임자 등 안전보건담당자의 충실한 업무수행 여부를 점검한다. 셋째, 안전보건경영방침 이행 및 자체 안전보건목표 수립·시행 여부를 확인한다. 넷째, 유해·위험요인 확인 및 개선 절차에 따른 점검을 실시(※ 중점점검)한다. 다섯째, 안전보건 예산 집행의 적절성을 점검하며, 여섯째, 중대재해 발생위험 대비 매뉴얼을 수립·시행(※ 중점점검)하는지 점검하고, 일곱째, 도급·용역·위탁 시 안전보건 관리(※ 중점점검)를 확인하고, 여덟째, 종사자 의견 청취 절차를 통한 개선방안을 수립·시행하는지 점검하고, 아홉째, 안전보건 관계법령에 따른 의무이행 여부를 점검한다. 열 번째, 산업안전보건법 등 안전보건 관계법령에 따른 의무 이행(※ 중점점검) 여부와 전년도 안전보건활동 점검에 따른 후속조치(※ 중점점검)를 점검한다. 마지막으로 안전보건 업무 관련 본사 지시사항 이행 여부를 점검한다. 점검결과에 따라 후속조치가 필요할 수 있다. 각 현장이나 공장 등에서는 미흡사항에 대한 조치계획을 일정 기간 내 제출하고, 조치계획에 따라 이행을 하여야 한다. 점검 항목별 점검 내용은 다음과 같다.

순번	점검항목	점검내용
1	안전보건 전문인력 배치	○ 안전보건관리책임자 등 안전보건업무 담당자 지정 ○ 안전관리자 및 보건관리자 선임 - 안전관리자 및 보건관리자 선임 시 본부 및 고용노동부 보고 - 「안전·보건관리전문기관 및 재해예방 전문지도기관 관리규정」에 따른 충실한 업무 수행 및 안전보건관리상태 보고서 관리 ○ 중대재해관리 업무 직무기술서 작성·관리 - 관리감독자, 중대재해관리담당자, 실무자 각각 직무기술서 작성·관리
2	안전보건 목표 및 경영방침	○ 안전보건 목표 및 시행계획 수립·시행 - 안전보건 목표 및 시행계획 월 1회 수립·시행 ○ 안전보건경영방침 게시 - 종사자가 인식할 수 있는 장소 등에 '안전보건경영방침' 게시 ○ 안전보건 업무 관심도 - 안전보건관리책임자 등의 지시·강조사항 등 안전보건 업무 관심도 - 기관장의 주요 안전보건활동에 대한 직접 결재
3	유해·위험요인 확인·개선절차	○ 유해·위험요인 점검 - 본부 「유해·위험요인 확인 및 개선절차」를 활용하여, 자체 점검팀이 반기 1회 이상 유해·위험요인을 확인하고 확인된 유해·위험요인에 대한 개선방안 수립·시행
4	안전보건 예산	○ 안전보건 예산 집행의 적절성 - 안전보건 업무로 배정된 예산의 적절한 집행
5	종사자 의견 청취	○ 안전제안함 설치·운영 - 현업업무종사자 등 종사자가 인식할 수 있는 장소에 안전제안함을 설치하고, 접수된 의견에 대한 개선방안 수립·시행 ○ 산업안전보건위원회 등 설치·운영(현업업무종사자 100인 이상 의무) - 산업안전보건위원회를 구성하여 분기 1회 개최하고, 제안된 안건에 대하여 개선방안 수립·시행 ○ 기타 종사자 의견 청취 - 간담회 등을 통하여 종사자 의견을 청취하고, 접수된 의견에 대한 개선방안 수립·시행
6	중대재해 발생 위험 대비 매뉴얼	○ 재해 현황 관리 - ①본사 내 발생한 재해현황 관리, ②산업재해조사표 제출 등 재해 발생 후 법령에 따른 후속조치, ③재발방지 대책 수립·시행 ○ 중대재해 대응조치 계획 - 중대재해 발생 시 대응조치, 구호조치 등을 규정한 조치계획 수립 - 비상연락망 현행화 등 필요한 경우 개선사항 반영하여 개정
7	도급·용역·위탁 시 안전보건확보	○ 수급업체 현황 관리 - 기간, 규모와 관계없이 모든 도급사업의 수급업체 현황 관리 ○ 수급인의 안전보건 역량평가 - ①자체 평가 기준 수립 ②기간, 규모 관계없이 모든 도급사업에 역량평가를 시행하여 우수업체와 계약

순번	점검항목	점검내용
		○ 도급인의 안전보건조치 이행 - 안전보건협의체, 작업장 순회점검, 안전보건 합동점검 등 도급인의 안전보건조치 이행
8	의무이행에 필요한 관리상의 조치	○ 안전보건 관계법령에 따른 점검 실시 - 중대재해처벌법, 산업안전보건법 등 안전보건 관계법령에 따른 의무사항 점검을 위한 점검표 수립 및 반기 1회 자체점검 실시 ○ 점검 결과에 따른 개선조치 - 자체점검 시 확인된 미흡사항에 대하여 개선방안 수립·시행
9	안전점검 및 유지관리 계획	○ 시설물 정기안전점검 및 계절별 특별점검 실시 - 시설물 정기안전점검(반기 1회), 해빙기(3월), 장마철(7~8월), 동절기(12월~1월) 대비 특별점검 계획 수립·시행 ※ 정기안전점검은 「시설물의 안전 및 유지관리에 관한 특별법」에 따른 2·3종 시설물 정기안전점검으로 대체 가능 ○ 점검 결과에 따른 개선조치 - 점검 시 확인된 미흡사항에 대하여 개선방안 수립·시행
10	안전보건 관계법령에 따른 관리상의 조치(시설물)	○ 안전보건 관계법령에 따른 시설물 유지관리 - 기타 시설물 관련 법령에서 정한 점검, 검사 등 의무 준수 ※ 「안전보건관리체계 구축 방안」, '18개 항목' ○ 점검 결과에 따른 개선조치 - 점검 시 확인된 미흡사항에 대하여 개선방안 수립·시행
11	산업안전보건법상 의무이행	○ 안전보건교육 - **안전보건관리책임자** : 직무교육(선임된 후 3개월 이내 6시간) 및 보수교육(신규교육 후 2년 되는 날 기준으로 전후 3개월 내 6시간) 이수 - **관리감독자** : 정기교육(선임된 날로부터 매년 16시간) 이수 - **현업업무종사자** : 정기교육(반기 12시간), 채용 시 교육(배치 전 8시간), 특별교육(16시간), 작업 변경 시 교육(작업 전 2시간) 물질안전보건자료 교육(자율) 등 이수 ○ 분야별 자가진단표를 통한 안전보건조치 - 도급작업 및 현업업무 등 모든 작업 시 분야별 자가진단표를 활용하여 유해·위험요인 제거 후 작업 실시 ○ 기타 산업안전보건법상 의무 이행 - 안전보건관리규정 제·개정, 산업안전보건법령 요지 게시, 휴게시설 설치·관리, 물질안전보건자료 관리, 보호구 지급·관리 등
12	안전보건 및 재해예방 업무 관련 우수사례 등	○ 안전보건 및 재해예방 업무 관련 우수사례 - 자체적으로 추진한 안전보건 및 재해예방 업무 관련 우수사례 ○ 기타 안전보건 및 재해예방 업무 수행
13	안전보건활동 점검 결과에 따른 후속조치	○ 전회 점검 시 확인된 미흡사항에 대한 개선방안 수립·시행
14	안전보건 업무 관련 지시사항 이행	○ 본부 지시사항 이행 - 안전보건 업무 관련 본부 지시사항 이행 여부

〈현장점검 시 현장이나 공장에서 비치해야 할 장부 목록 예시〉

구분	장부 목록
안전보건 전문인력 배치	1. 안전관리자 및 보건관리자 선임 자료
	2. 안전보건관리상태 보고서
	3. 중대재해관리 직무기술서
안전보건 목표 및 시행계획 설정 등	4. 안전보건 목표 및 시행계획 자료
	5. 안전보건관리책임자 등의 지시·강조사항 자료
	6. 기관장의 주요 안전보건활동 결재 자료
유해·위험요인 확인·개선절차	7. 유해·위험요인 자체 점검 및 개선방안 자료
안전보건 예산 집행	8. 안전보건 예산 신청 및 집행 자료
종사자 의견 청취	9. 안전 제안함 접수 및 처리 자료
	10. 산업안전보건위원회 개최 자료
	11. 기타 종사자 의견청취 관련 자료
중대재해 발생 위험 대비 매뉴얼	12. 재해 발생 자료(산업재해조사표, 재발방지대책 등)
	13. 중대재해 대응 조치계획
도급·용역·위탁 시 안전보건확보	14. 도급·용역·위탁 현황
	15. 안전보건 역량 평가기준 수립·이행 자료
	16. 안전보건 역량평가 실시자료(평가자료 포함)
	17. 도급인의 안전보건조치 이행 자료(**위험성평가**, 협의체, 합동 안전보건 점검, 순회점검 등)
의무이행에 필요한 관리상의 조치	18. 안전보건 관계법에 따른 자체점검 자료
안전점검 및 유지관리 계획	19. 시설물 안전점검 계획 수립·시행 자료
안전보건 관계법령에 따른 관리상의 조치	20. 시설물 안전보건 관계법령에 따른 조치 수행 자료 (점검 실시 자료 등)
산업안전보건법상 의무 이행	21. 안전보건관리규정 수립·시행 자료
	22. 안전보건 필수교육 자료(이수증, 내부 실시 공문 등)
	23. 분야별 자가진단표 작성 자료(도급, 현업)
	24. 고소작업대 작업 안전조치 자료(현황, 안전조치 내역)
	25. 사다리 작업 안전조치 자료(현황, 안전조치 내역)
	26. 달비계 작업 안전조치 자료(현황, 안전조치 내역)
	27. 밀폐공간 작업 안전조치 자료(현황, 안전조치 내역)
	28. 물질안전보건자료 관련 자료(대상물질, 교육자료, 물질안전보건자료, 경고표지 자체 점검자료)
	29. 혹서기·혹한기 관련 안전조치(현황, 안전조치 내역)
	30. 보호구 관리 자료(보호구 현황, 보호구 관리대장 등)
	31. 휴게시설 관리 자료(휴게시설 현황, 점검 실시 자료 등)
기타 안전보건 관련 업무	32. 안전보건 업무 및 재해예방 관련 우수사례
안전보건활동 점검 결과에 따른 후속조치	33. 안전보건활동 점검 결과에 따른 후속조치

사. 안전보건관리체계의 구축 및 이행에 관한 조치 시 유의사항

〈안전보건관리체계의 구성요소〉

안전보건관리체계의 구축 및 이행 과정에서는 다음 사항을 유의해야 한다.97)

첫째, 경영방침은 간결하게 문서화하여 구성원과 이해관계자에게 이메일, 각종 회의체, CEO 메시지 등의 방식으로 주기적으로 알리고 이를 준수하도록 요청한다. 종사자들에게 경영책임자가 안전보건 경영에 계속해서 관심이 있다는 사실을 알리는 것이 무엇보다 중요하다. 안전보건목표를 설정하는 것이 어렵다면 사업장의 위험성평가를 통해 개선할 사항을 먼저 확인하고 목표를 설정하는 것이 효과적이다.

둘째, 안전·보건 전담 조직은 부서장과 해당 부서원 모두 안전·보건에 관해 특정 사업장이 아닌 전체 사업 또는 사업장을 총괄·관리해야 한다.

셋째, 유해·위험요인을 확인하고 개선하는 조치는 안전·보건 확보의무 사항 중에서 가장 중요한 부분이다. 다른 사항에 앞서 이 조치는 반드시 준수해야 하며, 위험성평가를 형식적으로 하는 등 소홀히 해서는 안 된다. 대책은 유해·위험요인의 통제·제거가 쉽다는 이유로 위험도가 낮은 요인부터 마련하는 것이 아니라, 중대재해 발생 우려가 큰 유해·위험요인부터 확인하고 마련해야 하고, 근로자 참여 없이 실시하거나 전년도 위험성평가에 평가 일자만 바꾸는 등 형식적으로 진행되지 않는지 확인해야 한다. 또한 위험성평가가 실효성이 있으려면 충분한 기술과 지식, 경험을 보유한 적격자에 의해 실시되어야 한다. 자체적으로 실시할 여력이 안 될 경우 외부 전문기관에 위탁할 수 있으며 이 경우에도 관리감독자와 해당 작업자가 참여해야 한다.

유해·위험요인은 특별히 살펴야 할 시기가 있다. 기계·기구·설비, 원재료가 새로이 도입되거나 변경될 때, 작업자가 변경될 때, 작업방법 또는 작업절차가 변경될 때 꼭 확인해야 한다. 이 경우 작성된 유해·위험요인 리스트를 확인하여 현행화해야 한다.

그리고 조직의 작업 활동으로 영향을 받을 수 있는 모든 사람에게 유해·위험요인과 대

---
97) 고용노동부, "경영책임자가 알아야 할 중대재해처벌법 따라하기", 2022. 3. 요약정리.

책을 알리고 교육을 실시한다. 소속 근로자 외에 수급인과 수급인의 근로자, 파견업체 및 고객, 인근 주민, 조직의 공급망에도 관련 정보를 제공한다. 젊거나 숙련되지 못한 근로자, 임신, 장애, 외국인 또는 고령의 근로자와 같은 그룹은 더 큰 위험에 놓일 수 있음을 명심해야 한다. 고령자, 외국인이 혼재된 경우 위험을 알리는 내용을 이해하지 못해 위험요인이 증가할 수 있으니 유해·위험을 색으로 구별하거나 이해 가능한 언어를 병기하는 것이 좋다. 고령자는 넘어지거나 높은 곳에서 떨어질 경우 중대재해로 이어질 가능성이 크니 더욱 주의한다.

넷째, 유해·위험요인의 제거·대체에 필요한 인력투입·장비·시설 개선 등의 예산을 편성하기 어려운 경우 종사자에 대한 교육과 함께 다각적인 점검을 진행하고, 방호조치, 작업절차 변경 등 보완조치를 할 필요가 있다. 다만, 종사자 교육과 점검은 유해·위험요인이 완전히 제거될 때까지는 임시적인 관리방법이라는 점을 반드시 유의해야 한다. 유해·위험요인의 제거·대체 또는 통제를 위한 예산을 편성하지 않았거나, 예산은 편성했지만 용도에 맞지 않게 집행했다면 의무(시행령 제4조 제4호)를 이행한 것으로 볼 수 없다. 예를 들어, 작업발판, 안전난간 미설치로 근로자가 추락하면 산업안전보건법 위반이 되지만, 작업발판 등의 설치에 필요한 예산이 편성되지 않은 경우에는 중대재해처벌법 위반이 될 수 있다. 안전보건관리책임자등은 작업장에서 안전과 보건에 관한 사항을 직접 지시하고 집행하므로 충분한 역량을 갖추는 것이 중요하다. 따라서 경영책임자등은 이들이 역량을 유지하거나 향상하도록 조직 내·외부 교육 또는 전문가 지원 등을 적극적으로 활용해야 한다. 권한을 제한하거나, 예산의 부족으로 권한을 행사하지 못한다면 법령을 위반한 것으로 볼 수 있다.

다섯째, 안전보건관리책임자등은 작업장에서 안전과 보건에 관한 사항을 직접 지시하고 집행하므로 충분한 역량을 갖추는 것이 중요하다. 따라서 경영책임자등은 이들이 역량을 유지하거나 향상하도록 조직 내·외부 교육 또는 전문가 지원 등을 적극적으로 활용해야 한다. 또한 권한을 제한하거나, 예산의 부족으로 권한을 행사하지 못한다면 법령을 위반한 것으로 볼 수 있다.

여섯째, 산업안전보건법에서는 전문인력 중 안전관리자와 보건관리자에게 업무수행에 필요한 권한을 부여하고 시설·장비·예산 그 밖에 업무수행에 필요한 지원을 하도록 특별히 규정하고 있다는 점을 유의해야 한다. 전문인력은 유능한 인력을 배치하여 경영책임자의 안전보건 경영에 대한 의지를 보여줄 필요가 있다. 경영책임자가 안전보건에 대한 업무를 최우선 순위에 두고 있다는 사실을 보여줌으로써 조직 내 신뢰를 높이고 조직문화 개선을 앞당길 수 있다.

〈중대재해처벌법 조항별 이행 순서도〉[98]

순서	방법	내용
①	지배관리 사업장 및 도급용역 위탁사업 파악	· 본사, 지역 사업장 등을 파악하여 사업장 판단기준에 따라 사업 또는 사업장 단위를 결정
②	조직·인력 등 확보	· 시행령 제4조 2. 본사 전담 조직 설치 6. 산업안전보건법에 따른 전문인력 구성
③	목표, 기준, 절차 매뉴얼 마련	· 시행령 제4조 1. 안전보건에 관한 목표와 경영방침 설정 3. 유해·위험요인을 확인하여 개선하는 업무절차 5. 안전보건관계자의 업무수행 평가기준 7. 종사자 의견 수렴 절차 8. 중대산업재해, 급박한 위험이 있을 경우 매뉴얼 9. 도급·용역·위탁 시 수급인의 산업재해 예방조치 능력에 관한 평가기준, 안전보건을 위한 적정 관리비용 기준, 적정기간 기준
④	이행	· 시행령 제4조 1. 안전보건에 관한 목표와 경영방침 설정·이행 3. 유해·위험요인을 확인하여 개선하는 업무절차 4. 안전 및 보건 관련 예산 편성 및 집행 5. 안전보건관계자의 업무수행 평가기준 7. 종사자 의견 수렴 절차 8. 중대산업재해, 급박한 위험이 있을 경우 매뉴얼 9. 도급·용역·위탁 시 수급인의 산업재해 예방조치 능력에 관한 평가기준, 안전보건을 위한 적정 관리 비용 기준, 적정기간 기준 · 시행령 제5조 1. 안전보건 관계법령에 따른 의무 이행 3. 유해·위험한 작업에 관한 안전보건에 관한 교육실시
⑤	반기 1회 이상 점검	· 시행령 제4조 3. 유해·위험요인을 확인하여 개선하는 업무절차 5. 안전보건관계자의 업무수행 평가기준 7. 종사자 의견 수렴 절차 8. 중대산업재해, 급박한 위험이 있을 경우 매뉴얼 9. 도급·용역·위탁 시 수급인의 산업재해예방 조치능력에 관한 평가기준, 안전보건을 위한 적정 관리비용 기준, 적정기간 기준 · 시행령 제5조 1. 안전보건 관계법령에 따른 의무 이행 3. 유해·위험한 작업에 관한 안전보건에 관한 교육실시

일곱째, 종사자의 참여는 형식적이어서는 안 되고 안전보건 목표 및 경영방침의 설정, 유해·위험요인의 확인과 개선 등 전 과정에서 충분히 이루어질 때 산업재해 예방에 효과적이다. 따라서 단순히 종사자의 의견만을 들어서는 법적 의무를 다했다고 볼 수 없다.

---
[98] 고용노동부, "경영책임자가 알아야 할 중대재해처벌법 따라하기", 2022. 3, 124면 참조.

필요한 개선방안을 마련하고 그 개선방안을 이행했는지를 반기 1회 이상 점검하고 추가적인 조치가 필요한 경우는 그 조치를 실행해야 한다.

여덟째, 방대한 서류만으로 작성된 매뉴얼은 조치에 방해가 될 수 있으며, 오히려 간결한 매뉴얼에 따라 종사자가 내용과 역할을 명확히 알고 있다면 훨씬 더 유용하다. 고위험 또는 복잡한 위험요인을 가진 사업장의 경영책임자등은 응급구조대, 응급기관과 일상적으로 접촉하는 직원을 사전에 지정해 놓는 것이 좋다. 또한 비상상황 시 응급구조대 및 응급기관이 적절한 조치를 취하도록 사업장에 대한 정보를 충분히 제공해야 한다. 산업안전보건법 제54조 등에서도 중대재해 발생 시 사업주의 조치의무를 명확하게 규정하고 있으므로 참고할 수 있다.

아홉째, 건설업을 제외한 사업으로서 상시근로자 300명 미만을 사용하는 사업장에서 **안전관리자·보건관리자 위탁** 시 유의사항이다. 안전(보건)관리전문기관(법 시행규칙 제20조)은 사업장의 안전·보건관리 상태를 정기적으로 점검하고 안전·보건관리 상태보고서를 전산시스템에 등록하고 사업주에게 제출한다. 이 경우 전문기관은 개선의견에 따른 안전·보건상의 조치가 이행될 수 있도록 안전보건관리책임자가 실명으로 서명하도록 한다(안전보건관리전문기관 및 재해예방 전문지도기관 관리규정). 다만, **안전점검 사업주 부재 등 불가피한 사유로 서명이 곤란한 경우 차상위자, 담당자 등이 서명할 수 있다** (2022. 2. 28. 노동부 산업안전기준과 질의회신 참조). 다만 이 경우 겉표지 상단에 서명란을 만들어 사후 확인(담당자가 서명한 파일 첨부, 단순 전자결재 지양)을 통해 안전보건관리책임자가 보고서를 열람케 하는 것이 좋다.

안전관리자, 보건관리자, 안전보건담당자 등을 두지 않을 경우, 500만원 이하 과태료에 처해질 수 있다(산업안전보건법 제175조 제5항 제1호).[99]

열 번째, 본부 전담조직은 소속기관의 안전보건활동이 계획 및 절차대로 이행되고 있는지 점검하고, 그 문제점을 발굴하여 개선해야 한다. 이를 위하여 자체 안전보건활동 점검계획을 수립하고 소속기관으로부터 주기적으로 자체 안전보건활동 목표 및 추진계획을 받아 이행 여부를 철저히 점검해야 한다.

아. 책임 면제 사례 및 대응 요령

중대재해처벌법은 종래 산업안전보건법 등 안전보건규정을 위반하더라도 대표이사 등 경영책임자는 처벌받지 않고 현장대리인이나 작업반장 등 실무자를 처벌하던 현실을 바로잡기 위해서 제정되었다. 법률체계를 근본적으로 개편하여 사실상 최종적 책임이 있는

---

[99] 만약 사업주가 법령상 **자격을 갖춘 안전관리 전문기관에 위탁하지 않아** 실질적으로 안전관리자 선임 의무를 이행하지 않은 것으로 판단되면 **법 제15조 위반**(과태료 대상)에 해당할 수 있다.

대표이사 등 경영책임자에게 엄격한 책임을 물어 안전보건에 대한 경각심을 높이기 위한 목적에서 출발한 것이다. 그러나 중대재해처벌법 등에 따르면 기본적으로 사업주와 경영책임자등의 안전보건확보의무(만) 위반(중대재해처벌법 제4조) 그 자체에 대해서는 별도로 처벌하는 규정을 두고 있지 않다. 또한 기본적으로 고의범에 대한 처벌규정이며, **안전보건확보의무를 위반하여 중대산업재해에 이르러야 처벌을 할 수 있다.** 그러므로 안전보건확보의무를 충실히 이행한 경우 중대산업재해가 발생하여도 면책될 수 있는 것이다. 그리고 최종적으로 사업주 또는 경영책임자등의 중대재해처벌법상 의무 위반(안전보건시스템의 불비, 안전보건확보의무 위반 등)과 근로자의 사망 사이에 예견가능성, 상당인과관계가 있어야 책임을 물을 수 있다. 따라서 근로자의 사망을 예견할 수 없거나 상당인과관계가 없다면 의무위반으로 중대산업재해가 발생하더라도 면책이 가능할 것이다.

▲ 사업주, 경영책임자등의 중대재해처벌법 위반 처벌 요건
1. 사업주와 경영책임자등의 안전보건확보의무(만) 위반한 경우(법 제4조)
   → 별도 처벌규정 없음
2. 사업주와 경영책임자등의 안전·보건 확보의무 위반으로 인하여 중대산업재해가 발생한 경우
   → if 안전보건확보의무를 충실히 이행한 경우 중대산업재해가 발생해도 면책 가능
3. 사업주 또는 경영책임자등의 중대재해처벌법상 의무위반과 종사자의 사망 사이에 예견가능성, 상당인과관계가 있을 것
   → if 근로자의 사망을 예견할 수 없거나 상당인과관계가 없다면 의무위반으로 중대산업재해가 발생하더라도 면책 가능

그런데 마치 이 법이 경영자에게 과실이 있는 경우에도 처벌하는 등 사고가 발생하기만 하면 처벌되는 것으로 오해를 할 수 있는데, 이는 사실이 아니다.

경영책임자등이 중대재해처벌법으로 처벌받기 위해서는 먼저 중대재해라는 결과가 발생하고 경영책임자등의 안전·보건 확보 의무위반에 대한 고의가 있어야 한다. 동일 사업장 동일공정에서 사고 발생 내역이 있거나, 보고체계 등 시스템적 원인에 기인한 사고가 계속해서 발생하였음에도 적절한 조치를 하지 않았다면 미필적 고의가 인정될 수 있다. 그러나 고의를 인정할 증거가 부족하다면 처벌하기 곤란하다.

또한 중대재해가 발생하였다고 하더라도 안전보건의무를 철저히 준수했다면 처벌할 수 없고 이들 사이 인과관계도 반드시 존재해야 한다. 재계나 학계에서 우려하는 바는 이해할 수 있겠지만 실제 사례에서는 의무위반과 사고 발생 사이에 인과관계가 없거나 예견가능성이 없는 경우, 또는 법에서 정한 안전보건확보를 철저히 이행한 경우 면책되는 사

례도 나타날 것이다.

최근 신문기사 등에 의하면, 하도급업체가 근로자들이 독성물질에 노출되어 급성중독 진단을 받은 사안에서, 노동청은 대표이사에 대해서 기소의견(중대재해처벌법 위반 혐의) 송치하였으나 검찰 단계에서 '안전보건에 관한 종사자 의견청취, 유해·위험요인 확인 및 개선절차를 마련하고 재해예방에 필요한 예산을 편성하는 등 법이 정한 안전보건관리체계를 구축한 사실이 인정되어 불기소 처분으로 면책을 받은 사례도 있다. 불기소처분을 받은 이유는 중대재해 사고가 발생하였음에도 사전에 안전보건관리체계를 구축하고 반기 1회 점검 등 법령에서 정한 안전보건확보의무를 충실히 이행하였기 때문이다.

또한 석유화학설비를 점검하던 중 설비덮개가 깨지면서 깨진 파편에 맞아 원하청 근로자 4명이 사망한 사건에서도 불기소처분이 내려졌다. 이 회사는 안전조치의무 위반 등으로 검찰로 송치되었으나, 안전보건경영방침 설정, 안전보건 전담조직 설치, 재해예방에 필요한 예산 편성, 안전보건관리책임자의 업무범위 및 권한, 관할 예산 편성, 반기별 안전보건관리책임자 업무역량 평가 실시, 사내 전산시스템에 종사자 의견청취 창구 운영, 수급인의 산업재해 예방조치능력 평가 등 안전보건확보의무를 모두 철저히 이행한 것으로 확인되어 검찰에서 중대재해처벌법 위반사항이 없다고 결론 지었다. 마찬가지로 도로 건설현장에서 거푸집이 전도되는 바람에 거푸집과 벽체 사이에 원청 근로자의 목이 끼여 사망한 사건에서도 책임이 인정되지 않았다. 검찰은 중대재해처벌법상 안전보건확보의무를 이행한 점을 확인하고 불기소 처분을 내렸다. 구체적으로는 안전보건정책, 추진과제 등 안전보건계획을 마련해 배포하였고, 고용노동부가 제공한 점검표를 활용해 안전보건 관리자를 평가하였고, 위험성평가에 대한 절차를 마련하고 평가를 주기적으로 실시하였으며, 안전보건협의체를 통해 종사자 의견을 청취하는 절차도 마련한 점이 인정되었다.[100]

CJ대한통운(건설부문)에서 관광호텔 신축공사를 하다가 협력업체 소속 근로자가 넘어져 있던 이동식 방음벽을 다시 일으켜 세우는 작업을 수행하는 과정에서 알 수 없는 원인으로 넘어진 이동식 방음벽에 깔려 사망하는 사고가 발생하였다. 노동청은 CJ대한통운과 협력업체가 산업안전보건법상 안전조치의무를 다하지 않았고, CJ대한통운의 경영책임자인 대표이사가 ① 유해·위험요인 확인 및 개선 업무절차 마련 소홀, ② 종사자의 의견 청취 절차 마련 미흡, ③ 재해 발생 시 재발방지 대책의 수립 및 그 이행에 관한 조치를 각 위반하여 중대산업재해를 발생하게 하였다고 판단하여 기소의견(중대재해처벌

---

[100] 노동법률, 2025. 4. 30. [2025년 5월호] 기사, "중대재해처벌법 무죄·불기소, 핵심은 이것" 등 참조
<https://www.worklaw.co.kr/main2022/view/view.asp?bi_pidx=37889>.

법 위반)으로 사건을 검찰로 송치하였다. 그러나 검찰은 CJ대한통운의 안전보건확보의무 수행에 문제가 없는 것으로 판단하였다. 즉 ① 대표이사가 위험성평가 후 필요 조치를 불이행하여 이 사건 사고 현장에 안전조치 위반이 발생했거나 이동식 방음벽 관련 작업내용이나 진행과정에 관하여 대표이사의 고의가 있었다고 단정하기 어렵고, ② 대표이사가 종사자의 의견을 듣는 절차를 마련하지 않았거나 종사자의 의견을 듣고도 재해예방에 필요한 조치를 하지 않아 이동식 방음벽과 관련한 안전조치 위반이 발생하였다고 보기 어렵고 대표이사가 이동식 방음벽 관련 작업의 진행사실을 알면서도 그 위험성에 관한 종사자의 의견을 듣지 않았다고 보기 어려우며, ③ 대표이사가 중대재해처벌법 시행 전에 발생한 재해에 관하여까지 재발방지대책 수립 및 그 이행에 관한 조치 의무를 부담한다고 보기 어렵다고 보아, CJ대한통운과 대표이사의 중대재해처벌법 위반 혐의에 대하여 무혐의 처분을 내렸다.101)

한편 4.5미터 높이 아파트 옹벽 아래에서 경비원이 옹벽 부근을 청소하다 추락사한 사안에서 고용노동부는 사고 발생과정이 이례적이고 인과관계를 인정하기 곤란하여 경영책임자에 책임을 묻지 않고 내사 종결처리하였다.102)

---

101) 법무법인 화우, 2024. 11. insights-최근업무사례, "legal update 산업안전·중대재해" 참조.
<https://www.hwawoo.com/newsletter/2024_07_17/240717_k_l.pdf>.
102) 조선일보, 2022. 9. 5.자 기사, "사고 책임 인과관계 불확실"… 사업주 중대재해 처벌 못해" 참조.
<https://www.chosun.com/national/labor/2022/09/05/GHDLTETNZ5HYHD6J5ZT4JI2M3U/, 2022.9.5.방문>.
중대재해가 발생했더라도 사업주가 그 사건에 책임이 있다는 인과관계가 확실하지 않다면 처벌받지 않게 한 사례가 처음 확인됐다. 4일 고용노동부 등에 따르면 지난 3월 16일 부산 남구 한 아파트 4.5m 높이 옹벽 아래에서 경비원이 추락해 숨진 채로 발견됐다. 경비원 옆에선 청소 집게가 발견됐다. 이날 해당 아파트에서 대청소가 진행됐는데, 옹벽 부근을 청소하다 추락하였다. 그러나 사건을 조사한 부산지방고용청은 지난달 2일 검찰에 '혐의 없음으로 내사 종결하겠다'고 수사 지휘를 건의했다. 검찰은 지난달 17일 고용청 건의대로 '내사 종결하라'고 지휘했다. 고용청과 검찰이 사건을 내사 단계에서 종결한 것은 사고 주요 원인이 작업자 부주의였고, 업체들이 이런 사망사고까지 예상할 수 있었다고 보지 않았기 때문이다. **조사 결과 작업자는 사고 당시 옹벽 부근 청소를 지시받은 사실이 없었고, 1m 높이 아파트 울타리를 넘어 옹벽 근처까지 갔다. 업체가 경비원이 별도 지시가 없는데 추락 위험이 있는 곳에 가서 작업하는 것까지 대비해 안전조치를 하는 것은 기대하기 어렵다는 해석이다.** 지난 4월 8일 새벽 서울 한 **주택가 인근에서 발생한 분뇨 수거 작업자 사망사고도 같은 이유로 내사 종결됐다.** 당시 차량 운전자가 차에 상체만 걸친 채 시동을 걸자 차량이 곧바로 전진, 차문이 주택가 벽에 닿았고, 차문과 차체 사이에 운전자 몸이 끼어 사망사고로 이어졌다. 서울지방고용청은 두 달여 동안 조사를 거쳐 지난 7월 검찰에 '혐의없음 내사종결' 수사 지휘를 건의했고, 검찰도 이를 받아들였다. **사고 주요 원인을 작업자 주의 소홀로 확인한 게 핵심 이유였다. 사고 당시 운전자 외 별도 작업자가 있었고, 사망한 운전자는 차량 기어를 중립이 아닌 1단에 놓은 상태에서 무리하게 시동을 걸다가 사고가 발생했다고 봤다. 업체가 작업 일정을 무리하게 잡은 정황도 없었다.** 이 두 사건 모두 일하다 사망했기 때문에 산업재해로 인정받을 가능성은 남아 있다. 단지 중대재해법에는 해당하지 않는다는 것이다. 중대재해법 위반 여부에 대해 조사한 사망 사건은 8월 말 기준으로 134건(사망자 145명), 질병 발병 사건은 2건(29명)이다. 대부분 건설업과 제조업이다. 이 중 입건된 게 54건, 그중 기소 의견으로 검찰에 송치된 게 19건이다. 이 두 사건처럼 내사종결(혐의없음)한 경우는 10건 미만이었다. 안전을 확보해야 하는 경영책임자 의무와 사망 사이에 인과관계가 확실히 없다면 처벌하기 어려움을 알 수 있다. 고용부는 "사고가 발생했다 하더라도 경영책임자가 안전확보 의무를 다했다면

▲ 중대재해처벌법 위반 검찰 불기소 사례

(1) 현대차 전주공장 대형 트럭 조립라인에서 품질관리 검사를 하던 중 끼임 사망사고
(2) 대표이사 3명중 CSO로 선임된 대표이사를 중대재해법상 경영책임자로 입건하였으나 사고원인 분석에서 해당 작업이 담당 업무가 아니었으며 '재해자의 이례적 작업방식에 기인한 사고로103), 중대재해처벌법상 의무이행 위반이 인정되지 않는다.'고 판단하여 불기소 결정함 (노동청 의견도 동일)
(3) 인과관계 인정 여부?
재해자의 이례적 작업방식에 기인한 사고로 안전보건관리체계 구축, 안전보건확보의무 위반과 이 사건 사고 사이에 상당인과관계가 있다고 보기 어려움

▲ 중대재해처벌법 위반 노동청 불송치 사례

아파트 옹벽(4.5.m)부근에서 청소하다가 추락해 사망한 사안에서, 고용청의 혐의 없음 내사종결 수사지휘 건의를 검찰이 수용하였음
* 사고 주요 원인이 작업자 부주의였고, 이례적 사망사고까지 예상할수 없었다는 점 참작
(조사결과 작업자는 사고 당시 옹벽부근 청소를 지시받은 사실이 없었고, 1m 높이 아파트 울타리를 넘어 옹벽 근처까지 갔으며, 업체가 경비원이 별도 지시가 없는 데 추락위험이 있는 곳에 가서 작업하는 것까지 대비해 안전조치를 하는 것은 기대가능성이 없다고 봄)
* 작업자의 이례적 작업 형태에 기인한 사고로 안전보건관리체계 구축, 안전보건확보의무 위반과 이 사고 사이에 예견가능성, 상당인과관계가 없다고 본 사례

또 법원 판결에서도 도급 건설사에서 위험성평가서, 공사 시방서/안전관리계획서에 기재된대로 작업하도록 하였음에도 기재된 작업방식을 따르지 않고 굴착 장소에 되메우기를 하지 않은 상태에서 흙막이 보공을 철거하고 굴착장소에 근로자의 출입금지 조치를 취하지 않은 등 과실로 작업을 하다가 사망사고가 발생하였지만, 조치의무 위반과 중대

마찬가지로 처벌받지 않는다"고 했다. 중대재해법(산재 사망사고 1명 이상 또는 6개월 이상 치료가 필요한 부상자 2명 이상 발생 시 안전확보의무 불이행 처벌)에 대해 산업계는 경영책임자의 개념과 안전확보의무 등에 대한 해석이 모호하다며 법령을 정비해야 한다고 주장하고 있다.

103) 전주MBC, 2024. 4. 26. 기사, "현대차 끼임 사고 중대재해법 '불기소'..26건 중 수사 완료는 '4건'"
〈https://www.jmbc.co.kr/news/view/42041, 2025.7.13.방문.〉
2년 전 현대차 전주공장에서 발생한 사망사고에 대해 검찰이 중대재해처벌법을 적용하지 않기로 했습니다. 전주지방검찰청은 지난 2022년 현대차 전주공장의 대형 트럭 조립라인에서 발생한 끼임 사고에 대한 수사 결과, '혐의없음'으로 결론내려 중대재해처벌법으로 기소하지 않기로 했습니다. 사망 노동자의 담당 업무가 아니었던 데다 작업이 매우 이례적인 방식으로 진행됐다"며, 사측의 사고 예측 가능성을 인정하기 어렵다는 것이 불기소 판단의 주된 요지입니다. 지난 2022년 3월 31일 오후 1시쯤 완주 봉동읍 현대차 전주공장에서 대형 트럭 검수 작업을 하던 41살 노동자가 비스듬히 들려있던 500kg 무게의 차량 앞부분이 떨어지는 바람에 차체에 끼어 숨진 바 있습니다. 사고 4개월여 뒤 경찰은 "차체 앞부분은 산안법상 낙하 방지 조치를 해야 할 중량물로 봐야 한다"며, "사측이 중량물을 고정할 수 있는 크레인이 있었음에도 고정하지 않았다"는 수사 결과를 내놓기도 했지만, 결론적으로는 중대재해처벌법은 적용되지 않았습니다.

산업재해 발생 사이 상당인과관계를 인정하기 곤란하고, 재해 발생 예견가능성이 희박하다는 이유로 무죄가 선고되기도 하였다.

한편, 공사현장에서 차량사고가 발생하기만 하면 반드시 중대재해처벌법으로 규율되는 것은 아니다. 건설현장 출입구 밖 도로에서 차량을 통제하던 근로자가 후진하던 덤프트럭에 치여 사망한 사건에서, 이 덤프트럭의 기사는 현장에서 흙을 싣는 작업을 완료하고 현장 밖에서 차량을 후진하던 중이었다. 중대재해처벌법을 적용하기 위해서는 사고 당시 상황이 '덤프트럭을 사용해 작업을 하는 경우'에 해당하여야 한다. 고용노동청 조사 결과 사고 발생의 직접적인 원인이 적재함 작동 등 덤프트럭의 필수 보조적 기능이 아닌 덤프트럭 자체의 이동인 것으로 판단되었다. 고용노동부는 이 사안에서 교통기능으로 인해 사고가 발생한 것으로 보는 것이 타당하다고 보고 중대재해처벌법 위반은 혐의가 없어 내사종결 처리하였다.[104]

이상에 살펴본 바와 같이, 중대재해처벌법 위반 혐의에 대해 불기소 처분이 이루어지는 주요 이유는 첫째, 안전보건관리체계 구축 및 운영 확인, 둘째, 사고의 예견가능성 유무이다. 사고 발생을 예측하기 어려웠거나, 예방조치를 취했음에도 불가피하게 발생한 사고라고 판단될 경우 불기소 처분의 가능성이 높아진다. 셋째, 사업주 과실 유무이다. 사업주 또는 경영책임자에게 고의 또는 중대한 과실이 있었는지가 중요하게 고려되므로 고의나 과실이 없었다고 판단될 경우 불기소 처분될 수 있을 것이다. 넷째, 중대재해처벌법상 의무위반 정도도 중요하다. 사업주가 중대재해처벌법에서 정한 의무를 위반했는지와 그 위반 정도가 불기소 여부를 결정하는 데 영향을 끼치게 된다. 중대재해처벌법 위반 혐의로 수사를 받을 수 있는 법인이나 경영책임자가 이러한 불기소 처분의 사유를 충분히 인지하게 된다면 사전에 안전보건관리체계 구축 및 운영에 노력하고, 사고 발생 가능성을 철저히 분석하여 예방조치에 최선을 다하게 될 것이다. 그리고 만약 불가피하게 사고가 발생할 경우에는 사전에 경영책임자로서 안전 및 보건 확보의무를 충실히 이행한 자료를 확보하고, 신속하고 정확한 원인 분석을 통해 사고 발생에 대한 예견가능성이 없거나 인과관계가 없다는 점을 입증하는 데 주력해야 할 것이다.

두말할 나위도 없이 중대재해에 대한 대비는 사전 예방활동이 중요하다.

이를 위해서는 평소에 중대재해처벌법 의무 이행 증빙자료 준비에 최선을 다해야 한다. 수사기관에서 수사 초기에 사업장, 공사현장, 본사에 대하여 임의제출 형식으로 자료를 요청하거나, 예상하지 못한 시기에 압수수색을 진행하므로 회사 입장에서 중대재해

---

[104] 노동법률, 2025. 4. 30. [2025년 5월회] 기사, "중대재해처벌법 무죄·불기소, 핵심은 이것" 등 참조
<https://www.worklaw.co.kr/main2022/view/view.asp?bi_pidx=37889>.

발생 전에 중대재해처벌법상 안전보건확보의무 이행을 증빙할 수 있는 자료를 미리 준비해 두는 것이 중요하다. 특히, 고용노동부와 검찰은 특별한 사정이 없는 한 대표이사를 피의자로 입건하게 되므로 구체적으로 경영책임자 구조 소명자료도 준비해 두어야 한다.105)

그리고 평소에 안전보건확보의무의 이행 수준을 높이기 위해서 노력하여야 한다. 특히 의무 가운데, 유해·위험요인 확인 및 점검(법 시행령 제4조 제3호), 종사자 의견청취 및 반영(법 시행령 제4조 제7호), 재발방지 대책 마련 및 이행(법 제4조 제1항 제2호), 수급인에 대한 안전보건 관리 조치(법 제5조) 등이 특히 실무상 문제가 된다. 나아가 근로자나 협력업체 종사자들의 의견을 폭넓게 청취하여, 종사자들이 제기하는 유해·위험요인에 대한 관리가 누락되지 않도록 유의해야 할 것이다.

마지막으로 주기적으로 점검 사항에 대한 확인을 철저히 이행해야 한다. 중대재해처벌법 시행령은 중대산업재해 관련 의무에 대하여 '반기 1회' 이상 등 주기적으로 점검하도록 하고 있다.106) 점검 사항에 대해서는 공문을 결재를 하거나 장부를 마련하여 주기적으로 결재를 하는 등의 방법으로 점검을 강화하는 것이 좋을 것이다.107)

---

105) 수사기관은 중대재해처벌법 제2조 제9호 가목 후단의 '이에 준하여 안전보건에 관한 업무를 담당하는 사람의 범위를 가능한 좁게 해석하려는 경향이 있다.
106) 법 시행령 제4조 제3호 : 사업 또는 사업장의 특성에 따른 유해·위험요인을 확인하여 개선하는 업무절차를 마련하고, 해당 업무절차에 따라 유해·위험요인의 확인 및 개선이 이루어지는지를 반기 1회 이상 점검한 후 필요한 조치를 할 것. 제5호 : 나. 안전보건관리책임자등이 해당 업무를 충실하게 수행하는지를 평가하는 기준을 마련하고, 그 기준에 따라 반기 1회 이상 평가·관리할 것. 제7호 : 사업 또는 사업장의 안전·보건에 관한 사항에 대해 종사자의 의견을 듣는 절차를 마련하고, 그 절차에 따라 의견을 들어 재해 예방에 필요하다고 인정하는 경우에는 그에 대한 개선방안을 마련하여 이행하는지를 반기 1회 이상 점검한 후 필요한 조치를 할 것. 제8호 : 사업 또는 사업장에 중대산업재해가 발생하거나 발생할 급박한 위험이 있을 경우를 대비하여 다음 각 목의 조치에 관한 매뉴얼을 마련하고, 해당 매뉴얼에 따라 조치하는지를 반기 1회 이상 점검할 것. 가. 작업 중지, 근로자 대피, 위험요인 제거 등 대응조치. 나. 중대산업재해를 입은 사람에 대한 구호조치. 다. 추가 피해방지를 위한 조치. 제9호 : 제3자에게 업무의 도급, 용역, 위탁 등을 하는 경우에는 종사자의 안전·보건을 확보하기 위해 다음 각 목의 기준과 절차를 마련하고, 그 기준과 절차에 따라 도급, 용역, 위탁 등이 이루어지는지를 반기 1회 이상 점검할 것 등.
107) 중대재해처벌법 대처방안과 관련하여 추가 내용에 대해서는 10. 관련 사례·판례 및 최신 동향_나. 중대재해처벌법 시행 이후 적용 사례_(7) 정부 규제 방향과 단속 대비 방안을 참고 바람.

자. 안전보건규정 위반 빈발 사례

건설현장 등에서 안전사고가 발생할 경우 규제하는 법령으로는 중대재해처벌법, 건선산업기본법, 건설기술진흥법, 주택공급에 관한 규칙 등이 있으며 최근 건설안전특별법안이 발의되기도 하였다.

규제 법령	주요 규제
▲ 건설현장 안전사고 발생 시 각종 규제	
1. 중대재해처벌법	**형사처벌 (법 제6조)** *산안법상 형사처벌/과태료 등 (1년이상 징역 또는 10억원 이하 벌금 등)
2. 건설산업기본법	영업정지 (법 제82조 제7호) (산안법상 중대재해로 영업정지 요청 시)
3. 건설기술진흥법	벌점 (0.2~5점, 법 제53조) (건설공사 등의 부실 측정 : 입찰 시 감점)
4. 주택공급에 관한 규칙	선분양제한 (규칙 제15조 제3항) (영업정지처분 또는 벌점을 받은 경우)
5.**건설안전특별법안 발의(25.6.27.): 형사처벌, 과징금(매출액 최대3%)** ▲법 제35조 과징금 (안전관리를 소홀히 하여 사망사고 발생 시 사업자/건축사 1년 이하 영업정지 또는 매출액 비례 과징금 부과) ▲법 제39조 형사처벌 (발주/설계/시공/감리자의 안전관리 의무 소홀 사망사고)	

건설현장에서 안전보건확보의무 위반으로 인한 사고가 발생하고 있다. 대표적으로 아파트 신축공사 현장 추락사고[108], 도로 확장 공사 현장 붕괴사고[109], 주상복합 건물 신축 현장 추락사고[110], 건설현장 열사병 사망사고[111] 등이 있다.

제조업에서도 여러 차례 중대재해 사고가 발생하였다. 그 가운데 기계 설비 관련 사고가 대부분을 차지하고 있다. 예를 들면 자동차 부품 제조공장 끼임 사고[112], 화학 제품

---

[108] 아파트 신축 공사 현장에서 하청 근로자가 안전대 미착용 상태로 작업 중 개구부에서 추락해 사망한 사고로, 유해·위험요인 확인 및 개선 업무절차 미흡하였고, 안전보건관리책임자 평가기준도 미비하고, 비상대응 매뉴얼 미비하였음(대표이사: 징역 1년 6월 (집행유예 3년), 법인: 벌금 3천만원).

[109] 도로 확장 공사 현장에서 토사 붕괴로 인해 작업자가 매몰되어 사망한 건으로 위험성평가를 실시하지 않고, 안전관리비를 부적정 사용하고, 작업자 안전교육도 미흡함(대표이사: 징역 1년 (집행유예 2년), 법인: 벌금 5천만원).

[110] 주상복합 건물 신축 현장에서 작업자가 안전난간 미설치 구간에서 추락해 사망하였는데, 안전시설물 설치가 미흡하고, 작업 전 안전점검을 실시하지 않았고, 안전보건 관리체계 구축도 부실함(대표이사: 징역 10개월 (집행유예 2년), 법인: 벌금 2천만원).

[111] 건설 현장에서 하청업체 근로자가 열사병으로 인한 사망한 사례로, 안전관리 시스템이 미비하고, 하청업체 관리 소홀, 응급 상황 대응 체계 부실 등이 지적됨. 대표이사 중대재해처벌법 위반 혐의로 불구속 기소, 현장소장과 안전보건관리책임자는 산업안전보건법 위반 혐의로 기소됨.

[112] 자동차 부품 제조 공장에서 작업자가 프레스 기계에 끼여 사망한 건으로 기계 안전장치 미설치, 작업 표준 매뉴얼 미비, 안전보건 교육 부실 등이 주요 원인으로 밝혀졌고, 대표이사는 징역 2년, 회사는 벌금 1억 5천만원, 안전관리 담당 총괄이사는 금고 1년 6개월 등이 선고되었음.

제조공장 폭발사고113), 식품 가공 공장 기계 끼임 사고114) 등이 있다.

그 밖에도 철강업종 등에서 중대재해처벌법 위반 사례가 확인되고 있다. 예를 들면, 철강 가공 공장 중량물 낙하 사고115), 물류창고 지게차 사고116), 폐기물 처리장 유해가스 중독사고117) 등이 있다.118)

특히 최근 건설현장 등에서 각종 안전사고가 빈발하고 있다. 건설업 사망사고 인과관계 분석 결과, 떨어짐(50%)과 깔림(19%), 물체에 맞음(9%) 등 3개 유형이 전체 사고의 78%에 달했고, 대부분 작업자의 단순 과실이 주요 원인으로 밝혀지고 있다. 떨어짐 사고는 가시설에 의한 것이 대부분이었고, 물체에 맞거나 깔리는 사고는 건설기계에 의한 것이 많은 것으로 분석되었다. 특히 50억원 미만의 소규모 공사에서 사고사망자의 비중이 높으며, 외국인 근로자 사고도 증가하고 있다. 이는 기업의 체계적인 안전관리가 이뤄지지 않고 정부 관리 감독에도 문제가 있음을 의미한다.119)

이처럼 공사 현장에서 토사 매몰, 추락, 깔림 등으로 안전사고가 빈발하고 때에 따라 사망사고로 이어지고 있다. 이러한 사고들은 작업장의 지형, 지반, 지층 상태에 대한 사전 조사의 부실, 안전 설비 미흡, 안전교육 부족 등이 원인으로 지적되고 있다. 자주 발생하는 공사 현장 사고 유형 중 토사 매몰 사고는 상수도 공사 등 굴착 작업 중 토사가 무너져 작업자가 매몰되는 사고 등이 있으며, 추락사고는 건물 공사 현장에서 작업자가 높은 곳에서 떨어지는 사고로, 특히 타워크레인 작업 중 갱폼 고정, 인양, 해체 작업 시 빈번하게 발생하고 있다. 깔림 사고는 건설장비에 깔리거나 자재 더미에 깔리는 사고이며, 기타 질식, 감전, 충돌 등 다양한 유형의 사고가 발생하고 있다.

---

113) 화학 제품 제조공장에서 반응기 폭발로 인한 화재로 작업자 3명 사망한 건으로 위험물 취급 안전수칙 미준수, 비상 대응 체계 미흡, 안전보건 관리자 선임 의무 위반 등이 문제가 되었음. 대표이사는 징역 1년 6개월 (집행유예 3년), 회사는 벌금 1억원이 선고됨.
114) 식품 가공 공장에서 작업자가 컨베이어 벨트에 끼여 중상을 입은 사안으로 기계 방호장치 미설치, 작업자 안전교육 미실시, 위험성평가 부실 등이 지적됨. 대표이사는 징역 8개월 (집행유예 2년), 법인은 벌금 3천만원이 선고됨.
115) 철강 가공 공장에서 크레인으로 운반 중이던 중량물이 낙하해 작업자 사망한 건으로 크레인 안전장치 점검 미흡, 작업 구역 통제 소홀, 안전보건 관리체계 운영 부실등 문제로 지적되었음. 대표이사 징역 10개월 (집행유예 2년), 법인 벌금 4천만원이 선고됨.
116) 물류창고에서 지게차와 작업자 충돌로 사망사고가 발생한 건으로 작업장 내 차량 통행로 미분리, 지게차 운전자 안전교육 미흡, 작업장 안전관리 체계 부실 등이 지적됨. 대표이사는 징역 1년 (집행유예 2년), 법인은 벌금 3천만원이 선고됨.
117) 폐기물 처리장에서 유해가스 누출로 작업자 2명이 사망함. 주요 원인으로 유해가스 감지기 미설치, 밀폐공간 작업 안전수칙 미준수, 비상 대피 훈련 미실시 등이 지적됨. 대표이사는 징역 1년 6개월 (집행유예 3년), 법인은 벌금 8천만원이 선고됨.
118) 넥스온컨설팅, 중대재해처벌법 업종별 처벌 사례 총정리 참조. <https://esgconsulting.co.kr/>.
119) 연합뉴스 2023. 12. 7.자 기사 "건설사고 사망자 48%, 50억원 미만 소규모 사업장서 발생", 건산연 보고서…"안전교육 강화·스마트 안전기술 도입 필요" 등 참조.
<https://www.yna.co.kr/view/AKR20231207081500003>.

안전사고의 주요 원인은 작업장의 지반 및 지층 상태에 대한 사전 조사 부족(굴착 작업 시 토질 상태를 제대로 파악하지 못해 붕괴사고가 발생할 수 있음), 안전 설비 미흡(추락 방지망, 안전난간, 안전벨트 등 기본적인 안전 설비가 부족하거나 제대로 설치되지 않은 경우가 많음), 안전교육 및 관리 소홀(작업자들에게 안전 수칙 및 안전 장비 사용법에 대한 교육이 제대로 이루어지지 않고, 현장 관리 감독이 소홀한 경우 사고 발생 가능성이 커짐) 등이 있다. 또한 외국인 근로자의 사고도 증가하고 있는데, 외국인 근로자는 언어 소통의 어려움, 문화적 차이, 안전교육 부족 등으로 인해 사고 위험에 더 노출될 수 있다.

공사현장 등에서 빈발하는 안전사고의 구체적 유형 가운데 추락위험장소에 안전난간 미설치, 흙막이 없이 굴착하거나 안전 기울기 준수 불이행, 사다리 설치 부적절, 유해화학물질, 위험물질에 대한 경고 표지 미부착 등으로 인하여 형사적으로 처벌되는 사례가 증가하고 있다.[120]

▲ **흙막이없이 굴착하거나 안전 기울기 준수 불이행**

사면안정성 검토 미실시 및 미준수, 흙막이공사 없이 굴착하거나 굴착면의 기울기를 제대로 준수하지 않아 흙이 무너지거나 붕괴될 수 있어 근로자에게 위험을 초래한 사례

* 춘천지방법원 강릉지원 2024고단547 (현장소장/법인벌금 800만원)
  - 작업계획서 미작성, 지반의 굴착 위험방지, 흙막이지보공 미설치상태로 공사 중 사망사고가 발생하였으나 사고 후 조치, 원만히 합의한 점 등 고려 벌금형 선고
* 전주지방법원 군산지원 2023고단1699 (현장소장 징역 8개월 집유2년, 법인 벌금 500만원)
  - 하도급업체 현장소장(안전보건관리책임자) 조OO : 흙막이지보공 시공 시 흙막이 지보공을 뽑기 전 되메움을 해야 함에도 지보공을 제거한 후 되메움을 하게 하고 굴착장소 출입금지 등 위험방지 조치를 이행하지 않아 지반붕괴 매몰 사망사고 발생
  - 도급업체 현장소장(안전보건관리총괄책임자) 이OO : 벌금 300만원(작업계획서 미작성, 안전대 걸이 사용할 부착시설 미설치, 덮개 미설치등 *사망사고와 직접 관련성 없음)
* 도급인 안전조치에 보호구 착용 지시 등 관계수급인 근로자의 작업행동에 관한 직접적 조치는 제외

---

[120] 건설현장에서 많이 발생하는 떨어짐 사고 유형에는 사다리에서 떨어짐, 지붕에서 떨어짐, 강관비계 해체 시 떨어짐, 이동식 비계에서 떨어짐, 화물자동차에서 떨어짐, 크레인 점검 중 떨어짐, 맨홀, 개구부에서 떨어짐, 지게차 포크에서 떨어짐 등이 있다.

▲ 추락위험 장소에 안전난간 미설치

고층 건물이나 굴착 현장 등 추락위험이 있는 곳에 안전 난간/추락방호방을 설치하지 않아 근로자가 추락하는 사고가 빈발함

* 인천지법 부천지원 2024고정670 (현장소장/법인 벌금 300만원 *약식에서 벌금 2천만원)
  - 불시점검 직후 시정조치하고, 위반행위로 실제 사고가 발생하지 않은 점 고려
* 인천지방법원 2025노601 (사업주등 징역 1년 집행유예 2년)
  - 고소작업대에 안전난간 미설치 등(추락방지 주의의무)로 사망사고 발생

▲ 사다리 설치 부적절

사다리를 평탄하고 미끄럼이 없는 바닥에 설치하지 않거나, 안전하지 않은 상태로 사용하면 추락사고 발생 위험 증가

- 춘천지방법원 영월지원 2025고단61 (사업주 징역 8개월 집행유예 2년)
  - 태양광 패널설치 공사 중/작업발판 미설치상태로 평탄치 않은 바닥에 이동식 사다리를 설치하게 하면서 이동식 사다리의 넘어짐을 방지하기 위해 견고한 시설물에 연결/고정하는 등 조치를 하지 않은 업무상 과실로 추락사 발생
  - 위험방지 사전조사 미실시, 작업계획서 미작성(산안법 위반)
  - 1사다리식 통로 설치 시 사다리 상단은 걸쳐놓은 지점으로부터 60cm 이상 올라가도록 해야 함에도 15cm만 올라가게 함 (산안법 위반)

▲ 사다리 설치 부적절

- 청주지방법원 제천지원 2023고단150 (현장소장 벌금 500만원/법인벌금 200만원)
  - 하도급업체 공사/ 흙막이지보공 공사의 조립도에는 1단 버팀대 및 띠장작업을 완료한 후 2단 보팀대 및 띠장의 설치를 수행하도록 되어 있음에도 1단 버팀대 및 띠장작업이 완료되지 않은 상태에서 2.5m 과굴착함(유죄 부분)
  - 사다리 1단 버팀대(3개)는 설치되었으나 설치되지 않은 2단 버팀대와 1단 띠장 사이 작업 중 추락, 상해사고가 발생하였으나 1단 버팀대에 대한 추가 작업을 수행할 것을 전혀 예측하지 못한 점 인정 (무죄 부분)
    * 1단 버팀대 하부에서의 작업은 불필요하다고 판단하여 작업지시를 하지 않았고 1단 버팀대 하부에서 작업이 필요하다고 판단하거나 지시를 추단하는 자료 없음

▲ 유해화학 물질, 위험물질에 대한 경고 표지 미부착

유해화학물질을 사용하거나 취급하는 경우, 근로자에게 위험성을 알리는 경고 표지를 부착하지 않으면 사고 발생 위험성 증가
- 창원지방법원 2023노3091 (두성산업 대표이사 징역형 집행유예)
- 대구지방법원 서부지원 2023고단2967 (화관법 위반만 인정, 벌금 500만원)
- 춘천지방법원 강릉지원 2022노128 (삼표시멘트, 징역형 집행유예)
  - 유해화학물질을 취급하는 자는 해당 유해화학물질의 용기나 포장에 명칭, 유해성의 내용을 나타내는 그림문자, 유해성의 정도에 따라 위험 경고로 표시하는 신호어, 유해·위험문구, 예방조치 문구등 유해화학물질에 관한 표시해야 함
  - 근로자가 관리대상 유해화학물질을 취급하는 작업을 하는 경우에 세면, 목욕, 세탁 및 건조를 위한 시설을 설치하고, 필요한 용품과 용구를 갖추어야 함
    *산안법상 세척시설 : 비상샤워시설도 포함되므로 산안법 위반은 무죄
  - 양중기, 달기구 작업하는 운전자/작업자가 보기 쉬운 곳에 기계의 정격하중 운전속도, 경고표시 등 부착의무 위반 등

10. 관련 사례·판례 및 최신 동향

가. 중대재해처벌법 제정 이전 사례 분석[121]

(1) 구의역 김군 사망 사건(서울고등법원 2018노873 판결)[122]

스크린도어 청소·점검을 위해 선로 내로 출입할 경우 관제소 등에 출입통보를 하고 승인을 얻은 후 2인 1조로 열차 감시자를 배치하고 작업하도록 할 주의의무가 있다. 그런데 2015년 8월 29일, 서울 지하철 2호선 강남역 승강장 스크린도어 고장 사실을 통보받고 이러한 주의의무를 소홀히 한 작업자가 혼자 현장에 출동하여 선로 내에서 작업을 하던 중 역사로 진입하는 전동차와 충돌하여 사망하였다.

당시에는 중대재해처벌법이 제정되기 전이라 형법(업무상 과실치사)과 산업안전보건법 위반으로 서울메트로 관계자들이 공소제기 되었으나 모두 무죄판결을 선고받고, 하청업체 대표 등만 벌금형 등의 약한 처벌을 받았다. 그러나 중대재해처벌법을 적용하면 아래 표와 같이 당시 무죄를 받은 원청에 대한 형사처벌도 가능할 것이다.

- 중대재해처벌법 시행 前 판결 선고 : 무죄(원청)
  ① 서울메트로 사장 이O원, 일원역 차장 오OO, 영업1처장 최OO, 서울메트로(양벌규정) 산안법·업무상 과실치사 무죄 : 서울메트로와 oo메트로컴 소속 근로자 사이에 **실질적인 고용관계가 없어** 산안법 제23조 제1항에 따른 **사업주에 해당하지 않으며**, 서울메트로가 같은 장소에서 행하여지는 **사업의 일부를 분리하여** oo메트로컴에 도급을 준 사업주(산안법 제29조 제1항)에도 해당한다고 보기 어려워 처벌 곤란[123]
  ② 정비업체 OO메트로컴(하청) 대표 정OO 산안법·업무상과실치사죄로 벌금 2천만원 동 임원 이OO 업무상횡령(특경법) 및 광고대행업체 사장 신OO 업무상횡령(특경법) 징역 1년 6월(집행유예 3년)
- 중대재해처벌법 시행 後 사고 발생 시 원청 처벌(1년 이상 징역, 10억원 이하 벌금) 가능
  서울메트로 이O원 사장이 과거 유사 사고(2013년 성수역 사고) 발생 이후 언론 등을 통해 재발방지 대책을 발표하고, 관련 대책을 보고 받아 결재한 등의 사실이 있으므로 안전보건 관리체계 구축과 재발방지 대책 수립 의무(역사 정비 인력 충원 미흡, 안전감독 장치 마련 미흡)를 위반하여 사고가 발생한 것으로 판단 가능. 단, 안전확보의무 위반이 개별 관련자들의 업무상 과실의 원인이라는 사실이 입증되어야 처벌 가능
  ※ 정비업체 대표(하청)의 경우 인력구조 개선 등 문제를 스스로 해결할 수 있는 결정권한 또는 책임이 없다면 중대재해처벌법으로 처벌 곤란할 수 있음

---
[121] 대검찰청 중대재해처벌법 벌칙 해설서 참조.
[122] 1심 : 서울중앙지방법원 2018. 2. 22. 선고 2017고합668 판결 [업무상 과실치사 등 유죄]
    2심 : 서울고등법원 2018. 7. 12. 선고 2018노873 판결 [항소 기각].
[123] 구산안법 제29조 제1항 "사업주는 근로자가 같은 장소에서 작업을 할 때 생기는 산업재해를 예방하기 위한 조치를 하여야 한다." : 같은 장소에서 행하여지는 사업은 **사업주와 그의 수급인이 같은 장소에서 작업을 하는 사업**을 의미하고(대법원 2015도8621), 동일한 장소에서 행하여지는 사업의 일부가 아

(2) 태안화력발전소 김용균씨 사망 사건(대법원 2023도2580 판결)[124]

한국서부발전과 한국발전기술은 위탁 용역계약을 체결하여 한국발전기술에서 발전설비 운전·점검, 낙탄 처리 및 사업수행 장소의 청소 등 설비 운전 관련 업무를 담당하였다. 한국서부발전은 설비 운영 전반을 실질적으로 관리·감독하면서 한국발전기술 소속 운전원들로 하여금 컨베이어벨트를 비롯한 상하탄설비에 대한 운전·점검 등의 작업을 하도록 하도록 하면서 설비에 대한 방호조치, 안전점검 등 근로자의 생명과 안전을 확보하여야 할 의무를 소홀히 하고, 위험방지 조치 및 근로자가 위험해질 우려가 있으면 해당 기계의 운전을 정지해야 할 업무상 주의의무를 게을리하여 작업 수행 중 작업자가 컨베이어벨트와 아이들러[125]의 물림점에 신체가 협착되어 목 부위 외상성 절단으로 사망에 이르게 하였다.

당시에는 중대재해처벌법이 제정되기 전이라 형법(업무상 과실치사)과 산업안전보건법 위반으로 관계자들에 대하여 공소를 제기하였다. 대법원 형사2부(주심 이동원 대법관)는 2023년 12월 7일 하청업체 한국발전기술의 백0호 전 대표에게 금고 1년에 집행유예 2년을 선고한 원심도 확정했으나, 산업안전보건법 위반, 업무상과실치사 등 혐의로 기소된 원청업체 대표(김0숙 전 한국서부발전 대표)에 대해서는 김 전 대표와 검찰 양측의 상고를 기각하고 무죄를 선고한 원심을 확정했다(대법원 2023. 12. 7. 선고 2023도2580 판결). 원청 대표이사뿐만 아니라 원청 법인과 고위 경영진에게도 모두 무죄판결을 내린 것이다.

대법원이 원청업체 대표에게 산업안전보건법 위반 및 업무상 과실치사 혐의에 대해 무죄를 선고한 이유는, **원·하청 업체 간 실질적인 고용관계가 있다고 보기 어렵고**, 원청 경영진이 위험 상황을 구체적으로 인지하지 못했다고 판단했기 때문이다. 한국서부발전은 안전보건관리 계획 수립과 작업환경 개선에 관한 사항을 발전본부에 위임했으므로 태안발전본부 내 개별적 설비와 작업환경을 점검하고 위험 예방 조치 등을 이행할 구체적, 직접적 주의의무 위반이 인정되지 않는다고 보았다.

김용균 씨 사망 이후 중대재해처벌법이 제정되었지만, 죄형법정주의 등 원칙에 따라

닌 전부를 도급에 의하여 행하는 사업의 사업주는 이에 해당하지 않음(대법원 2007도5782 판결).
[124] 1심 : 대전지법 서산지원 2018. 2. 22. 선고 2020고단809 판결 [업무상 과실치사·산안법 위반 집행유예 또는 벌금형 선고]. 2심 : 대전지방법원 2022노462, 대법원 2023. 12. 7. 선고 2023도2580 판결.
   ※ **중대시민재해와 관련하여** 2014년 세월호 참사의 경우, 세월호 운영주체인 청해진해운 법인은 당시 해양환경관리법 위반으로 벌금 1천만원을 선고받는데 거쳤으나, 중대재해처벌법이 적용된다면 청해진해운 임직원 및 법인에 대하여 안전확보 조치 미이행 등으로 엄한 처벌이 가능하다.
[125] 기계 시스템에서 벨트나 체인 등을 안내하거나 장력을 조절하는 데 사용되는 부품을 말함. 주로 벨트 컨베이어 시스템에서 벨트의 경로를 따라 벨트를 지지하고, 필요에 따라 장력을 조절하여 시스템의 효율성을 높이는 역할을 함.

소급 적용이 되지 않기 때문에 원청 대표에게 합당한 책임을 물을 수 없었다. 중대재해처벌법이 더 일찍 제정되어 시행되고 있었더라면 아래 표에서 보는 바와 같이 엄중한 형사처벌이 가능할 것으로 보이므로 늦게나마 제정된 중대재해처벌법이 왜 필요한지 충분히 이해할 수 있을 것이다.

- 중대재해처벌법 시행 前 판결 : 원청 대표이사 무죄

  하청 대표이사, 하청 안전보건관리책임자(CRO) 등, 집행유예 또는 벌금

  ① 원청 **한국서부발전 대표이사 김0숙은 산업안전보건법 위반·업무상과실치사죄 무죄 선고** : 방호조치 없이 작업을 하는 점을 알면서 방치하였거나 작업을 지시하였다는 증거 부족 등(하청업체 노동자의 작업 현장에서 발생할 수 있는 구체적인 위험 요소를 제대로 인지하지 못함). 안전보건 방침 설정, 안전보건매뉴얼 승인, 안전보건활동을 위한 자원 제공 역할을 담당하고 산하 발전본부별 안전보건관리계획의 수립과 이행 등은 각 발전본부의 안전보건관리책임자에 위임하고 있으므로 김전 대표가 태안발전본부 내 **개별적인 설비 등에 대해서까지 작업환경을 점검하고 위험 예방 조치 등을 이행할 구체적이고 직접적인 주의의무를 가진다고 보기 어렵다**고 봄.

  ② 하청 한국발전기술 대표이사 백OO, 이0천 전 태안사업소장 등 임직원 10명은 업무상 주의의무 위반(업무상과실치사) 등으로 집행유예 또는 벌금형 선고

- 중대재해처벌법 시행 後 사고 발생 시 원청 대표이사 처벌 가능

  한국서부발전 대표이사 김0숙이 안전관리책임자를 지정하고, 직접 현장점검에 나간 점 등을 종합하면 중대재해처벌법상 **경영책임자에 해당**하며, 한국서부발전은 해당 발전소와 작업장소를 실질적으로 지배·관리·운영하는 주체로 판단된다. 따라서 원청인 한국서부발전의 인력 및 예산 확보 부족으로 현장 안전에 문제가 발생하였다는 점이 입증된다면 중대재해처벌법으로 충분히 처벌 가능함

---

(3) 인과관계가 인정되지 않는 사례

중대재해처벌법으로 처벌받기 위해서는 경영책임자의 안전보건확보의무 위반이 원인이 되어 중대재해가 발생하여야 한다. 따라서 중대재해 발생과 안전보건확보의무 위반 사이에 인과관계가 성립하지 않으면 기소하더라도 무죄가 선고된다.

경영책임자는 중대재해처벌법에 따라 재해예방에 필요한 인력·예산 등 안전보건관리체계의 구축 및 이행에 관한 조치를 하고, 재해발생 시 재발방지 대책의 수립 및 그 이행에 관한 조치를 하고, 행정기관이 개선·시정 등을 명한 사항의 이행에 관한 조치 그리고 안전보건관계법령에 따른 의무이행에 필요한 관리상의 조치를 하여야 한다. 이러한 조치를 제대로 하지 않았는데 중대재해가 발생하고 조치 불이행과 중대재해 사이에 인과관계

가 인정된다면 형사적으로 처벌될 수 있다.

 이러한 인과관계 여부를 제대로 판단하기 위해서는 중대재해처벌법 제정 전 현장에서 산업재해로 사망사고가 발생한 사례에서 안전조치 미흡했음에도 불구하고 산업안전보건법 위반 등에 대하여 무죄가 선고된 사례를 참조하는 것이 좋다.

 법원은 피해자의 과거 병력, 부검 결과, 사고의 예측 가능성, 업무 연관성 등을 종합적으로 고려하여 유죄 여부를 판단하고 있다.

 중대산업재해는 근로자의 무의식적 행동·착오·피로 등 인적요인, 기계·설비의 설계상 결함 등 설비적 요인, 작업방법의 부적절성 등 작업·환경적 요인, 관리조직의 결함, 규정 매뉴얼의 불비 등 관리적 요인으로 발생할 수 있다.

 이러한 여러 발생 요인 중 대검찰청 중대재해처벌법 벌칙 해설서에서 판례를 근거로 인과관계가 인정되지 않은 것으로 예시하고 있는 사례는 다음과 같다.

 첫째, 밀폐공간인 하수관 공사를 하기 전에는 현장소장이 감시인 지정, 공기호흡기 지급 등 조치를 하여야 한다. 그런데 이러한 조치를 제대로 취하지 않아 근로자가 작업 도중 질식으로 쓰러져 사망한 사안에서 법원은 부검 결과 산소결핍을 시사하는 소견이 발견되지 않았고, 피해자에게 간질 병력이 있었으며, 사고 발생 3일 후 사고 장소에서 측정된 산소농도가 양호했고, 사고 당시 기온이 낮았던 점 등을 종합하면 피해자가 간질로 사망했을 가능성을 배제할 수 없다면서 무죄를 선고하였다.

 둘째, 주차장 천장의 전등 교체작업을 하던 근로자가 감전된 후 바닥에 추락해 사망한 사고에서 당시 안전책임자는 추락 방지조치 의무위반 등 혐의로 기소되었다. 그러나 법원은 부검 결과 사인은 '감전'이고 추락 과정에서 발생한 외상은 사인으로 보기 어렵다고 하면서 조치의무 위반과 사망 사이 인과관계를 인정하지 않았다.

 셋째, 벌목작업을 할 때는 대피로를 확보하는 등 안전조치를 하여야 한다. 그런데 대피로를 확보하지 않은 채 벌목작업을 하다가 쓰러진 나무에 근로자가 압사한 사고에 대하여 사고의 예측불가능성 등을 이유로 현장 책임자에게 무죄를 선고하였다. 즉 나무가 예상하기 어려운 방향으로 쓰러진 점, 사고 현장의 경사가 매우 가팔라 대피로를 확보하더라도 활용이 불가능했을 것으로 보이는 점 등을 이유로 제시하였다.

 넷째, 사고가 업무 도중 발생한 것이었는지와 사고 발생 위치도 중요하다. 업무 외적으로 굴삭기를 타고 이동하던 도중 도로 옆에서 배수로 정비 작업을 하던 근로자가 굴삭기에 깔려 사망한 사건에 대해 무죄가 선고되었다.

 당시 굴삭기 운전사가 식사를 위해 현장 밖으로 나갔다 복귀 중이었기 때문에 굴삭기가 작업에 사용되지 않았고, 굴삭기가 작업 구역에 진입한 상태도 아니었다. 사고 현장에 굴삭기의 이동과 관련해 주행 경로 안내자가 배치되지 않았지만, 굴삭기 주행 경로가 예측 가능한 점 등을 감안해 안전조치 위반과 근로자 사망 간 인과관계를 인정하지 않았다.

〈안전조치 위반과 사고 사이 인과관계가 인정되지 않은 사례 예시〉

사고의 종류	안전조치 주요 위반내역	인과관계 불인정 사유
하수관 공사 중 질식사고	공기 상태 미점검 공기호흡기 미지급	간질 병력 있음 부검 결과 산소결핍 소견 없음
벌목 중 나무에 압사사고	대피로 미확보	나무가 넘어갈 방향 예측 불가능 경사가 가팔라 대피로 활용 불가능
전등 교체중 감전사고	추락방지 조치 미이행	부검 결과 추락 전 감전으로 사망
작업중 굴삭기에 끼임사고	주행 안내자 미배치	업무 외적으로 굴삭기 운행 작업 구역 밖에서 사고 발생
저장탱크 작업 중 익사사고	안전난간 미설치	저장탱크 내부에 스스로 진입

다섯째, 근로자의 자의적 판단이 사고원인이 된 경우에도 무죄를 선고하고 있다. 폐수 저장탱크 내부로 추락한 동료를 구조하기 위해 근로자가 탱크 안으로 들어갔다가 원인을 알 수 없는 이유로 쓰러져 익사한 사고와 관련해 안전난간 미설치 등을 이유로 안전책임자가 기소되었다. 법원은 근로자가 탱크 내부에 스스로 들어갔고, 사망 원인이 밝혀지지 않았으므로 안전조치 의무위반과 사망 사이 인과관계를 인정할 수 없다고 하였다.

(4) 과거 처벌사례에서 중대재해처벌법이 적용될 경우 양형 검토

사망사고 등이 발생하여 중대재해처벌법이 적용되면 과거 유사사례 처벌의 경우보다 형량이 증가할 것으로 예상된다. 1차적으로 검찰의 구형 자체가 높아질 것이고 법원도 중대재해처벌법의 형량을 고려하여 양형기준을 높일 것이다.

사법정책연구원이 2022년 12월 발간한 '중대재해 처벌 등에 관한 법률의 재판 실무상 쟁점' 현안보고서에 따르면 검찰은 초범일 경우 범죄등급을 1~34등급으로 구분해 징역형과 벌금형 기준을 마련했다. 최고 등급(34등급)은 징역 30년(360월)~40년(480월)이다. 중대재해 사망사고가 발생한 범죄의 기본구간을 징역 2년 6월 이상에서 징역 4년으로 정하면서 22등급으로 나누고, 일반 원칙에 따라 감경 및 가중인자를 반영한 것으로 보인다. 기존 산안법상의 사망사고에 대한 대법원 양형이 징역 1~2년 6개월인 점을 고려해보면 이보다 2배 이상 높은 것으로 이는 대법원 새 양형기준에도 영향을 미칠 것으로 보인다.

대검찰청 자료에 의하면, 주요 가중인자에는 유사 사고 재발 빈도와 규모, 사고의 중대성, 구호조치 미흡 여부 등이 있다. 이에 따라 사고의 재발이 빈번하고 사고의 규모가 크다면 그만큼 형량이 높아질 것이다. 반면 감경인자는 구체적인 사고 발생 경위, 합의 및 피해회복 정도 등이다. 피해자와 적절한 합의를 하거나 피해회복이 얼마나 되었는지가 형량에 영향을 끼치게 되는 것이다.

〈주요 사건 과거 처벌 수위와 중대재해처벌법 적용 시 예상 양형〉

사건	처벌 대상자	구형	법원 선고형	중대재해처벌법 적용
구의역 스크린도어 사망사고	원청책임자	징역 2년	벌금 1,000만원	징역 4~5년
	하청책임자	징역 2년	징역 1년 (집행유예 2년)	징역 4~5년
이천물류창고 화재 사망사고	시공사 책임자	징역 7년	징역 3년	징역 10~12년
SK하이닉스 가스질식 사망사고(3명)	원청책임자	징역 2년	금고 6월 (집행유예 1년)	징역 4~5년
삼성전자 가스누출 사망사고	원청책임자	금고 1년	벌금 500만원	징역 3~4년
	하청책임자	징역 1년	벌금 700만원	징역 3~4년
여수산단 화학공장 폭발사고 (사망 6, 상해 10명)	원청책임자	징역 2년6월	징역 8월	징역 5~7년
	하청책임자	징역 2년	징역 1년 6월 (집행유예 3년)	징역 5~7년

다만, 법원에서 최종 선고되는 형량에 직접적인 영향을 주는 양형기준은 대법원 양형위원회에서 정하고 있는데, 현재까지 중대재해처벌법과 관련하여 아직 명확한 양형기준이 없다. 현재 대법원 양형위원회가 중대재해처벌법 위반 범죄에 대한 양형기준을 정립하기 위한 논의를 진행 중이라고 하며, 앞으로 하급심 판결들이 축적되면 합리적인 양형기준이 마련될 것으로 예상된다. 현재는 산업안전보건법 위반 사건의 양형기준을 참고하거나, 개별 사건의 판결례를 통해 양형이 결정되고 있는 것으로 알려져 있다.[126]

---

[126] 연합뉴스 2025. 05. 20. 기사 등 참조. "중대재해처벌법 양형기준 만들까…요청 다수, 논의 더 필요", 양형위

과거에 처벌된 사례를 예를 들어보면, 구의역에서 스크린 도어를 수리하다가 사망한 사고의 경우 중대재해처벌법이 적용된다면 형량이 대폭 상향할 것이다. 당시 원청인 서울메트로 이0원 사장은 산업안전보건법 및 업무상 과실치사로 기소되었으나 서울메트로와 하청인 OO메크로컴 소속 근로자 사이에 실질적 고용관계가 없다는 등 사유로 무죄가 선고되었는데, 중대재해처벌법이 적용되고 안전확보의무 위반이 개별 관련자들의 업무상 과실의 원인이라는 사실이 입증된다면 최소한 징역 4년에 처할 것으로 예상된다.

또한 검찰이 징역 7년을 구형하고 법원에서 징역 3년이 선고되었던, 38명이 사망한 2020년 이천 물류창고 화재사건의 경우에도, 중대재해처벌법이 적용된다면 최소한 징역 10년 이상이 선고될 것으로 예측된다. 그밖에 여수산업단지 화학공장 폭발로 인한 사망사고도 당시에는 징역 1년 6개월 정도의 가벼운 처벌을 받았으나, 새로운 법률에 따르면 최소 징역 5년은 선고될 것으로 전망된다.

또한 삼성전자의 2018년 이산화탄소 누출 사망사고, 2013년 불산 누출사고의 경우 삼성전자 관계자는 검찰 단계에서 증거불충분, 혐의없음 등의 사유로 불기소되어 아무런 책임을 지지 않았다. 심지어 원청과 하청 책임자도 벌금형으로 가볍게 종결되었는데, 중대재해처벌법이 적용된다면 원청과 하청 책임자는 물론 삼성전자 안전관리책임자도 안전보건확보의무 위반 등으로 징역 5년 이상 중형을 피하기 어려울 것으로 판단된다.

이처럼 종전에는 처벌을 전혀 받지 않았거나 가볍게 처벌을 받고 지나간 사안들이라도 향후 재발할 경우에는 중대재해처벌법이 적용되어 경영책임자등까지도 엄한 책임을 지게 되므로 각 사업장에서는 이러한 점을 각별히 유의하여 사전에 안전·보건관리체계를 구축하는 등 재해가 발생하지 않도록 대책을 수립하고 이행하는 데 최선의 노력을 다해야 할 것이다.

이하에서는 중대재해처벌법이 시행된 이후 기소·불기소된 사례에 대한 하급심 판결과 대법원 판결 등을 토대로 판례의 최신 동향을 살펴보고 구체적인 개별사례별 대처방안에 대하여 살펴보기로 한다.

기자간담회…10기 양형위, 대상 범죄군 설정 작업 중.
<https://www.yna.co.kr/view/AKR20250520133400004>.

나. 중대재해처벌법 시행 이후 적용 사례[127]

(1) 주요 입건 사례

중대재해처벌법이 시행된 이후 10건이 넘는 사망사고가 발생하는 등 중대재해처벌법 적용 대상 중대산업재해가 다수 발생하였고, 이 중 대다수에 대하여 고용노동청에서 입건하여 기소의견 등으로 송치하였고, 3년간 유죄판결도 15건을 넘어서고 있다.

2025년 5월 기준으로 중대재해처벌법 위반으로 입건된 사례는 700건이 넘어가고 있으며, 이 중 기소된 사건은 약 90건, 불기소 결정된 사건은 약 30건으로 확인되고 있다.[128] 주로 건설공사 현장 또는 제조업체 공장 내부에서 작업 중 발생한 사고로 밝혀지고 있다. 이와 같이 중대재해처벌법이 적용되어 처벌을 받을 수 있는 대표적인 사안에는 건설 현장에서 빈번한 각종 근로자 추락사고, 채석장 토사 붕괴사고, 화학공장 폭발사고, 제조공장 노동자 기계 끼임·깔림 사고, 급성중독으로 인한 직업성 질병자 발생 등을 들 수 있다.

> - **중대재해처벌법 주요 입건 사례**
>   ① 양주 채석장 토사 붕괴사고(삼표산업) → **중대재해처벌법 1호 사건**
>   ② 판교 제2테크노밸리 신축 공사장 추락사고(요진건설)
>   ③ 여수 화학공장 열교환기 폭발사고(여천 NCC)
>   ④ 창원 제조공장 집단 급성중독 사고(두성산업)
>   ⑤ 당진 제철공장 도금용기 추락사고(OO제철)
>   ⑥ 동해 시멘트공장 추락사고(쌍용C&E)
>   ⑦ 대구 **건설현장** 하청업체 노동자 추락 사망사건(LDS개발)
>   → **원청대표 기소 1호 사건**[129]

(2) 입건 주체 관련

법 시행 전에는 최고안전책임자(CSO)가 입건될지 회사대표가 입건 대상이 되는지 논쟁의 대상이 되기도 하였지만, 법 시행 후 사례를 보면 CSO가 입건된 사례는 찾아보기 힘들고, 대부분 기업의 대표이사, 경영책임자 또는 현장책임자(건설업)가 입건된 것으로

---

[127] 서울경제 2022. 3. 6.자 기사, "[중대재해법 A to Z] 안전책임자 입건 사례 '0'···바지사장 꼼수 안통했다", <https://www.sedaily.com/NewsView/263BAPG19X, 2022. 3. 6. 방문>.

[128] Kim & Chang 뉴스레터(2025. 7. 14.), "중대재해처벌법 관련 최근 주요 불기소 사례 및 시사점" 참조 <https://www.kimchang.com/ko/insights/detail.kc?sch_section=4&idx=32260>.

[129] 하청업체 노동자가 11미터 높이 작업대에서 안전띠 없이 작업대를 벗어나 추락사망하였는데, 하청업체 IS중공업은 공사금액 50억미만(3억1900만원)으로 중대재해법 적용대상이 되지 않아 원청인 LDS산업개발(공사금액 78억원) 대표를 안전보건확보의무 위반으로 수사하여 기소(2022. 10. 19. **최초의 사망사고·건설현장사고·원청대표 기소**)함(IS중공업은 산안법 위반, 업무상과실치사로 기소).

확인되고 있다.

현재까지 사례에서 CSO가 직접 입건되기 힘든 주된 이유는, 이들이 형식상 최고안전책임자이지만 실질적인 책임자는 아니며, 최종의사결정은 대표이사가 하고 있다고 검찰 등 수사기관에서 판단하고 있기 때문이다. 대표이사가 직접 입건되는 것을 피하고자 안전부문 대표이사가 선임되어 있는 경우 그 대표이사 또는 기업내 CSO가 실질적으로 전권을 가지고 안전과 관련된 최고의사결정권자임을 기업측에서 입증해야 한다. 기업의 대표이사가 중대재해처벌법상 경영책임자등으로 입건되지 않기 위해서는 기업 내 CSO가 (총괄)대표이사의 간섭을 받지 않고 안전과 관련하여 실질적으로 의사를 결정할 수 있는 최종권한을 가지고 있다는 사실이 객관적으로 확인되어야 함을 의미한다. 기업 내 안전분야가 독립조직인지, 독자적 인사·예산권이 있는지, CSO의 권한의 정도, 의사결정전후 (총괄)대표이사에게 보고 여부, 대표이사의 영향력 정도 등을 종합적으로 고려하여 판단한다.

참고로 법 시행 이후 **기업의 대표가 아닌 CSO가 입건된 예외적 사례**가 1건 있다.

공장내 폭발사고로 근로자들이 사망하고 부상을 입어 중대재해처벌법위반이 문제가 된 사안인데, 대표이사가 안전보건에 관한 사항을 CSO에게 전부 위임하고 실질적·최종적 의사결정권을 행사한 사실이 없으므로, 중대재해처벌법상 경영책임자에 해당하지 않는다고 판단하여 대표이사의 중대재해처벌법위반 혐의에 대하여 검찰에서 불기소 결정을 하였다. 실질적 권한을 가진 CSO를 선임하고 대표이사가 중대재해처벌법상 안전보건에 대한 최종의사결정을 하지 않을 경우 면책될 수 있음을 보여주는 보기 드문 사례이다. 이 사례에서는 나아가 CSO의 중대재해처벌법위반 혐의에 대하여도 유해·위험요인 및 확인 및 개선 절차, 중대산업재해가 발생할 급박한 위험에 대비한 매뉴얼을 마련하는 등 중대재해처벌법상 안전보건확보의무를 모두 이행하였다고 인정하여 불기소로 종결처리되었다.

(3) 실질적 지배·운영·관리 관련

중대재해처벌법 제4조에서는 사업주 또는 경영책임자등에게 법인 또는 기관이 실질적으로 지배·운영·관리하는 사업 또는 사업장에서 종사자의 안전·보건상 유해 또는 위험을 방지하기 위하여 재해예방에 필요한 인력 및 예산 등 안전보건관리체계의 구축 및 그 이행에 관한 조치 등을 해야 할 의무를 부과하고 있다.

여기에서 "실질적으로 지배·운영·관리" 해당 여부를 가리기 위해서는 종사자의 유해·위험 요인을 제거·통제할 수 있는 권한 여부, 종사자에게 지시권이 미칠 수 있는 관리자의 파견 유무, 시설·설비의 소유권 등을 종합적으로 고려하여 판단해야 한다.

고용노동부 "중대재해처벌법 시행령 제정안 주요 내용 설명자료(2021.7.)"에 의하면 사업장 밖이라도 사업주가 지정·제공하는 등 실질적으로 지배·관리하는 장소는 모두 포함된다. 다만 수급인이 작업장소나 시설, 설비 등을 직접 소유하거나 도급인이 아닌 제3자로부터 임차하여 사용하는 경우에는 도급인 등이 실질적으로 지배·운영·관리하는 범위에 해당하지 않는다. 다만, 형식상 임대차라 하더라도 임대인이 노무를 제공하고 임차인이 위험원을 직접 지배·관리하는 경우 등 실질적으로 도급계약으로 평가되는 경우에는 경영책임자등의 의무가 적용된다고 기술하고 있다.

그런데 해당 사업장의 운영구조가 하도급에 재하도급을 거듭하는 등 그 운영구조가 복잡하게 얽혀 있는 경우 그 책임 소재 파악에 상당한 시간이 소요될 수 있다.

2022년 3월 5일 충남 예산 현대제철130) 예산공장에서 1톤 규모의 금형설비를 수리·조립하는 과정에서 설비가 떨어져 현장에서 작업 중이던 20대 노동자가 숨졌다. 그런데 사망한 노동자의 소속 회사와 OO제철을 둘러싼 계약관계가 단순하지 않아 중대재해처벌법 적용의 대상 기업이 어디인지 불분명하다는 지적이 있다.

OO제철은 예산공장의 모든 설비를 보유하고 있으면서도 공장의 운영에 대해서는 엠에스(MS) 그룹의 계열사인 심원개발에 위탁하였다. 그런데 심원개발은 다시 그룹 계열사인 엠에스티(MST)에게 설비정비 업무를 하게 하였다. 그리고 엠에스티는 다시 사고가 난 작업에 대해서는 다른 협력협체에 맡기는 등 복잡한 구조를 보이고 있다.

이 사례에서 사업장을 지배·운영·관리하는 주체가 OO제철과 심원개발 중 어느 곳인지 쟁점이다. 위탁공장의 건물과 토지, 설비 및 모든 관련 시설의 유지관리에 대하여 수탁자(심원개발)에게 OO제철이 일임한 것으로 계약서에 나와 있다. 그런데 OO제철 직원 40여명이 예산공장에 상주하면서 생산운영·설비기술 업무를 맡아 온 것으로 드러났으며 심원개발과 함께 예산공장의 안전보건협의체도 운영하였다. 이를 종합적으로 고려하면 OO제철이 실질적으로 지배·운영·관리한 것으로 보아 OO제철 대표이사를 피의자로 입건

---

130) 경향신문 2025. 3. 19.자 기사 참조 "중대재해처벌법 이후에도 현대제철에서 6명이 숨졌다…"예견된 비극".
<https://www.khan.co.kr/article/202503191632001>.
중대재해처벌법 시행 이후에도 현대제철에서 6명의 노동자가 사망한 사건이 발생했다. 이는 중대재해처벌법 시행에도 불구하고 산업 현장의 안전 문제가 여전히 심각하다는 것을 보여주는 사례이다. 노조는 안전한 작업환경 조성을 촉구하며 고용노동부에 법 시행 이후 발생한 현대제철 중대재해 사고에 대한 철저한 조사를 요구하고 있다. 구체적으로, 2022년 1월 중대재해처벌법 시행 이후 현대제철에서 6명의 노동자가 사망했으며, 이 중에는 포항공장, 당진공장, 예산공장 등에서 발생한 사고로 인한 희생자가 포함되어 있다. 예를 들어, 2024년 2월 인천 현대제철 공장 폐수 처리조 청소 중 7명이 쓰러지는 사고가 발생하여 1명이 사망하고 6명이 부상을 입었으며, 같은 해 3월에는 예산공장에서 철골 구조물에 깔려 노동자가 사망하는 사고가 발생했다. 이러한 사고들은 산업현장의 안전 불감증과 안전 설비 부족, 그리고 법규 미준수 등 다양한 문제점을 드러내고 있다.

할 수 있을 것이다.131) "실질적 지배·운영·관리" 여부를 파악하기 위해서는 원청과 하청의 계약관계와 공정 운영 방식 등을 종합적으로 검토하고, 산업안전보건법과 중대재해처벌법 위반 여부를 철저히 확인해야 한다.

고용노동부는 경찰과 합동으로 OO제철 당진제철소 등 4개소를 압수수색하는 등 수사를 진행하였는데, 예산공장에 OO제철 직원이 상주하며 관리하고 설비, 투자 등에 대해서 사업 계획을 수립해 관리하는 등 원·하청 구조가 맞다고 판단하고 중대재해처벌법 위반 등 혐의로 2022년 11월 27일 검찰로 송치하였다.

(4) 적용유예 관련 사례

중대재해처벌법은 2022년 1월 27일(시행일)부터 50인 이상 사업장에 우선 적용되었고, 국회에서 50인 미만 사업장 적용유예 법안이 처리되지 못하면서 예정대로 2024년 1월 27일부터 50인 미만 사업장에도 확대 적용되고 있다.

건설업의 경우 개별공사 기준으로 공사금액 50억 미만에 대해서는 시행일로부터 2년간 법 적용이 유예되었다가 현재는 건설업도 제조업 등 다른 업종과 마찬가지로 공사금액에 상관없이 5인 이상 근로자가 있는 모든 공사 현장에 중대재해처벌법이 적용되고 있다. 그러나 실무상으로는 적용유예 기간 중에 발생한 사고의 경우, 건설업의 경우 50억 미만에 해당하지는 여부에 따라 중대재해처벌법 적용 여부가 결정되므로 판단 기준이 필요하다. 중대재해처벌법 부칙 제1조 제1항에 의하면 "이 법은 공포 후 1년이 경과한 날부터 시행하되, 이 법 시행 당시 개인사업자 또는 상시근로자가 50명 미만인 사업 또는 사업장(건설업의 경우에는 공사금액 50억원 미만의 공사)에 대해서는 공포 후 3년이 경과한 날부터 시행한다."고 규정하고 있다.

2022년 2월에 발생한 판교 제2테크노밸리 업무 연구시설 신축공사 현장의 승강기 추락으로 인한 사망사고는 요진건설이 시공을 맡고 현대엘리베이터가 승강기 설치 공동도급을 수행하였다.

사고가 발생한 사업장의 공사금액은 현대엘리베이터 5억원, 요진건설 440억원으로 알려져 있다. 따라서 현대엘리베이터는 지난해 매출이 1조 8,000억원이나 해당 공사의 공사금액이 50억 미만으로 법 적용이 2년간 유예되어 처벌을 피하게 되었다. 그러나 요진건설은 지난해 매출이 2,700억에 불과하나 해당 공사금액이 50억 이상이므로 중대재해처벌법 적용대상이 되어 고용노동청의 수사를 거쳐 검찰로 송치되었다.132)133) 한편,

---

131) 한겨레, 2022. 3. 8.자 기사, "위탁생산에 재재하청…현대제철 예산공장 사망사고 '책임소재' 쟁점".
    <https://www.hani.co.kr/arti/society/labor/1033942.html, 2022. 3. 8. 방문>.
132) 요진건설은 중대재해법 시행이후 두 번째 사망사고(22.2월 성남시 건설공사장, 23.1월 화성시 소재 물류센터

경남 고성의 조선소 내 승강기 설치공사 과정에서 발생한 사망사고와 관련하여 이 공사가 '건설공사'134)에 해당한다고 보아 산업안전보건법 및 중대재해처벌법 위반 여부를 판단하였다(창원지방법원 통영지원 2024고단484 판결). 그런데 이 사건 작업은 중대재해처벌법이 유예되는 '공사금액 50억 미만의 건설공사'에 해당하는지가 쟁점이 되었다. 판결에서는 이 사건 작업을 포함하여 OO테크가 00오션으로부터 연간 단위로 도급받은 00오션 사업장 내 승강설비 점검·유지·보수작업 일체에 대한 공사대금이 2억 2,300만원(부가가치세 포함 시 2억 4,530만원)으로서 50억원 미만이므로, 50억원 미만의 건설공사에 관하여 2024년 1월 26일까지 법 적용을 유예하는 중대재해처벌법 부칙 조항(제17907호, 2021. 1. 26.)에 따라 행위 시인 이 사건 사고일 2022년 3월 22일경을 기준으로 피고인들에게는 중대재해처벌법의 적용이 없었다고 보아 OO테크 및 00오션의 중대재해처벌법 위반 혐의에 대해서는 무죄를 선고하였다.135) 건설공사 금액 50억원 미만을 이유로 00오션 전 대표이사에게 중대재해처벌법 위반은 무죄를 선고하였으나, 원청은 건설공사 '도급인'으로 판단되어 산업안전보건법 위반 책임은 피하지 못했다.136)

그런데 타 공사에 비하여 승강기 공사는 작업 중에 사고가 빈번하나 개별 사업장 규모가 작아 중대재해처벌법이 적용되지 않거나 유예되는 문제가 있어 개정이 필요하다는 지적이 일부 있기는 하나, 50억 미만 적용 유예기간이 경과한 현재 승강기 설치공사나 유지관리업도 중대재해처벌법 적용 대상임은 명백하다. 중대재해처벌법은 사업장 규모와

공사현장)를 낸 건설사이다.
133) NFC 금융소비자뉴스 2023. 2. 9.자 기사, "요진건설산업은 '성역'인가?...첫 중대재해법 대상인데 검찰기소도 안해". <https://www.newsfc.co.kr/news/articleView.html?idxno=56845>.
134) 이 사건 작업이 건설산업기본법에 따른 건설공사에 해당하는지에 대하여 피고인들은, 이 사건 작업은 건설산업기본법에 따른 건설공사에 해당하고, H는 이 사건 작업의 시공을 주도하여 총괄관리한 바 없고 그러한 지위에 있지도 않으므로 산업안전보건법상 도급인이 아닌 건설공사발주자에 해당한다고 주장하였다. 그러나 대상판결은 이 사건 크레인에 부착되어 사람 및 간단한 화물을 운반하는데 사용하는 승강설비의 와이어를 교체하는 이 사건 작업은 건설산업기본법 제2조 제4호에 따른 '건설공사' 중 동법 시행령 제7조 및 별표1에서 정한 '승강기설치공사'에 해당한다고 보았다.
135) 법무법인 지평, 소식/자료·법률정보/최신 판례(2025. 2.. 19.), "[노동] 조선소 내 승강기 설치공사가 '건설공사'에 해당한다고 보아 산업안전보건법 및 중대재해처벌법 위반 여부를 판단한 사례" 참조. <https://www.jipyong.com/kr/board/news_view.php?seq=13925>.
136) 노동법률 2025. 2. 28.자 "중처법 적용유예·50억 미만 공사비가 중대재해 '무죄' 낳았다. 크레인 승강기 교체작업 '건설공사로 판단해 중처법 적용 제외···산안법은 '유죄' 기사 참조.
〈https://www.worklaw.co.kr/main2022/view/view.asp?in_cate=122&in_cate2=0&bi_pidx=37627〉.
21일 법조계에 따르면 창원지방법원 통영지원 형사1단독 류준구 부장판사는 지난 19일 중대재해처벌법 위반 혐의로 재판에 넘겨진 이 전 대표이사에게 무죄를 선고했다. 산업안전보건법 위반 혐의로 함께 재판에 넘겨진 박두선 전 대우조선해양 대표이사에게는 징역 1년의 실형이 선고됐고 00오션 법인에는 벌금 3억원을 선고했다. 사망한 하청근로자 A 씨가 소속된 사외하청업체 건우테크 대표 B 씨에게는 징역 1년에 집행유예 2년, 작업반장 C 씨에게는 금고 6개월에 집행유예 2년이 내려졌다. 건우테크 법인에는 벌금 2000만원이 선고됐다.

관계없이 중대재해가 발생한 경우 경영책임자를 처벌하도록 규정하고 있기 때문이다.

한편, 건설 현장에서는 총공사금액과 관련하여 그 기준에 따라 유예기간 중의 사고에 대해서는 중대재해처벌법 적용 여부가 결정될 수 있다.

아래에서는 전주지방법원 군산지원 판결에서 문제가 된 총공사금액과 관련하여 그 기준을 총공사부기금액으로 판단한 내용을 소개한다.

중대산업재해 발생일이 2022년 10월 17일 경우 중대재해처벌법 공포 후 1년이 경과하였으나 3년이 경과하기 전이므로, 이 사건 공사가 '공사금액 50억원 미만의 공사'에 해당하는지 여부가 문제가 되었다.

'지방자치단체를 당사자로 하는 계약에 관한 법률'(이하 '지방계약법') 제24조 제1항에 의하면 지방자치단체의 장 또는 계약담당자는 이행에 수년이 걸리는 공사·제조 또는 용역 등의 계약은 ① 총액으로 입찰하여 각 회계연도 예산의 범위에서 낙찰된 금액의 일부에 대하여 연차별로 계약을 체결하는 장기계속계약(제1호) 또는 ② 지방재정법 제42조에 따라 계속비로 예산을 편성하여 낙찰된 금액의 총액에 대하여 계약을 체결하는 계속비계약(제2호)으로 체결한다. 지방계약법 시행령 제9조 제2항에 의하면 공사계약에서 그 이행에 수년이 걸리고 설계서 등에 의하여 전체의 사업내용이 확정된 공사를 '장기계속공사'라 하고, 같은 영 제78조 제2항에 의하면 장기계속공사는 낙찰 등에 의하여 결정된 총공사금액을 덧붙여 적고 해당 연도의 예산의 범위에서 제1차공사를 이행하도록 계약을 체결하여야 하며, 이 경우 제2차공사 이후의 계약은 덧붙여 적은 총공사금액에서 이미 계약된 금액을 공제한 금액의 범위에서 체결할 것을 부관으로 약정하여야 한다. 사실관계를 따져보면 ① 이 사건 공사에 관한 계약은 장기계속계약이고, 00시 수도사업소가 2018. 12. 6. 00종건, 00건설사와 계약금액을 약 30억원, 총공사부기금액을 약 180억원으로 하는 제1차 계약을 체결한 사실, ② 그 후 00시 수도사업소는 00종건, 00건설사와 이 사건 공사에 관해 2019. 10. 18. 제2차 계약을, 2020. 10. 14. 제3차 계약을, 2021. 3. 4. 제4차 계약을, 2021. 12. 13. 제5차 계약을, 2022. 6. 24. 제6차 계약을 각 체결하였고, 제1차 내지 제6차 각 계약에 관한 수차례의 변경계약이 체결된 사실, ③ 위 제6차 계약의 계약금액은 약 48억원이고, 총공사부기금액은 약 200억원으로 계산된다. 이런 사정들을 종합하면 지방계약법 제24조 제1항, 지방계약법 시행령 제78조 제2항에 규정된 장기계속공사계약의 경우 중대재해처벌법 부칙 제1조 제1항에 규정된 **'공사금액'은 각 개별공사의 계약금액이 아니라 총공사부기금액을 의미**하는 것으로 봄이 타당하므로 중대재해처벌법이 적용되어야 할 것이다.137) 총괄계약은 구속력

---
137) (가) 장기계속공사계약에서 제1차공사에 관한 계약 체결 당시 부기된 총공사금액 및 총공사기간에 관한

있는 합의로서 총공사부기금액을 전체 공사대금으로 하는 각 계약이 체결될 것이 예정되어 있고, 예산의 제약으로 인해 각 연차별 계약으로 나누어 체결되는 것일 뿐인바, 공사금액 50억원 미만의 소규모 공사에 한해 3년의 적용 유예기간을 부여하려는 중대재해처벌법 부칙 제1조 제1항의 입법취지상 전체 공사대금인 총공사부기금액을 위 '공사금액'으로 봄이 타당하다(전주지방법원 군산지원 2023고단1699 판결).[138]

(5) 경영책임자등의 법상 의무 준수와 면책 관련

중대재해처벌법에서는 법 제4조 사업주와 경영책임자등의 안전·보건 확보의무를 규정하고 법 제6조에서는 이를 위반하여 중대산업재해에 이르게 하는 경우 처벌하고 있다. 따라서 원칙적으로 이러한 의무를 다하였다고 입증된다면 근로자의 실수나 안전수칙 위반으로 사고가 발생하였다고 하더라도 형사처벌을 받지 않을 수 있다.

그런데 반복되는 근로자의 실수나 안전수칙 위반 등을 방치하거나 묵인하는 경우 위험관리 및 안전보건관리 체계 구축 및 이행상의 결함이 될 수 있고, 이는 안전·보건확보의무를 소홀히 한 것으로 인정되어 법 제6조의 형사처벌 대상이 될 수 있음을 유의해야 할 것이다.[139]

그리고 법 제7조에서는 법인 또는 기관에 대한 벌금형의 양벌규정을 규정하고 있다. 법인 또는 기관이 그 위반행위를 방지하기 위하여 해당 업무에 관하여 상당한 주의와 감독을 게을리하지 않은 사실이 입증되면 처벌되지 않는다. 예를 들어 준법감시조직(Complinace)을 제대로 운영한 사실이 인정되거나, 본사 차원에서 안전보건활동 지원, 예방교육, 현장점검, 외부컨설팅 등을 통하여 안전보건 의무를 준수하여 사고 예방활동을 철저히 하면 면책이 가능할 것이다. 또한 경영책임자가 안전보건관리체계를 구축하고

합의를 통상 '총괄계약'이라 하는데, 이러한 총괄계약은 전체적인 사업규모나 공사금액, 공사기간 등에 관하여 잠정적으로 활용하는 기준으로서 구체적으로는 계약상대방이 각 차수별 계약(연차별 계약)을 체결할 지위에 있다는 점과 계약의 전체규모는 총괄계약을 기준으로 한다는 점에 관한 합의라고 보는게 타당하다. 따라서 총괄계약의 효력은 계약상대방의 결정(연차별 계약마다 경쟁입찰 등 계약상대방 결정절차를 다시 밟을 필요없음), 계약이행의사의 확정(정당한 사유없이 연차별 계약의 체결을 거절할 수 없고, 총공사내역에 포함된 것을 별도 분리발주할 수 없음), 계약단가(연차별 계약금액 정할 때 총공사의 계약단가에 의해 결정) 등에만 미칠 뿐이고, 계약상대방이 이행할 급부의 구체적인 내용, 계약상대방에게 지급할 공사대금의 범위, 계약 이행기간 등은 모두 차수별 계약을 통해 구체적으로 확정됨(대법원 2018. 10. 30. 선고 2014다235189 전합 판결, 대법원 2022. 12. 16. 선고 2018다225005 판결 각 참조).

138) 위 '공사금액'을 각 차수별 계약금액을 의미하는 것으로 본다면 예를 들어 전체 공사대금이 200억원인 공사계약을 ① 지방계약법 제24조 제1항 제2호에 규정된 계속비계약으로 체결한 경우에는 중대재해처벌법의 적용 유예기간이 1년이 되고, ② 같은 항 제1호에 규정된 장기계속계약으로 하여 5차에 걸쳐 각 공사대금 40억원의 차수별 계약을 체결한 경우에는 중대재해처벌법의 적용 유예기간이 3년이 되는바, 이는 지방자치단체가 선택한 계약체결방식이라는 우연한 사정에 따라 중대재해처벌법의 적용시기가 달라지는 결과가 되어 형평에 반한다.

139) 노동부, 2022.1.18.자 보도자료, "중대재해처벌법 중대산업재해관련 FAQ 배포", FAQ 41~42면 참조.

안전보건활동을 주기적으로 점검하는 등 안전보건의무를 철저히 준수하였다면 불가항력으로 중대재해가 발생하더라도 처벌되지 않을 것이다.

한편 종사자가 법 시행일 이전에 사고가 발생하였거나 질병이 발병하였으나 법 시행일 이후 사망한 경우에는 중대재해처벌법상 처벌대상이 아니다.

(6) 안전보건관리체계 구축 및 이행의 의무위반과 관련성

중대재해처벌법에 따르면 안전보건관리체계 구축 및 이행 조치를 제대로 하지 않고 이로 인하여 사망하고 등이 발생하면 형사처벌될 수 있다.

주요 사례로는 철골공사 하도급을 하면서 원청 경영책임자가 경영책임자로서 재해예방에 필요한 안전보건관리체계를 제대로 구축·이행하지 않고 이로 인해 사고 발생에 책임을 지게 된 사례가 있다.140)

도급업체 현장소장(안전보건총괄책임자)은 징역 5개월(집행유예 2년), 철골공사 하도급업체 현장소장(안전보건관리책임자)은 징역 6개월(집행유예 2년)을 선고받았다. 유죄 사유는, 고소작업대 작업계획서 미작성, 안전대걸이 미설치, 고소작업대 출입문 시정 미흡 등 작업대 근로자 관리감독 소홀, 그리고 산재 예방에 필요한 조치를 하지 않아 이로 인하여 하도급업체 근로자가 작업 중 추락하여 사망(산업안전보건법위반, 업무상과실치사)하였기 때문이다. 원청대표(경영책임자)인 LDS 대표이사는 징역 1년(집행유예 2년)을 선고받았는데, 그 사유는 철골공사 하도급을 한 경영책임자로서 재해예방에 필요한 안전보건관리체계의 구축 및 이행에 관한 조치를 하지 아니한 점이다. 즉 안전보건에 관한 목표와 경영방침 미수립, 유해·위험요인을 확인하여 개선하는 절차를 마련하여 반기 1회 이상 점검 및 필요조치 미이행, 안전보건관리책임자 반기 1회이상 평가 미실시, 도급 시 종사자의 안전보건확보 가능 평기기준·절차 및 반기 1회이상 미점검 등 안전·보건 확보의무 위반으로 중대산업재해가 발생하였기 때문이다.

한편, 안전보건관리체계 구축 및 이행 의무위반과 사망사고 등과 관련성이 있어야 하는데, 조치의무위반과 중대산업재해 발생 사이 상당인과관계 또는 예견가능성이 부정되어 무죄가 선고된 사례도 있다.

전주지방법원 군산지원(1심), 전주지방법원(항소심)에서 선고된141) 판결에서 강관을 연결하는 하수관거 설치공사를 하면서 흙막이 지보공 미설치, 방호망 설치 및 근로자의 출입금지 등 그 위험을 방지하기 데 필요한 조치를 다하지 않은 등 과실로 근로자가 사망한 사안에서 하도급을 한 원청업체 경영책임자에게 무죄가 선고되었다.

---

140) 대구지방법원 2024노818 판결, 대구지법 서부지원 2022고단2940 판결 참조.
141) 전주지법 군산지원 2023고단1699, 전주지법 2025노710 판결.

먼저 안전보건관리체계의 구축 및 그 이행에 관한 조치를 하였는지가 쟁점이 되었다. 법 시행령 제4조 제3호에서 유해·위험요인을 확인하여 개선하는 절차 마련 및 이를 반기 1회 이상 점검한 후 필요한 조치를 하도록 규정하고 있는데, 사업주는 산업안전보건법 제36조에 따른 위험성평가 절차를 마련하고 이를 위험성평가의 종류(최초 평가, 수시 평가, 정기 평가)에 따라 적절한 시기에 실시하게 하고 그 결과를 보고받았다. 관련 증빙서류로는 위험성평가서, 위험성평가 등록부(안전보건총괄책임자 서명 필요) 등이 있었다. 다음으로 법 시행령 제4조 제5호는 안전보건관리책임자 등 업무 충실한 수행 여부에 대한 평가기준을 마련하고 반기 1회 이상 평가 및 관리하도록 규정하고 있다. 그런데 사업주는 이를 제대로 이행하지 않아 시행령 제4조 제5호 나목 조치의무 위반의 점은 인정되었다. 법률위반이 인정된다고 하더라도 문제는 이러한 조치의무 위반과 중대산업재해 발생 사이 관련성을 인정할 수 있는지가 쟁점이 되었다.

<중대재해처벌법 무죄 선고 사례 1, 전주지방법원 군산지원 2023고단1699, 전주지방법원 2025노710 판결>
*이 사고는 공사시방서와 안전관리계획서에 기재되어 있는 작업방식을 따르지 않고 굴착 장소에 되메우기를 하지 않은 상태에서 흙막이 지보공을 철거하고 그 굴착 장소에 근로자의 출입금지 조치를 취하지 않은 선0의 근로자 등의 과실로 인해 발생한 것이고, 도급 건설사의 현장소장(안전보건관리총괄책임자)이 잘못된 방식의 작업을 지시하거나 잘못된 방식으로 작업이 이루어지고 있다는 사실을 알면서도 방치한 사실이 없고, 위험성평가를 실시하는 등 안전보건관리총괄책임자로서 직무를 소홀히 한 증거가 없다면, 원청업체 경영책임자등의 중대재해처벌법 시행령 제4조 제5호 나목의 **조치의무 위반과 이 사고의 발생 사이에 상당인과관계가 있다고 보기 어렵고, 사고 발생에 대한 예견가능성이 있었다고 보기도 어렵다.**

중대재해처벌법 제4조에서는 안전 및 보건 확보의무 위반 그 자체에 대해서는 별도의 처벌규정을 두지 않고 있다. 조치의무위반으로 중대산업재해라는 결과에 이르러야 비로소 법 제6조 산업재해치사죄 등이 성립하게 된다. 그런데 중대재해처벌법(산업재해치사죄)으로 처벌하기 위해서는 조치의무 위반과 중대산업재해 발생 사이 인과관계 등 관련성이 있어야 한다.

이러한 관련성을 밝히기 위해서는 조치의무 위반과 중대산업재해 발생 사이 상당인과관계가 있어야 하고, 사업주가 조치의무 위반 당시 중대산업재해 발생을 예견할 수 있는지 검토가 필요하다. 사례에서는 도급 건설사의 현장소장(안전보건관리총괄책임자)이 잘못된 방식의 작업을 지시하거나 잘못된 방식으로 작업이 이루어지고 있다는 사실을 알면서도 방치한 사실이 없고, 위험성평가를 실시하는 등 안전보건관리총괄책임자로서 직무를 소홀히 하였다는 증거가 없으므로 원청업체 경영책임자등도 중대재해처벌법으로 처벌할 수 없다고 판단하였다.

> 〈중대재해처벌법 무죄 선고 사례 2, 울산지방법원 2024고단205, 2025노288 진행중〉
>
> *s000유틸리티 울산, 석탄 반입 및 수송작업에 대하여 약 1억원 도급계약 체결
> *이 사고 현장에 "하역중 절대출입금지"라고 주의사항이 벽면에 기재되어 있어서, 재해자에 대한 출입 통제 등을 완벽하게 하지 않은 주의의무위반 등이 일부 있어도 이 사고는 기본적으로 트럭운전자의 오조작으로 적재함의 후방 게이트를 열지 않은 채 적재함을 들어 올려 유압실린더가 부러지면서 공교롭게 적재함과 덤프트럭이 재해자 쪽으로 넘어져서 발생한 사고이지, 근로자들을 낙하물 위험으로부터 보호해야 할 주의의무위반, 안전보건관리체계 미구축 등과 이 사건 사망사고 사이에 상당인과관계 내지 객관적 귀속을 인정할 수 없다.142)

한편, 하도급 공사의 경우, 도급인의 안전조치에 보호구 착용 지시 등 관계수급인 근로자의 작업행동에 관한 직접적 조치는 제외되므로 하도급업체 관리감독자가 사고 근로자와 함께 작업을 하였다면 안전한 작업 방법을 결정하고 작업을 지휘할 의무자는 하도급업체 관리감독자가 되어야 할 것이다. 따라서 도급 건설사에서 위험성평가서, 공사 시

---

142) 1. 이 사건 사망사고의 원인과 성격 : 이 사건 사고는 당시에 피해자가 그 현장에 없었다면 피해자가 사망하는 사고는 발생하지 않았겠지만, 이 사건 사고는 낙하물에 재해자가 맞아서 사망한 것이 아니라 덤프트럭 운전자가 적재함의 후방 게이트를 열지 않은 채 적재함을 들어올려 적재함을 지지하는 유압실린더가 과적으로 인한 무게를 이기지 못하여 부러지면서 적재함과 덤프트럭 전체가 재해자 쪽으로 넘어지면서(轉倒) 사망한 사고이다. 2. 이 사망사고의 가장 직접적이고 결정적 과실 그리고 이 사망사고는 덤프트럭 운전자가 적재함의 후방 게이트를 열지 않은 채 적재함을 들어올린 오조작의 과실이 가장 직접적인 원인이다. 그리고 이 사고 현장에 "하역중 절대출입금지"라고 주의사항이 벽면에 기재되어 있어서, 재해자로서도 덤프트럭이 석탄을 하역하러 들어왔을 때에는 외부에 있었어야 하는데도, 재해자는 운송설비의 문제를 해결하려고 벽에 있는 조작패널을 보면서 계속 그대로 하역장소에 있었던 잘못이 있다. 따라서 이 사망사고의 제일 큰 과실은 트럭운전자의 오조작, 그 다음이 하역중 절대출입금지를 어긴 피해자의 잘못, 마지막으로 위와 같이 하역중 절대출입금지 수칙을 지키지 않은 근로자들을 제대로 통제하지 못한 과실이다. 3. 관계자들의 주의의무위반(예견가능성, 회피가능성) 회사 관계자들의 잘못은 근로자들의 출입통제 등의 필요한 조치로 근로자들을 낙하물의 위험으로부터 보호해야 할 주의의무위반과 그에 관한 안전보건관리체계를 제대로 구축하지 않았다는 것인데, 2010. 1. 1.부터 2025. 1. 22.까지 15년 동안 전국 노동청에 이 사건 사망사고와 같이 덤프트럭의 적재함 후방 게이트를 열지 않은 채로 적재함을 들어 올리다가 유압실린더가 파손되어 덤프트럭이 넘어져서 발생한 사고는 없고, 덤프트럭의 유압실린더를 정비하거나 설치하다가 끼이는(협착) 사고정도만 있었으며, 위 관계자들의 입장에서는 이와 같은 덤프트럭 운전사의 오조작으로 덤프트럭이 전도되는 것까지 예견하기는 어렵고, 이와 같은 전도사고까지 예방하기 위해서 근로자들의 출입통제 등의 예방 조치까지 할 의무가 있다고 하기 어렵다. 이 사고 현장에 "하역중 절대출입금지"라고 주의사항이 벽면에 기재되어 있어서, 위 관계자들이 이를 위반하는 일부 근로자들에 대한 출입통제를 완벽하게 하지 못한 일부의 과실이 있다고 하더라도, 덤프트럭이 석탄 하역을 위해 입출입하면서 근로자와 충격하거나, 적재함에서 떨어진 석탄에 근로자가 맞는 사고를 당하는 것을 막지 못한 결과에 책임을 져야 하지, 더 나아가 운전자의 오조작에 의한 덤프트럭의 전도로 인한 사망사고까지 책임을 묻는 것은 관계자들의 불법(과실)의 정도에 비하여 과도한 책임을 묻는 것이어서 부당하고, 이러한 일부 잘못은 민사책임으로 해결되어야 한다.

방서·안전관리계획서에 기재된대로 작업하도록 하였음에도 기재된 작업방식을 따르지 않고 굴착 장소에 되메우기를 하지 않은 상태에서 흙막이지보공을 철거하고 굴착장소에 근로자의 출입금지 조치를 취하지 않은 등 과실로 작업을 하다가 사망사고 발생하였다면 원청에 책임을 지우기 곤란하다.143) 중대재해처벌법으로 처벌하기 위해서는 법 제4조 안전 및 보건확보 의무위반이 있고 이로 인해 중대산업재해가 발생해야 하는데, 사안에서는 원청업체 경영책임자가 법 시행령 제4조 제5호 나목 소정의 조치의무 위반(평가기준 마련 및 평가)과 이 사고의 발생 사이에 상당인과관계가 있다고 보기 어렵고, 사고 발생에 대한 예견가능성도 없으므로 책임을 묻기 어렵다고 할 것이다.

〈중대재해처벌법 무죄 선고 사례 3, 대구지법 서부지원 2023고단510, 2025노103〉
*하도급업체가 운영하는 자동차부품 베어링 씰공장에서 씰불량 여부를 측정하는 수공구가 실수로 기계 내부에 놓였다가 기계 운전으로 튕겨 나와 뇌출혈로 사망한 사안에서, 수공구가 기계에 끼어 들어가 튕겨 나와 사람이 사망에 이를 수 있다는 점을 예견하기 어려우므로 안전보건에 관한 업무를 총괄·관리하는 전담조직을 두지 않은 것과 이 사고 사이에 상당인과관계가 있다고 보기 어려움(무죄)144)

---

143) 1. 하청 현장 소장 유죄 징역 8개월(집행유예 2년), 회사 벌금 500만원.
  흙막이지보공을 시공할 경우 흙막이지보공을 뽑기 전 되메움을 하여야 한다는 공사시방서에 기재된 시공순서와 달리 공사의 편의를 위하여 흙막이지보공을 제거한 후 되메움을 하게 하고, 굴착에 의한 지반의 붕괴 또는 토사 토석의 낙하에 의하여 근로자에게 위험을 미칠 우려가 있음에도 흙막이지보공을 제거한 상태에서 근로자의 굴착 장소 출입금지 등 그 위험을 방지하기 위한 필요한 조치를 이행하지 아니한 채 공사를 만연히 진행하게 한 과실로 위 굴착 장소에서 공구를 챙기러 내려 간 피해자로 하여금 지반이 붕괴되어 매몰되어 사망.
  2. 원청대표 00건설 (도급인 회사) 현장소장의 책임 요건 : 이 사고는 공사시방서와 안전관리계획서에 기재되어 있는 작업방식을 따르지 않고 굴착 장소에 되메우기를 하지 않은 상태에서 흙막이지보공을 철거하고, 그 굴착 장소에 근로자의 출입금지 조치를 취하지 않은 조00 등의 과실로 인해 발생한 것인바, 00건설사의 현장소장(안전보건총괄책임자)인 김00은 잘못된 방식의 작업을 지시하거나 이런 잘못된 방식으로 작업이 이루어지고 있다는 사실을 알면서도 방치한 사실이 없으며, 김00은 안전보건총괄책임자의 직무인 위험성평가를 실시하였고, 김00이 그 외 안전보건총괄책임자의 직무를 소홀히 하였다고 볼 만한 증거가 없음.
144) 이 사건 수공구가 기계내부에서 파손되지 않고 튕겨 나올 가능성?
  (1) 기계내 180도의 고온과 200톤의 압력 하에서도 파손되거나 녹지 않고 나올 것으로 예상되지 않음/작업반장도 이물질이 혼입되면 녹아 불량품이 나오므로 이를 환기시켰고, 이물질이 튀어나와 인명사고 발생할 것을 예상하지 못함. (2) 사고 전 근로감독관의 불시점검에서도 이 사건 기계에 대한 지적사항 없었음. (3) 사고 전 위험성평가에서도 협착위험, 미끄러짐 사고, 흡입위험 외에 수공구 튀어나올 위험성에 언급이 전혀 없었음. (4) 국내에서 이 사고 이전에 같은 종류의 압축성형기 작동과정에서 수공구가 끼어 들어갔다가 튕겨 나오는 사고가 발생한 적이 있다는 증거 없음.

<중대재해처벌법 무죄 선고 사례 4, 춘천지법 영월지원 2023고단442, 진행 중>
*피해자가 사망하는 불행한 사고가 발생했지만, 이 사고는 작업장 부근의 암반 균열의 확대와 수압의 증가 등 미처 대비할 수 없는 상황에서 일어남. 피고인들이 안전보건 확보의무를 불이행했다는 점이 충분히 증명되지 않아 중대재해법 위반 등 무죄.145) ※ 위험성평가를 실시하는 등 사업장의 유해·위험요소를 확인하고 개선 여부를 점검한 후, 필요한 조치를 이행함. 안전보건활동 이행 성과를 평가하며, 작업장의 시설 및 업무절차를 개선하고, 사고대응 절차를 마련하는 등 중대재해법에 따른 의무를 제대로 이행하는지 점검함(안전보건 확보의무 이행)146)

한편, 중대재해처벌법 등이 정한 경영책임자등이 부담하는 의무에 대한 해석에도 주목할 필요가 있다. 중대재해처벌법은 기업의 조직문화 또는 안전관리 시스템 미비로 인해 일어나는 중대재해를 사전에 방지하는 것을 목적으로 제정되었고, 현장에서 직접적인 안전조치를 하여야 할 의무를 부과하고 있는 산업안전보건법과는 달리 중대재해처벌법 등은 명문으로 직접적인 안전조치가 아니라 안전보건관리체계를 구축하고 재해 재발방지 대책, 매뉴얼 등을 수립하거나 그 체계나 대책, 매뉴얼이 제대로 이루어지고 있는지를 점검하는 의무를 정하고 있다. 그리고 중대재해처벌법이 위와 같은 의무를 부담하는 사람의 범위를 실제 자신의 사업을 영위하고 근로자를 사용하여 사업을 하는 사업주를 넘어, 직접 사업장에서 구체적인 작업을 감독하지 않고 전체 사업을 대표하고 총괄하는 권한과 책임이 있는 경영책임자, 공공기관의 장 등으로 넓히고 있는 점 등을 종합적으로

---

145) 변호인측 주장: 중대재해법 제4조 및 시행령 제4조가 정하는 경영책임자의 안전보건 확보의무는 경영책임자가 직접 사업현장에서 종사자를 보호하기 위해 필요한 안전보건 조치를 하는 것이 아니라 현장에서의 안전보건 조치가 원활하게 이뤄질 수 있도록 안전보건관리체계를 구축하고, 관계법령이 정하는 의무들이 잘 이행되고 있는지를 점검하는 것을 말한다. 그런데 피고인은 대한석탄공사의 사장으로 임명된 후 사업장 내 모든 작업, 업무, 활동에 잠재되어 있는 유해·위험요인의 실태를 파악하고 그 위험성을 평가하여 감소대책을 수립·실행하고, 협력업체에 안전보건정보를 제공하고 위험성평가 교육을 하였으며, 협력업체가 제출한 위험성평가 결과를 점검·확인하여 미흡한 사항에 대하여 개선을 요청하고, 본사 전 직원을 대상으로 위험성 평가에 따른 개선사항 이행 결과 교육을 실시하였다. 또한 채준작업에 대한 위험성 평가를 한 후 위험요인을 제거하기 위한 조치를 완료하였다. 한편, 피고인은 00부의 실무매뉴얼에 따라 재산 분야 위기관리 행동매뉴얼을 정비하고 재난유형별 시나리오를 작성하여 배포하였고, 직원들이 위 매뉴얼에 따라 조치하는지 여러 훈련을 통해 점검하였다. 게다가 피고인은 광산안전법 등을 안전보건 법규 등록부에 등재하고 관계법령에 따른 의무가 이행되는지를 주기적으로 점검·검토하도록 하였다. 이와 같이 피고인은 **중대재해처벌법이 정한 안전보건 확보 의무를 성실히 수행**하였다. 중대재해처벌법 제6조 제1항의 구성요건에 해당하기 위해서는 발생한 중대재해가 중대재해법이 정한 안전보건 확보 의무의 불이행으로 인한 것이어야 한다. 피고인은 중대재해법이 정한 안전보건 확보 의무를 이행하였으나, **피해자가 사망한 중대재해는 예측 불가능한 순간적인 사고로 인하여 발생한 것**이므로, 설령 의무 불이행 부분이 있다 하더라도 피고인의 안전보건 확보 의무 불이행과 피해자가 사망한 중대재해 사이에는 상당인과관계가 존재하지 않는다.

146) 한겨레 2025. 8. 12.자 기사 "'공기업 중대재해 1호' 석탄공사 전 사장 1심 무죄, 2022년 장성광업소 광부 사망 사건 관련 재판부 "안전조치 의무 불이행 증명 안 돼". 기사 참조.
<https://www.hani.co.kr/arti/area/gangwon/1212813.html>.

고려하여, 판례의 태도는 중대재해처벌법이 **경영책임자등에게 부과하는 의무는 사업 또는 사업장에서 안전관리를 위해 직접적인 조치를 할 의무가 아니라**, 그가 실질적으로 지배·운영·관리하는 사업 또는 사업장에서 중대재해가 일어나지 않도록 **인적·물적·제도적 시스템을 마련하고 그것이 잘 운영되는지를 정기적으로 점검하는 것**이라고 보고 있다.147)

마지막으로 중대재해처벌법이 시행되고 법원의 판결이 쌓이면서 나타나는 변화를 살펴보고자 한다. 시행 초기에는 사망사고가 발생하면 무조건 경영책임자가 구속되거나 중대재해처벌법 위반으로 처벌될 것이라는 우려가 있었으나 현재는 이러한 우려는 다소 누그러지고 있다. 심지어 고용노동부가 기소 의견으로 검찰에 송치하더라도, 검찰이 불기소 처분을 한 사례들도 나타나고, 적정하게 안전보건관리체계를 구축하거나 최소한 산업재해 예방을 위한 시스템 강화를 추진한 흔적이 보이면 유리한 양형사유로 판단하며 이 경우 경영책임자에게 벌금형을 선고하는 사례도 나타나고 있다.

당연하기도 하지만 무엇보다 법원에서는 **중대재해처벌법 해석에서 '실질'을 중요시하고 있다**. 형식적으로 조직을 구성하고 절차를 마련하였는지, 해당 절차를 실질적으로 운용하고 있는지를 구체적으로 따져 판단하고 있다. 이 과정에서 법원은 "재해예방에 필요한 인력 및 예산 등 안전보건관리체계의 구축 및 그 이행에 관한 조치"(중대재해처벌법 제4조 제1항)와 관련하여 **"사업장의 고유한 특성을 반영"하였는지 면밀히 검토**하고 있다. 일반적으로 산업 전반에 통용되는 안전보건매뉴얼을 비치하거나, 형식적인 관련 서류 작성만으로는 안전보건확보 의무를 충분히 이행한 것으로 보기 어려울 것이다. 예를 들어 해양 관련 업무를 수행하는 기업들은 해양 작업의 특수성 반영해 위험성을 분석하고, 그것에 맞게 내부 매뉴얼과 지침을 재정비할 필요성이 대두된다고 할 것이다. 결국, 기업의 특수성을 충분히 반영하여 적정하게 안전보건관리체계를 구축하는 것이 중요하다고 할 것이다.148)

(7) 정부 규제 방향과 단속 대비 방안

(가) 정부 규제 방향과 실태

해외 대부분 국가에서는 기업들에게 안전관리의무를 부여하고, 산재를 예방하고 사고 발생 시 처벌하는 법령을 두고 있다. 우리나라는 중대재해처벌법 제정 전에는 산안법,

---

147) 춘천지방법원 영월지원 2025. 8. 12. 선고 2023고단442 판결(2025. 8. 19. 검사 항소장 제출) 등 참조.
148) 현대해상 2024. 11. 7.자 오피니언 "중대재해처벌법 사건 동향과 안전 컴플라이언스 체계 구축 중요성, 김현근 법무법인(유) 율촌 중대재해센터 변호사 기고문 참조
<https://www.hdhy.co.kr/news/articleView.html?idxno=30749>.

형법 등으로 대응해 왔으나, 산재로 인한 사망사고가 매년 늘어가는 등 사회적 문제가 되어 중대재해처벌법을 제정하여 경영책임자등에게도 책임을 묻게 되었다.

영국(2003년 단체의 형사책임법), 캐나다(2003년 산업살인법), 호주의 일부 주(2007년 기업과실치사 및 기업살인법)149) 등에서는 우리보다 앞서 산업안전보건법 이외 별개로 중대산업재해를 처벌하는 법률을 제정하여 적극적으로 대비하고 있다.

우리는 다른 나라와 달리, 우리의 모델이 된 영국의 기업살인법에는 없는, 경영책임자에 대한 처벌규정을 두고 있다. 또 경영자 처벌규정에서 징역형을 하한형으로 둔 점도 특이하다. 다른 나라의 입법에서는 찾아보기 힘들 정도로 그 처벌 수위도 높다.

무엇보다 해외사례의 분석에서 얻을 수 있는 교훈은, 중대산업재해를 처벌하는 특별법은 산업안전에 대한 경각심을 높이는 등 상징적인 면에서 그 의미가 있고, 실제로 적용되어 경영진이 처벌된 사례는 극소수에 지나지 않는다는 점이다.150)

따라서 대부분 산업재해는 기존의 산업안전보건 법령으로도 규제되고 있다. 이러한 실태는 중대재해처벌법이 시행되고 있으나 그 적용과정에서 혼란을 보이는 우리의 현장에도 시사하는 바가 크다. 중대재해처벌법을 무리하게 적용하기보다 어느 법을 적용하는 것이 근로자와 기업에 더 바람직한지 세심한 검토가 필요한 시점이다.

2022년 1월 21일, 중대재해처벌법 시행을 앞두고 대검찰청은 고용노동부, 경찰청과 함께 대책협의회를 개최하고 단속·수사활동 강화 등 엄정 대응 의지를 밝혔다.

특히 고용노동부는 단속활동과 동시에 '중대재해 사이렌'(중대재해 예방 및 안전문화 확산을 위해 사고 발생 정보 및 가이드 신속 공유 오픈채팅방)를 운영하여, 전국 중대재해 발생 알림, 지역 맞춤형 안전보건 정보 등 자료를 제공하고 있다.151)

또한 법 시행 이후 서울중앙지검 등은 중대산업재해 발생 대비 유관기관 대책회의를 개최하고, 아파트 등 대형 건설산업이 다수 진행 중인 지역적 특성을 고려하여 **건설업종을 중점 관리 대상으로 선정하여 건설현장 관리·감독을 강화**하기로 하였다. 이후 지방고용노동청 등의 단속이 강화되는 등 국가적으로 관심이 높아지고 있다.152)

한편, 신정부의 공약인 지방공무원에게 노동 분야 특별사법경찰 권한 부여 방안이 추

---

149) 연합뉴스, 2022. 1. 31.자 기사, "[팩트체크] 중대재해처벌법 처벌수위, 해외에서 보기 어려울 만큼 높다?" 참조. <https://www.yna.co.kr/view/AKR20220128176900502, 2022. 3. 7. 방문>.
150) 중앙일보, 2021. 1. 11.자 기사, "영국·호주캐나다 중대재해법 살펴보니, 효과는 "글쎄…"" 참조. <https://www.joongang.co.kr/article/23967796, 2022. 3. 7. 방문>.
151) 고용노동부 홈페이지, 정책자료실, "24년 7월 중대재해사이렌(오픈채팅방) 자료 공개" 등 참조. <https://www.moel.go.kr/policy/policydata/view.do?bbs_seq=20240800196>.
152) 서울중앙지검, 2022. 2. 24.자 보도자료, "중대산업재해 발생 대비 유관기관 대책회의 개최" 등 참조. 2021년 서울지역 산업재해 사망자 총 51명(이 중 중대산업재해사망자 27명, 건설업 분야 사망자 39명(76.5%).

진되고 있다. 고용노동부는 2025년 8월 6일 노동정책실장 주재로 전국 17개 시도 노동 관련 담당자들과 간담회를 열고, 지방정부가 현장 밀착형 노동 행정을 할 수 있도록 이른 시일 내 특사경 권한 부여를 검토하겠다고 밝혔다. 김영훈 노동부 장관도 취임사에서 "지자체 공무원도 통일된 기준에 따라 특사경으로서 사업장 감독을 수행하게 하는 등 촘촘한 노동안전 감독체계를 구축할 것"이라고 말했다.153)

그리고 근로감독관을 늘리고 근로감독권의 지자체 이양까지 추진 중인 가운데 국회에선 단순한 양적 확대뿐 아니라 고용노동부 본부 내에 전국 단위로 사건을 총괄·분석할 독립적 수사조직을 갖출 필요성이 제기되고 있다. 현재 산재 사망 사건 등 노동사건의 경우 경찰과 함께 6개 지방노동청이 개별적으로 수사를 진행하고 있다. 식품위생법·약사법 등 일부 법 위반 사안에 대해 수사권을 가지고 있는 식품의약품안전처는 2022년 본부와 지방청에 분산 운영되던 특사경 인력을 본부로 통합하여, 사건별 평균 처리기간이 기존 6.8개월에서 4.7개월로 줄었다고 한다. 환경부도 2018년 본부에 전국 단위나 대규모 환경사건을 전담하는 환경조사담당관실을 설치하여 본부 차원에서 체계적이고 효율적으로 수사를 하고 있다. 본부에 전담 수사조직을 둔 환경부나 식약처와 비교할 때 고용노동부는 현장 사례와 데이터가 다시 정책으로 이어지지 못하고 사건이 지역 단위에 머물러 있으며, 근로감독관 증원과 함께 본부에 수사조직을 신설하여 지방노동청은 일상적 현장대응을, 본부는 전국 단위 대형·복합사건과 정책환류를 중심으로 수사 기능을 운용해 노동행정 역량을 강화할 필요가 있다.154)

그리고 최근 새 정부가 출범하고 최근 건설현장 사망사고155)156) 증가와 관련하여, 중대재해처벌법 위반 여부를 자세히 조사하고, 사업주·경영책임자에 대한 단속을 강화할 것으로 예상된다. 특히, 고용부는 사망사고가 발생한 사업장에 대해 현장감독을 한층 강화하고, 법 위반에 대해 엄중하게 단속·수사할 것으로 예상된다. 또한, 건설안전특별법 발의 등을 통해 안전의무를 소홀히 한 발주자·시공자·감리자에 대한 처벌 강화 방안도 추진되고 있다. 특히 대통령까지 전면으로 나서 건설현장 사망사고를 질타하고 있어 '살인기업 낙인' 우려 등으로 건설업계가 긴장하고 있다. 형사처벌 외 징벌적 손해배상 등

---

153) 연합뉴스 2025. 8. 6.자 기사 "노동 특사경 지자체 권한위임 본격 추진…노동부-지자체 간담회" 참조. <https://www.yna.co.kr/view/AKR20250806031100530>.
154) 세계일보, 2025. 8. 8. 기사 "노동 사건 6개 지방노동청서 따로 수사… 환경부·식약처처럼 본부 전담 조직 필요" [심층기획-갈 길 먼 근로감독관제] 참조.
    <https://www.segye.com/newsView/20250807514531>.
155) 8월 1일 건설업계에 따르면, 포스코이앤씨는 최근 함양~창녕 고속도로 건설현장에서 천공기 사고로 근로자가 사망하자 즉시 전국 모든 현장의 공사를 중단하고 전사적 안전점검에 돌입했다. 회사는 외부 전문가와 TF를 꾸려 안전관리체계를 전면 재점검할 방침이다. 서울파이낸스(https://www.seoulfn.com) 참조.
156) 건설공사 안전망 종합 정보망 참조. <https://www.csi.go.kr/acd/acdCaseList.do>.

경제제재까지 예고되어 건설사들의 고민이 깊어지고 있다.157)

(나) 대응 방안

중대재해처벌법이 시행되고 현장에서는 CCTV 설치가 늘어나고, 근로자에게는 보디캠을 보급하는 등 사고 발생 시 법적 책임을 회피하려는 태도만 늘어났다는 비판이 있다.158) 물론 이러한 비판도 수긍할만하지만, 이는 사고 원인 규명을 위해 꼭 필요한 것으로 부정적 측면만 있는 것은 아니다. 오히려 **사고 예방과 피해 최소화, 원인 규명 차원에서 CCTV나 기타 디지털 기록 장치의 설치를 확대**하는 것은 기존에 소홀히 한 부분에 대한 정상화로 보아야 할 것이다.

무엇보다 사업주는 안전보건 관리책임자를 지정하고, 체계적인 교육과 훈련을 시행하는 등 안전보건 관리체계를 강화하고, 위험 평가 및 위험 요소 관리 시스템을 도입하여 사전에 현장의 위험 요소를 파악하고 이를 개선하는 데 집중하여야 한다. 또한 근로자들에게 사고 예방교육을 정기적으로 실시하고, 안전 매뉴얼을 숙지시키는 것이 중요하다. 현장에서는 교육하고 지시를 하더라도 근로자들이 마지막 순간에 안전수칙을 따르지 않아 사고가 발생하는 일이 빈번하므로 **현장 투입 직전에 반드시 최종 점검**을 하고, 현장에서도 안전수칙을 지키고 있는지 수시로 점검해야 할 것이다. 부득이하게 사고가 발생하는 것은 피하기 어려우므로 **사고발생 시 책임을 덜기 위하여 사전에 교육 및 점검한 내용을 기록하고 문서화**하는 데도 관심을 가져야 한다. 그리고 즉각적인 사고 보고 체계, 사고 처리 절차 등을 확립하여 사고 발생 시 사후 대응 시스템을 제대로 구축하고 이를 주기적으로 점검하는 것도 필요하다. 마지막으로 리스크 관리 차원에서 사고 발생 시 법적 책임을 줄이기 위한 **산재보험이나 기업 보험에 가입, 법률 전문가의 자문, 전문 컨설팅 업체의 주기적 점검**을 받는다면 사고가 발생하더라도 형사처벌과 민사상 책임을 최소화할 수 있을 것이다.

---

157) 서울파이낸스 2025. 8. 1.자 기사 "[초점] 李대통령 '산재와의 전쟁'…'살인기업 낙인' 우려에 건설업계 긴장" 등 참조. <https://www.seoulfn.com/news/articleView.html?idxno=602625>.
158) 한국일보 2021. 12. 27.자 기사 "CCTV 업체만 신났다?… 중대재해 줄이는 노력보다 '면피용 꼼수만 고민" 등 기사 참조. <https://www.hankookilbo.com/News/Read/A2021122118160003107>.

(8) 기소·불기소 사례 분석

(가) 주요 기소 사례 및 법원 판결 분석

〈중대재해처벌법 판결 동향 요약〉
▲ 집행유예 처벌 경향
중대재해처벌법 시행 이후 2025. 2월까지 중대재해처벌법 위반 사건 중 선고가 이루어진 대표적인 사건 34건 기준 (*전체 기소사건 약75건), *집행유예 26건, 벌금 2건, 무죄판결 3건(이 가운데 50억미만 적용유예 무죄 2건) 등

▲ 예외적 실형 선고 (1건 대법원 확정, 기타 진행 중)
수년간 안전조치 의무위반으로 적발되고, 사망사고까지 발생한다면 당해 사업체의 안전조치 의무위반에 구조적 문제가 있다고 보아서 대표자 등의 실형으로 연결될 수 있음

▲ 양벌규정 적용 (법인 벌금형 낮은 수준)
1억원 이하 벌금 88.5% (31곳), 20억원 1곳, 2억원 및 1억5천만원 각 1곳
* 8천만원(10), 5천만원(10), 1억원(4), 1천만원(2), 2천만원(2), 3천만원(2) 등

2022년 1월 27일 중대재해처벌법이 시행되었음에도 여전히 산업현장에서는 안전불감증, 경영자의 안전 경시, 작업자에 대한 교육 부족 등 사유로 근로자의 사망사고가 끊이지 않고 있다. 화성 아리셀 화재 참사에서는 무려 23명이 한꺼번에 목숨을 잃기도 하였다.

이하에서는 최근 뉴스 등 기획 기사, 법원 판결문 등을 참고하여 검찰 기소와 재판 현황을 대략 분석해 보기로 한다.159) 자료에 따르면, 중대재해로 재판을 받은 경영책임자가 실형을 선고받은 비율은 약 14.3%(5건)로 아주 저조한 것으로 나타났다. 지난 3년간 전체 수사대상(866건) 전체를 대상으로 하면 0.5%의 경영책임자만 처벌받은 것으로 분석되었다. 더구나 법원의 심리 기간은 평균 10개월이 소요되어 재판도 다소 지연되고 있음을 알 수 있다. 〈매일노동뉴스〉 기사 등에 따르면, 2022년 1월27일부터 2025년 1월까지 선고된 판결문 35건을 분석한 결과, 사업주 또는 경영책임자에게 실형이 선고된 사건은 5건(14.3%)인데, 한국제강 대표가 2024년 12월 대법원에서 징역 1년이 확정됐고, 엠텍(징역 2년), 삼강에스앤씨(징역 2년), 바론건설(징역 2년), 신성산업(징역 1년 6개월) 등 4곳의 대표에게 징역형이 선고되었다.

---

159) 매일노동뉴스 2025. 01. 22. [중대재해처벌법 3년] 스러진 101명, 사업주 실형은 '단 5건', 중대재해 판결 35건 전수조사 … '장기간 심리·낮은 선고형량·검찰 상소 포기' 공통점 참조
〈https://www.labortoday.co.kr/news/articleView.html?idxno=225886〉.

⟨중대재해처벌법 판결 동향⟩
▲ 집행유예 처벌 경향
▲ 대표이사 등에 대한 예외적 실형 선고 사례 및 근거
1. **징역 2년** (울산지법 2022고단4497, 울산 2024노570 진행 중) : 자동차부품업체 엠O, 안전점검을 통해 끼임 재해발생 위험성을 여러 번 지적을 받고도 조치가 없다가 사고 발생, 다른 설비들도 전반적으로 방호장치 기능 상실 등 불리한 정황)
2. **징역 2년**, 법인 벌금 20억 (통영지원 2023고단95, 창원지법 2024노2513, **대법원 2025도10267 진행중**) : 선박수리업체 삼O, 안전대 고리 결착없이 안전난간 보수작업 준비중 추락사, 사망하고(1년내 2건), 산안법위반 다수 전과, 안전보건책임자 업무수행 평가기준 마련 미흡, 책임회피를 위한 조직개편 등 구조적 문제 해결 미흡)
3. 1심 징역 2년(평택지원 2024고단220), 징역 2년(집행유예 3년) **수원지법 2024노6908** : 바O건설, 콘크리트 타설 중 하부 파이프 동바리가 변형·파손되어 2명 추락사, 사고 발생 2달 사이 2회의 산재, 다수 산업안전 전과로 안전의식 부재 심각 고려)
4. **징역 1년** (창원지법 마산지원 2022고합95, **2023도12316**) : 철강제조업체(한O제강), 낙하한 방열판으로 사망, 산안법 위반 다수 전과(중대재해처벌법 유예기간 중에도 산재 발생), 안전보건확보의무 소홀한 점 고려)

무엇보다 특징적인 것은 징역형의 집행유예가 선고된 사건의 비율이 매우 높게 나온 점이다(26건, 74.2%). 그리고 벌금형(2건·6%) 포함 전체 유죄 비율은 94.3%(33건)로 비교적 높게 나타나고 있다. 무죄는 2건(5.7%, 지O건설, OO오일썰공업)이었다. 집행유예 가운데는 징역 1년에 집행유예 2년이 12명(34.3%)으로 가장 큰 비중을 차지하고 있으며, 그 밖에 징역 8월(집행유예 2년), 징역 1년(집행유예 3년) 등이 있다.

또한 양벌규정이 적용되어 법인에 대하여 벌금도 선고되고 있지만, 1억원 이하 벌금 88.5% (31곳)이고, 2억원을 초과하는 벌금형은 20억원 1곳에 불과한 실정이다. 현장에서는 법정형(사망자가 발생한 경우 50억원이하 벌금)과 비교하면 다소 낮은 벌금형이 선고되고 있음을 알 수 있다.

⟨중대재해처벌법 판결 동향⟩
▲ 무죄가 선고된 예외적 사례(대구지법 서부지원 2023고단510)
내부적으로 전담조직에 배치할 인원을 결정(법정 전담조직으로는 미흡)하고, 중대재해매뉴얼도 두고 있었던 점, 안전관리자가 순회 점검을 한 점, 근로감독관 불시 현장점검에서도 지적사항이 없었던 점, 이 사고가 예견하기 어려운 점 등 종합적 고려할 때 전담조직 미배치와 사고 사이 인과관계가 있다고 보기 어려움(*형법상 책임주의 원칙, *예상할 수 없는 방식으로 발생한 사고로 예견가능성이 없어 무죄).

법원에서 판결한 중대재해처벌법 위반 사례에서 자주 등장하는 적용법조를 보면, 중대재해처벌법 시행령 제4조의 의무 가운데 제3호(3. 사업 또는 사업장의 특성에 따른 유해·위험요인을 확인하여 개선하는 업무절차를 마련하고, 해당 업무절차에 따라 유해·위험요인의 확인 및 개선이 이루어지는지를 반기 1회 이상 점검한 후 필요한 조치를 할 것), 제5호(가. 안전보건관리책임자등에게 해당 업무 수행에 필요한 권한과 예산을 줄 것. 나. 안전보건관리책임자등이 해당 업무를 충실하게 수행하는지를 평가하는 기준을 마련하고, 그 기준에 따라 반기 1회 이상 평가·관리할 것) 위반이 압도적으로 많이 등장하고 있다.160) 한편 고용노동부에서 발표한 중대재해처벌법 조항별 의무위반 현황에 의하면, 주요한 위반사항으로 위험성평가 미실시, 안전보건관리책임자 등에 대한 평가 미흡, 비상대응매뉴얼 미비, 안전보건 예산 편성 미흡, 안전보건 교육 미실시 등이 나타나고 있다.

이하에서는 중대재해처벌법 위반 개별사례에 대해서 자세히 분석해 보고자 한다.

고용노동부는 2022년 6월 13일 중대재해처벌법 제1호 사건인 삼표산업에 대하여 레미콘 공장과 몰탈공장 2개소, 채석장 4개소 등 전국 7개 사업장을 대상으로 특별근로감독을 실시하고 7개 사업장 안전보건관리책임자를 산업안전보건법 등 위반으로 입건하여 검찰에 기소의견으로 송치하는 등 중대재해 사건을 꾸준히 처리하고 있다. 그러나 검찰에서 관련 수사가 더디게 진행되고 재판도 지연되는 동안 경남 창원시에서 삼표산업의 사고보다 뒤에 발생한 에어컨 부속자재 제조업체인 '두성산업' 집단 중독사고에 대하여 회사대표와 법인에 대하여 중대재해처벌법 위반으로 최초로 기소가 이루어져 2024년 10월 25일 징역 1년(집행유예 2년), 160시간의 사회봉사명령이 선고되었다.

삼표산업에 대해서는 검찰에서 충분한 보완수사를 하여 사업을 실질적으로 총괄한 그룹회장 및 법인을 중대재해처벌법 위반으로 2023년 3월 31일 기소하여 준비절차를 마치고 2024년 2월 재판이 속개되어 진행되고 있으나 재판 절차 지연 등으로 판결이 확정되기까지는 다소 시일이 소요될 예정이다.161)

한편, 중대재해처벌법 시행령 제4조 제3호에 따르면, '유해·위험 요인의 확인 및 개선'이 제대로 이루어지고 있는지 반기 1회 이상 점검한 후 필요한 조치를 하도록 규정하고 있다. 그러므로 법 시행 후 최소 6개월 이상(2022년 7월 28일 이후) 경과하여야 해당

---

160) KEF 경총, 중대재해처벌법 판결현황과 시사점(2025. 1.) 참조.
161) 두성산업의 경우 고용부 수사에 적극 소명하면서 협조한 반면, 삼표산업은 대형 로펌을 변호인으로 선임하여 신중한 태도로 대응하고 있어 수사에 다소 시일이 소요되고 있다. 2022. 6월말 현재 중대재해처벌법이 적용된 사건을 모두 85건(질병 2건 포함)이며 이 중 38건이 입건되었다. 노동부는 삼표산업을 포함한 12건에 대한 수사를 마무리하고 검찰에 송치하였다.

내용에 대한 의무를 제대로 수행하였는지 제대로 검토가 가능할 것이다. 물론 새 정부의 중대재해처벌법을 바라보는 정책 기조도 영향을 미치고 있지만 중대재해처벌법의 이러한 규정상의 문제로 인하여 실제로 검찰에서 기소되는 사례가 많지 않으리라고 예상된다.

〈중대재해처벌법 위반 주요 기소 및 처벌사례 개요 및 쟁점〉

대상	사건개요	주요쟁점	의의
삼표산업	양주사업소 채석장에서 토사 약 30만 ㎡(25톤 트럭 18,000대)가 무너져 작업중이던 근로자 3명이 토사에 매몰되어 사망	▲경영책임자(그룹회장)를 중대재해법 위반으로 기소할 수 있는지? 사고현장의 석분토 야적장 설치·채석 작업방식 최종결정?	안전보건 실질 최종적 권한행사 경영책임자 (회장) 기소
두성산업	부품 세척과정에서 노동자(16명)가 기준치 초과 유독물질 노출로 급성 간 중독(2.18.) * 1심 징역1년 집유 3년(대표)	유해물질로 집단 직업성 질병이 발생한 경우에도 중대재해법 적용대상(안전보건관리체계구축) 여부	유해물질 기소사례 (최초 기소)
삼강에스앤씨	조선소 선박수리공사장 하청노동자가 작업중 추락사(2.19.)	CSO(안전보건최고책임자)가 있음에도 원청대표가 책임을 지는지 (대표이사 실형, 원청 현장소장 처벌)	CSO가 아닌 대표 기소사례
한국제강	철강제조 공장 하청노동자가 방열덮개 줄이 끊어져 떨어진 방열판에 깔려 사망(3.16.)	사내하청 노동자 사망사고에 대한 원청 대표 책임 여부 *첫 대법원 판결 : 징역 1년 실형 확정 * 중대재해법·산안법·업무상과실치사죄는 1개의 행위로 상상적 경합	장기간 원청내 상주한 협력업체 원청대표 기소사례
LDS 산업개발	공장 신축공사장 하청노동자가 작업 중 추락사	건설현장 하청노동자 사망사고발생 시 원청대표 책임 여부 (하청업체 현장소장 징역 9월(집행유예 2년), 법인 벌금 1,000만원	원청 대표이사 최초 기소사례 (징역1년 6월, 집행유예 3년)
온유파트너스 (건설사)	요양병원 건설공사 일부 하청, 하청업체 근로자 안전난간 미설치 지점에서 추락사	하청 사망사고 발생 시 원청업체 경영자의 책임 여부	원청 경영자 처벌 최초판결 (징역1년 6월 집행유예) 2023.4.6.고양

제품세척제를 납품받아 작업한 창원 두성산업, 김해 OO산업 근로자 총 29명이 2022년 2월에서 3월 사이에 연달아 '직업성 질병'(독성 간염) 판정을 받았다. OO산업은 유해물질(트리클로로메탄)이 포함된 세척제를 사용함에도 최소한의 보건조치인 국소배기장치 설치 등 안전조치를 완비하지 않아 총 29명의 근로자들에게 '독성간염' 증상 발병을 초래하였다. 이와 같이 OO산업은 중대재해법상 안전보건관리체계를 제대로 마련하지 않아 중대산업재해가 발생하여 경영책임자인 대표이사가 중대재해처벌법위반죄(산업재해치상), 업무상과실치상 등으로 불구속 기소되어 1심(창원지방법원 2022고단1429 판결)에서 징역 2년의 실형이 선고되었다가 항소심(창원지방법원 2024. 10. 25. 선고 2023노3091 판결)에서 징역 2년(집행유예 3년), 사회봉사명령 160시간이 선고되었다.

그러나 유사한 사고가 발생한 또 다른 회사는 안전보건에 관한 종사자 의견청취 절차 등 '안전보건관리체계'를 갖춘 것으로 확인되어 중대재해처벌법위반죄에 대하여는 무혐의 처분하고, 산업안전보건법상 보건조치를 이행하지 아니한 점에 대하여는 산업안전보건법위반죄 등으로 불구속 기소되기도 하였다.

중대산업재해로 볼 수 있는 직업성 질병을 중대재해처벌법상의 24가지 유형으로 한정하기는 곤란하다. 고용노동부에서 두성산업과 대흥알앤티에서 발생한 단체 급성중독 사고의 원인인 트리클로로메탄이란 물질이 대통령령 〔별표 1〕에 기재되지 않았음에도 수사를 하고 검찰로 송치한 점은 이를 확인하고 있다.

그러나, 유독물질 중독사고가 발생한 유사한 사례에서는 고용노동부에서 기소의견으로 송치하였음에도 검찰에서 불기소처분을 내린 경우도 있다.

한편, 대구 달성군 소재 공장 신축공사 현장에서 LDS산업개발 하도급 업체 소속 근로자 추락하여 사망한 사건이 발생하였다.

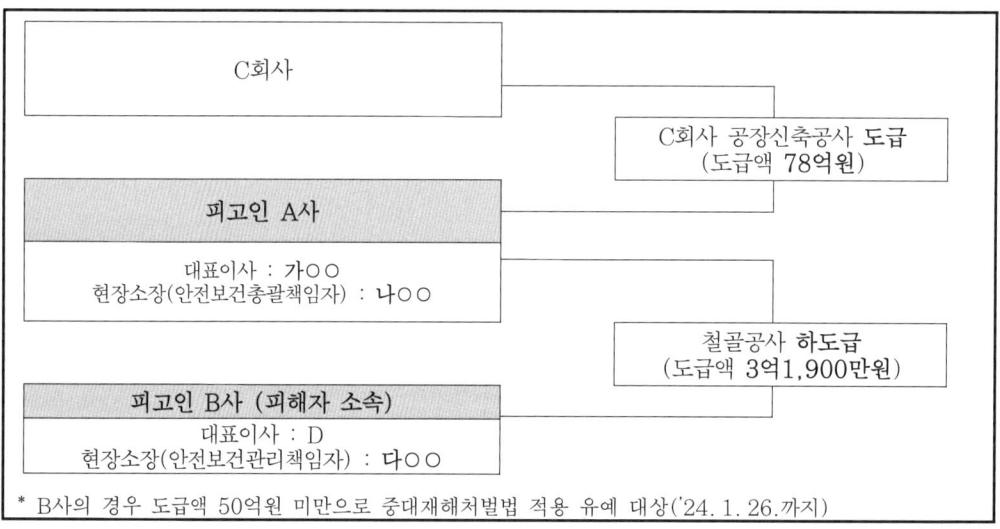

하도급 업체 근로자가 11m 높이 지붕층 철골보 볼트체결 작업을 위해 고소작업대를 상승시킨 다음, 안전대를 걸지도 않은 채 고소작업대를 벗어나 작업하던 중 추락하여 사망한 사례에서는 ①안전보건 경영지침 마련, ②유해·위험요인 확인 및 개선절차 마련, ③안전보건관리책임자 등의 업무수행 평가기준 마련, ④하도급업체의 안전보건확보조치 준수 여부 판단기준과 절차 마련 등 안전보건확보의무를 이행하지 아니한 것으로 드러났다. 원청은 중대재해처벌법(산업재해치사) 및 산안법위반과 업무상과실치사로 기소되었고, 하청은 산안법 위반과 업무상과실치사로 기소되었다.[162]

---

[162] 대검찰청, 2022. 10. 19.자 보도자료, "건설현장 하청 근로자 사망 관련 원청 대표이사를 중대재해처벌법 위반으로 기소" 참조.

경남 고성 조선소 선박수리 공사현장에서 하청노동자가 작업중 추락방호망, 안전대 부착설비가 미설치된 10m 높이 통로에서 추락·사망한 삼강에스앤씨 사례에서는 CSO(안전보건최고책임자)가 아닌 원청 대표이사가 중대재해처벌법 위반으로 기소되었다.163) 이는 명목상 안전보건 담당 임원(CSO)을 둔 경우에도 경영책임자인 대표이사가 안전보건확보에 관한 실질적·최종적 책임자로 밝혀져 중대재해처벌법 위반으로 기소한 최초 사례이다. 수사 과정에서 대표이사가 안전보건확보와 관련하여 지시하고 보고받는 등 실질적·최종적인 결정권을 행사한 사실이 확인되어 대표이사를 기소한 것이다. 이 업체는 중대재해처벌법이 시행되기 이전인 2021년에도 산업재해 사망사고가 2건이나 발생하였으나 당시에는 현장소장만 산안법 위반으로 기소되어 처벌받고 대표이사는 전혀 형사책임을 물을 수 없었다. 그러나 중대재해처벌법 시행 이후에는 기업 대표를 직접 기소하여 처벌을 할 수 있게 되었다는 점에서 그 의미가 있다.164)

경남 함안 소재 철강제조 공장에서 원청으로부터 설비 보수를 하도급받은 협력업체(2014.이후 원청 사업장에 상주)소속 근로자가 크레인에서 떨어진 방열판(무게 1.2톤)에 다리가 깔려 사망한 한국제강 사례는 일시적 하도급 거래가 아니라 장기간 원청 내에 상주해온 협력업체 근로자 사망 관련 원청 대표를 기소한 최초의 사례로, 2023년 4월 26일 최초로 1심에서 징역 1년 실형을 선고받고 법정구속되었다가, 동년 **12월 28일 대법원에서 확정되었다(대법원 2023도12316 판결**, 법인 벌금 1억원). 실형선고의 핵심적인 이유는 '잦은 안전조치 의무위반으로 산업재해를 반복한 사업주'였다. 빈번한 사고에도 재해예방을 위한 구조개선에 나서지 않는 사업주는 구속되거나 실형선고 가능성이 높다. 이번 법원의 판단으로 그동안 안전사각지대에 놓여 있던 상주 협력업체 근로자들에 대한 원청의 안전관리가 더 충실해질 것으로 기대된다.165)

한편, 2022년 2월 21일 오후 강원도 동해시 쌍용씨앤이(C&E) 공장 시멘트 소성로 냉각설비 개선공사에 투입되어 작업중이던 협력업체 노동자가 추락해 숨진 사고를 수사해온 고용노동부 강원지청은 중대재해처벌법 위반 혐의로 원청 쌍용씨앤이와 하청업체의 대표와 법인을 기소의견으로 검찰에 송치하였다. 쌍용씨앤이 대표는 안전보건관리체계를 구축하지 않는 등 경영책임자의 의무를 소홀히 하여 하청업체가 노동자 추락방지 조치 등 산안법의 안전조치 불이행으로 사고가 발생한 것이 인정된 것이다.

2022년 1월 29일 사고가 발생하여 중대재해 제1호 사건으로 언론의 주목을 받았던

---

163) 대검찰청, 2022. 11. 3.자 보도자료, "하청 근로자 사망 관련 중대재해처벌법 위반 대표이사 기소" 참조.
164) 원청은 중대재해처벌법위반(산업재해치사), 하청은 산업안전보건법위반, 업무상 과실치사로 기소됨.
165) 원청은 중대재해처벌법위반(산업재해치사) 및 산업안전보건법 위반, 하청은 산업안전보건법위반, 업무상 과실치사로 각 기소됨.

양주시 소재 삼표산업의 채석장 골재채취 작업 중 대규모 토사 붕괴로 근로자 3명이 매몰되어 사망[166]한 사건은 검찰의 치밀하고 충분한 수사를 통하여 등기임원은 아니지만 실질적인 경영자인 그룹회장에게도 엄중한 책임을 묻게 되었다.

 수사 결과, 삼표산업의 안전보건 업무를 포함하여 사업을 실질적으로 총괄·대표한 그룹 정O원회장 및 삼표산업(양벌규정)을 중대재해처벌법위반죄로, 대표이사 등 임직원 6명을 산업안전보건법위반죄 등으로 각 불구속 구공판하고, 현장 실무자 4명을 업무상과실치사죄로 각 약식기소하였다. 정O원회장은 채석산업에 30년간 종사한 전문가이고, 사고 현장의 위험성을 사전 인식하였으며, 안전보건업무에 대해서도 구체적으로 보고받고 실질적·최종적 결정권을 행사한 점과 그룹 핵심사업인 골재채취 관련 주요 사항을 결정해온 점 등을 종합 고려하여 중대재해처벌법상 경영책임자라고 판단하였다. 정회장은 그럼에도 불구하고 법률이 정한 안전보건확보의무(붕괴 관련 유해·위험요인의 확인·개선에 관한 업무절차 마련, 중대산업재해가 발생할 급박한 위험에 대비한 매뉴얼 마련)를 이행하지 아니하여 처벌 대상이 된 것이다.

 특히, 삼표산업은 채석부터 레미콘 생산·판매까지 계열화되어 있는 기업집단이고, 이 사업은 그룹의 근간이 되는 핵심사업으로, 그룹 회장이 안전보건 업무를 포함한 경영권을 직접 행사할 필요성이 매우 컸고, 실제로 각종 정기보고와 지시를 통하여 주요 사항을 결정하였다. 또한 중대재해처벌법 시행을 앞두고 CSO를 별도로 선임하였음에도 CSO에게 안전보건 업무에 관한 실질적·최종적 권한을 부여하지 않았다는 점이 문제로 지적되었다. 결국, 그룹 회장이 안전과 관련하여 사고 1년 전인 2021년 1월 28일 삼표산업 환경안전본부로부터 사업장 순회점검 결과를 보고받았고, 2021년 9월에는 삼표산업 전체 보행자통로 안전점검을 지시하는 등 삼표산업의 안전보건 분야에 대하여도 구체적으로 실질적·최종적 경영권을 행사하였고, 중대재해처벌법 시행 이후 안전보건확보의무를 미이행한 사실과 사망사고와의 인과관계가 확인되었기에, 대표이사나 CSO가 아닌 그룹회장을 중대재해처벌법위반죄로 기소한 것이다.

---

[166] 사고의 구체적 경위 과정은 다음과 같음. ① 2019. 5.경 피고인 B○○ 등은 양주사업소 가채량 부족을 해결하고자 석분토 316만㎥ 상당이 쌓여있는 야적장(부대시설)을 채취장으로 변경하고, 굴착기로 석분토 사면 상부에서부터 하부로 계단식으로 석분토를 걷어내며 골재를 채취하기로 계획하고, 2020. 5.경 채석변경 신고. ② 2021. 7.경 피고인 B○○ 등은 위와 같은 방식으로 골재를 채취할 경우 연간 매출액에 상당하는 비용 지출이 예상되자, 야적장 상부가 아닌 하부의 석분토부터 걷어내고 골재를 채취하는 방식으로 변경하고, 하부부터 채석 시작. ③ 하부를 채석할 경우 굴착면 기울기를 45°(높이와 바닥 길이 비율 1:1~1:1.5) 이하로 유지해야 하나, 2022. 1. 27.경 하부채석장 굴착면 기울기가 53°(같은 비율 1:0.73)에 이르러 붕괴 위험 증가. ④ 2022. 1. 19.경 석분토 야적장 최상단 사면에서 쌓아둔 석분토가 무너져 내려 덤프트럭이 전도되는 사고 발생 → 2022. 1. 25.경(사고 4일 전) 하부 채석장 상단에서 석분토 약 5,585㎥ 상당이 흘러내리는 붕괴 사고 발생.

한편, 삼표산업 대표이사는 회사 내에서 대내외적 대표성과 사업을 총괄하는 권한을 행사하지 않았고, 회장의 경영권 행사를 보좌하고 지시를 수행하는 역할에 그쳐 경영책임자로 인정되지 못했다. 다만, 사고장소의 위험성과 사고발생의 개연성을 직접 인식한 사실, 산업안전보건법상 안전보건 조치의무를 불이행한 사실, 업무상 주의의무 위반이 인정되어 산업안전보건법위반죄 및 업무상과실치사죄로 기소되었다.

2023년 4월 6일, 의정부지방법원 고양지원에서 산업현장의 중대사고에 대해 원청 최고경영자(CEO)까지 처벌하는 중대재해처벌법이 적용되어 원청업체 경영자가 최초로 징역형의 집행유예를 선고받았다. 요양병원 공사를 하면서 일부 공사를 하청하였는데, 하청업체 근로자가 안전난간이 설치되어 있지 않은 지점에서 추락·사망하였다.

산업안전보건기준에 관한 규칙(이하 '안전보건규칙'이라 함)에 따른 조치를 제대로 하지 않아 근로자가 사망한 사실이 인정되어, 하청업체의 현장소장 권OO(산안법 위반 및 업무상과실치사)에게 징역 8월(집행유예 2년), 법인(양벌규정, 산안법 위반 및 업무상과실치사)에게는 벌금 1,000만원이 선고되었다.

원청업체인 온유파트너스에게는 하청업체보다 더 엄격하게 책임을 물어 **경영책임자인 대표이사 정OO은 중대재해처벌법위반(산업재해치사)으로 징역 1년 6개월(집행유예 3년)이 선고**되고, 현장소장 김OO는 안전보건총괄책임자로서 관계 수급인 아이콘이앤씨 소속 근로자의 산업재해를 예방하기 위해 안전조치를 취하고 사고를 미리 방지하여야 할 업무상 주의의무를 위반(산안법위반)하여 징역 8월(집행유예 2년)이 선고되었다. 또한 안전관리자도 안전대를 지급하지 않고 안전대를 걸 수 있는 부착설비를 설치하지 않은 등 잘못167)(업무상 과실치사)에 대한 책임으로 벌금 500만원, 법인(양벌규정)에게는 벌금 3,000만원을 선고되었고, 검찰·피고인이 모두 항소하지 않아 확정되었다.168) 이 판결은 중대재해처벌법위반죄에서의 2단계 인과관계 구조를 원론적으로 심사하고 판단하여 처음으로 유죄를 선고한 데 그 의의가 있다.169)

---

167) 건물 5층 개구부에서 안전대를 미착용한 피해자가 상단 봉이 해체된 안전난간 위로 손을 뻗어 슬링 벨트로 한 군데만 묶어 윈치로 인양 중인 약 94kg의 고정앵글을 건물 내부로 당기던 중 위 고정앵글이 슬링 벨트에서 이탈해 바닥으로 떨어지자 그 반동으로 함께 16.5m 아래로 떨어져 사망함.
168) 중대재해처벌법 시행이후 2023년 10월까지 총 29건의 중대재해법 위반 사건이 재판에 넘겨졌는데, 선고가 이루어진 12건(1심 기준) 중 11건이 집행유예로 나타난다.
169) 중대재해처벌법상 의무위반과 중대재해 발생 사이에 산안법위반이 매개된 전형적인 경우 두 법의 밀접한 연계성을 근거로 결과에 연결시키는 '인접효 법칙(Nahwirkungsgesetze)'에 따라 2단계 인과관계를 (형식적이 아니라) 실질적으로 심사판단할 필요가 있다. 법률신문 2023.9.17.자 "중대재해처벌법위반(산업재해치사)죄에서의 인과관계 논증" 참조.
<https://www.lawtimes.co.kr/news/191337?serial=191337>.

(나) 주요 불기소 사례

> 〈중대재해처벌법 관련 검찰불기소 주요 사례 1〉
> *하도급업체가 근로자들이 독성물질에 노출되어 급성중독 진단을 받은 사안에서 고용노동부는 대표이사에 대해서 중대재해처벌법위반 혐의로 기소의견 송치함.
> *검찰은 안전보건에 관한 종사자 의견청취, 유해·위험요인 확인 및 개선절차를 마련하고 재해예방에 필요한 예산을 편성하는 등 법이 정한 안전보건관리체계를 구축한 사실이 인정된다고 판단하였음.
> ☞ 중대재해 사고가 발생하였음에도 사전에 안전보건관리체계를 구축하고 반기 1회 점검 등 법령에서 정한 안전보건확보의무를 충실히 이행함을 이유로 면책됨.
> *사업장에서 중대재해가 발생하더라도 안전보건확보의무를 충실히 이행하면 면책될 수 있음을 보여주는 대표적 사례

먼저 노동청에서 기소의견으로 송치하였음에도 검찰에서 불기소 처분한 사례이다. 2022년 2월 21일 경남 김해서 자동차 부품제조업체 대흥알앤티 사업장의 쇼트처리 공정에서 세척작업을 하던 작업자 중 13명이 유독물질인 트리클로로메탄에 중독되는 사고가 발생하였다. 그런데 검찰에서는 최근 대흥알앤티의 중대재해처벌법 위반에 대하여 무혐의 처분을 하였다. 다만, 산업안전보건법 위반의 점에 대해서는 기소하였다.

중대재해처벌법에 대하여 불기소를 한 이유는, 안전보건에 관한 종사자의 의견청취, 유해·위험 요인 확인·개선 절차를 마련170)하고, 재해예방 필요 예산을 편성하는 등 법상 '안전보건관리체계'를 구축한 사실이 확인되었기 때문이다. 그런데 유해·위험 요인 확인·개선 절차를 마련하고 이후에 제대로 확인하고 개선하였는지 대해서는 의견이 대립하고 있어 향후 불기소 처분이 정당하였는지 논란이 될 전망이다.171)

그 밖에도 다양한 이유로 중대재해처벌법위반으로 송치되었으나 검찰에서 불기소된 사례가 있다. 에어컨 수리 업무를 위하여 실외기 점검을 하던 중 추락하여 사망한 사안에서, 고용노동부는 전자제품 서비스회사의 대표이사 및 법인의 중대재해처벌법위반 및 산업안전보건법위반 혐의에 대하여 기소의견으로 송치하였으나, 검찰은 모든 혐의에 대하여 혐의없음 불기소 처분하였다. 불기소의 주요 사유는 인과관계가 없다는 것이다. 즉 회사의 안전조치의무 이행 현황을 상세히 검토한 후 회사 차원의 산업안전보건법령상 의무위반이 없으므로, 산업안전보건법위반을 매개로 한 중대재해처벌법상 안전확보의무위반과 사망 사이에는 인과관계가 부정(2차적 인과관계 필요)된다고 하였다.172) 이는 중

---
170) 대흥알앤씨의 경우 국소배기장치의 성능과 관련해 직원들의 의견을 청취하는 절차도 거치고 환기기능을 개선하는 등 국소배기장치를 사용한 점에서 두성산업과 차이가 있다.
171) 한겨레신문, 2022. 6. 28.자 기사, "같은 '중대재해법' 위반했는데, 검찰 기소 여부는 갈렸다. 왜?" 참조.

대재해사고가 발생하더라도 안전보건관리체계를 구축하고 안전보건확보의무를 철저히 이행한 경우 면책이 가능함을 보여주는 사례이다.

<중대재해처벌법 관련 검찰불기소 주요 사례 2>
*트럭 품질관리 검사를 하던 중 끼임으로 사망한 사안에서, 대표이사 3명 중 CSO로 선임된 대표이사를 중대재해처벌법상 경영책임자로 입건하였으나 재해자의 이례적 작업방식에 기인한 사고로, 중대재해처벌법상 의무이행 위반이 인정되지 않는다고 판단하여 불기소 결정을 함 (노동부 의견 동일)
*인과관계 여부 : 재해자의 이례적 작업방식에 기인한 사고로 안전보건관리체계 구축, 안전보건확보의무 위반과 이 사고 사이에 상당인과관계가 있다고 보기 어려움

또한 검찰 전 단계인 특사경 단계에서 내사종결된 사례도 있다.
노동청의 특사경은 검찰의 지휘를 받고 있으므로 자체 판단만으로 내사종결 처리하는 것은 아니고 검찰의 지휘 또는 승인을 받고 내사종결 여부를 결정하고 있다.

<중대재해처벌법 관련 고용노동부 내사종결 주요 사례 1>
*아파트 옹벽(4.5.m) 부근에서 청소를 하다가 추락해 사망한 사안에서, 고용청의 혐의없음 내사종결 수사지휘 건의를 검찰이 수용하였다. 사고의 주요 원인이 작업자 부주의였고, 이례적 사망사고까지 예상할 수 없는 점이 감안되었다. 조사 결과 작업자는 사고 당시 옹벽 부근 청소를 지시받은 사실이 없었고, 1m 높이 아파트 울타리를 넘어 옹벽 근처까지 갔으며, 업체가 경비원이 별도 지시가 없는데 추락위험이 있는 곳에 가서 작업하는 것까지 대비해 안전조치를 하는 것은 기대가능성이 없다고 보았다. *인과관계 등 판단 : 작업자의 이례적 작업 형태에 기인한 사고로 안전보건관리체계 구축, 안전보건확보의무 위반과 이 사고 사이에 예견가능성, 상당인과관계가 없다고 본 사례임

---

172) 의정부지법 고양지원 2023.4.6.선고 2022고단3254 판결에서 중대재해처벌법위반죄에서의 2단계 인과관계 구조를 원론적으로 심사하고 판단하여 처음으로 유죄를 선고하였음. 중대재해처벌법상 의무위반과 중대재해 발생 사이에 산업안전보건법위반이 매개된 전형적인 경우에는 두 법의 밀접한 연계성을 근거로 결과에 연결시키는 '인접효 법칙(Nahwirkungsgesetze)'에 따라 2단계 인과관계를 (형식적이 아니라) 실질적으로 심사·판단해야 하는 문제가 쟁점이 될 것으로 예상된다. **인접효 법칙**에 의해 경영책임자의 의무위반행위와 결과 사이의 산안법위반을 매개로 한 2단계 인과관계를 판단하고, 견고한 인과사슬들로 연결된 결과를 경영책임자에게 귀속시킬 수 있다.

> 〈중대재해처벌법 관련 고용노동부 내사종결 주요 사례 2〉
> *아파트 차량 운전자가 차에 상체만 걸친 채 시동을 걸자 차량이 전진하여, 차문이 주택가 벽에 닿았고, 차문과 차체 사이에 몸이 끼어 사망한 사안에서, 노동청의 혐의 없음 내사종결 수사지휘 건의를 검찰이 수용하였다. 사고 주요 원인이 작업자 부주의이고, 이례적 사망사고까지 예상할 수 없다는 것이 내사종결의 주요 사유이다. 사고 당시 운전자외 별도 작업자가 있었고, 사망한 운전자는 차량기어를 중립이 아닌 1단에 놓은 상태에서 무리하게 시동을 걸다가 사고가 발생하였다.
> *인과관계 등 인정 여부 : 작업자의 이례적 운전 형태에 기인한 사고로 안전보건관리체계 구축, 안전보건확보의무 위반과 이 사고 사이에 예견가능성, 상당인과관계가 없다고 본 사례이다.

(다) 중대재해처벌법 위반과 구속수사 사례

중대재해처벌법 위반으로 구속된 사례는 아리셀 대표 구속 건이 대표적이다. 2022년 중대재해처벌법 시행 이후 최초로 경영책임자가 구속된 사례로, 화성 일차전지 공장 화재로 23명의 사망자가 발생에 대하여 법원은 혐의사실이 중대하다고 판단하여 구속영장을 발부하였다. 검찰은 구속이 필요한 사유로, 중대재해처벌법 시행 후에도 근로자의 생명안전보다 이윤 극대화 경영을 계속한 점(비용 절감을 위해 비숙련 외국인 노동자를 불법 파견받음), 안전보건 예산을 최소한으로 편성집행하고 담당부서 인력을 감축했으며 안전보건관리자 퇴사 후 4개월간 공석으로 방치한 점, 경험과 지식이 부족한 직원을 형식적인 안전보건관리자로 임명하고 소방안전 업무를 수행하게 한 점, 사고 2일 전 제조공정에서 화재가 발생한 점, 대피로에 적재된 물건의 위험성을 반복적으로 지적받았음에도 개선하지 않은 점, 근로자 안전교육, 위험성평가 실시 등 최소한의 안전조치의무도 이행하지 않은 점 등을 들었다.173)

또한 비소 급성중독으로 근로자 1명이 사망하고, 3명이 상해를 입은 영풍 석포제련소의 대표이사도 중대재해처벌법 위반 혐의로 구속 상태로 재판에 넘겨졌다. 대구지검 안동지청은 2024년 9월 23일 박0민 영풍 석포제련소 대표이사에 대해서는 중대재해처벌법 위반으로, 배0윤 석포제련소장은 산업안전보건법 위반 등으로 구속기소했다. 그리고 영풍 석포제련소의 안전관리이사, 하청 대표이사 등 8명과 하청 법인에 대해서도 산업안전보건법 위반, 화학물질관리법 위반 등으로 불구속기소 했다.174) 그러나 같은 해 12월

---

173) 법률신문 2024. 10. 28.자 기사 "중대재해사건 동향: 구속 사건 분석 - 구속 사건을 통해 얻을 수 있는 시사점" 참조. <https://www.lawtimes.co.kr/LawFirm-NewsLetter/202413>.
174) 법률신문 2024. 9. 23.자 기사 "비소 급성 중독 사망 영풍 석포제련소 대표이사 구속기소" 참조. <https://www.lawtimes.co.kr/news/201518>. 지난해 12월 6일 경북 봉화군에 있는 석포제련소에서 탱크 수리 작

9일 보석이 인용되어 구속기소된 박0민 영풍석포제련소 대표이사와 석포제련소장은 보석으로 석방되었다.

검찰에서는 구속이 필요한 사유로, 비소, 카드뮴 등 급성중독의 위험도가 높은 작업을 안전보건관리능력이 부족한 협력업체에 도급한 점, 해당 사업장에서 2008년부터 하청업체 근로자들의 비소 중독 사고 등 동종의 산업재해가 지속적으로 발생하였으나, 이에 대한 근본적인 재발방지대책이 수립되지 않은 점, 00사 대표이사는 약 4년 간 제련소장으로 근무하여 제련소 상황을 잘 알고 있었고, 대표이사 취임 후 2022. 2.경 근로자의 비소 중독 사례를 보고받았으며, 2022년 하반기 외부기관 안전점검 시 동일한 문제점이 다수 지적되었음에도 별다른 조치를 취하지 않은 점, 00사 임직원 3명이 비소 측정 데이터의 삭제하는 등 조직적, 체계적인 증거인멸의 정황이 확인된 점 등을 들었다. 이처럼 위험한 작업을 안전보건관리 능력이 부족한 협력업체에 도급하고, 동종의 산업재해가 지속적으로 발생하며, 안전점검 시 동일한 문제점이 다수 지적되고, 증거인멸의 정황이 있는 경우에 경영책임자가 구속될 가능성이 높아진다. 따라서 위험한 작업을 수행할 경우, 안전관리능력이 우수한 협력업체에 도급하거나 원청이 직접 수행하는 것이 위험부담을 줄일 수 있고, 동종의 산업재해가 여러 번 발생하고 있다면 컨설팅 업체 등에 의뢰하여 근본적인 재발방지대책을 수립하여야 하며, 안전점검 후 지적사항이 있다면 이를 방치하지 말고 신속히 개선하고, 중대재해 발생 시 현장을 보전하고 관련 서류를 그대로 보관하는 등 증거인멸로 의심받을 행동은 삼가는 것이 좋을 것이다.[175]

이 외에도 한국제강 대표가 중대재해처벌법 위반 혐의로 징역 1년을 선고받고 법정 구

업을 하던 근로자 4명이 누출된 비소에 중독되는 사고가 발생했다. 근로자 1명은 3일 뒤에 사망했다. 3명은 비소 중독으로 직업성 질병을 안게 됐다. 박 대표이사는 비소 누출 우려가 있는 탱크 교체 작업 관련 위험성평가를 충실히 시행하지 않고, 지적된 위험요인에 대한 조치를 충분히 하지 않는 등 안전보건관리체계 구축의무를 이행하지 않아 근로자 1명을 사망케 하고 3명을 비소 중독으로 인한 직업성 질병에 이르게 한 혐의를 받는다. 박 대표이사는 과거 제련소장으로 근무해 관리대상 유해물질의 위험성을 알고 있었음에도 이같은 안전 조치를 소홀히 한 것으로 조사됐다. 배 소장과 영풍하청 임직원 등 9명은 관리대상 유해물질 밀폐 설비나 국소배기장치 설치, 작업책임자 지정 등 안전·보건조치의무를 미이행하고, 비소 측정기 관리를 비롯한 통제계획 준수 등 업무상 주의의무를 위반해 비소가 유출돼 근로자들을 사상에 이르게 한 혐의를 받는다. 영풍 그룹 임직원 3명이 아연정제 공장의 비소 측정 데이터를 삭제하는 등 증거 인멸을 한 정황도 검찰 압수수색 과정에서 드러났다. 검찰 관계자는 이번 사건에 대해 "비소, 카드뮴 등 급성중독의 위험도가 높은 작업을 안전보건관리능력이 부족한 협력업체에 도급해 지속적으로 산업재해가 발생해 왔지만, 경영책임자가 종합적인 재발방지대책을 수립·이행하지 않아 중대재해처벌법으로 구속기소한 첫 번째 사례"라고 설명했다. 이어 박 대표이사에 대해선 "2017년부터 2021년까지 석포제련소장으로 재직해 제련소 상황을 잘 알고 있었다"며 "대표이사로 취임한 이후에도 아연정제 공정에서 근로자가 비소에 급성중독된 사례를 보고받고, 2022년 하반기 외부기관 위탁점검 시 동일한 문제점이 다수 지적되었음에도 별다른 조치를 취하지 않아 경영책임자로서 책임을 물은 것"이라고 밝혔다. 이 사고 이후에도 석포제련소에서는 3월 냉각탑 청소 작업을 하던 하청 노동자 1명이 사망했다. 지난달에는 하청 노동자 1명이 열사병으로 숨졌다.

175) 법률신문 2024. 10. 28.자 기사 "중대재해사건 동향: 구속 사건 분석 - 구속 사건을 통해 얻을 수 있는 시사점" 참조. <https://www.lawtimes.co.kr/LawFirm-NewsLetter/202413>.

속된 사례도 있다.176) 또한 한국제강의 1심 판결 사례는 최고경영자·현장 안전보건총괄책임자가 별개인 일반적인 기업 사례와 다르기는 하지만, 빈번한 사고에도 불구하고 재해예방을 위한 조치나 개선에 나서지 않을 경우, 구속기소되거나 실형이 선고될 가능성이 크므로 산업재해를 반복하지 않도록 안전보건체계를 철저히 점검해야 한다. 특히 하도급업체가 작성한 작업계획서에 대해서도 그 관리책임은 원도급업체에게 지우고 있으므로 세부적인 사항에 대해서도 관리감독을 강화해야 한다.

한국제강은 2007년부터 여러 번 안전조치 의무 위반사실이 적발되고 산업재해 사망사고까지 발생하였다. 또한 2010년 검찰·고용노동부 합동점검에서도 안전조치 의무 위반사실이 적발되어 벌금형을 선고받기도 하였다. 그리고 2020년 부산지방고용노동청 창원지청이 실시한 사고예방감독에서도 안전조치 의무 위반사실이 발각되어 벌금형을 선고받았다. 그 이후 2021년 5월에 산업재해 사망사고가 발생하여 벌금 1,000만원이 선고되었고, 이후 고용노동부 "중대재해 발생 사업장 정기감독"에서 안전조치 의무위반이 발견되어 벌금형을 선고받았다. 그러므로 **수년간 안전조치 의무위반 사실이 적발되고, 사망사고까지 발생한다면 당해 사업체의 안전조치 의무위반과 관련하여 구조적인 문제가 있다고 볼 수 있고, 이는 대표자의 실형으로 연결된다.**

그 외에도 1심 판결에서 실형이 선고된 사례는 몇 건이 더 발견된다.

2022년 7월 14일 울산의 자동차부품업체에서 근로자가 다이캐스팅(주조) 기계의 내부 청소작업을 하다가 머리가 협착되어 사망한 사안에서, 안전점검 등에서 동종의 중대재해가 발생한 사실이 있고, 끼임 재해발생의 위험성을 수차례 지적받고도 개선되지 않고 사고가 발생한 점이 작용하여 징역 2년 실형이 선고되었다.

또한 2022년 3월 16일 경남 함안에서 철강업체 협력업체 근로자가 크레인 섬유벨트가 끊어지고 낙하한 방열판과 바닥 사이에 다리가 협착되어 사망한 사안에서, 이전에도 안전조치위반으로 3번의 벌금형을 받은 점이 있고, 중대재해처벌법 시행 이후에도 안전보건확보의무를 제대로 이행하지 않다가 사망사고가 난 점 등 고려하여 징역 1년 실형이 선고되었고 대법원에서 최종 확정되었다(대법원 2023도12316).

2022년 2월 19일 경남 고성군 동해면 조선소에서 협력업체 근로자가 안전대 고래를 결착하지 않고 안전난간 보수작업을 준비하던 중 아래로 추락하여 사망한 사안에서, 대표이사에게 7건의 산업안전보건법 위반 전과가 있고, 중대재해처벌법 시행 이후에도 형식적으로 책임회피를 위한 조직개편을 단행하고, 반성하지 않는 태도를 보인다는 점 등

---

176) 경향신문 2024. 8. 29.자 기사 참조. "23명 사망 아리셀 대표 구속…중대재해처벌법 적용 첫 사례".
<https://www.khan.co.kr/article/202408290720001>.

을 이유로 징역 2년 실형이 선고되었다. 항소심에서도 실형이 유지되었고 현재 대법원에서 재판이 진행 중이다(대법원 2025도10267).

한편 2023년 8월 9일 시공사의 협력업체 근로자가 콘크리트 타설 작업 중 하부 파이프서포트(pipe support) 동바리가 변형되면서 파손되어 2명이 추락하여 사망한 사안에서, 사고 발생전 동바리 조립 관련 안전조치 미이행 지적을 받은 점, 산안법 위반 4건의 전과가 있는 점, 경영책임자이자 안전보건총괄책임자였음에도 안전보건 점검을 소홀히 한 점을 근거로 시공사 대표에게 1심에서 실형이 선고되었다가 항소심(수원지방법원 2024노6908)에서 징역 2년에 집행유예 3년으로 변경되었다.177)

그리고, 경영책임자가 구속된 사례는 아니지만 유해물질로 인한 독성감염으로 처벌을 받은 사례도 있다. 특히 동일한 유해물질(트리클로로메탄)로 인한 독성감염임에도 불구하고 두성산업은 중대재해처벌법 위반으로 기소되었으나 대흥알앤티는 불기소되었다. 동일한 세척제를 사용하다 13명의 직원이 직업성 질병에 걸렸지만, 대흥알앤티 대표는 안전·보건에 관한 종사자의 의견을 청취하고 유해·위험요인 확인·개선 절차를 마련하는 등 안전보건관리체계를 제대로 구축한 점이 인정되어 불기소된 것이다.178)

당초 고용노동부에서는 모든 혐의에 대해서 기소의견으로 송치하였지만 검찰에서는 중대재해처벌법위반은 불기소하고 산업안전보건법 위반에 대해서만 기소하였다. 산업안전보건법 위반에 대해서는 산안법 제38조 안전조치(기계·기구, 그 밖의 설비에 의한 위험) 미흡이 인정되어 벌금 200만원이 선고되어 확정되었다(창원지방법원 2023고약7574 판결).

중대재해처벌법 시행령 제4조에서는 유해화학물질 취급사업장에서 유해·위험요인을 확인하여 개선하는 업무절차를 마련하고, 사업장의 안전보건에 관한 사항에 대해 종사자의 의견을 듣는 절차를 마련하고, 재해예방에 필요한 예산을 편성할 것 등을 요구하고 있다. 두성산업의 경우 이러한 절차를 전혀 마련하지 않았던 반면, 대흥알앤티는 기본적인 절차를 마련하고 예산을 편성한 사실이 확인되었다.

이 사례에서, 검찰은 안전보건관리체계를 갖추기 위한 노력을 하고 계획을 세웠다면 어느 정도 구축의무는 이행된 것으로 보아 법령상 요구되는 최소기준을 적용하고 있는 것으로 판단할 수 있다. 다만, 대흥알앤티 사건 이후에는 '유해·위험 요인의 확인 및 개

---

177) 법률신문 2025. 2. 3.자 기사, "중대재해처벌법 무죄 판결 및 실형 선고 사건에서의 시사점" 참조 〈https://www.lawtimes.co.kr/LawFirm-NewsLetter/205214〉.

178) 매일노동뉴스 2022. 7. 8.자 기사 참조, [대흥알앤티 불기소 이유서 보니] '독성 간염' 같은데 검찰은 '형식적 조치'만 하면 무혐의 도성산업 대표는 기소, 대흥알앤티 대표는 불기소 … 노동자 "실질적 개선 없었다". <https://www.labortoday.co.kr/news/articleView.html?idxno=209857>.

선' 여부를 반기 1회 이상 점검한 후 필요한 조치를 하는지도 확인하고 있으므로, 2022년 7월 28일 이후 발생한 사고에 대해서는 안전보건관리체계 구축의무 뿐만 아니라 확인·점검 및 조치 여부도 기소 판단에 중대한 영향을 미치고 있다.

다. 중대재해처벌법 관련 산업재해 현황[179]

〈재해조사 대상 사망사고 발생현황 세부내용〉

구분		총계	건설업	제조업	기타업
사망자 수 (명)	'23년	598	303	170	125
	'24년	589	276	175	138
	증감	△9	△27	+5	+13
	증감율	△1.5	△8.9	+2.9	+10.4
사망사고 건수 (건)	'23년	584	297	165	122
	'24년	553	272	146	135
	증감	△31	△25	△19	+13
	증감율	△5.3	△8.4	△11.5	+10.7

고용노동부 2025년 3월에 발표한 2024년 산업재해 현황 부가통계 "재해조사 대상 사망사고 발생 현황" 잠정결과 발표에 따르면, 2024년(누적) 재해조사 대상 사고 사망자는 589명(553건)으로 전년 598명(584건) 대비 9명(1.5%), 31건(5.3%)이 감소한 것으로 나타나고 있다. 업종별 사망자 수는 전년도 대비 건설업은 감소하고, 제조·기타업 증가하였다.[180] 규모별 통계는, 전년 대비 50인(억) 미만은 감소하고, 50인(억) 이상은 증가하였다.[181] 유형별로는 떨어짐, 부딪힘은 감소하고, 물체에 맞음, 끼임, 화재·폭발은 증가하였다.

2024년 사망사고 건수는 전년 대비 31건(5.3%) 감소했으나, 대형사고(화성 화재사고 23명 사망)의 영향 등으로 사고사망자 수는 9명(1.5%) 감소하는데 거쳤다. 경기 영향 등으로 건설업 사고사망자 수가 매우 감소(△27명, △8.9%)하였으며, 전체 사고 사망자 수 감소를 견인한 측면이 있다('24년 전년 대비 착공 동수 △7.49%, 취업자 수 △2.31%). 제조업은 업황이 개선된 업종(선박건조 및 수리업 20명, 전년 대비 12명

---

[179] 고용노동부 2025. 3. 11.(화)자 보도자료 참조.
<https://www.moel.go.kr/news/enews/report/enewsView.do?news_seq=17595>.

[180] ▲건설업 276명(272건)으로 27명(8.9%), 25건(8.4%) 감소 ▲제조업 175명(146건)으로 5명(2.9%) 증가, 19건 (11.5%) 감소 ▲기타 138명(135건)으로 13명(10.4%), 13건(10.7%) 증가.

[181] ▲50인(억) 미만은 339명(333건)으로 15명(4.2%), 12건(3.5%) 감소 ▲50인(억) 이상은 250명(220건)으로 6명 (2.5%) 증가, 19건(7.9%) 감소.

증가), 기타 업종은 상대적으로 안전보건 개선 역량이 부족한 취약업종(건물종합관리, 위생 및 유사서비스업 32명, 전년 대비 7명 증가) 중심으로 사고사망자가 증가하였다.[182)][183)]

한편, 최근 국회입법조사처의 '중대재해법 입법 영향 분석' 등에 따르면, 중대재해법을 시행한지 3년이 지났지만, 산재로 인한 사망자는 크게 줄지 않고 오히려 사건처리 지연, 무죄비율 증가 등 부작용만 늘어났다는 비판도 있다.[184)]

〈규모별(상시근로자 수 기준) 사고사망자 수〉[185)]

구분 (명)	전업종				건설업				제조업				기타업종			
	합계	5인 미만	5~50인 미만	50인 이상	소계	5인 미만	5~50인 미만	50인 이상	소계	5인 미만	5~50인 미만	50인 이상	소계	5인 미만	5~50인 미만	50인 이상
'24년	589	103	249	237	276	49	145	82	175	15	60	100	138	39	44	55

---

182) 한편, 고용노동부에서 발표한 "2023년 9월말 산업재해 현황(재해조사 대상 사망사고 발생 현황)"에 따르면, 사고사망자는 459명(449건)으로 전년 동기 510명(483건) 대비 51명(10.0%), 34건(7.0%) 감소한 것으로 나타나고 있다. 업종별로 건설업에서 240명(235건)으로 전년 동기 대비 13명(8건) 감소하였고, 규모별로는 50인 이상은 192명(188건)으로 10명 감소(8건 증가)하였고, 50인 미만은 267명(261건)으로 전년 동기 대비 41명(42건) 감소하였다. 유형별로는 떨어짐, 끼임, 깔림, 뒤집힘은 전년 동기 대비 감소하였으나, 부딪힘, 물체에 맞음은 전년 동기 대비 증가하였다. 특히 대형사고(2명 이상 사망) 발생건수가 전년 동기 대비 22명(5건)이 감소하였다. 업종별로는, 건설업 240명(235건), 제조업 123명(121건), 기타업종 96명(93건)으로, 전년동기 대비 건설업이 13명(△5.1%), 8건(△3.3%) 감소, 제조업은 20명(△14.0%), 15건(△11.0%) 감소, 기타 업종은 18명(△15.8%) 감소, 11건(△10.6%) 감소로 나타난다.
183) 고용노동부 재해조사 대상 사망사고 통계 공표 주기
  잠정 통계는 분기별로 익익월말 보도자료를 통해 공표하고, 확정 통계*는 다음연도 9월말에 확정하여, 12월 말 보고서(산업재해현황분석)를 통해 공표함
  * 잠정 통계에서 다음연도 9월까지 법 위반이 없는 것으로 확인된 사건 제외

	공표 내용	공표시기
잠정치	1/2/3분기 발생사고	익익월 말(해당연도 5월, 8월, 11월)
	4분기 발생사고(누적)	익익월 말(다음연도 2월)
확정치	연간 발생사고	다음연도 9월말 확정 → 12월말 공표

  ※ 전년 동기와의 비교를 위해서는 ① 전년도와 해당연도의 분기별 잠정치, ② 전년도와 해당연도의 연간 확정치 간에 비교를 통해 산출.
184) 한겨레 2025. 8. 28 자 기사, 국회 입법조사처 "중대재해법 3년, 사망자수 그대로… 처벌은 솜방망이" <https://www.hani.co.kr/arti/society/labor/1215671.html> 참조.
185) 2024.1.27.부터 「중대재해 처벌 등에 관한 법률」 적용 대상이 상시근로자 5인 이상인 사업 또는 사업장으로 확대 적용되어 '24년부터는 건설업의 경우 상시근로자수로도 구분하여 집계·공표.

라. 안전보건조치 의무 위반(사업주의 책임 확대) 관련

(1) 사실관계(대법원 2020도3996 판결)[186]

- S중공업 OO조선소에서 해상구조물의 일부인 '마팅링게 프로세스 모듈'제작 중이었는데, 해당 작업장에는 S중공업이 운영하는 이동식 대형 골리앗 크레인과 협력업체인 D기업이 운영하는 고정식 소형 지브 크레인이 동시 작업하다 충돌사고 발생
- S중공업 OO조선소 현장반장은 2017. 5. 1. 14:30경, 당초 17:00로 예정되어 있었던 엘리베이터 운반 작업을 하기 위해 골리앗 크레인의 이동을 지시하였고,
- 이에 S중공업 소속 주신호수는 고철통 교체작업을 수행 중이던 D기업 소속 지브 크레인 운전수에게 지브 크레인의 메인지브를 내려달라고 무전으로 요청함
- 이에 지브 크레인 운전수는 D기업 소속 주신호수와 남은 잔업무 종료 후 메인지브를 내리기로 했으나 이런 사정을 S중공업 측에 고지하지 않고 작업을 계속 진행함
- 결국 지브 크레인의 메인지브가 내려가지 않은 상태에서 골리앗 크레인이 지브 크레인 쪽으로 이동하다가 양 크레인이 충돌하며 구조물이 낙하하여 다른 협력업체 근로자 6명이 사망하고, 25명이 중상해를 당함

(2) 산업안전보건법 위반 사실 및 판결 경과

위 사안에서는 안전보건규칙 미준수로 인한 산업안전보건법 위반이 문제가 되었다. 즉 ① **작업계획서에 크레인 간 중첩작업으로 인한 간섭·충돌을 방지하기 위한 조치방법**이나 전도·낙하위험에 대한 **안전대책 미기재**, ② 관리감독자가 다른 업무수행을 위해 현장을 이탈하여 업무 미수행, ③ 크레인 간 충돌 예방을 위한 신호방법 미정립, ④ 크레인 간 충돌로 인해 낙하의 위험 장소에 출입금지구역 미설정, ⑤ 작업 재개 시 신호수 미배치 등 작업방법 미정립 등이 쟁점이 되었다.[187]

사안에서 안전보건총괄책임자(S중공업 조선소장), S중공업 법인(양벌규정), 안전보건관리책임자(하청기업 대표이사) 모두 1·2심에서는 산업안전보건법 위반에 대하여 무죄였으나 대법원 파기판결로 유죄 판결을 받게 되었다.[188] 다만, 업무상과실치사상에 대해서는 항소심 유죄 판결(집행유예)을 그대로 인용하였다.

---

186) 1심 : 창원지방법원 통영지원 2018. 7. 20. 선고 2016고단1718 등 판결 [무죄]
   2심 : 창원지방법원 2020. 2. 21. 선고 2019노941 판결 [항소 기각]
   3심 : 대법원 2021. 9. 30. 선고 2020도3996 판결 [파기 환송]
187) 사망자들은 S중공업이나 D기업 소속 근로자들이 아니었고, 해당 기업과 사이에 근로관계에 준하는 실질적인 고용관계가 있었다고도 볼 수 없어 산안법 제167조(벌칙) 제1항의 근로자 사망에 따른 가중처벌 규정이 아니라, **제168조(벌칙)의 단순 안전보건조치의무위반으로만 기소**된 사안임.
188) 다만 S중공업 조선소장은 재판 도중 사망으로 공소기각 판결이 선고됨.

(3) 안전보건조치의무 위반 여부 평가

산업안전보건법에서 정한 안전·보건조치 의무위반 여부는 산업안전보건법 및 같은 법 시행규칙에 근거한 안전보건규칙의 개별 조항에서 정한 의무의 내용과 해당 산업현장의 특성 등을 토대로 산안법의 입법목적, 관련 규정이 사업주에게 안전·보건조치를 부과한 구체적인 취지, 사업장의 규모와 해당 사업장에서 이루어지는 작업의 성격 및 이에 내재되어 있거나 합리적으로 예상되는 안전·보건상 위험의 내용, 산업재해의 발생 빈도, 안전·보건조치에 필요한 기술 수준 등을 구체적으로 살펴 규범목적에 부합하도록 객관적으로 판단하여야 한다. 나아가 해당 안전보건규칙과 관련한 일정한 조치가 있었다고 하더라도 해당 산업현장의 구체적 실태에 비추어 예상 가능한 산업재해를 예방할 수 있을 정도의 실질적인 안전조치에 이르지 못할 경우에는 안전보건규칙을 준수하였다고 볼 수 없다. 특히 해당 산업현장에서 동종의 산업재해가 이미 발생하였던 경우에는 사업주가 충분한 보완대책을 강구함으로써 산업재해 재발 방지를 위해 안전보건규칙에서 정하는 각종 예방조치를 성실히 이행하였는지 엄격하게 판단하여야 한다.

동 사안에서는, 산업현장 특성, 사업장 규모, 작업의 성격 및 내용 측면에서 이 사건 산업현장은 수많은 근로자가 동시에 투입되고, 다수의 대형 장비가 수시로 이동작업을 수행하며 육중한 철골 구조물이 블록을 형성하여 선체에 조립되는 공정이 필수적이어서 대형 크레인이 상시적으로 이용되고, 사업장 내 크레인 충돌사고를 포함하여 과거 여러 차례 다양한 산업재해가 발생한 전력이 있는 대규모 조선소이다.

관련 법규정의 취지를 살펴보면, 구산안법 제23조 제1항, 제2항(현행법 제38조)은 사업주로 하여금 **기계, 기구, 중량물 취급, 그 밖의 설비 혹은 불량한 작업방법으로 인한 위험의 예방에 필요한 조치를 할 의무**를 부과하고, 구산안법 제23조 제3항, 제29조 제3항, 시행규칙 제30조 제4항에서는 **크레인 등 양중기에 의한 충돌 등 위험이 있는 작업을 하는 장소에서는 그 위험을 방지하기 위하여 필요한 조치를 취할 의무가 있음을 특별히 명시**하고 있다.

재해 발생 빈도 측면에서, 이 사건 사고 2개월 전 ○○조선소 8안벽에서 골리앗 크레인이 크롤러 크레인 보조 붐과 충돌하는 사고가 발생하는 등 이 사건 산업현장에서는 이미 크레인 간 충돌사고가 수차례 발생하였다.

따라서, 이러한 사업장의 특성과 관련 법규에서 정한 의무의 내용과 취지를 살펴보면 사업주에게는 해당 규정에 따라 크레인간 충돌로 인한 산업안전사고 예방에 합리적으로 필요한 정도의 안전조치 의무가 부여되어 있다 볼 수 있다.

개별 행위별로 살펴보면, 중량물 작업 시 작업계획서 미작성의 점이 인정된다.

> 안전보건규칙 제38조(사전조사 및 작업계획서의 작성 등) ① 사업주는 다음 각 호의 작업을 하는 경우 근로자의 위험을 방지하기 위하여 별표 4에 따라 해당 작업, 작업장의 지형·지반 및 지층 상태 등에 대한 사전조사를 하고 그 결과를 기록·보존하여야 하며, 조사결과를 고려하여 별표 4의 구분에 따른 사항을 포함한 작업계획서를 작성하고 그 계획에 따라 작업을 하도록 하여야 한다.
> 11. 중량물의 취급작업 [별표 4] 사전조사 및 작업계획서 내용
>
> | 작업명 | 사전조사 내용 | 작업계획서 내용 |
> |---|---|---|
> | 11. 중량물의 취급작업 | | 가. 추락위험을 예방할 수 있는 안전대책
나. 낙하위험을 예방할 수 있는 안전대책
다. 전도위험을 예방할 수 있는 안전대책
라. 협착위험을 예방할 수 있는 안전대책
마. 붕괴위험을 예방할 수 있는 안전대책 |

즉 안전보건규칙 제38조는 크레인 등을 이용한 중량물 취급작업 중 발생할 수 있는 각종 사고의 위험을 예방할 수 있는 안전대책 규정이다. 위 규정 내용과 이 사건 산업현장의 특성을 종합하면, 크레인 중첩작업에 따른 크레인 간 충돌 사고를 방지할 수 있는 구체적 조치까지 작업계획서에 작성하고, 그 계획에 따라 작업 할 의무가 피고인들에게 부과된다고 할 수 있다. 사업주에게는 작업계획서에 크레인 간 충돌 위험을 방지하기 위한 구체적인 안전조치를 포함시키지 아니한 점이 인정된다.

다음으로 관리감독자·작업지휘자 미지정의 점은 아래와 같이 인정되지 않았다.

> 안전보건규칙 제35조(관리감독자의 유해·위험 방지 업무 등) ① 사업주는 법 제16조 제1항에 따른 관리감독자로 하여금 별표 2에서 정하는 바에 따라 유해·위험을 방지하기 위한 업무를 수행하도록 하여야 한다.
> [별표 2] 관리감독자의 유해·위험 방지
>
> | 작업의 종류 | 직무수행 내용 |
> |---|---|
> | 3. 크레인을 사용하는 작업(제2편제1장제9절제2관·제3관) | 가. 작업방법과 근로자 배치를 결정하고 그 작업을 지휘하는 일
나. 재료의 결함 유무 또는 기구·공구의 기능을 점검하고 불량품 제거
다. 작업 중 안전대 또는 안전모의 착용 상황을 감시하는 일 |
>
> 안전보건규칙 제39조(작업지휘자의 지정) ① 사업주는 제38조 제1항 제2호·제6호·제8호 및 제11호의 작업계획서를 작성한 경우 작업지휘자를 지정하여 작업계획서에 따라 작업을 지휘하도록 하여야 한다. 다만, 제38조 제1항 제2호의 작업에 대하여 작업장소에 다른 근로자가 접근할 수 없거나 한 대의 차량계 하역운반기계등을 운전하는 작업으로서 주위에 근로자가 없어 충돌 위험이 없는 경우에는 작업지휘자를 지정하지 아니할 수 있다.

관리감독자 및 작업지휘자를 지정하여 작업을 지휘하는 등의 업무를 수행하게 하였다. 그러나 실제 업무를 수행하였으나 현실적인 업무부담으로 사고 시점에 현장에서 작업지

휘가 이루어지지 아니한 것이다. 사업주는 이들로 하여금 사고 당시 현장을 이탈하여 작업지휘를 등 업무를 수행하지 못하게 하였다고 단정하기 어렵다.

크레인 등 양중기 작업 시 신호방법 미정립의 점도 인정된다.

> 안전보건규칙 제40조(관리감독자의 유해·위험 방지 업무 등) ① 사업주는 다음 각 호의 작업을 하는 경우 일정한 신호방법을 정하여 신호하도록 하여야 하며, 운전자는 그 신호에 따라야 한다. 1. 양중기를 사용하는 작업

안전보건규칙 제40조 제1항 제1호는 크레인 등 양중기를 사용하여 작업하는 경우에 발생할 수 있는 위험을 예방하기 위한 규정이다. 해당 규정이 예정한 안전사고 중에는 다수 크레인의 중첩작업에 따른 크레인 충돌사고도 포함된 것으로 볼 수 있다. 이 사건 산업현장의 특성과 이 사건과 유사한 안전사고 경력에 비추어 보면, 위 규정이 정한 일정한 신호방법에는 크레인 중첩작업에 따른 충돌사고 방지를 위한 것도 포함된다고 볼 수 있고, 단독작업에 따른 일정한 신호방법을 정하는 것만으로는 합리적으로 필요한 안전조치의무를 이행한 것으로 볼 수 없다. 사업주는 '크레인신호규정에 따른 일반적 신호방법' 및 '골리앗 크레인 신호수와 지브 크레인 운전수 간에 무선연락이 가능했다는 점' 외에 별도의 신호조정 방법을 정하지 아니하였다.

그리고 출입금지구역 미설정의 점도 인정된다.

> 안전보건규칙 제14조(낙하물에 의한 위험의 방지) ② 사업주는 작업으로 인하여 물체가 떨어지거나 날아올 위험이 있는 경우 낙하물 방지망, 수직보호망 또는 방호선반의 설치, 출입금지구역의 설정, 보호구의 착용 등 위험을 방지하기 위하여 필요한 조치를 하여야 한다. 이 경우 낙하물 방지망 및 수직보호망은 「산업표준화법」에 따른 한국산업표준에서 정하는 성능기준에 적합한 것을 사용하여야 한다.

'위험을 방지하기 위한 필요한 조치'는 개별 사업장 규모, 구체적인 작업 내용, 작업에 사용되는 물체의 제원 등을 고려, 각 작업장 별로 구체적·개별적으로 정해지는 것이다. 규정상 출입금지구역의 설치 반경이나 범위를 구체적인 수치로 제시하거나 개별적으로 열거하지 않았다는 사정만으로 사업주에게 해당 의무가 부과되지 아니하였다고 단정할 수 없다. 안전보건규칙 제14조, 제38조, 제40조를 모두 고려하면, 최소한의 조치로라도 충돌 및 낙하의 위험이 있는 구역에 대해서는 일정한 시간 동안이라도 출입금지 등 위험을 방지할 구체적인 의무가 있었다고 할 것이나 사업주는 어떠한 조치도 하지 않았다.

마지막으로 작업 시작 시 신호수 미배치 및 작업방법 미정립의 점은 인정되지 않는다. 골리앗 크레인이 작업 도중 2회 재시작 하였으나, 이는 일련의 연속적인 작업 과정의

일환이다. 이를 '재시작'으로 보아 안전보건규칙 제89조에 따라 별도의 신호수 배치나 작업방법을 정해야 한다고 볼 근거 없다.

> 안전보건규칙 제89조(운전 시작 전 조치) ① 사업주는 기계의 운전을 시작할 때에 근로자가 위험해질 우려가 있으면 근로자 배치 및 교육, 작업방법, 방호장치 등 필요한 사항을 미리 확인한 후 위험 방지를 위하여 필요한 조치를 하여야 한다.
> ② 사업주는 제1항에 따라 기계의 운전을 시작하는 경우 일정한 신호방법과 해당 근로자에게 신호할 사람을 정하고, 신호방법에 따라 그 근로자에게 신호하도록 하여야 한다.

(4) 평가

산안법은 제38조에서는 크게 세 가지 유형의 위험(위험원인·작업방법·작업장소)에 따른 안전조치의무를, 제39조는 여섯 가지 건강장해 유발 요인(원재료, 방사선 등)에 따른 보건조치의무를 각각 추상적으로 규정하고, 사업주가 준수해야 할 안전보건조치의무의 구체적 내용은 하위의 안전보건규칙에 위임하는 방식을 취하고 있다.

> 법 제38조(안전조치) ④ 사업주가 제1항부터 제3항까지의 규정에 따라 하여야 하는 조치(이하 "안전조치"라 한다)에 관한 구체적인 사항은 고용노동부령으로 정한다.
> 법 제39조(보건조치) ② 제1항에 따라 사업주가 하여야 하는 보건조치에 관한 구체적인 사항은 고용노동부령으로 정한다.

위임에 따라 안전보건규칙은 각 작업별, 위험물질별로 사업주가 준수해야 할 안전보건조치의무의 내용을 상세하게 규정하고 있고, 산안법상 주요 벌칙규정은 대부분 안전보건규칙에 규정된 조치의무의 불이행에 대한 처벌규정임을 알 수 있다.[189)]

그러므로 산안법 제167조 제1항, 제38조 제3항 위반죄는, 사업주가 자신이 운영하는 사업장에서 안전보건규칙이 정하고 있는 안전조치를 취하지 않은 채 작업을 지시하거나, 그와 같은 안전조치가 취해지지 않은 상태에서 위 작업이 이루어지고 있다는 사실을 알면서도 이를 방치하는 경우에 한하여 성립하는 것이고, 안전보건규칙에서 정한 안전조치 외의 다른 가능한 안전조치가 취해지지 않은 상태에서 위험성이 있는 작업이 이루어졌다는 사실만으로는 위 죄 성립하지 않는다. 따라서 근로자 사망 사고가 발생했더라도 사업

---

189) 안전보건규칙은 총 673개 조항으로 구성된 규칙으로, 총칙(1조~85조), 안전기준(86조~419조), 보건기준(420조~671조), 특수형태근로종사자에 대한 안전조치 및 보건조치(672조~673조) 네 편으로 구성되어 있고, 법 제38조에서 요구하는 안전조치는 제2편 '안전기준' 부분에서, 법 제39조에서 요구하는 보건조치는 제3편 '보건기준'에서 규정하고 있다. 그러나 '총칙'편의 조치사항도 사업주가 취해야 할 일반적인 의무를 규정하고 있는 것이므로 총칙편의 조치사항 이행 여부도 잘 살펴 보아야 한다. 특히 총칙 규정의 적용과 관련하여 무죄가 선고된 사안으로 대법원 2015. 9. 15. 선고 2015도9394 판결, 수원지방법원 2017. 5. 26. 선고 2016노7797 판결(확정) 참고.

주가 안전보건규칙이 정하고 있는 안전보건조치의무를 이행하였거나, 안전보건규칙에 사업주가 준수해야 할 의무에 부합하는 규정이 없는 경우 죄형법정주의에 따라 사업주는 산안법상 형사책임을 부담하지 않게 되고, 사업주나 행위자의 업무상과실치사상 책임 유무 판단만이 남게 된다.190)

즉 안전보건규칙에는 위반 유형이 한정적으로 열거되어 있다. 따라서 이에 해당하지 않아 안전보건조치의무 불이행 사실이 인정되지 않더라도 해당 업무가 요구하는 일반적인 주의의무를 게을리한 사정이 있다면 업무상과실이 인정되면 형법상 업무상과실치사상죄가 성립할 수 있다. 그러므로 업무상과실치사상죄는 산업안전보건법위반죄가 성립되지 않는 업무 관련 사망 또는 상해 사고에 대하여 적용할 수 있는 보완적인 지위에 있음을 알 수 있다.

〈사업주의 책임을 확대하려는 판례의 경향〉

대법원 판결의 취지는 안전보건규칙의 위반 여부와 관련하여 위와 같은 현실을 감안하여, 성실한 사업주라면 안전보건규칙의 문리적 해석만으로 안전보건조치의무가 없다고 판단할 것이 아니라, 자신이 운영하는 사업의 특성을 구체적으로 고려하여 해당 안전보건규칙의 내용을 실질적으로 실현하는 안전보건대책을 세우고 실행하라는 것으로 이해해야 한다. 이러한 **사업주의 책임을 확대하려는 판례의 경향**은 2022년 1월 27일부터 시행되고 있는 중대재해처벌법의 구성요건인 안전보건확보의무(기업 경영책임자의 안전경영책임) 위반 여부에 대해서도 주요 해석기준이 될 것으로 전망됨.191)

산안법상 구성요건해당(안전보건조치의무 위반) 여부의 해석방식과 관련하여, 종전에는 산안법을 적용할 때 안전보건규칙의 형식적 문리해석에 집착하여 조금이라도 빈틈이 발생할 경우 사업주의 책임을 제한하는 경향이 존재하였고 실제 이에 입각한 판례도 다수 존재하였다.192) 그러나 산안법위반죄는 형사범죄로 그 성질상 죄형법정주의, 특히 명확성의 원칙이 적용되어야 함은 분명하나, **급박하게 변화하는 사업장의 작업방식과**

---

190) 안전보건규칙에는 위반 유형이 한정적으로 열거되어 있다. 따라서 이에 해당하지 않아 안전보건조치의무 불이행 사실이 인정되지 않더라도 해당 업무가 요구하는 일반적인 주의의무를 게을리한 사정이 있다면 업무상과실이 인정되면 형법상 업무상과실치사상죄가 성립할 수 있다. 업무상과실치사상죄는 산안법위반죄가 성립되지 않는 업무 관련 사망 또는 상해 사고에 대하여 적용할 수 있다.
191) 따라서 해당 수사기관에서는 관련 규정의 형식논리적 해석에서 나아가 해당 규범이 요구하는 실질적인 안전보건대책을 파악하여, 해당 사업주가 단순히 형식적으로 조치한 것에 불과한지, 과연 재해방지를 위한 실질적인 조치를 실행한 것인지, 특히 재해발생 빈도가 높은 사업장일 경우 종전 사건 기록과의 비교를 통해 안전보건조치를 형식적으로만 이행한 것은 아닌지 주의 깊게 파악해야 함.
192) 대법원 2014. 8. 28. 선고 2013도3242 판결, 대법원 2019. 1. 31. 선고 2018도15287 판결, 대법원 2019. 4. 23. 선고 2019도2277 판결, 대법원 2019. 10. 17. 선고 2019도2691 판결 등 참조.

그에 대응하는 안전 기술을 기술법이자 행정규제법인 산업안전보건법령에 신속히 성문화하는 것에는 일정한 한계가 있는 것도 현실이다.[193]

이러한 현실을 반영하여 고용노동부에서도 사업주가 준수해야 할 안전보건조치의무에 부합하는 규정이 없어 무죄가 선고되는 경우 등을 자세히 검토하고 있다. 이에 따라 판례 취지에 맞춰 안전보건규칙을 수시로 개정·보완하며 필요한 규정을 마련하는 데 힘쓰고 있다. 대법원 판결의 취지도 안전보건규칙의 위반 여부와 관련하여 위와 같은 현실을 감안하여, 성실한 사업주라면 안전보건규칙의 문리적 해석만을 통해 안전보건조치의무가 없다고 할 것이 아니라, **자신이 운영하는 사업의 특성을 구체적으로 고려하여 해당 안전보건규칙의 내용을 실질적으로 실현하는 안전보건대책을 세우고 실행하라는 것으로 이해**하고 대비해야 할 것이다.

마. 중대재해처벌법 관련 최신 동향

(1) 검찰 동향

대검찰청에서는 2022년 1월 18일 중대재해 수사지원 추진단이 출범하였는데, 추진단은 대검 차장검사를 단장으로 2개 팀(중대산업재해/시민재해팀)으로 구성되어 일선 검찰청의 중대재해사범 관련 수사를 지원하고 유관기관과의 협의 등 업무를 수행하고 있다. 이어서 1월 21일에는 대검찰청·고용노동부·경찰청「수사기관 대책협의회 개최」를 개최하였고, 1월 24일에는 언론에서 일부 소개된 "중대재해처벌법 벌칙 해설서"를 전국 검찰청에 배포하였다.

그리고 중대재해처벌법의 해석, 중대재해 사건의 효율적인 초동수사 방안 등을 논의하기 위하여 대검찰청 중대재해 자문위원회를 2월 21일에 발족하였다.

대검찰청에서는 내부적으로 일선 검찰청에서 지시사항도 전달하였다.

2022년 1월 5일에는 "근로자 추락 산업재해 사건 엄정대응 지시"를 통하여, 추락위험을 방지하기 위해 필요한 조치를 하지 아니하여 발생한 산재 사건에 대해 엄정하게 대응하고, 유관기관과 산재 예방을 위한 방안을 논의하는 등 유기적 협력체계 구축을 주도하도록 하였다.

그리고 1월 26일에는 "중대재해처벌법위반 사범 양형기준" 제정하고 시행하면서 양형기준의 외부 공표를 금지하고 철저 보안을 요청하였다.

1월 27일에는 중대재해처벌법 시행과 관하여, 각급 검찰청에서 노동청, 경찰서, 산안

---

[193] 전형배, '안전보건조치의무의 해석방식-대법원 2021. 9. 30. 선고 2020도3996 판결-', 월간노동리뷰 2021년 12월, 한국노동연구원, 123면 참조.

공단 등 유관기관과 중대재해 발생에 대비한 협력체계를 구축할 것을 지시하였다.

(2) 고용노동부 동향

고용노동부 자료에 의하면, 2022년 중대재해처벌법 시행 이후 동년 4월 22일까지 산재사고 사망자수는 152명으로 2021년보다 감소하였다. 업종별로는 건설업이 43.4%(66명)로 가장 많고 제조업이 32.9%를 차지한다. 유형별로는 떨어짐이 38.8% 끼임 15.8%로 나타나고 있다. 법 제정 후 중대재해처벌법의 "중대산업재해 관련 해설서"를 2021년 11월 17일 일선 노동청에 배포하고, 고용노동부 홈페이지 등에 공개하였다.

2022년 2월 7일에는 「2022년 산업안전감독 종합계획」을 발표하였는데, 이에 따르면 50인 이상 사업장 중 최근 재해 현황 등 고려하여 고위험 사업장을 선정하여 집중적으로 관리하고 사망사고 핵심 위험요인을 집중적으로 감독하며, 본사·원청 중심으로 예방 감독도 강화하게 된다. 고위험 사업장의 경우 노동청 감독 시 현장의 안전위험을 야기하는 핵심요소를 확인하고 본사에 통보하도록 되어 있으므로, 해당 사업장에서 사고 발생 시 본사 경영책임자의 고의 및 예견가능성 입증 자료로 활용 가능할 것이다. 그리고 중대재해 사고 발생 시 노동청으로부터 산업안전감독 계획에 따른 예방활동 내역을 제출받아 중대재해처벌법 및 산업안전보건법 일반에 대한 고의 및 예견가능성 입증자료로 활용 가능하다.

3월 16일에는 「중대재해처벌법 따라하기」 안내서를 발간·배포하였는데, 여기에서 중소기업 경영책임자와 관리자가 알아야 할 중대재해처벌법상 안전보건관리체계 구축의 내용에 대하여 설명하고 가이드라인을 제시하였다. 이는 중소기업에 대한 중대재해처벌법 위반 수사 시 활용될 수 있다. 안전보건관리체계 가이드북 등과 마찬가지로 노동부의 가이드라인 준수 여부는 안전보건확보의무를 법의 취지대로 '충실히' 수행하였는지를 확인하는 데 있어서의 판단 지표로 적용할 수 있기 때문이다.[194]

2022년 11월 30일에는 "안전하고 건강한 일터, 행복한 대한민국"을 만들기 위한 「중대재해 감축 로드맵」을 발표하였는데, 로드맵에서는 2026년까지 사망사고 만인율을 OECD 평균 수준인 0.29‰로 감축하는 것을 목표로 4대 전략과 14개 핵심과제를 담고 있다. 주요 내용은 다음과 같다. 첫째, 기업 스스로 위험요인을 발굴·개선하는 「자기규율 예방체계」 구축하고, 둘째, 중소기업 등 중대재해 취약분야를 지원하고 관리하며, 셋째, 참여와 협력을 통한 안전의식과 문화를 확산한다. 넷째, 산업안전보건 서비스 전달

---

[194] 3. 17.에는 「중앙행정기관 중대재해 예방 매뉴얼」을 제작·배포하여 중앙행정기관의 산안법 및 중대재해처벌법령에 대한 이해를 높이고, 체계적인 안전보건관리를 할 수 있도록 하였다.

기관 간 협업 체계를 구축한다.

또한 고용노동부에서는 안전보건관리체계 구축을 위한 안내서를 꾸준히 발간하고 있다. 2021년 8월 안전보건관리체계 구축을 위한 가이드북을 발간한 이래, 중소기업을 위한 안전보건관리 자율점검표(2021. 9. 30.)를 공지하고, 안전보건관리체계 구축을 위한 컨설팅 매뉴얼을 공개(2022. 4. 4.)를 하며, 금속주조업(2022. 8. 11)·구조용금속제조업(2022. 9. 29.) 안전보건관리 체계 구축 가이드북을 발간하였다. 같은 날짜에 섬유제품,염색, 정리 및 마무리 가공업, 육상취급업종, 사업시설 유지관리 서비스업의 안전보건관리 체계 구축 가이드북을 발간하고, 이후 자동차 신품 부품 제조업 및 플라스틱 제품 제조업, 펄프, 종이 및 종이제품 제조업, 식품 제조업(2022. 10. 27.), 자동차 및 모터사이클 수리업, 하수 및 폐기물 처리, 원료 재생업, 강선 건조업, 섬유제품 제조업, 벌목업(2022. 11. 28.)에 대한 안전보건관리체계를 구축하고, 숙박 및 음식점업, 목재 가구 제조업, 일반 목적용 기계 제조업, 전기장비 제조업, 도급업 등(2022. 12. 21.)에 대한 안전보건관리체계를 구축하였다.[195]

2024년 1월 4일에는 「2024년 안전보건교육 안내서」를 발간하였고, 2023년 말에는 2023년도 위험성평가 및 안전보건관리체계 우수사례집을 발간하였다.

한편, 산업안전근로감독관 860명 중 형사사건 경험이 짧은 2년 이내 경력자가 30% 이상 차지하여 관련 수사가 의욕만 넘치고 먼지털기식이라는 비판이 제기된다.[196]

---

[195] 고용노동부 홈페이지 정책자료실 참조(https://www.moel.go.kr/policy/policydata/list.do).
[196] 매일경제 2022. 7. 5.자, "중대재해법 거친 수사에 기업 쩔쩔, 예방보다 처벌에 무게 둔 결과" 참조.

(3) 중대재해처벌법 관련 국내 학술논문 연구 동향

(가) 논문게재지별 동향197)

중대재해처벌법과 관련하여 학계에서도 논의가 활발하다. 발표되는 논문 등은 주로 중대재해처벌법의 해석, 적용현황, 문제점, 개선방안을 다루고 있다. 대표적으로 중대재해처벌법의 해석과 적용(김혜경, 형사정책연구 제34권 제4호, 2023년 겨울), 중대재해처벌법의 현황 및 개선방안(최형훈 등, 대한건축학회 2022년도 추계학술대회논문집 제42권 제2호) 등이 있다. 한편 2024년까지 중대재해처벌법 관련 논문을 정리한 자료에 의하면, 16개학회에서 약 147편의 논문이 발표되거나 게재된 것으로 나타나는데, 노동법논총, 안전문화연구, 한국재난정보학회, 노동법포럼, 법학연구, 노동법연구, 형사법의 신동향, 법과 기업연구, 사회법연구, 아주법학 등 학회 또는 등재지에서 각각 3편 이상 논문을 발표한 것으로 보인다.

(나) 주요 논문 및 발표자료

1) 중대재해처벌법상 '경영책임자등'은 누구인가

(2022. 3. 4. 권오성, 성신여대 법학과 교수, 월간 노동법률 칼럼)

'사업을 대표하고 사업을 총괄하는 권한과 책임이 있는 사람'의 의미와 관련하여, 범죄구성요건은 엄격히 해석해야 하므로 사업을 대표하는 권한, 즉 법률에 따라 대표권이 인정되는 대표기관만 주체가 되고, 사업을 사실상 대표하는 사람(명예회장 등)은 주체 적격이 없다는 견해를 표명하였다. '이에 준하여 안전보건에 관한 업무를 담당하는 사람'의 의미와 관련하여 회사의 정관이나 이사회결의 등에 따라 내부적으로 해당 사업 부분의 경영활동을 총괄할 권한을 부여받은 사람을 의미(단순히 안전보건에 관한 권한만을 부여받은 정도가 아니라, 특정사업 부문에 대해 포괄적 대리권을 부여받은 정도를 의미)한다고 하였다. 중대재해처벌법 제2조 제9호 가목의 '또는'의 의미와 관련하여, 중대재해처벌법이 규정하는 안전·보건 확보의무의 수범자를 확장하려는 취지이므로 '병렬적'으로 연결하는 것으로 해석함이 상당하다고 하였다.

2) 중대재해처벌법상 대학의 '경영책임자'는 누구인가

(2022. 3. 8. 나지원, 아주대 법전원 교수, 대학신문 칼럼)

고용노동부의 해설서에 따르면 ① 국가가 설립한 국립대학이나 국립대학법인의 경우

---

197) 정경옥, 「중대재해처벌법」에 관한 국내 학술논문 연구동향 분석(An Analysis of Research Trends of Domestic Academic Papers on the Serious Accident Punishment Act), Journal of the Society of Disaster Information Vol. 20, No. 4, pp. 871-878, December 2024 참조.

'총장', ② 그 외 초·중·고등학교는 학교를 설치한 각 중앙행정기관의 장('문화체육부장관 또는 교육부장관'), ③ 지방자치단체가 설립한 공립학교는 '교육감', 사립학교는 '학교법인의 이사장'을 경영책임자로 해석하고 있다. 한편 중대재해처벌법은 '이에 준하여 안전·보건에 관한 업무를 담당하는 사람'도 형사처벌의 대상으로 삼고 있어 사안에 따라 '각급학교의 장' 또한 사안에 따라 처벌대상이 될 수 있다.

3) 중대재해처벌법 제정에 따른 산업안전보건법의 과제
  (2021. 하반기 서울대 노동법연구회, 심재진, 서강대 법전원 교수)

중대재해처벌법상 안전보건확보의무는 입법취지와 내용상 '경영책임자등이 산업안전보건법의 관련 조치를 제대로 이행하도록 하는 관리·감독상의 조치'를 의미하고, 산안법과 분리된 의무가 아니다. 따라서 중대재해처벌법의 실효성을 제고하기 위해서는 산안법의 강화가 필수적이며, 중대재해처벌법의 해석 및 적용 시에도 산안법과의 연계가 요구된다. 특히 중대재해처벌법 수사는 산안법상 안전보건조치의무 위반 수사와 연계하여 진행되어야 함(안전보건 확보의무 위반이 안전보건조치의무위반에 어떻게 작용하였고, 원인을 제공하였는지에 초점)을 알 수 있다.

4) 중대재해처벌법 관련 사법정책연구원 연구보고서 발간
  (2022. 12. 발표)

향후 재판과정에서 쟁점이 될 수 있는 인과관계 및 고의 입증, 죄수, 양형 등을 검토하고, 산업안전보건법상 안전보건조치의무 위반과 근로자 사망 사이에 인과관계가 인정된 사례와 부정된 사례를 소개하고, 중대재해처벌법위반죄의 인과관계에 대해, 산업안전보건법위반이 매개된 경우와 매개되지 않는 경우를 나누어 검토하여 실무적으로 많은 도움이 될 것으로 예상된다.

5) 기타 최근 3년간 논문
한국건축시공학회지(2023), "건설업계 관점에서의 중대재해처벌법 시행에 따른 문제점 분석 및 개선방안"은 건설현장의 안전관리 실태 분석 및 법 개선을 제안하고 있다. 법학논총 (숭실대, 2023), "중대재해처벌법의 헌법적 쟁점에 관한 시론"에서는 죄형법정주의 위반 가능성과 법적 정당성을 검토하고 있다.[198]

---

[198] 대한안전경영과학회지(2024), "건설현장 근로자와 관리자 인식차 분석", FGI 방식으로 안전관리 실효성 향상 방안 제시하였다. Safety and Health at Work (SH@, 2022) "Challengeable Legislation Against Fatal Occupational Accidents", 한국의 중대재해처벌법과 EU 법률 비교 및 제도적 과제를 다루고 있다. 산업보건법학회지(2023), "중대재해처벌법의 실효성 확보에 관한 연구", 산업안전보건법과의 중복 규제 문제를 분석하였다. 한국재난정보학회 논문집(2025), "중대재해처벌법의 법적 특성과 안전보건경영시스템 적용"은 SHMS와 법적 의무 간의 관계를 분석하였다.

바. 중대재해처벌법 관련 대법원 판례

〈제1호 대법원 판결〉

(1) 대법원 2023도12316 판결

대법원 판례 번호	2023. 12. 28. 선고 대법원 제3부 2023도12316 판결
죄명(적용법조)	산업안전보건법위반, 업무상과실치사 중대재해처벌등에 관한 법률 위반(산업재해치사)
피고인	성00 (한국제강 대표이사) 징역 1년 실형 한국제강 주식회사 벌금 1억원 *강00(수급인 강O산업 대표) 징역 6개월, 집행유예 2년
원심판결	부산고등법원 2023. 8. 23. 선고 (창원)2023노167 판결
변호인	법무법인 화O 최00, 임00

(2) 공소사실의 요지

가. 피고인 성00

1) 근로자 사망으로 인한 산업안전보건법위반 및 업무상과실치사 관련

피고인 성00은 사업주인 한국제강의 대표이사이자 안전보건총괄책임자로서 관계수급인인 강O산업 소속 근로자의 산업재해를 예방하기 위하여 중량물 취급 작업에 관한 작업계획서를 작성하고 그 계획에 따라 작업을 하도록 할 업무상 주의의무를 게을리하여 2022. 3. 16. 근로자인 피해자 김○○이 방열판 보수작업을 하던 중 방열판이 낙하하면서 피해자를 덮쳐 피해자의 왼쪽 다리가 방열판과 바닥 사이에 협착되도록 하여 피해자를 사망에 이르게 함과 동시에 산업재해를 예방하기 위하여 필요한 안전조치를 취하지 아니하여 근로자를 사망에 이르게 하였다.

2) 중대재해처벌법 위반(산업재해치사) 관련

피고인은 사업주인 한국제강의 대표이사이자 경영책임자로서 한국제강이 실질적으로 지배·운영·관리하는 사업장에서 안전보건관리책임자 등이 업무를 충실히 수행할 수 있도록 평가하는 기준을 마련하거나, 도급 등을 받는 자의 산업재해 예방을 위한 조치능력과 기술에 관한 평가기준·절차를 마련하는 등 종사자의 안전·보건상 유해 또는 위험을 방지하기 위한 안전보건관리체계의 구축 및 그 이행에 관한 조치를 하지 아니하여 종사자 김○○이 사망하는 중대산업재해에 이르게 하였다.

나. 피고인 한국제강에 대한 근로자 사망으로 인한 산업안전보건법위반 및 중대재해처벌법위반(산업재해치사) 관련

한국제강의 대표이사이자 경영책임자인 피고인 성○○이 한국제강의 업무에 관하여 위와 같은 조치를 하지 아니하여 근로자 김○○을 사망에 이르게 하고, 종사자가 사망하는 중대산업재해에 이르게 하였다.

(3) 죄수에 관한 판단

가. 상상적 경합은 1개의 행위가 수개의 죄에 해당하는 경우를 말한다(형법 제40조). 여기에서 1개의 행위라 함은 법적 평가를 떠나 사회관념상 행위가 사물자연의 상태로서 1개로 평가되는 것을 의미한다(대법원 1987. 2. 24. 선고 86도2731 판결, 대법원 2017. 9. 21. 선고 2017도11687 판결 등 참조). 중대재해처벌법과 산업안전보건법의 목적, 보호법익, 행위태양 등에 비추어 보면, 이 사건에서 중대재해처벌법위반(산업재해치사)죄와 근로자 사망으로 인한 산업안전보건법위반죄 및 업무상과실치사죄는 상호간 사회관념상 1개의 행위가 수개의 죄에 해당하는 경우로서 형법 제40조의 상상적 경합관계에 있다. 그 구체적 이유는 다음과 같다.

1) 산업안전보건법은 '산업 안전 및 보건에 관한 기준을 확립하고 그 책임의 소재를 명확하게 하여 산업재해를 예방하고 쾌적한 작업환경을 조성함으로써 노무를 제공하는 사람의 안전 및 보건을 유지·증진함'을 목적으로 하고(제1조), 중대재해처벌법은 '사업 또는 사업장, 공중이용시설 및 공중교통수단을 운영하거나 인체에 해로운 원료나 제조물을 취급하면서 안전·보건 조치의무를 위반하여 인명피해를 발생하게 한 사업주, 경영책임자, 공무원 및 법인의 처벌 등을 규정함으로써 중대재해를 예방하고 시민과 종사자의 생명과 신체를 보호함'을 목적으로 한다(제1조). 위 **각 법의 목적이 완전히 동일하지는 않지만 '산업재해 또는 중대재해를 예방'하고 '노무를 제공하는 사람 또는 종사자의 안전을 유지·증진하거나 생명과 신체를 보호'하는 것을 목적으로 함으로써 궁극적으로 사람의 생명·신체의 보전을 그 보호법익으로 한다는 공통점이 있다.** 이는 사람의 생명·신체의 보전을 보호법익으로 하는 형법상 업무상과실치사상죄도 마찬가지이다.

2) 이 사건에서 피고인 성○○이 안전보건총괄책임자로서 작업계획서 작성에 관한 조치를 하지 않은 산업안전보건법위반 행위와 경영책임자로서 안전보건관리체계의 구축 및 그 이행에 관한 조치를 하지 않은 중대재해처벌법위반 행위는 모두 같은 일시·장소에서 같은 피해자의 사망이라는 결과 발생을 방지하지 못한 부작위에 의한 범행에 해당하여 각 그 법적 평가를 떠나 사회관념상 1개의 행위로 평가할 수 있다. 따라서 **중대재해처**

벌법위반(산업재해치사)죄와 근로자 사망으로 인한 산업안전보건법위반죄는 상상적 경합 관계에 있다.

3) 근로자 사망으로 인한 산업안전보건법위반죄와 업무상과실치사죄는 그 업무상 주의의무가 일치하여 상상적 경합 관계에 있다(대법원 1991. 12. 10. 선고 91도2642 판결, 대법원 2015. 10. 29. 선고 2015도5545 판결 등 참조). 이 사건에서 피고인 성00에게 중대재해처벌법 제4조에 따라 부과된 안전 확보의무는 산업안전보건법 제63조에 따라 부과된 안전 조치의무와 마찬가지로 업무상과실치사죄의 주의의무를 구성할 수 있다. 따라서 중대재해처벌법위반(산업재해치사)죄와 업무상과실치사죄 역시 행위의 동일성이 인정되어 상상적 경합 관계에 있다.

나. 결국 원심이 피고인들에 대한 쟁점 공소사실 부분을 상상적 경합 관계로 판단한 것은 정당하고, 거기에 상고이유 주장과 같이 죄수판단에 관한 법리를 오해하여 판결에 영향을 미친 잘못이 없다.[199]

(3) 원심판결의 요지

한국제강은 2007년부터 수 차례 안전조치 의무 위반사실이 적발되고 산업재해 사망사고까지 발생하였다. 또한 2010년 검찰과 고용노동부의 합동점검에서도 안전조치 의무 위반사실이 적발되어 벌금형을 선고받은 전력이 있다. 그리고 이후 2020년 부산지방고용노동청 창원지청이 실시한 사고예방감독에서도 안전조치 의무 위반사실이 발각되어 또다시 벌금형을 선고받았다. 이와같이 여러 번 사고가 발생하고 처벌받은 전력이 있다가 2021년 5월에는 산업재해 사망사고가 발생하여 벌금 1,000만원이 선고되었기에 이르렀다. 이후에도 고용노동부 "중대재해 발생 사업장 정기감독"에서 안전조치 의무위반이 발견되어 벌금형을 선고받았다. 그러므로 수년간 안전조치 의무위반 등 사실이 적발되고, 사망사고까지 발생하게 된다면 당해 사업체의 안전조치 의무위반과 관련하여 구조적인 문제가 있다고 볼 수 있고, 이는 중대재해벌법 상 안전조치 미이행 등 위반이 명백하여 결국 대표자 등 책임자의 실형으로 연결된다.

---

[199] 3. 나머지 부분에 관한 판단 : 검사는 피고인들에 대한 원심판결 전부에 대하여 상고하였으나, 안전조치 및 보건조치 불이행으로 인한 산업안전보건법위반 부분에 관하여는 상고장이나 상고이유서에 구체적인 불복이유 기재가 없다.

- 제1심 (창원지방법원 마산지원 2022고합95) : 업무상과실치사, 산업안전보건법위반, 중대재해처벌등에 관한 법률위반(산업재해치사)

※ **불리한 정황** : 성00은 2007년경부터 현재까지 계속하여 00제강의 경영책임자 겸 안전보건총괄책임자로 재직해 왔고, 2010. 6. 9. 00제강 사업장에 대하여 실시된 검찰청-고용노동부 합동점검에서 안전조치의무위반 사실이 적발되어 2011년에 벌금형 처벌을 받은 전력이 있다. 그런데 성00은 2020. 12. 21. 부산지방고용노동청 창원지청이 지금의 00제강 사업장에 대하여 실시한 사고 예방 감독에서 안전조치의무위반 사실이 적발되어 2021. 3.경 벌금형 처벌을 받았고, 이후 2021. 5. 24. 00제강 사업장에서 발생한 산업재해 사망사고를 계기로 고용노동부 창원지청이 2021. 5. 27.경 실시한 중대재해 발생 사업장 정기감독에서 또 다시 안전조치의무위반 사실이 적발되어 2021. 11.경 벌금형 처벌을 받았을 뿐 아니라, 2021. 5.에 발생한 위 사망사고로 인해 2021. 10. 25. 산업안전보건법위반죄로 공소제기 되어 형사재판을 받아 왔다(위 형사사건에 관하여 2023. 2. 9. 항소심 법원에서 벌금 1,000만원을 선고받아 2023. 2. 17. 그 판결이 확정). 사정이 이러하다면, 00제강 사업장에서 위와 같이 수년간에 걸쳐 안전조치의무위반 사실이 여러 차례 적발되고 산업재해 사망사고까지 발생한 것은 위 사업장에 근로자 등 종사자의 안전권을 위협하는 구조적 문제가 있음을 드러내는 것인데, 이러한 상황에서 피고인 성형식은 종전에 발생한 산업재해 사망사고로 형사재판을 받는 와중에 2022. 1. 27. 중대재해처벌법이 시행되었음에도 경영책임자로서 안전보건확보의무를 제대로 이행하지 않았고, 그로 인해 2022. 3. 16. 재차 이 사건 중대산업재해가 발생하기에 이르렀다. 더구나 중대재해처벌법이 제정·공포된 날부터 시행일까지 1년의 시행유예기간이 있었던 점, 더구나 00제강 사업장의 경우 위 시행유예기간 중에 산업재해 사망사고가 발생한 관계로 안전보건관리체계의 구축 및 그 이행에 관한 조치를 취할 필요성이 다른 사업장에 비해 긴절하였던 점 등을 고려하면, 안전보건확보의무를 이행할 준비기간이 부족했다는 주장도 받아들이기 어렵다. 이런 점들을 종합해 보면, 성00의 죄책은 상당히 무거우므로 엄중한 처벌이 불가피하고, 00제강에도 그에 상응하는 사회적·경제적 책임을 물을 필요가 있다.

- 제2심 (부산고등법원 2023노1675) : 업무상과실치사, 산업안전보건법위반, 중대재해처벌등에 관한 법률위반(산업재해치사) 항소기각(양형부당 이유없다)

(1) 검사의 중대재해처벌법위반(산업재해치사)죄와 산안법 및 업무상과실치사죄는 실질적 경합관계라는 검사의 주장은 받아들이지 않고 원심과 같이 상상적 경합으로 처리

(2) 쌍방 양형부당 주장에 대해서는 잦은 사고로 인한 00제강의 전력을 고려할 때 양형이 적정하므로 쌍방의 주장 기각

⟨대법원에 계류 중인 재판⟩

(1) 대법원 2025도2056 판결 (인천지방법원 2023노2635, 2023고단651 판결)

시OO건설과 대표이사 박OO은 하청업체 소속 중국인 노동자가 2022년 3월 인천 중구 을왕동의 근린생활시설(콘도) 신축공사 현장에서 숨진 사고로 기소되었다. 사고 노동자는 거푸집을 받치는 동바리의 높낮이를 조정하던 중 동바리가 쓰러져 가슴을 맞았고, 그 충격으로 넘어져 적재된 철근 더미에 머리를 부딪치는 2차 사고를 입었다. 사고 현장은 공사금액(72억5천120만원)이라 중대재해처벌법이 적용됐다. 1심(인천지법)은 2023년 6월 산업재해치사 혐의를 모두 인정해 A씨에게 징역 1년에 집행유예 3년을, 법인에 벌금 5천만원을 선고했다. 산업안전보건법 위반 등 혐의로 기소된 원청 현장소장과 하청업체 대표에게는 각각 징역 6월에 집행유예 2년을 선고하였다. 중대재해처벌법(산업재해치사) 등 혐의로 재판에 넘겨진 경기 화성시 건설사 시O건설 대표 2025년 1월 21일 대법원에 상고장을 제출하여 현재 재판이 진행 중이다. 원청 대표는 산업안전보건법 위반 혐의로 두 차례 벌금형을 받은 점이 있으나 범행 인정, 유족과 합의, 유족의 처벌불원 등을 이유로 정상을 참작했다.200)

인정된 범죄혐의는 다음과 같다. 경영책임자는 법인 또는 기관이 실질적으로 지배·운영·관리하는 사업 또는 사업장에서 종사자의 안전·보건상 유해 또는 위험을 방지하기 위하여 그 사업 또는 사업장의 특성 및 규모 등을 고려하여 사업 또는 사업장의 안전·보건에 관한 목표와 경영방침을 설정해야 하고, 사업 또는 사업장의 특성에 따른 유해·위험요인을 확인하여 개선하는 업무절차를 마련한 뒤 해당 업무절차에 따라 유해·위험요인의 확인 및 개선이 이루어지는지를 반기 1회 이상 점검한 후 필요한 조치를 하여야 하며, 위와 같이 사업 또는 사업장의 특성에 따른 유해·위험요인을 확인하여 개선하는 데 필요한 예산을 편성하고 그 편성된 용도에 맞게 집행하도록 하여야 하고, 안전보건관리책임자 등에게 업무수행에 필요한 권한과 예산을 주고 안전보건관리책임자의 업무수행 정도를 평가하는 기준을 마련하여 그 기준에 따라 안전보건관리책임자를 반기 1회 이상 평가·관리하여야 하며, 사업 또는 사업장의 안전·보건에 관한 사항에 대해 종사자의 의견을 듣는 절차를 마련하고 그 절차에 따라 의견을 들어 재해 예방에 필요하다고 인정하는 경우에는 그에 대한 개선방안을 마련하여 이행하는지를 반기 1회 이상 점검한 후 필요한 조치를 하여야 하고, 사업 또는 사업장에 중대산업재해가 발생하거나 발생할 급박한 위

---

200) 매일노동뉴스 2025. 2. 13.자 기사 "중대재해 '두 번째' 대법원 판단 받는다 인천 지역 첫 기소 시너지건설 단독 상고 … 집행유예 확정 가능성 커 '솜방망이' 우려" 참조.
    <https://www.labortoday.co.kr/news/articleView.html?idxno=226207>.

험이 있을 경우를 대비하여 작업중지, 근로자 대피, 위험요인 제거 등 대응조치에 관한 매뉴얼을 마련하는 등 안전보건관리체계의 구축 및 그 이행에 관한 조치를 하여야 한다. 그럼에도 불구하고 위와 같은 재해예방에 필요한 안전보건관리체계의 구축 및 그 이행에 관한 조치를 취하지 아니하여, 안전총괄책임자로 하여금 2022년 3월 16일 09:40경 산업재해 예방에 필요한 안전조치의무를 취하지 아니하게 하여, 피해자가 거푸집 위치 조정 작업 중 거푸집이 전도되면서 이를 지지하던 동바리에 몸 부위 등을 맞아 같은 날 09:45경 다발성 손상 등에 의해 사망하는 중대산업재해에 이르게 하였다.

(2) 대법원 2025도10267 판결

(창원지법 통영지원 2023고단95, 창원지법 2024노2513 판결)

창원지방법원은 2025년 6월 13일, 중대재해처벌법상 산업재해치사 혐의에 대하여 원심과 마찬가지로, 00에스앤씨 창업주이자 전 대표이사 송모씨(70)에게 징역 2년, 법인에게는 벌금 20억원이 선고하였다. 선박수리업체에서 안전대 고리 결착없이 안전난간 보수작업 준비 중 추락사한 사안으로 1년 내 2건의 사망사고가 있었고, 산업안전보건법 위반 전과가 다수 있으며, 안전보건책임자 업무수행 평가기준 마련이 미흡하고, 책임회피를 위한 조직개편 등 구조적 문제 해결을 위한 노력이 미흡하고, 짧은 기한 내 선박수리를 완료하기 위하여 추락방호망 등 보호조치를 충분히 갖추는 비용을 고려하지 않고 저가로 선박수리를 수주하는 방식으로 수익을 내와 사고가 발생하였으며, 특히 잘못을 반성하기는커녕 피해자의 잘못으로 사고가 발생해 회사에 손해를 입혔다고 주장하고 있는 점 등을 참작하여 불가피하게 실형이 선고되었다.[201]

---

[201] 뉴스1 2025. 6. 27. 기사 "중대재해법 위반 2심 실형 삼강에스앤씨 전 대표, 대법 상고" 참고
27일 법조계에 따르면 삼강에스앤씨 전 대표이사 A씨와 법인은 법원에 상고장을 제출했다. 앞서 창원지법 형사5-2부(한나라 부장판사)는 지난 13일 중대재해처벌법 위반 등 혐의로 기소된 A 씨의 항소심에서 검찰과 피고인의 항소를 모두 기각하고 원심에서 선고한 징역 2년을 유지했다. 법인에 대해서도 원심과 같은 벌금 20억원을 선고했다. 항소심 재판 중 보석 허가를 받고 석방됐던 A 씨는 항소심에서 실형 선고로 보석이 취소되고 법정 구속됐다. A씨는 지난 2022년 2월 19일 경남 고성군 삼강에스앤씨 조선소에서 협력업체 직원이 작업 중 추락사고로 숨진 것과 관련해 현장 관리·감독 및 안전조치 업무를 제대로 이행하지 않은 혐의로 기소됐다. 1심 재판부는 "A씨는 자신이 경영하는 회사에서 불과 1년 사이 3명의 근로자가 산업재해사고로 사망했음에도 불구하고 잘못을 반성하기는커녕 피해자의 잘못으로 사고가 발생해 회사에 손해를 입혔다는 취지로 진술했다"며 징역 2년의 실형을 선고했다. A씨는 1심 판결에 사실오인 및 법리오해, 양형부당을 이유로 항소했다. 항소심 재판부는 "안전보건의무와 주의의무 위반이 인정되고, 교육이나 관리 감독을 제대로 했다면 이 사건 사고를 예방할 수 있었다고 보여 사실오인 및 법리오해 주장을 기각한다"고 밝혔다. 양형과 관련해도 "피고인들의 과실 정도, 업체의 매출과 수익 등을 감안해 삼강에스앤씨의 조직 문화나 안전관리 시스템에 영향을 미칠 정도가 돼야 한다고 봤다"며 "이런 점을 보면 결국 A씨에 대한 양형은 적정해 보인다"고 판시했다.

11. 중대재해처벌법 및 동법 시행령

중대재해 처벌 등에 관한 법률 (중대재해처벌법)

제1장 총칙

제1조(목적) 이 법은 사업 또는 사업장, 공중이용시설 및 공중교통수단을 운영하거나 인체에 해로운 원료나 제조물을 취급하면서 안전·보건 조치의무를 위반하여 인명피해를 발생하게 한 사업주, 경영책임자, 공무원 및 법인의 처벌 등을 규정함으로써 중대재해를 예방하고 시민과 종사자의 생명과 신체를 보호함을 목적으로 한다.

제2조(정의) 이 법에서 사용하는 용어의 뜻은 다음과 같다.
1. "중대재해"란 "중대산업재해"와 "중대시민재해"를 말한다.
2. "중대산업재해"란 「산업안전보건법」 제2조 제1호에 따른 산업재해 중 다음 각 목의 어느 하나에 해당하는 결과를 야기한 재해를 말한다.
   가. 사망자가 1명 이상 발생
   나. 동일한 사고로 6개월 이상 치료가 필요한 부상자가 2명 이상 발생
   다. 동일한 유해요인으로 급성중독 등 대통령령으로 정하는 직업성 질병자가 1년 이내에 3명 이상 발생
3. "중대시민재해"란 특정 원료 또는 제조물, 공중이용시설 또는 공중교통수단의 설계, 제조, 설치, 관리상의 결함을 원인으로 하여 발생한 재해로서 다음 각 목의 어느 하나에 해당하는 결과를 야기한 재해를 말한다. 다만, 중대산업재해에 해당하는 재해는 제외한다.
   가. 사망자가 1명 이상 발생
   나. 동일한 사고로 2개월 이상 치료가 필요한 부상자가 10명 이상 발생
   다. 동일한 원인으로 3개월 이상 치료가 필요한 질병자가 10명 이상 발생
4. "공중이용시설"이란 다음 각 목의 시설 중 시설의 규모나 면적 등을 고려하여 대통령령으로 정하는 시설을 말한다. 다만, 「소상공인 보호 및 지원에 관한 법률」 제2조에 따른 소상공인의 사업 또는 사업장 및 이에 준하는 비영리시설과 「교육시설 등의 안전 및 유지관리 등에 관한 법률」 제2조 제1호에 따른 교육시설은 제외한다.
   가. 「실내공기질 관리법」 제3조 제1항의 시설(「다중이용업소의 안전관리에 관한 특별법」 제2조 제1항 제1호에 따른 영업장은 제외한다)
   나. 「시설물의 안전 및 유지관리에 관한 특별법」 제2조 제1호의 시설물(공동주택은 제외한다)
   다. 「다중이용업소의 안전관리에 관한 특별법」 제2조 제1항 제1호에 따른 영업장 중 해당 영업에 사용하는 바닥면적(「건축법」 제84조에 따라 산정한 면적을 말한다)의 합계가 1천제곱미터 이상인 것
   라. 그 밖에 가목부터 다목까지에 준하는 시설로서 재해 발생 시 생명·신체상의 피해가 발생할 우려가 높은 장소
5. "공중교통수단"이란 불특정다수인이 이용하는 다음 각 목의 어느 하나에 해당하는 시설을 말한다.
   가. 「도시철도법」 제2조 제2호에 따른 도시철도의 운행에 사용되는 도시철도차량
   나. 「철도산업발전기본법」 제3조 제4호에 따른 철도차량 중 동력차·객차(「철도사업법」 제2조 제5호에 따른 전용철도에 사용되는 경우는 제외한다)
   다. 「여객자동차 운수사업법 시행령」 제3조 제1호 라목에 따른 노선 여객자동차운송사업에 사용되는 승합자동차
   라. 「해운법」 제2조 제1호의2의 여객선
   마. 「항공사업법」 제2조 제7호에 따른 항공운송사업에 사용되는 항공기
6. "제조물"이란 제조되거나 가공된 동산(다른 동산이나 부동산의 일부를 구성하는 경우 포함)을 말한다.
7. "종사자"란 다음 각 목의 어느 하나에 해당하는 자를 말한다.
   가. 「근로기준법」 상의 근로자
   나. 도급, 용역, 위탁 등 계약의 형식에 관계없이 그 사업의 수행을 위하여 대가를 목적으로 노무를 제공하는 자
   다. 사업이 여러 차례의 도급에 따라 행하여지는 경우에는 각 단계의 수급인 및 수급인과 가목 또는 나목의 관계가 있는 자

8. "사업주"란 자신의 사업을 영위하는 자, 타인의 노무를 제공받아 사업을 하는 자를 말한다.
9. "경영책임자등"이란 다음 각 목의 어느 하나에 해당하는 자를 말한다.
   가. 사업을 대표하고 사업을 총괄하는 권한과 책임이 있는 사람 또는 이에 준하여 안전보건에 관한 업무를 담당하는 사람
   나. 중앙행정기관의 장, 지방자치단체의 장, 「지방공기업법」에 따른 지방공기업의 장, 「공공기관의 운영에 관한 법률」 제4조부터 제6조까지의 규정에 따라 지정된 공공기관의 장

제2장 중대산업재해

제3조(적용범위) 상시근로자가 5명 미만인 사업 또는 사업장의 사업주(개인사업주에 한정한다. 이하 같다) 또는 경영책임자등에게는 이 장의 규정을 적용하지 아니한다.

제4조(사업주와 경영책임자등의 안전 및 보건 확보의무) ① 사업주 또는 경영책임자등은 사업주나 법인 또는 기관이 실질적으로 지배·운영·관리하는 사업 또는 사업장에서 종사자의 안전·보건상 유해 또는 위험을 방지하기 위하여 그 사업 또는 사업장의 특성 및 규모 등을 고려하여 다음 각 호에 따른 조치를 하여야 한다.
1. 재해예방에 필요한 인력 및 예산 등 안전보건관리체계의 구축 및 그 이행에 관한 조치
2. 재해 발생 시 재발방지 대책의 수립 및 그 이행에 관한 조치
3. 중앙행정기관·지방자치단체가 관계법령에 따라 개선, 시정 등을 명한 사항의 이행에 관한 조치
4. 안전·보건 관계법령에 따른 의무이행에 필요한 관리상의 조치
② 제1항 제1호·제4호의 조치에 관한 구체적인 사항은 대통령령으로 정한다.

제5조(도급, 용역, 위탁 등 관계에서의 안전 및 보건 확보의무) 사업주 또는 경영책임자등은 사업주나 법인 또는 기관이 제3자에게 도급, 용역, 위탁 등을 행한 경우에는 제3자의 종사자에게 중대산업재해가 발생하지 아니하도록 제4조의 조치를 하여야 한다. 다만, 사업주나 법인 또는 기관이 그 시설, 장비, 장소 등에 대하여 실질적으로 지배·운영·관리하는 책임이 있는 경우에 한정한다.

제6조(중대산업재해 사업주와 경영책임자등의 처벌) ① 제4조 또는 제5조를 위반하여 제2조 제2호 가목의 중대산업재해에 이르게 한 사업주 또는 경영책임자등은 1년 이상의 징역 또는 10억원 이하의 벌금에 처한다. 이 경우 징역과 벌금을 병과할 수 있다.
② 제4조 또는 제5조를 위반하여 제2조 제2호 나목 또는 다목의 중대산업재해에 이르게 한 사업주 또는 경영책임자등은 7년 이하의 징역 또는 1억원 이하의 벌금에 처한다.
③ 제1항 또는 제2항의 죄로 형을 선고받고 그 형이 확정된 후 5년 이내에 다시 제1항 또는 제2항의 죄를 저지른 자는 각 항에서 정한 형의 2분의 1까지 가중한다.

제7조(중대산업재해의 양벌규정) 법인 또는 기관의 경영책임자등이 그 법인 또는 기관의 업무에 관하여 제6조에 해당하는 위반행위를 하면 그 행위자를 벌하는 외에 그 법인 또는 기관에 다음 각 호의 구분에 따른 벌금형을 과(科)한다. 다만, 법인 또는 기관이 그 위반행위를 방지하기 위하여 해당 업무에 관하여 상당한 주의와 감독을 게을리하지 아니한 경우에는 그러하지 아니하다.
1. 제6조 제1항의 경우: 50억원 이하의 벌금
2. 제6조 제2항의 경우: 10억원 이하의 벌금

제8조(안전보건교육의 수강) ① 중대산업재해가 발생한 법인 또는 기관의 경영책임자등은 대통령령으로 정하는 바에 따라 안전보건교육을 이수하여야 한다.
② 제1항의 안전보건교육을 정당한 사유 없이 이행하지 아니한 경우에는 5천만원 이하의 과태료를 부과한다.
③ 제2항에 따른 과태료는 대통령령으로 정하는 바에 따라 고용노동부장관이 부과·징수한다.

제3장 중대시민재해

제9조(사업주와 경영책임자등의 안전 및 보건 확보의무) ① 사업주 또는 경영책임자등은 사업주나 법인 또는 기관이 실질적으로 지배·운영·관리하는 사업 또는 사업장에서 생산·제조·판매·유통 중인 원료나 제조물의 설계, 제조, 관리상의 결함으로 인한 그 이용자 또는 그 밖의 사람의 생명, 신체의 안전을 위하여 다음 각 호에 따른 조치를 하여야 한다.
  1. 재해예방에 필요한 인력·예산·점검 등 안전보건관리체계의 구축 및 그 이행에 관한 조치
  2. 재해 발생 시 재발방지 대책의 수립 및 그 이행에 관한 조치
  3. 중앙행정기관·지방자치단체가 관계법령에 따라 개선, 시정 등을 명한 사항의 이행에 관한 조치
  4. 안전·보건 관계법령에 따른 의무이행에 필요한 관리상의 조치

② 사업주 또는 경영책임자등은 사업주나 법인 또는 기관이 실질적으로 지배·운영·관리하는 공중이용시설 또는 공중교통수단의 설계, 설치, 관리상의 결함으로 인한 그 이용자 또는 그 밖의 사람의 생명, 신체의 안전을 위하여 다음 각 호에 따른 조치를 하여야 한다.
  1. 재해예방에 필요한 인력·예산·점검 등 안전보건관리체계의 구축 및 그 이행에 관한 조치
  2. 재해 발생 시 재발방지 대책의 수립 및 그 이행에 관한 조치
  3. 중앙행정기관·지방자치단체가 관계법령에 따라 개선, 시정 등을 명한 사항의 이행에 관한 조치
  4. 안전·보건 관계법령에 따른 의무이행에 필요한 관리상의 조치

③ 사업주 또는 경영책임자등은 사업주나 법인 또는 기관이 공중이용시설 또는 공중교통수단과 관련하여 제3자에게 도급, 용역, 위탁 등을 행한 경우에는 그 이용자 또는 그 밖의 사람의 생명, 신체의 안전을 위하여 제2항의 조치를 하여야 한다. 다만, 사업주나 법인 또는 기관이 그 시설, 장비, 장소 등에 대하여 실질적으로 지배·운영·관리하는 책임이 있는 경우에 한정한다.
④ 제1항 제1호·제4호 및 제2항 제1호·제4호의 조치에 관한 구체적인 사항은 대통령령으로 정한다.

제10조(중대시민재해 사업주와 경영책임자등의 처벌) ① 제9조를 위반하여 제2조 제3호 가목의 중대시민재해에 이르게 한 사업주 또는 경영책임자등은 1년 이상의 징역 또는 10억원 이하의 벌금에 처한다. 이 경우 징역과 벌금을 병과할 수 있다.
② 제9조를 위반하여 제2조 제3호 나목 또는 다목의 중대시민재해에 이르게 한 사업주 또는 경영책임자등은 7년 이하의 징역 또는 1억원 이하의 벌금에 처한다.

제11조(중대시민재해의 양벌규정) 법인 또는 기관의 경영책임자등이 그 법인 또는 기관의 업무에 관하여 제10조에 해당하는 위반행위를 하면 그 행위자를 벌하는 외에 그 법인 또는 기관에게 다음 각 호의 구분에 따른 벌금형을 과(科)한다. 다만, 법인 또는 기관이 그 위반행위를 방지하기 위하여 해당 업무에 관하여 상당한 주의와 감독을 게을리하지 아니한 경우에는 그러하지 아니하다.
  1. 제10조 제1항의 경우: 50억원 이하의 벌금
  2. 제10조 제2항의 경우: 10억원 이하의 벌금

제4장 보칙

제12조(형 확정 사실의 통보) 법무부장관은 제6조, 제7조, 제10조 또는 제11조에 따른 범죄의 형이 확정되면 그 범죄사실을 관계 행정기관의 장에게 통보하여야 한다.

제13조(중대산업재해 발생사실 공표) ① 고용노동부장관은 제4조에 따른 의무를 위반하여 발생한 중대산업재해에 대하여 사업장의 명칭, 발생 일시와 장소, 재해의 내용 및 원인 등 그 발생사실을 공표할 수 있다.
② 제1항에 따른 공표의 방법, 기준 및 절차 등은 대통령령으로 정한다.

제14조(심리절차에 관한 특례) ① 이 법 위반 여부에 관한 형사재판에서 법원은 직권으로 「형사소송법」 제294조의2에 따라 피해자 또는 그 법정대리인(피해자가 사망하거나 진술할 수 없는 경우에는 그 배우자·직계친족·형제자매를 포함한다)을 증인으로 신문할 수 있다.
② 이 법 위반 여부에 관한 형사재판에서 법원은 검사, 피고인 또는 변호인의 신청이 있는 경우 특별한 사정이 없으면 해당 분야의 전문가를 전문심리위원으로 지정하여 소송절차에 참여하게 하여야 한다.

제15조(손해배상의 책임) ① 사업주 또는 경영책임자등이 고의 또는 중대한 과실로 이 법에서 정한 의무를 위반하여 중대재해를 발생하게 한 경우 해당 사업주, 법인 또는 기관이 중대재해로 손해를 입은 사람에 대하여 그 손해액의 5배를 넘지 아니하는 범위에서 배상책임을 진다. 다만, 법인 또는 기관이 해당 업무에 관하여 상당한 주의와 감독을 게을리하지 아니한 경우에는 그러하지 아니하다.
② 법원은 제1항의 배상액을 정할 때에는 다음 각 호의 사항을 고려하여야 한다.
1. 고의 또는 중대한 과실의 정도
2. 이 법에서 정한 의무위반행위의 종류 및 내용
3. 이 법에서 정한 의무위반행위로 인하여 발생한 피해의 규모
4. 이 법에서 정한 의무위반행위로 인하여 사업주나 법인 또는 기관이 취득한 경제적 이익
5. 이 법에서 정한 의무위반행위의 기간·횟수 등
6. 사업주나 법인 또는 기관의 재산상태
7. 사업주나 법인 또는 기관의 피해구제 및 재발방지 노력의 정도

제16조(정부의 사업주 등에 대한 지원 및 보고) ① 정부는 중대재해를 예방하여 시민과 종사자의 안전과 건강을 확보하기 위하여 다음 각 호의 사항을 이행하여야 한다.
1. 중대재해의 종합적인 예방대책의 수립·시행과 발생원인 분석
2. 사업주, 법인 및 기관의 안전보건관리체계 구축을 위한 지원
3. 사업주, 법인 및 기관의 중대재해 예방을 위한 기술 지원 및 지도
4. 이 법의 목적 달성을 위한 교육 및 홍보의 시행
② 정부는 사업주, 법인 및 기관에 대하여 유해·위험 시설의 개선과 보호 장비의 구매, 종사자 건강진단 및 관리 등 중대재해 예방사업에 소요되는 비용의 전부 또는 일부를 예산의 범위에서 지원할 수 있다.
③ 정부는 제1항 및 제2항에 따른 중대재해 예방을 위한 조치 이행 등 상황 및 중대재해 예방사업 지원 현황을 반기별로 국회 소관 상임위원회에 보고하여야 한다.
〔시행일 : 2021. 1. 26.〕 제16조

부칙 〈제17907호, 2021. 1. 26.〉

제1조(시행일) ① 이 법은 공포 후 1년이 경과한 날부터 시행한다. 다만, 이 법 시행 당시 개인사업자 또는 상시근로자가 50명 미만인 사업 또는 사업장(건설업의 경우에는 공사금액 50억원 미만의 공사)에 대해서는 공포 후 3년이 경과한 날부터 시행한다.
② 제1항에도 불구하고 제16조는 공포한 날부터 시행한다.

제2조(다른 법률의 개정) 법원조직법 중 일부를 다음과 같이 개정한다.
제32조 제1항 제3호에 아목을 다음과 같이 신설한다.
　　아. 「중대재해 처벌 등에 관한 법률」 제6조 제1항·제3항 및 제10조 제1항에 해당하는 사건

중대재해 처벌 등에 관한 법률 시행령

제1장 총칙

제1조(목적) 이 영은 「중대재해 처벌 등에 관한 법률」에서 위임된 사항과 그 시행에 필요한 사항을 규정함을 목적으로 한다.

제2조(직업성 질병자) 「중대재해 처벌 등에 관한 법률」(이하 "법"이라 한다) 제2조 제2호 다목에서 "대통령령으로 정하는 직업성 질병자"란 별표 1에서 정하는 직업성 질병에 걸린 사람을 말한다.

제3조(공중이용시설) 법 제2조 제4호 각 목 외의 부분 본문에서 "대통령령으로 정하는 시설"이란 다음 각 호의 시설을 말한다.
1. 법 제2조 제4호 가목의 시설 중 별표 2에서 정하는 시설
2. 법 제2조 제4호 나목의 시설물 중 별표 3에서 정하는 시설물. 다만, 다음 각 목의 건축물은 제외한다.
   가. 주택과 주택 외의 시설을 동일 건축물로 건축한 건축물
   나. 건축물의 주용도가 「건축법 시행령」 별표 1 제14호 나목2)의 오피스텔인 건축물
3. 법 제2조 제4호 다목의 영업장
4. 법 제2조 제4호 라목의 시설 중 다음 각 목의 시설(제2호의 시설물은 제외한다)
   가. 「도로법」 제10조 각 호의 도로에 설치된 연장 20미터 이상인 도로교량 중 준공 후 10년이 지난 도로교량
   나. 「도로법」 제10조 제4호부터 제7호까지에서 정한 지방도·시도·군도·구도의 도로터널과 「농어촌도로 정비법 시행령」 제2조 제1호의 터널 중 준공 후 10년이 지난 도로터널
   다. 「철도산업발전기본법」 제3조 제2호의 철도시설 중 준공 후 10년이 지난 철도교량
   라. 「철도산업발전기본법」 제3조 제2호의 철도시설 중 준공 후 10년이 지난 철도터널(특별시 및 광역시 외의 지역에 있는 철도터널로 한정한다)
   마. 다음의 시설 중 개별 사업장 면적이 2천제곱미터 이상인 시설
      1) 「석유 및 석유대체연료 사업법 시행령」 제2조 제3호의 주유소
      2) 「액화석유가스의 안전관리 및 사업법」 제2조 제4호의 액화석유가스 충전사업의 사업소
   바. 「관광진흥법 시행령」 제2조 제1항 제5호 가목의 종합유원시설업의 시설 중 같은 법 제33조 제1항에 따른 안전성검사 대상인 유기시설 또는 유기기구

제2장 중대산업재해

제4조(안전보건관리체계의 구축 및 이행 조치) 법 제4조 제1항 제1호에 따른 조치의 구체적인 사항은 다음 각 호와 같다.
1. 사업 또는 사업장의 안전·보건에 관한 목표와 경영방침을 설정할 것
2. 「산업안전보건법」 제17조부터 제19조까지 및 제22조에 따라 두어야 하는 인력이 총 3명 이상이고 다음 각 목의 어느 하나에 해당하는 사업 또는 사업장인 경우에는 안전·보건에 관한 업무를 총괄·관리하는 전담 조직을 둘 것. 이 경우 나목에 해당하지 않던 건설사업자가 나목에 해당하게 된 경우에는 공시한 연도의 다음 연도 1월 1일까지 해당 조직을 두어야 한다.
   가. 상시근로자 수가 500명 이상인 사업 또는 사업장
   나. 「건설산업기본법」 제8조 및 같은 법 시행령 별표 1에 따른 토목건축공사업에 대해 같은 법 제23조에 따라 평가하여 공시된 시공능력의 순위가 상위 200위 이내인 건설사업자
3. 사업 또는 사업장의 특성에 따른 유해·위험요인을 확인하여 개선하는 업무절차를 마련하고, 해당 업무절차에 따라 유해·위험요인의 확인 및 개선이 이루어지는지를 반기 1회 이상 점검한 후 필요한 조치를 할 것. 다만, 「산업안전보건법」 제36조에 따른 위험성평가를 하는 절차를 마련하고, 그 절차에 따라 위험성평가를 직접 실시하거나 실시하도록 하여 실시 결과를 보고받은 경우에는 해당 업무절차에 따라 유해·위험요인의 확인 및 개선에 대한 점검을 한 것으로 본다.
   가. 안전보건관리책임자등에게 해당 업무 수행에 필요한 권한과 예산을 줄 것
   나. 안전보건관리책임자등이 해당 업무를 충실하게 수행하는지를 평가하는 기준을 마련하고, 그 기준에 따라 반기 1회 이상 평가·관리할 것

4. 다음 각 목의 사항을 이행하는 데 필요한 예산을 편성하고 그 편성된 용도에 맞게 집행하도록 할 것
   가. 재해 예방을 위해 필요한 안전·보건에 관한 인력, 시설 및 장비의 구비
   나. 제3호에서 정한 유해·위험요인의 개선
   다. 그 밖에 안전보건관리체계 구축 등을 위해 필요한 사항으로서 고용노동부장관이 정하여 고시하는 사항
5. 「산업안전보건법」 제15조, 제16조 및 제62조에 따른 안전보건관리책임자, 관리감독자 및 안전보건총괄책임자(이하 이 조에서 "안전보건관리책임자등"이라 한다)가 같은 조에서 규정한 각각의 업무를 각 사업장에서 충실히 수행할 수 있도록 다음 각 목의 조치를 할 것
   가. 안전보건관리책임자등에게 해당 업무 수행에 필요한 권한과 예산을 줄 것
   나. 안전보건관리책임자등이 해당 업무를 충실하게 수행하는지를 평가하는 기준을 마련하고, 그 기준에 따라 반기 1회 이상 평가·관리할 것
6. 「산업안전보건법」 제17조부터 제19조까지 및 제22조에 따라 정해진 수 이상의 안전관리자, 보건관리자, 안전보건관리담당자 및 산업보건의를 배치할 것. 다만, 다른 법령에서 해당 인력의 배치에 대해 달리 정하고 있는 경우에는 그에 따르고, 배치해야 할 인력이 다른 업무를 겸직하는 경우에는 고용노동부장관이 정하여 고시하는 기준에 따라 안전·보건에 관한 업무 수행시간을 보장해야 한다.
7. 사업 또는 사업장의 안전·보건에 관한 사항에 대해 종사자의 의견을 듣는 절차를 마련하고, 그 절차에 따라 의견을 들어 재해 예방에 필요하다고 인정하는 경우에는 그에 대한 개선방안을 마련하여 이행하는지를 반기 1회 이상 점검한 후 필요한 조치를 할 것. 다만, 「산업안전보건법」 제24조에 따른 산업안전보건위원회 및 같은 법 제64조·제75조에 따른 안전 및 보건에 관한 협의체에서 사업 또는 사업장의 안전·보건에 관하여 논의하거나 심의·의결한 경우에는 해당 종사자의 의견을 들은 것으로 본다.
8. 사업 또는 사업장에 중대산업재해가 발생하거나 발생할 급박한 위험이 있을 경우를 대비하여 다음 각 목의 조치에 관한 매뉴얼을 마련하고, 해당 매뉴얼에 따라 조치하는지를 반기 1회 이상 점검할 것
   가. 작업 중지, 근로자 대피, 위험요인 제거 등 대응조치
   나. 중대산업재해를 입은 사람에 대한 구호조치
   다. 추가 피해방지를 위한 조치
9. 제3자에게 업무의 도급, 용역, 위탁 등을 하는 경우에는 종사자의 안전·보건을 확보하기 위해 다음 각 목의 기준과 절차를 마련하고, 그 기준과 절차에 따라 도급, 용역, 위탁 등이 이루어지는지를 반기 1회 이상 점검할 것
   가. 도급, 용역, 위탁 등을 받는 자의 산업재해 예방을 위한 조치 능력과 기술에 관한 평가기준·절차
   나. 도급, 용역, 위탁 등을 받는 자의 안전·보건을 위한 관리비용에 관한 기준
   다. 건설업 및 조선업의 경우 도급, 용역, 위탁 등을 받는 자의 안전·보건을 위한 공사기간 또는 건조기간에 관한 기준

제5조(안전·보건 관계법령에 따른 의무이행에 필요한 관리상의 조치) ① 법 제4조 제1항 제4호에서 "안전·보건 관계법령"이란 해당 사업 또는 사업장에 적용되는 것으로서 종사자의 안전·보건을 확보하는 데 관련되는 법령을 말한다.
② 법 제4조 제1항 제4호에 따른 조치에 관한 구체적인 사항은 다음 각 호와 같다.
1. 안전·보건 관계법령에 따른 의무를 이행했는지를 반기 1회 이상 점검(해당 안전·보건 관계법령에 따라 중앙행정기관의 장이 지정한 기관 등에 위탁하여 점검하는 경우를 포함한다. 이하 이 호에서 같다)하고, 직접 점검하지 않은 경우에는 점검이 끝난 후 지체 없이 점검 결과를 보고받을 것
2. 제1호에 따른 점검 또는 보고 결과 안전·보건 관계법령에 따른 의무가 이행되지 않은 사실이 확인되는 경우에는 인력을 배치하거나 예산을 추가로 편성·집행하도록 하는 등 해당 의무 이행에 필요한 조치를 할 것
3. 안전·보건 관계법령에 따라 의무적으로 실시해야 하는 유해·위험한 작업에 관한 안전·보건에 관한 교육이 실시되었는지를 반기 1회 이상 점검하고, 직접 점검하지 않은 경우에는 점검이 끝난 후 지체 없이 점검 결과를 보고받을 것
4. 제3호에 따른 점검 또는 보고 결과 실시되지 않은 교육에 대해서는 지체 없이 그 이행의 지시, 예산의 확보 등 교육 실시에 필요한 조치를 할 것

제6조(안전보건교육의 실시 등) ① 법 제8조 제1항에 따른 안전보건교육(이하 "안전보건교육"이라 한다)은 총 20시간의 범위에서 고용노동부장관이 정하는 바에 따라 이수해야 한다.
② 안전보건교육에는 다음 각 호의 사항이 포함되어야 한다.
1. 안전보건관리체계의 구축 등 안전·보건에 관한 경영 방안
2. 중대산업재해의 원인 분석과 재발 방지 방안
③ 고용노동부장관은 「한국산업안전보건공단법」에 따른 한국산업안전보건공단이나 「산업안전보건법」 제33조에 따라 등록된 안전보건교육기관(이하 "안전보건교육기관등"이라 한다)에 안전보건교육을 의뢰하여 실시할 수 있다.
④ 고용노동부장관은 분기별로 중대산업재해가 발생한 법인 또는 기관을 대상으로 안전보건교육을 이수해야 할 교육대상자를 확정하고 안전보건교육 실시일 30일 전까지 다음 각 호의 사항을 해당 교육대상자에게 통보해야 한다.
1. 안전보건교육을 실시하는 안전보건교육기관등. 2. 교육일정. 3. 그 밖에 안전보건교육의 실시에 필요한 사항
⑤ 제4항에 따른 통보를 받은 교육대상자는 해당 교육일정에 참여할 수 없는 정당한 사유가 있는 경우에는 안전보건교육 실시일 7일 전까지 고용노동부장관에게 안전보건교육의 연기를 한 번만 요청할 수 있다.
⑥ 고용노동부장관은 제5항에 따른 연기 요청을 받은 날부터 3일 이내에 연기 가능 여부를 교육대상자에게 통보해야 한다.
⑦ 안전보건교육을 연기하는 경우 교육일정 등의 통보에 관하여는 제4항을 준용한다.
⑧ 안전보건교육에 드는 비용은 안전보건교육기관등에서 수강하는 교육대상자가 부담한다.
⑨ 안전보건교육기관등은 안전보건교육을 실시한 경우에는 지체 없이 안전보건교육 이수자 명단을 고용노동부장관에게 통보해야 한다.
⑩ 안전보건교육을 이수한 교육대상자는 필요한 경우 안전보건교육이수확인서를 발급해 줄 것을 고용노동부장관에게 요청할 수 있다.
⑪ 제10항에 따른 요청을 받은 고용노동부장관은 고용노동부장관이 정하는 바에 따라 안전보건교육이수확인서를 지체 없이 내주어야 한다.

제7조(과태료의 부과기준) 법 제8조 제2항에 따른 과태료의 부과기준은 별표 4와 같다.

제3장 중대시민재해

제8조(원료·제조물 관련 안전보건관리체계의 구축 및 이행 조치) 법 제9조 제1항 제1호에 따른 조치의 구체적인 사항은 다음 각 호와 같다.
1. 다음 각 목의 사항을 이행하는 데 필요한 인력을 갖추어 중대시민재해 예방을 위한 업무를 수행하도록 할 것
   가. 법 제9조 제1항 제4호의 안전·보건 관계법령에 따른 안전·보건 관리 업무의 수행
   나. 유해·위험요인의 점검과 위험징후 발생 시 대응
   다. 그 밖에 원료·제조물 관련 안전·보건 관리를 위해 환경부장관이 정하여 고시하는 사항
2. 다음 각 목의 사항을 이행하는 데 필요한 예산을 편성·집행할 것
   가. 법 제9조 제1항 제4호의 안전·보건 관계법령에 따른 인력·시설 및 장비 등의 확보·유지
   나. 유해·위험요인의 점검과 위험징후 발생 시 대응
   다. 그 밖에 원료·제조물 관련 안전·보건 관리를 위해 환경부장관이 정하여 고시하는 사항
3. 별표 5에서 정하는 원료 또는 제조물로 인한 중대시민재해를 예방하기 위해 다음 각 목의 조치를 할 것
   가. 유해·위험요인의 주기적인 점검
   나. 제보나 위험징후의 감지 등을 통해 발견된 유해·위험요인을 확인한 결과 중대시민재해의 발생 우려가 있는 경우의 신고 및 조치
   다. 중대시민재해가 발생한 경우의 보고, 신고 및 조치
   라. 중대시민재해 원인조사에 따른 개선조치
4. 제3호 각 목의 조치를 포함한 업무처리절차의 마련. 다만, 「소상공인기본법」 제2조에 따른 소상공인의 경우는 제외한다.
5. 제1호 및 제2호의 사항을 반기 1회 이상 점검하고, 점검 결과에 따라 인력을 배치하거나 예산을 추가로 편성·집행하도록 하는 등 중대시민재해 예방에 필요한 조치를 할 것

제9조(원료·제조물 관련 안전·보건 관계법령에 따른 의무이행에 필요한 관리상의 조치)
① 법 제9조 제1항 제4호에서 "안전·보건 관계법령"이란 해당 사업 또는 사업장에서 생산·제조·판매·유통 중인 원료나 제조물에 적용되는 것으로서 그 원료나 제조물이 사람의 생명·신체에 미칠 수 있는 유해·위험 요인을 예방하고 안전하게 관리하는 데 관련되는 법령을 말한다.

② 법 제9조 제1항 제4호에 따른 조치의 구체적인 사항은 다음 각 호와 같다.
1. 안전·보건 관계법령에 따른 의무를 이행했는지를 반기 1회 이상 점검(해당 안전·보건 관계법령에 따라 중앙행정기관의 장이 지정한 기관 등에 위탁하여 점검하는 경우를 포함한다. 이하 이 호에서 같다)하고, 직접 점검하지 않은 경우에는 점검이 끝난 후 지체 없이 점검 결과를 보고받을 것
2. 제1호에 따른 점검 또는 보고 결과 안전·보건 관계법령에 따른 의무가 이행되지 않은 사실이 확인되는 경우에는 인력을 배치하거나 예산을 추가로 편성·집행하도록 하는 등 해당 의무 이행에 필요한 조치를 할 것
3. 안전·보건 관계법령에 따라 의무적으로 실시해야 하는 교육이 실시되는지를 반기 1회 이상 점검하고, 직접 점검하지 않은 경우에는 점검이 끝난 후 지체 없이 점검 결과를 보고받을 것
4. 제3호에 따른 점검 또는 보고 결과 실시되지 않은 교육에 대해서는 지체 없이 그 이행의 지시, 예산의 확보 등 교육 실시에 필요한 조치를 할 것

제10조(공중이용시설·공중교통수단 관련 안전보건관리체계 구축 및 이행에 관한 조치) 법 제9조 제2항 제1호에 따른 조치의 구체적인 사항은 다음 각 호와 같다.
1. 다음 각 목의 사항을 이행하는 데 필요한 인력을 갖추어 중대시민재해 예방을 위한 업무를 수행하도록 할 것
    가. 법 제9조 제2항 제4호의 안전·보건 관계법령에 따른 안전관리 업무의 수행
    나. 제4호에 따라 수립된 안전계획의 이행
    다. 그 밖에 공중이용시설 또는 공중교통수단과 그 이용자나 그 밖의 사람의 안전에 관하여 국토교통부장관이 정하여 고시하는 사항
2. 다음 각 목의 사항을 이행하는 데 필요한 예산을 편성·집행할 것
    가. 법 제9조 제2항 제4호의 안전·보건 관계법령에 따른 인력·시설 및 장비 등의 확보·유지와 안전점검 등의 실시
    나. 제4호에 따라 수립된 안전계획의 이행
    다. 그 밖에 공중이용시설 또는 공중교통수단과 그 이용자나 그 밖의 사람의 안전에 관하여 국토교통부장관이 정하여 고시하는 사항
3. 공중이용시설 또는 공중교통수단에 대한 법 제9조 제2항 제4호의 안전·보건 관계법령에 따른 안전점검 등을 계획하여 수행되도록 할 것
4. 공중이용시설 또는 공중교통수단에 대해 연 1회 이상 다음 각 목의 내용이 포함된 안전계획을 수립하게 하고, 충실히 이행하도록 할 것. 다만, 공중이용시설에 대해 「시설물의 안전 및 유지관리에 관한 특별법」 제6조에 따라 시설물에 대한 안전 및 유지관리계획을 수립·시행하거나 공중이용시설 또는 공중교통수단에 대해 철도운영자가 「철도안전법」 제6조에 따라 연차별 시행계획을 수립·추진하는 경우로서 사업주 또는 경영책임자등이 그 수립 여부 및 내용을 직접 확인하거나 보고받은 경우에는 안전계획을 수립하여 이행한 것으로 본다.
    가. 공중이용시설 또는 공중교통수단의 안전과 유지관리를 위한 인력의 확보에 관한 사항
    나. 공중이용시설의 안전점검 또는 정밀안전진단의 실시와 공중교통수단의 점검·정비(점검·정비에 필요한 장비를 확보하는 것을 포함한다)에 관한 사항
    다. 공중이용시설 또는 공중교통수단의 보수·보강 등 유지관리에 관한 사항
5. 제1호부터 제4호까지에서 규정한 사항을 반기 1회 이상 점검하고, 직접 점검하지 않은 경우에는 점검이 끝난 후 지체 없이 점검 결과를 보고받을 것
6. 제5호에 따른 점검 또는 보고 결과에 따라 인력을 배치하거나 예산을 추가로 편성·집행하도록 하는 등 중대시민재해 예방에 필요한 조치를 할 것
7. 중대시민재해 예방을 위해 다음 각 목의 사항이 포함된 업무처리절차를 마련하여 이행할 것. 다만, 철도운영자가 「철도안전법」 제7조에 따라 비상대응계획을 포함한 철도안전관리체계를 수립하여 시행하거나 항공운송사업자가 「항공안전법」 제58조 제2항에 따라 위기대응계획을 포함한 항공안전관리시스템을 마련하여 운용한 경우로서 사업주 또는 경영책임자등이 그 수립 여부 및 내용을 직접 점검하거나 점검 결과를 보고받은 경우에는 업무처리절차를 마련하여 이행한 것으로 본다.
    가. 공중이용시설 또는 공중교통수단의 유해·위험요인의 확인·점검에 관한 사항
    나. 공중이용시설 또는 공중교통수단의 유해·위험요인을 발견한 경우 해당 사항의 신고·조치요구, 이용 제한, 보수·보강 등 그 개선에 관한 사항

다. 중대시민재해가 발생한 경우 사상자 등에 대한 긴급구호조치, 공중이용시설 또는 공중교통수단에 대한 긴급안전점검, 위험표지 설치 등 추가 피해방지 조치, 관계 행정기관 등에 대한 신고와 원인조사에 따른 개선조치에 관한 사항
라. 공중교통수단 또는 「시설물의 안전 및 유지관리에 관한 특별법」 제7조 제1호의 제1종시설물에서 비상상황이나 위급상황 발생 시 대피훈련에 관한 사항
8. 제3자에게 공중이용시설 또는 공중교통수단의 운영·관리 업무의 도급, 용역, 위탁 등을 하는 경우 공중이용시설 또는 공중교통수단과 그 이용자나 그 밖의 사람의 안전을 확보하기 위해 다음 각 목에 따른 기준과 절차를 마련하고, 그 기준과 절차에 따라 도급, 용역, 위탁 등이 이루어지는지를 연 1회 이상 점검하고, 직접 점검하지 않은 경우에는 점검이 끝난 후 지체 없이 점검 결과를 보고받을 것
가. 중대시민재해 예방을 위한 조치능력 및 안전관리능력에 관한 평가기준·절차
나. 도급, 용역, 위탁 등의 업무 수행 시 중대시민재해 예방을 위해 필요한 비용에 관한 기준

제11조(공중이용시설·공중교통수단 관련 안전·보건 관계법령에 따른 의무이행에 필요한 관리상의 조치) ① 법 제9조 제2항 제4호에서 "안전·보건 관계법령"이란 해당 공중이용시설·공중교통수단에 적용되는 것으로서 이용자나 그 밖의 사람의 안전·보건을 확보하는 데 관련되는 법령을 말한다.
② 법 제9조 제2항 제4호에 따른 조치의 구체적인 사항은 다음 각 호와 같다.
1. 안전·보건 관계법령에 따른 의무를 이행했는지를 연 1회 이상 점검(해당 안전·보건 관계법령에 따라 중앙행정기관의 장이 지정한 기관 등에 위탁하여 점검하는 경우를 포함한다. 이하 이 호에서 같다)하고, 직접 점검하지 않은 경우에는 점검이 끝난 후 지체 없이 점검 결과를 보고받을 것
2. 제1호에 따른 점검 또는 보고 결과 안전·보건 관계법령에 따른 의무가 이행되지 않은 사실이 확인되는 경우에는 인력을 배치하거나 예산을 추가로 편성·집행하도록 하는 등 해당 의무 이행에 필요한 조치를 할 것
3. 안전·보건 관계법령에 따라 공중이용시설의 안전을 관리하는 자나 공중교통수단의 시설 및 설비를 정비·점검하는 종사자가 의무적으로 이수해야 하는 교육을 이수했는지를 연 1회 이상 점검하고, 직접 점검하지 않은 경우에는 점검이 끝난 후 지체 없이 점검 결과를 보고받을 것
4. 제3호에 따른 점검 또는 보고 결과 실시되지 않은 교육에 대해서는 지체 없이 그 이행의 지시 등 교육 실시에 필요한 조치를 할 것

제4장 보칙

제12조(중대산업재해 발생사실의 공표) ① 법 제13조 제1항에 따른 공표(이하 이 조에서 "공표"라 한다)는 법 제4조에 따른 의무를 위반하여 발생한 중대산업재해로 법 제12조에 따라 범죄의 형이 확정되어 통보된 사업장을 대상으로 한다.
② 공표 내용은 다음 각 호의 사항으로 한다.
1. "중대산업재해 발생사실의 공표"라는 공표의 제목. 2. 해당 사업장의 명칭. 3. 중대산업재해가 발생한 일시·장소. 4. 중대산업재해를 입은 사람의 수. 5. 중대산업재해의 내용과 그 원인(사업주 또는 경영책임자등의 위반사항을 포함한다). 6. 해당 사업장에서 최근 5년 내 중대산업재해의 발생 여부
③ 고용노동부장관은 공표하기 전에 해당 사업장의 사업주 또는 경영책임자등에게 공표하려는 내용을 통지하고 30일 이상의 기간을 정하여 그에 대해 소명자료를 제출하게 하거나 의견을 진술할 수 있는 기회를 주어야 한다.
④ 공표는 관보, 고용노동부나 「한국산업안전보건공단법」에 따른 한국산업안전보건공단의 홈페이지에 게시하는 방법으로 한다.
⑤ 제4항에 따라 홈페이지에 게시하는 방법으로 공표하는 경우 공표기간은 1년으로 한다.

제13조(조치 등의 이행사항에 관한 서면의 보관) 사업주 또는 경영책임자등(「소상공인기본법」 제2조에 따른 소상공인은 제외한다)은 제4조, 제5조 및 제8조부터 제11조까지의 규정에 따른 조치 등의 이행에 관한 사항을 서면(「전자문서 및 전자거래 기본법」 제2조 제1호에 따른 전자문서를 포함한다)으로 작성하여 그 조치 등을 이행한 날부터 5년간 보관해야 한다.

부칙 〈제32020호, 2021. 10. 5.〉
이 영은 2022년 1월 27일부터 시행한다.

중대재해 처벌 등에 관한 법률 시행령 [별표 1]

<u>직업성 질병(제2조 관련)</u>

1. 염화비닐·유기주석·메틸브로마이드(bromomethane)·일산화탄소에 노출되어 발생한 중추신경계장해 등의 급성중독
2. 납이나 그 화합물(유기납은 제외한다)에 노출되어 발생한 납 창백(蒼白), 복부 산통(疝痛), 관절통 등의 급성중독
3. 수은이나 그 화합물에 노출되어 발생한 급성중독
4. 크롬이나 그 화합물에 노출되어 발생한 세뇨관 기능 손상, 급성 세뇨관 괴사, 급성신부전 등의 급성중독
5. 벤젠에 노출되어 발생한 경련, 급성 기질성 뇌증후군, 혼수상태 등의 급성중독
6. 톨루엔(toluene)·크실렌(xylene)·스티렌(styrene)·시클로헥산(cyclohexane)·노말헥산(n-hexane)·트리클로로에틸렌(trichloroethylene) 등 유기화합물에 노출되어 발생한 의식장해, 경련, 급성 기질성 뇌증후군, 부정맥 등의 급성중독
7. 이산화질소에 노출되어 발생한 메트헤모글로빈혈증(methemoglobinemia), 청색증(靑色症) 등의 급성중독
8. 황화수소에 노출되어 발생한 의식 소실(消失), 무호흡, 폐부종, 후각신경마비 등의 급성중독
9. 시안화수소나 그 화합물에 노출되어 발생한 급성중독
10. 불화수소·불산에 노출되어 발생한 화학적 화상, 청색증, 폐수종, 부정맥 등의 급성중독
11. 인[백린(白燐), 황린(黃燐) 등 금지물질에 해당하는 동소체(同素體)로 한정한다]이나 그 화합물에 노출되어 발생한 급성중독
12. 카드뮴이나 그 화합물에 노출되어 발생한 급성중독
13. 다음 각 목의 화학적 인자에 노출되어 발생한 급성중독
    가. 「산업안전보건법」 제125조 제1항에 따른 작업환경측정 대상 유해인자 중 화학적 인자
    나. 「산업안전보건법」 제130조 제1항 제1호에 따른 특수건강진단 대상 유해인자 중 화학적 인자
14. 디이소시아네이트(diisocyanate), 염소, 염화수소 또는 염산에 노출되어 발생한 반응성 기도과민증후군
15. 트리클로로에틸렌에 노출(해당 물질에 노출되는 업무에 종사하지 않게 된 후 3개월이 지난 경우는 제외한다)되어 발생한 스티븐스존슨 증후군(stevens-johnson syndrome). 다만, 약물, 감염, 후천성면역결핍증, 악성 종양 등 다른 원인으로 발생한 스티븐스존슨 증후군은 제외한다.
16. 트리클로로에틸렌 또는 디메틸포름아미드(dimethylformamide)에 노출(해당 물질에 노출되는 업무에 종사하지 않게 된 후 3개월이 지난 경우는 제외한다)되어 발생한 독성 간염. 다만, 약물, 알코올, 과체중, 당뇨병 등 다른 원인으로 발생하거나 다른 질병이 원인이 되어 발생한 간염은 제외한다.
17. 보건의료 종사자에게 발생한 B형 간염, C형 간염, 매독 또는 후천성면역결핍증의 혈액전파성 질병
18. 근로자에게 건강장해를 일으킬 수 있는 습한 상태에서 하는 작업으로 발생한 렙토스피라증(leptospirosis)
19. 동물이나 그 사체, 짐승의 털·가죽, 그 밖의 동물성 물체를 취급하여 발생한 탄저, 단독(erysipelas) 또는 브루셀라증(brucellosis)
20. 오염된 냉각수로 발생한 레지오넬라증(legionellosis)
21. 고기압 또는 저기압에 노출되거나 중추신경계 산소 독성으로 발생한 건강장해, 감압병(잠수병) 또는 공기색전증(기포가 동맥이나 정맥을 따라 순환하다가 혈관을 막는 것)
22. 공기 중 산소농도가 부족한 장소에서 발생한 산소결핍증
23. 전리방사선(물질을 통과할 때 이온화를 일으키는 방사선)에 노출되어 발생한 급성 방사선증 또는 무형성 빈혈
24. 고열작업 또는 폭염에 노출되는 장소에서 하는 작업으로 발생한 심부체온상승을 동반하는 열사병

법 시행령 [별표 2] 법 제2조 제4호 가목의 시설 중 공중이용시설(제3조 제1호 관련)

1. 모든 지하역사(출입통로·대합실·승강장 및 환승통로와 이에 딸린 시설을 포함한다)
2. 연면적 2천㎡ 이상인 지하도상가(지상건물에 딸린 지하층의 시설을 포함한다. 이하 같다). 이 경우 연속되어 있는 둘 이상의 지하도상가의 연면적 합계가 2천제곱미터 이상인 경우를 포함한다.
3. 철도역사의 시설 중 연면적 2천제곱미터 이상인 대합실
4. 「여객자동차 운수사업법」 제2조 제5호의 여객자동차터미널 중 연면적 2천제곱미터 이상인 대합실
5. 「항만법」 제2조 제5호의 항만시설 중 연면적 5천제곱미터 이상인 대합실
6. 「공항시설법」 제2조 제7호의 공항시설 중 연면적 1천5백제곱미터 이상인 여객터미널
7. 「도서관법」 제2조 제1호의 도서관 중 연면적 3천제곱미터 이상인 것
8. 「박물관 및 미술관 진흥법」 제2조 제1호 및 제2호의 박물관 및 미술관 중 연면적 3천㎡ 이상인 것
9. 「의료법」 제3조 제2항의 의료기관 중 연면적 2천제곱미터 이상이거나 병상 수 100개 이상인 것
10. 「노인복지법」 제34조 제1항 제1호의 노인요양시설 중 연면적 1천제곱미터 이상인 것
11. 「영유아보육법」 제2조 제3호의 어린이집 중 연면적 430제곱미터 이상인 것
12. 「어린이놀이시설 안전관리법」 제2조 제2호의 어린이놀이시설 중 연면적 430제곱미터 이상인 실내 어린이놀이시설
13. 「유통산업발전법」 제2조 제3호의 대규모점포. 다만, 「전통시장 및 상점가 육성을 위한 특별법」 제2조 제1호의 전통시장은 제외한다.
14. 「장사 등에 관한 법률」 제29조에 따른 장례식장 중 지하에 위치한 시설로서 연면적 1천㎡ 이상인 것
15. 「전시산업발전법」 제2조 제4호의 전시시설 중 옥내시설로서 연면적 2천제곱미터 이상인 것
16. 「건축법」 제2조 제2항 제14호의 업무시설 중 연면적 3천제곱미터 이상인 것. 다만, 「건축법 시행령」 별표 1 제14호 나목2)의 오피스텔은 제외한다.
17. 「건축법」 제2조 제2항에 따라 구분된 용도 중 둘 이상의 용도에 사용되는 건축물로서 연면적 2천제곱미터 이상인 것. 다만, 「건축법 시행령」 별표 1 제2호의 공동주택 또는 같은 표 제14호 나목2)의 오피스텔이 포함된 경우는 제외한다.
18. 「공연법」 제2조 제4호의 공연장 중 객석 수 1천석 이상인 실내 공연장
19. 「체육시설의 설치·이용에 관한 법률」 제2조 제1호의 체육시설 중 관람석 수 1천석 이상인 실내 체육시설

법 시행령 [별표 4] 과태료의 부과기준(제7조 관련)

1. 일반기준
   가. 위반행위의 횟수에 따른 과태료의 가중된 부과기준은 최근 1년간 같은 위반행위로 과태료 부과처분을 받은 경우에 적용한다. 이 경우 기간의 계산은 위반행위에 대해 과태료 부과처분을 받은 날과 그 처분 후 다시 같은 위반행위를 하여 적발된 날을 기준으로 한다.
   나. 가목에 따라 가중된 부과처분을 하는 경우 가중처분의 적용 차수는 그 위반행위 전 부과처분 차수(가목에 따른 기간 내에 과태료 부과처분이 둘 이상 있었던 경우는 높은 차수를 말함)의 다음 차수로 한다.
   다. 부과권자는 다음의 어느 하나에 해당하는 경우에는 제3호의 개별기준에 따른 과태료(제2호에 따라 과태료 감경기준이 적용되는 사업 또는 사업장의 경우에는 같은 호에 따른 감경기준에 따라 산출한 금액을 말한다)의 2분의 1 범위에서 그 금액을 줄여 부과할 수 있다. 다만, 과태료를 체납하고 있는 위반행위자에 대해서는 그렇지 않다.
      1) 위반행위자가 자연재해·화재 등으로 재산에 현저한 손실을 입었거나 사업여건의 악화로 사업이 중대한 위기에 처하는 등의 사정이 있는 경우. 2) 위반행위가 사소한 부주의나 오류로 인한 것으로 인정되는 경우. 3) 위반행위자가 법 위반상태를 시정하거나 해소하기 위해 노력한 것이 인정되는 경우
      4) 그 밖에 위반행위의 정도, 위반행위의 동기와 그 결과 등을 고려하여 과태료 금액을 줄일 필요가 있다고 인정되는 경우

2. 사업·사업장의 규모나 공사 규모에 따른 과태료 감경기준
   상시근로자 수가 50명 미만인 사업 또는 사업장이거나 공사금액이 50억원 미만인 건설공사의 사업 또는 사업장인 경우에는 제3호의 개별기준에도 불구하고 그 과태료의 2분의 1 범위에서 감경할 수 있다.

3. 개별기준

위반행위	근거 법조문	과태료		
		1차 위반	2차 위반	3차 이상 위반
법 제8조 제1항을 위반하여 경영책임자등이 안전보건교육을 정당한 사유없이 이행하지 않은 경우	법 제8조 제2항	1천만원	3천만원	5천만원

법 시행령 [별표 5]
제8조 제3호에 따른 조치 대상 원료 또는 제조물(제8조 제3호 관련)

1. 「고압가스 안전관리법」 제28조 제2항 제13호의 독성가스
2. 「농약관리법」 제2조 제1호, 제1호의2, 제3호 및 제3호의2의 농약, 천연식물보호제, 원제 및 농약활용기자재.
3. 「마약류 관리에 관한 법률」 제2조 제1호의 마약류
4. 「비료관리법」 제2조 제2호 및 제3호의 보통비료 및 부산물비료.
5. 「생활화학제품 및 살생물제의 안전관리에 관한 법률」 제3조 제7호 및 제8호의 살생물물질 및 살생물제품
6. 「식품위생법」 제2조 제1호, 제2호, 제4호 및 제5호의 식품, 식품첨가물, 기구 및 용기·포장
7. 「약사법」 제2조 제4호의 의약품, 같은 조 제7호의 의약외품 및 같은 법 제85조 제1항의 동물용 의약품·의약외품.
8. 「원자력안전법」 제2조 제5호의 방사성물질
9. 「의료기기법」 제2조 제1항의 의료기기.
10. 「총포·도검·화약류 등의 안전관리에 관한 법률」 제2조 제3항의 화약류.
11. 「화학물질관리법」 제2조 제7호의 유해화학물질.
12. 그 밖에 제1호부터 제11호까지의 규정에 준하는 것으로서 관계 중앙행정기관의 장이 정하여 고시하는 생명·신체에 해로운 원료 또는 제조물

법 시행령 [별표 3] 법 제2조 제4호 나목의 시설물 중 공중이용시설(제3조 제2호 관련)

1. 교량	가. 도로교량 : 1) 상부구조형식이 현수교, 사장교, 아치교 및 트러스교인 교량, 2) 최대 경간장 50m 이상의 교량, 3) 연장 100m 이상의 교량, 4) 폭 6m 이상이고 연장 100m 이상인 복개구조물. 나. 철도교량 : 1) 고속철도 교량, 2) 도시철도의 교량 및 고가교, 3) 상부구조형식이 트러스교 및 아치교인 교량, 4) 연장 100m 이상의 교량
2. 터널	가. 도로터널 : 1) 연장 1천m 이상의 터널, 2) 3차로 이상의 터널, 3) 터널구간이 연장 100m 이상인 지하차도, 4) 고속국도, 일반국도, 특별시도 및 광역시도의 터널, 5) 연장 300m 이상의 지방도, 시도, 군도 및 구도의 터널 나. 철도터널 : 1) 고속철도 터널, 2) 도시철도 터널, 3) 연장 1천미터 이상의 터널, 4) 특별시 또는 광역시에 있는 터널
3. 항만	가. 방파제, 파제제(波除堤) 및 호안 : 1) 연장 500m 이상의 방파제, 2) 연장 500m 이상의 파제제, 3) 방파제 기능을 하는 연장 500m 이상의 호안 나. 계류시설 : 1) 1만톤급 이상의 원유부이식 계류시설(부대시설인 해저송유관 포함), 2) 1만톤급 이상의 말뚝구조의 계류시설, 3) 1만톤급 이상의 중력식 계류시설
4. 댐	1) 다목적댐, 발전용댐, 홍수전용댐, 2) 지방상수도전용댐, 3) 총저수용량 1백만톤 이상의 용수전용댐
5. 건축물	1) 고속철도, 도시철도 및 광역철도 역 시설, 2) 16층 이상이거나 연면적 3만제곱미터 이상의 건축물, 3) 연면적 5천㎡ 이상(각 용도별 시설의 합계)의 문화·집회 시설, 종교시설, 판매시설, 운수시설 중 여객용 시설, 의료시설, 노유자시설, 수련시설, 운동시설, 숙박시설 중 관광숙박시설 및 관광휴게시설
6. 하천	가. 하구둑 : 1) 하구둑, 2) 포용조수량 1천만톤 이상의 방조제 나. 제방 : 국가하천의 제방〔부속시설인 통관(通管) 및 호안 포함〕 다. 보 : 국가하천에 설치된 다기능 보
7. 상하수도	가. 상수도 : 1) 광역상수도, 2) 공업용수도, 3) 지방상수도 나. 하수도 : 공공하수처리시설 중 1일 최대처리용량 500톤 이상인 시설
8. 옹벽 및 절토사면 (깎기 비탈면)	1) 지면으로부터 노출된 높이가 5m 이상인 부분의 합이 100m 이상인 옹벽 2) 지면으로부터 연직높이(옹벽이 있는 경우 옹벽 상단으로부터의 높이) 30m 이상을 포함한 절토부(땅깎기를 한 부분)로서 단일 수평연장 100m 이상인 절토사면
비고 생략	

제2장
산업안전보건법

제2장 산업안전보건법

⟨2025년부터 달라지는 산업안전보건제도[202]⟩

변경되는 제도	주요 내용
온열질환 예방조치 의무화 *폭염·한파에 장시간 작업함에 따라 발생하는 건강장해에 대한 예방조치	- 폭염으로 인한 근로자 건강장해 예방을 위해 온습도계 비치, 근로시간 조정, 휴식시간 부여 등 조치의무 * 위반 시 형사처벌(5년 이하 징역 또는 5천만원 이하 벌금 등)
참여기반 실행형 위험성평가	- 단순 점수에서 '참여기반 실행'으로 전환 ·위험성평가 구조가 증거 기반으로 전환 ·인정기준 90점, 실행수준 비중 60% ·근로자 참여 비중이 25%로 증가 * 인정 사업장 최소 1회 이상 사후점검 인정 취소사유 확대
선제적 기획 감독제도	- 악의적·반복 위반 사업장에 대한 선제적 기획감독 시행, 감독 이후 이행상황 점검 - 50인 미만 사업장도 위험성평가 특화점검 대상에 포함, 안전보건 문서 체계화, 고위험 작업 시나리오 개발, 지속적인 안전 실천
안전보건관리자의 독립성 강화	- 사업주가 안전관리자, 보건관리자, 산업보건의를 해임하거나 위탁계약 종료 시 고용노동부에 관련 증빙서류 제출(위임계약서에 해임사유, 절차, 통보기준 등 명확히 기재하여 법적 대응 근거 확보)
건설안전장비 지원 및 비용 변화	- 건설업의 안전보건관리비 계상 요율 19% 인상 - 스마트 안전장비에 대한 정부 보조금 지원 비율이 70%에서 2026년까지 단계적으로 100%까지 확대
기타	- **정기·채용·작업변경·특수형태근로자 교육 시 화재·폭발 대피 교육 항목 신설**(법 시행규칙 별표5) - 산업재해보상보험법 개정(시행 2025. 1. 1.), 4월 28일을 산업재해근로자를 위한 법정기념일로 지정 - 2024년 하반기 시행 : 식품가공용 기계에 의한 위험 방지 조치 마련, 사다리식 통로 등받이울 안전기준 보완, 안전보건대장 합리화 등

---

[202] 한국보건안전협회 블로그(https://blog.naver.com/rinmine/223721384645) 참조.
세이프티퍼스트닷뉴스 2025. 6. 10.자 기사, "2025년부터 달라지는 5가지 안전보건 제도…"실행력과 증거가 핵심" 참조. <https://www.safety1st.news/news/articleView.html?idxno=6912>.

⟨산업안전보건법 체계의 이해⟩

구분	내용	비고
구성	▶ 법의 구성체계 : 총칙, 안전보건관리체제, 안전보건교육, 유해·위험방지조치, 유해·위험 기계 및 물질에 대한 조치, 도급 시 산재예방, 근로자의 건강관리, 벌칙 등	※ 산안법, 법 시행령·시행규칙, 산업안전보건기준에 관한 규칙 등
중대재해	▶ 산업재해 중 사망 등 재해가 심하거나 다수 재해자 발생 ① 사망자가 1명 이상 발생한 재해, ② 3개월 이상의 요양이 필요한 부상자가 동시에 2명 이상 발생한 재해, ③ 부상자 또는 직업성 질병자가 동시에 10명 이상 발생한 재해	안전보건조치위반으로 사망 7년 이하 징역 또는 1억원 이하 벌금, 가중처벌 (형 확정 후 5년 내)
사업주의 의무	▶ 안전보건관리체계 구성, 안전보건관리규정 작성, 법정교육 실시 ▶ 안전보건조치 이행으로 사고·질병 예방(유해·위험방지계획서, 공정안전보고서, 안전보건진단, 안전보건개선계획 작성·시행, 중대재해 발생 시 법정조치, 산업재해 보고 등) ▶ 유해·위험물질에 대한 조치(석면 조사·해체·제거 등) ▶ 근로자의 보건관리 : 작업환경측정과 근로자 건강검진 시행 ▶ 질병자 근로 금지제한, 유해·위험작업 시 근로시간 제한준수 ▶ 급박한 위험 시 작업 중지 및 근로자 대피	※ 건설공사발주자: 산재예방을 위해 건설공사 계획·설계·시공 단계 필요 조치(2개 이상 건설공사발주자는 안전보건조정자 필요) ※ 건설공사발주자·도급인 금지사항 : 공사기간 단축, 위험한 공법 사용, 정해진 공법 변경 등
안전보건관리체계	(조직도: 사업주 – 안전보건관리책임자 – 안전보건총괄책임자 – 관리감독자 – 안전보건조정자 – 안전보건관리담당자 – 노동자, 안전관리자/보건관리자 보좌·지도조언)	※ 대표이사 : 매년 회사의 안전보건 계획을 수립하여 이사회에 보고 및 승인받을 의무 지도 – 산업보건의
	▶ 안전보건계획 이사회 미보고·미승인 : 1천만원 이하 과태료 ▶ 안전보건관리자 미선임 : 500만원 이하 과태료 (안전관리자 : 공사금액 50억 이상 1명 이상, 보건관리자 : 공사금액 800억원 이상, 안전보건관리책임자 공사금액 20억 이상)	산업보건의 공사금액 800억원 이상 1명 이상 ※ 안전보건관리담당자는 건설업에 해당없음
안전보건조치	▶ 법령 요지 게시, 위험성평가, 안전보건표지의 설치·부착 ▶ 안전조치(제38조) : ①기계·기구·설비에 의한 위험, ②폭발성, 발화성·인화성 물질 등에 의한 위험, ③전기, 열, 에너지에 의한 위험, ④굴착, 채석, 하역, 벌목, 운송, 조작, 운반, 해체, 중량물 취급, 그 밖의 작업 시 불량한 작업방법 등에 의한 위험 ⑤근로자가 추락할 위험이 있는 장소, 토사·구축물 등이 붕괴할 우려가 있는 장소, 물체가 떨어지거나 날아올 위험이 있는 장소, 천재지변 위험발생 우려 장소 작업 시 산재예방 필요 조치 ▶ 보건조치(제39조) : 원재료·가스·증기·분진·흄·미스트·산소결핍·병원체 등에 의한 건강장해 등 예방 필요 조치	안전보건교육(3장) 유해·위험 방지 조치(4장) 도급 시 산재예방(5장) 건설업등 산재예방(5장) 유해·위험기계등 조치(6장) 유해·위험물질 조치(7장) 근로자 보건관리(9장) 벌칙(12장)

〈중대재해, 안전보건조치 관련 규정과 제재〉

중대재해 관련 규정		제재
▶ 중대재해 ① 사망자가 1명 이상 발생한 재해, ② 3개월 이상의 요양 필요 부상자가 동시 2명 이상 발생한 재해, ③ 부상자 또는 직업성 질병자가 동시에 10명 이상 발생한 재해		
▶ 산업안전보건위원회 심의·의결사항(법 제24조) 법 제15조 제1항 제6호(산업재해의 원인 조사 및 재발 방지대책 수립에 관한 사항)에 따른 사항 중 중대재해에 관한 사항		500만원 이하 과태료
▶ 안전보건개선계획의 수립·시행 명령(법 제49조) 고용노동부장관은 산업재해 예방을 위하여 종합적인 개선조치를 할 필요가 있다고 인정되는 사업장의 사업주에게 안전보건개선계획을 수립하여 시행할 것을 명할 수 있다. 2. 사업주가 필요한 안전조치 또는 보건조치를 이행하지 아니하여 중대재해가 발생한 사업장		(명령위반 시) 1천만원 이하 과태료
▶ 중대재해 발생 시 사업주의 조치(제54조) ① 사업주는 중대재해가 발생하였을 때는 즉시 해당 작업을 중지시키고 근로자를 작업장소에서 대피시키는 등 안전 및 보건에 관하여 필요한 조치를 하여야 한다. ② 사업주는 중대재해가 발생한 사실을 알게 된 경우에는 지체 없이 고용노동부장관에게 보고하여야 한다.		〈제1항 안전보건조치 위반〉 5년 이하의 징역 또는 5천만원 이하의 벌금 〈제2항 중대재해 발생 사실 미보고, 거짓보고〉 3천만원 이하 과태료
▶ 중대재해 발생 시 고용노동부장관의 작업중지 조치(제55조) ① 고용노동부장관은 중대재해가 발생하였을 때 해당 사업장에 산업재해가 다시 발생할 급박한 위험이 있다고 판단되는 경우에는 그 작업의 중지를 명할 수 있다. 1. 중대재해가 발생한 해당 작업 2. 중대재해가 발생한 작업과 동일한 작업 ② 고용노동부장관은 토사·구축물의 붕괴, 화재·폭발, 유해하거나 위험한 물질의 누출 등으로 인하여 중대재해가 발생하여 그 재해가 발생한 장소 주변으로 산업재해가 확산될 수 있다고 판단되는 등 불가피한 경우에는 해당 사업장의 작업을 중지할 수 있다.		〈제1·2항에 따른 명령 위반〉 5년 이하의 징역 또는 5천만원 이하의 벌금
▶ 중대재해 원인조사(제56조) ① 고용노동부장관은 중대재해가 발생하였을 때에는 그 원인 규명 또는 산업재해 예방대책 수립을 위하여 그 발생 원인을 조사할 수 있다. ③ 누구든지 중대재해 발생 현장을 훼손하거나 제1항에 따른 고용노동부장관의 원인조사를 방해해서는 아니 된다.		〈중대재해 발생현장을 훼손하거나 고용노동부장관의 원인조사를 방해한 자〉 1년 이하 징역 또는 1천만원 이하 벌금
안전보건조치 위반	▶ 사업주의 안전조치(제38조) 보건조치(제39조) 위반	5년 이하의 징역 또는 5천만원 이하의 벌금
	▶ 사업주(도급인)의 안전·보건조치 위반 (제63조)으로 근로자 사망 (※ 형 확정 후 5년 이내 범죄 시 2분의1 가중)	7년 이하 징역 또는 1억원 이하 벌금
▲휴게시설 설치의무 (대통령령의 사업장)	▶ 설치의무 위반 ▶ 설치·관리기준 미준수	1,500만원 이하 과태료 1,000만원 이하 과태료
▲폭염등 건강장애 예방조치 의무화	폭염·한파에 장시간 작업함에 따라 발생하는 건강장해에 대한 예방조치	5년 이하의 징역 또는 5천만원 이하 벌금 등

1. 제정 배경 및 핵심 용어 등

가. 제정 배경 및 개정 경과

산업안전보건법은 산업안전 및 보건에 관한 기준을 확립하고 그 책임의 소재를 명확하게 하여 산업재해를 예방하고 쾌적한 작업환경을 조성함으로써 노무를 제공하는 사람의 안전 및 보건을 유지·증진하기 위하여 1981년 12월 31일 제정되었다.

이후 1990년 1월 전부개정, 2019년 1월 15일 전부개정을 포함하여, 타법개정을 제외하고 20여 차례 개정되었다. 2019년 1월 15일 전부개정에서는 다양한 고용 형태의 노무제공자들도 산업안전보건법의 보호를 받을 수 있도록 보호 대상을 확대하고, **근로자에게 작업중지권 부여**와 실효성 확보 수단 마련, **도급작업 등 유해·위험한 작업의 도급금지**, 도급인의 산업재해 예방책임 강화, **물질안전보건자료(MSDS) 작성·제출의무화**[203] 등 내용을 담았다. 또 기존에 안전조치·보건조치 의무를 위반하여 근로자를 사망하게 한 자(7년 이하 징역 또는 1억원 이하 벌금)가 해당 죄로 형을 선고받고 그 형 확정 후 5년 이내 재범 시 **그 형의 2분의 1까지 가중 처벌**하도록 하였다.

2021년 8월 17일(시행 2022. 8. 17.)에는 건설현장 산업재해 예방을 위한 지도계약의 실효성과 독립성을 확보하기 위하여 종전 건설공사도급인이 건설재해예방지도기관과 직접 계약을 체결하고 지도기관은 그 대가를 건설공사도급인으로부터 지급받던 체계에서, **건설공사발주자 또는 건설공사의 시공을 주도하여 총괄·관리하는 자가 건설재해예방지도기관과 직접 계약을 체결**하도록 변경하였다(법 제73조 제1항). 아울러 지도기관에게는 지도실시 의무를, 건설도급인에게는 지도에 따른 조치의무를 부과하며, 이를 **위반 시 각 300만원 이하 과태료**를 부과하도록 하였다.

한편 종전 규칙에 규정된 사업주의 **휴게시설 설치 의무규정**을 직접 법(제128조의2)에서 법정 설치·관리기준에 맞는 **휴게시설**(상시근로자 20명 이상 사업장, 건설업은 총공사금액 20억원 이상 사업장, 10명 이상 20명 미만 사업장 중 청소원·환경미화원, 아파트경비원, 건물경비원, 배달원, 전화상담원, 텔레마케터, 돌봄 서비스 종사원 등 7개 취약직종의 근로자 2명 이상이 고용된 사업장)을 갖추도록 규정하여 근로자의 건강권 확보를 두껍게 하였다. 휴게시설 미설치 시 1,500만원 이하, 휴게시설 설치·관리기준[204] 미준수에 대하여는 1천만원 이하 과태료를 부과한다. 또 관계수급인 근로자가

---

[203] 2023. 1. 16.부터 제조·수입한 **MSDS 대상물질 100t**(기존 1,000t) 이상으로 확대.
[204] 휴게시설 설치기준(법 시행규칙 별표 21의2) : 바닥면적 최소 6㎡, 높이: 바닥에서 천장까지 2.1m 이상, 휴게시설임을 알 수 있는 표지 외부에 부착하고, 이용하기 편리하고 가까운 곳에 창문 등 환기 가능하고, 의자 등 비품, 식수 설비가 갖춰지고, 적정온도(18~28도) 유지 냉난방 기능, 적정 습도(50~55%), 조명(100~200럭스)유지. 기타: 휴게시설임을 알 수 있는 표지 부착, 청소·관리 담당자 지정 등.

도급인의 사업장에서 작업을 하는 경우로서 위생시설 등 고용노동부령으로 정하는 시설의 설치 등을 위하여 필요한 장소의 제공 또는 도급인이 설치한 위생시설 이용의 협조를 하지 않으면 1,500만원 이하 과태료를 부과하도록 규정하였다.

나. 법의 구성 체계

관련 내용으로 산업안전보건법, 법 시행령·시행규칙, 산업안전보건기준에 관한 규칙(안전보건규칙), 유해·위험작업의 취업 제한에 관한 규칙(취업제한규칙) 등이 있다. 이 법은 총칙, 안전보건관리체계, 안전보건교육, 유해·위험방지조치, 도급 시 산업재해예방, 유해·위험기계 등 유해·위험물질 조치, 근로자의 건강관리, 보칙, 벌칙 등으로 나뉜다.

다. 핵심 용어, 적용 범위

법 제2조에서는 산업안전보건법의 주요 용어에 대한 정의규정을 두고 있다.

"**산업재해**"란 **노무를 제공하는 사람이** 업무에 관계되는 건설물·설비·원재료·가스·증기·분진 등에 의하거나 작업 또는 그 밖의 업무로 인하여 **사망·부상·질병에 걸리는** 것을 말하며, "**중대재해**"란 산업재해 중 사망 등 재해 정도가 심하거나 다수의 재해자가 발생한 경우로서 고용노동부령으로 정하는 재해(①**사망자가 1명 이상** 발생한 재해, ②**3개월 이상의 요양이 필요한 부상자가 동시에 2명 이상** 발생한 재해, ③**부상자 또는 직업성 질병자가 동시에 10명 이상** 발생한 재해)를 말한다. "근로자"란 근로기준법에서 정한 "직업의 종류와 관계없이 임금을 목적으로 사업이나 사업장에 근로를 제공하는 사람"을 말하며, "사업주"란 근로자를 사용하여 사업을 하는 자이다.

"**도급**"이란 명칭에 관계없이 물건의 제조·건설·수리 또는 서비스의 제공, 그 밖의 업무를 타인에게 맡기는 계약이며, "도급인"이란 물건의 제조·건설·수리 또는 서비스의 제공, 그 밖의 업무를 도급하는 사업주를 말한다. 다만, 건설공사발주자는 제외된다. "수급인"이란 도급인으로부터 물건의 제조·건설·수리 또는 서비스의 제공, 그 밖의 업무를 도급받은 사업주이고, "관계수급인"이란 도급이 여러 단계에 걸쳐 체결된 경우에 각 단계별로 도급받은 사업주 전부를 말한다. "**건설공사발주자**"란 건설공사를 도급하는 자로서 건설공사의 시공을 주도하여 총괄·관리하지 아니하는 자를 말한다. 다만, 도급받은 건설공사를 다시 도급하는 자는 제외한다. 그러므로 **도급하는 업무가 건설공사인 경우, 공사의 시공을 주도하여 총괄·관리하는 경우 도급인 책임을 지고, 총괄·관리하지 않는 경우 건설공사발주자의 책임을 부담**한다(도급사업주가 자신의 사업장에서 시행하는 건설공사 과정에서 발생할 수 있는 산업재해 예방과 관련된 **유해·위험요소에 대하여 실질적인 지배·관리권한**을 가지지 않는다면 산업안전보건법 제167조의 형사책임을 부담하지 않음).

"건설공사"란 건설산업기본법 제2조 제4호에 따른 건설공사, 전기공사업법 제2조 제1호에 따른 전기공사, 정보통신공사업법 제2조 제2호에 따른 정보통신공사, 소방시설공사업법에 따른 소방시설공사, 문화재수리 등에 관한 법률에 따른 문화재수리공사를 말한다. "**안전보건진단**"이란 산업재해를 예방하기 위하여 잠재적 위험성을 발견하고 그 개선대책을 수립할 목적으로 조사·평가하는 것이고, "**작업환경측정**"이란 작업환경 실태를 파악하기 위하여 해당 근로자 또는 작업장에 대하여 사업주가 유해인자에 대한 측정계획을 수립한 후 시료를 채취하고 분석·평가하는 것을 말한다.

이 법은 모든 사업에 적용한다. 다만, 유해·위험의 정도, 사업의 종류, 사업장의 상시 근로자 수(**건설공사는 건설공사 금액**을 말함) 등을 고려하여 대통령령으로 정하는 종류의 사업 또는 사업장에는 이 법의 전부 또는 일부를 적용하지 아니할 수 있다.

라. 사업주 기본 조치 및 의무

이 법에서는 사업주의 기본 조치 및 의무를 규정하고 있다.

〈사업주의 주요 의무사항〉

- **산업재해발생보고**(사망자등 발생 시 1개월이내 산업재해조사표 작성·제출, 중대재해 지체없이 보고)
- **안전보건관리체계 구성·규정 작성**(안전보건관리 조직·직무·교육, 작업장 안전보건관리, 사고조사·대책수립 등)
- **예방조치 의무**(산업안전보건법령 요지 게시, 유해·위험장소 안전보건표지 부착, 안전·보건상 조치 (※ 설비·물질·작업방법·추락 등 위험방지 조치), 중대재해·위험 발생 시 작업중지, 근로자 대피 등 조치)
- 그 밖의 예방조치(유해·위험 기계·기구등의 방호조치, 안전검사, MSDS 작성비치, 위험성평가 등)
- **도급사업의 안전보건조치**(안전조치의무, 유해·위험작업의 도급금지, 안전관리비계상)
- **안전보건 교육실시**(정기교육·채용 시 교육·작업내용 변경교육, 특별교육 등)
- **근로자의 보건관리**(작업환경 측정, 건강진단, 질병자 취업제한, 유해·위험작업 취업제한, **산업재해기록 보존** 등 서류작성·3·5년 보존 등)

사업주는 안전보건관리체계를 구성하고 안전보건관리규정을 작성해야 한다. 또한 법정교육(제3장)을 실시하고 안전조치와 보건조치(제4장)를 이행하여 사고와 질병을 예방해야 한다. 이를 위하여 사업주는 유해·위험방지계획서, 공정안전보고서, 안전보건진단, 안전보건개선계획 등의 작성 및 시행을 통해 안전한 작업환경을 조성하여야 하고, 중대재해 발생 시 법이 정한 조치를 취해야 하며, 산업재해를 보고하고 이를 은폐하여서는 아니 된다. 또한 사업주는 유해·위험물질에 대한 조치 중 석면에 대한 조사, 해체, 제거 등을 실시하여야 하고(제7장), 근로자의 보건관리를 위하여 대상과 시기에 맞추어 작업환경측정과 근로자 건강검진을 시행하여야 한다. 또 사업주는 질병자의 근로 금지·제한 및 유해·위험작업에 대한 근로시간 제한을 준수해야 한다. 사업주는 급박한 위험이 있을 경우, 작업을 중지하고 근로자를 대피시켜야 한다.

특히 건설물을 발주·설계·건설하는 자 등은 발주·설계·제조·수입 또는 건설을 할 때 산업안전보건법과 그 하위법령상의 기준을 지켜야 하고, 발주·설계·제조·수입 또는 건설에 사용되는 물건으로 인하여 발생하는 산업재해를 방지하기 위하여 필요한 조치를 하여야 한다. 건설공사의 사업주는 일반적인 사업주의 의무, 도급사업주의 의무와 함께 건설공사의 사업주로서 의무를 가진다(제5장).

건설공사의 건설공사발주자는 산업재해 예방을 위하여 산업안전보건법에 따라 건설공사의 계획, 설계 및 시공 단계에서 필요한 조치를 해야 한다. **2개 이상의 건설공사를 도급한 건설공사발주자**는 그 2개 이상의 건설공사가 같은 장소에서 행해지는 경우에 작업의 혼재로 인하여 발생할 수 있는 산업재해를 예방하기 위하여 건설공사 현장에 **안전보건조정자**를 두어야 한다. **건설공사발주자 또는 건설공사도급인**(건설공사발주자로부터 해당 건설공사를 최초로 도급받은 수급인 또는 건설공사의 시공을 주도하여 총괄·관리하는 자를 말한다)은 **설계도서 등에 따라 산정된 공사기간을 단축해서는 아니 된다.** 건실공사발주자(또는 도급인)는 건설공사 기간 연장, 설계변경의 요청, 산업안전보건관리비 계상, 건설공사의 산업재해 예방 지도에 있어 이 법을 준수해야 한다. 건설공사발주자(또는 도급인)는 **공사비를 줄이기 위하여 위험성이 있는 공법을 사용하거나 정당한 사유 없이 정해진 공법을 변경해서는 아니 된다.**

또 이 법이 정하는 규모의 건설공사의 건설공사도급인은 해당 건설공사 현장에 근로자위원과 사용자위원이 같은 수로 구성되는 안전 및 보건에 관한 협의체(노사협의체)를 이 법이 정하는 바에 따라 구성·운영할 수 있다. 건설공사도급인은 자신의 사업장에서 타워크레인 등 대통령령으로 정하는 기계·기구 또는 설비 등이 설치되어 있거나 작동하고 있는 경우 또는 이를 설치·해체·조립하는 등의 작업이 이루어지고 있는 경우에는 필요한 안전조치 및 보건조치를 하여야 한다.

〈재해발생에 대한 사업주 처벌 강화〉

- **안전보건조치 불이행으로 인한 근로자 사망** : 7년 이하 징역 또는 1억원 이하 벌금
  (형을 선고받고 형이 확정된 후 5년 이내 동일 범죄를 범한 경우 그 형의 2분의1까지 가중)
- **양벌규정** 10억원 이하 벌금(대표자나 법인, 그 밖의 종업원이 안전조치나 보건조치 의무를 위반하여 근로자가 사망한 경우 그 행위자를 벌하는 외에 그 법인사업주 또는 도급인에게 벌금 부과)
- **수강명령**(안전보건조치 위반(근로자 사망) 유죄판결 선고 시 200시간 이내 산재예방 수강명령 부과)

한편 근로자는 산업재해 예방을 위한 기준을 준수해야 하고, 사업주가 실시하는 산업재해방지에 관한 조치를 따라야 한다.

산업재해가 발생한 경우 조치 및 처리절차는 다음과 같다.

첫째, **재해자 발견 시 조치사항**에는 재해발생 기계의 정지 및 재해자 구출, 병원 긴급 후송, 보고 및 현장 보존이 있다. 둘째, **산업재해 발생 보고**를 하여야 한다. 3일 이상 휴업이 필요한 산업재해가 발생한 날로부터 1개월 이내 관할 지방노동관서에 산업재해조사표를 제출하고, 중대재해는 지체없이 관할 지방노동관서에 보고하며, 보고 내용에는 발생개요 및 피해상황, 조치 및 전망, 그 밖의 중요사항이 있다.

셋째, **산업재해 기록을 보존**해야 한다. 사업장의 개요 및 근로자의 인적 사항, 재해 발생의 일시 및 장소, 재해 발생의 원인 및 과정, 재해 재발방지계획을 기록하고 3년간 보존한다. 마지막으로 **재발방지 계획**(수립된 내용은 사업장에 게시하고 근로자에게 전달하여 공유하며, 재해발생방지계획을 기록하여 3년간 보존한다)**에 따른 개선활동**을 실시한다.

마. 특수건강진단

산업안전보건법 제130조에서는 유해인자에 노출되는 업무에 종사하는 등 일정한 근로자의 건강관리를 위하여 특수건강진단을 하도록 의무를 부여하고 있다.[205] 법 시행규칙 〔별표 22〕에서는 특수건강진단 대상 유해인자를 화학적 인자, 분진, 물리적 인자, 야간작업으로 나누어 규정하고 있다. 화학적 인자는 가솔린, 벤젠 등 유기화합물 109종, 구리, 납 등 금속류 20종, 황산 등 산 및 알카리류 8종, 염소 등 가스상태 물질류 14종, 허가대상 유해물질 12종(시행령 제88조) 등이 있다. 분진은 곡물분진 등 7종이 있으며, 물리적 인자는 소음, 진동, 방사선 등 8종이 있다.

야간작업은 ① 6개월간 밤 12시부터 오전 5시까지의 시간을 포함하여 계속되는 8시간 작업을 월 평균 4회 이상 수행하는 경우, ② 6개월간 오후 10시부터 다음날 오전 6시 사이의 시간 중 작업을 월 평균 60시간 이상 수행하는 경우가 이에 해당한다.

세척제, 세정제, 연마제, 광택제 등을 사용하는 근로자의 경우 시행규칙상 별표에 해당하는 유해인자가 포함되지 않더라도 그 효과를 달성할 수 있으므로 화학물질을 변경하

---

[205] 1. 고용노동부령으로 정하는 유해인자에 노출되는 업무(이하 "특수건강진단대상업무"라 한다)에 종사하는 근로자.
2. 제1호, 제3항 및 제131조(임시건강진단 명령 등)에 따른 건강진단 실시 결과 직업병 소견이 있는 근로자로 판정받아 작업 전환을 하거나 작업장소를 변경하여 해당 판정의 원인이 된 특수건강진단대상업무에 종사하지 아니하는 사람으로서 해당 유해인자에 대한 건강진단이 필요하다는 「의료법」 제2조에 따른 의사의 소견이 있는 근로자.

거나 농도를 조절한다면 특수건강검진 대상자에서 제외될 수 있다. 그러므로 사업장에서는 특정 유해인자206)가 포함된 제품 중 불필요하거나 대체 가능한 제품들을 교체 및 폐기하는 것이 바람직하다.

예를 들어, 청소작업자가 세정제 또는 세척제로 사용하는 스티커 아웃에는 유해화학물질인 EXSOL D-40이 함유되어 있고, 이지스트립에는 2-부톡시에탄올이 포함되어 있다. 광택제나 연마제로 사용되는 옵티멈 SSCM에는 이소프로필 알코올, 2-부톡시에탄올이라는 유해인자가 포함되어 있고, 소포제에는 산화규소가 포함되어 인체에 해로운 영향을 미치므로 이들 제품을 아래 표와 같이 유해인자가 포함되어 있지 않은 제품으로 교체하여 사용한다면 근로자의 건강을 보호하고 불필요한 특수건강검진을 받지 않아 예산과 시간을 절감할 수 있을 것이다.

〈유해인자 포함 제품과 대체용품 예시〉

구분	기존사용제품 (특수건강검진 대상)	포함된 유해물질	대체사용제품 (특수건강검진 비대상)
세척제/세정제	스티커아웃	EXSOL D-40	불스원 스티커
	이지스트랩	2-부톡시에탄올	그린 리무버
광택제/연마제	옴티멈 SSCM	이소프로필알코올	폐기
		2-부톡시에탄올	
소포제	소포제	산화규소	폐기

그리고 사용제품의 노출 기준을 고려했을 때, 해당 제품을 한 달 내내 사용하거나 과도한 양을 사용하는 것이 아니라면 특수건강검진을 받기 한 달 정도 전에 제품을 교체하거나 폐기하여 해당 제품을 사용하지 않고 있다면 검진대상자에 포함되지 않더라도 법률적으로 문제가 되지 않는다.

근로자들이 사용하는 제품이 변경될 경우 또는 새로운 제품 사용 시, 이외에도 주기적으로 MSDS(물질안전보건자료)를 최신화하고, 전문기관에 검토를 요청하여 특수건강검진 대상자를 수시로 파악하고, 대체품 불가 품목(가솔린 등) 취급자의 경우에는 기존대

---

206) 화학물질(벤젠, 톨루엔, 석면 등 163종), 분진(광물성분진, 나무분진 등 6종), 물리적인자(소음, 고열 등 8종). 화학물질외에도 2. 분진(7종) 가. 곡물 분진(Grain dusts), 나. 광물성 분진(Mineral dusts), 다. 면 분진(Cotton dusts), 라. 목재 분진(Wood dusts), 마. 용접 흄(Welding fume), 바. 유리 섬유(Glass fiber dusts), 사. 석면 분진(Asbestos dusts; 1332-21-4 등). 3. 물리적 인자(8종) 가. 안전보건규칙 제512조 제1호부터 제3호까지의 규정의 소음작업, 강렬한 소음작업 및 충격소음작업에서 발생하는 소음. 나. 안전보건규칙 제512조 제4호의 진동작업에서 발생하는 진동. 다. 안전보건규칙 제573조 제1호의 방사선. 라. 고기압, 마. 저기압, 바. 유해광선, 1) 자외선, 2) 적외선, 3) 마이크로파 및 라디오파. 4. 야간작업(2종) 가. 6개월간 밤 12시부터 오전 5시까지의 시간을 포함하여 계속되는 8시간 작업을 월 평균 4회 이상 수행하는 경우. 나. 6개월간 오후 10시부터 다음 날 오전 6시 사이의 시간 중 작업을 월 평균 60시간 이상 수행하는 경우 등이 있음.

로 유지하여 특수건강검진을 실시하여야 한다. 작업과정에서 불가피한 경우가 아니면 유해인자가 포함된 물질 사용을 근원적으로 제거하여 근로자의 건강을 보호하는 것이 타당하다. 더 나아가 특수건강검진 대상 여부를 수시로 확인하여 불필요한 건강검진으로 인한 업무 공백을 방지하고, 특수건강검진 비용(1인당 약 5만원)도 절감하는 방안을 찾는 것이 좋을 것이다.

2. 안전보건관리체계

〈사업장 안전관리체계도〉207)

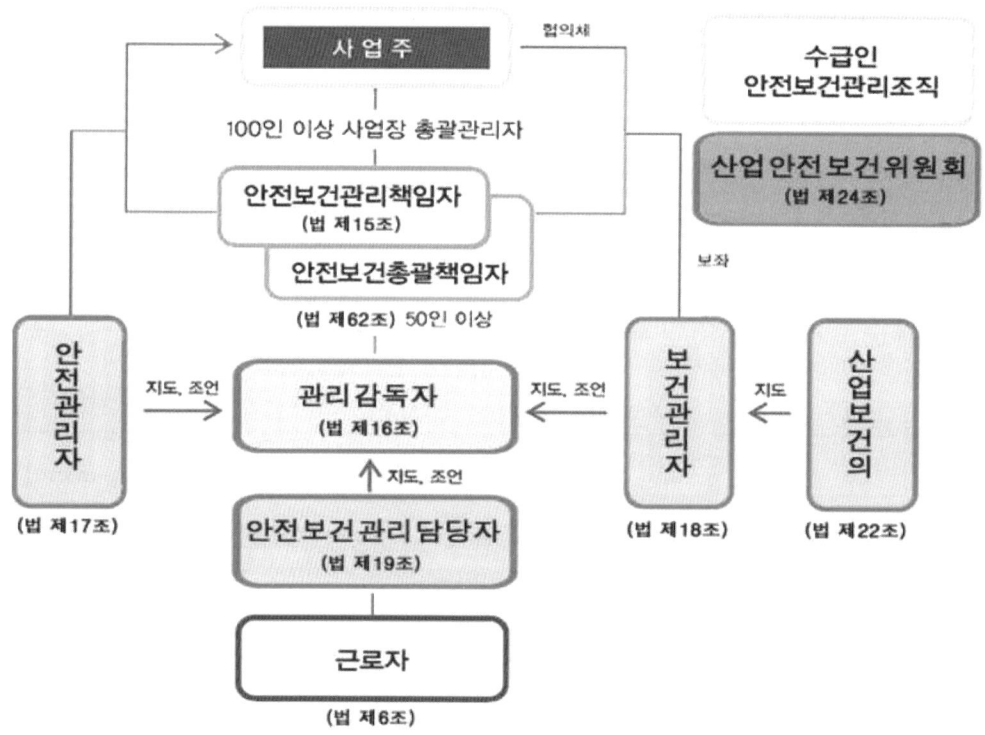

가. 이사회의 보고 및 승인

대표이사는 매년 회사의 안전 및 보건에 관한 계획을 수립하여 이사회에 보고하고 승인을 받아야 한다. 안전 및 보건에 관한 계획에는 안전 및 보건에 관한 비용, 시설, 인원 등의 사항을 포함하여야 한다. 이를 위반하여 안전·보건에 관한 계획을 이사회에 보고하지 아니하거나 승인을 받지 아니하면 1천만원 이하의 과태료가 부과된다.

---

207) 대한산업안전본부 홈페이지 참조, <http://www.dishe21.com/skin_default/sub_page.php?page_idx=69>.

나. 안전보건관리책임자

⟨안전보건관리자 등의 배치기준⟩

안전보건관리자	배치기준		인원	위반 시 제재
안전보건관리 책임자	공사금액 20억 이상			
안전관리자 (건설업외는 상시근로자 50명이상 기준)	공사금액 50억 이상 120억원 미만[208]		1명 이상	
	공사금액 120억원 이상 800억원 미만		1명 이상	
	공사금액 800억원 이상 1,500억원 미만		2명 이상[209]	
	공사금액 1,500억원 이상 2,200억원 미만		3명 이상	
	공사금액 2,200억원 이상 3,000억원 미만		4명 이상	
	공사금액 3,000억원 이상 3,900억원 미만		5명 이상	
	공사금액 3,900억원 이상 4,900억원 미만		6명 이상	500만원 이하 과태료 (법 제175조 제5항 제1호)
	공사금액 4,900억원 이상 6,000억원 미만		7명 이상	
	공사금액 6,000억원 이상 7,200억원 미만		8명 이상	
	공사금액 7,200억원 이상 8,500억원 미만		9명 이상	
	공사금액 8,500억원 이상 1조원 미만		10명 이상	
	공사금액 1조원 이상		11명 이상[210]	
보건관리자 (건설업외는 상시근로자 50명이상 기준)	공사금액 800억원 이상 (토목공사업에 속하는 공사의 경우에는 1천억 이상)		1명 이상 [공사금액 800억원 (토목공사업은 1천억원) 기준으로 1,400억원이 증가할 때마다 1명씩 추가]	
안전보건관리 담당자 (20인 이상 50인 미만)	건설업 해당없음 (제조업, 임업, 하수·폐수 및 분뇨처리업, 폐기물, 환경 정화 및 복원업 20~50미만 사업장)		(사업장에 1명 이상)	
산업보건의	건설업 (건설업외에는 상시근로자 50명 이상인 사업장 중 의무사업장)		1명 이상 [공사금액 800억원 (토목공사업은 1천억원) 기준으로 1,400억원이 증가할 때마다 1명씩 추가]	

---

[208] 1. 공사금액 100억원 이상 공사의 경우: 2020년 7월 1일. 2. 공사금액 80억원 이상 100억원 미만 공사의 경우: 2021년 7월 1일. **3. 공사금액 60억원 이상 80억원 미만 공사의 경우: 2022년 7월 1일**. 4. 공사금액 50억원 이상 60억원 미만 공사의 경우: 2023년 7월 1일
※ 건설산업기본법 시행령 별표 1의 종합공사를 시공하는 업종의 건설업종란 제1호에 따른 토목공사업의 경우에는 150억원 미만).

[209] 다만, 전체 공사기간을 100으로 할 때 공사 시작에서 15에 해당하는 기간과 공사 종료 전의 15에 해당하는

사업주는 사업장에서 안전과 보건을 실질적으로 총괄하고 관리하는 사람을 지정하여야 한다. **건설업은 공사금액 20억 이상인 경우, 건설업 이외 사업은 상시근로자 100명 이상이면 안전보건관리책임자를 둬야** 한다.[211] 사업을 실질적으로 총괄·관리하는 개인사업자, 법인의 대표이사가 안전보건관리책임자로 선임되며, 경영의 실질적인 권한·책임을 위임할 경우 부사장, 공장장, 사업소장, 현장소장 등도 가능하다.

관련 총괄 업무로는 사업장의 산업재해 예방계획의 수립에 관한 사항, 안전보건관리규정의 작성 및 변경에 관한 사항, 안전보건교육에 관한 사항, 작업환경측정 등 작업환경의 점검·개선에 관한 사항, 근로자의 건강진단 등 건강관리에 관한 사항, 산업재해의 원인조사 및 재발 방지대책 수립에 관한 사항, 산업재해에 관한 통계의 기록 및 유지에 관한 사항, 안전장치 및 보호구 구입 시 적격품 여부 확인에 관한 사항, 그 밖에 근로자의 유해·위험 방지조치에 관한 사항(고용노동부령으로 정함)이 있다.

안전보건관리책임자는 안전관리자 및 보건관리자를 지휘·감독한다.

사업 일부를 도급하여 행하는 경우, 계약자와 하도급자의 근로자가 동일한 장소에서 작업을 할 때 발생할 수 있는 사고 예방을 위한 업무를 총괄관리하도록 **안전보건총괄책임자**를 지정한다(산안법 제62조). 안전보건관리자나 안전보건총괄책임자를 미선임하면 500만원 이하 과태료 부과 대상이다.

사업주는 **사업장의 생산과 관련되는 업무와 그 소속 직원을 직접 지휘·감독하는 직위에 있는 사람(관리감독자)**에게 산업안전 및 보건에 관한 업무를 수행하도록 하여야 한다. 관리감독자가 있는 경우에는 건설기술진흥법상 안전관리책임자 및 안전관리담당자를 각각 둔 것으로 본다.

또한 산업안전보건법(제17조~제19조, 제22조)에 따른 안전관리자, 보건관리자, 안전보건관리담당자 및 산업보건의를 배치하여야 한다. 다만, 다른 법령에서 해당 인력의 배치에 대해 달리 정하고 있는 경우에는 그에 따르고, 배치해야 할 인력이 다른 업무를 겸직할 경우 고용노동부장관이 정하여 고시하는 기준에 따라 안전·보건에 관한 업무 수행시간을 보장해야 한다.

안전관리자[212]는 안전에 관한 기술적인 사항에 관하여 사업주·안전보건관리책임자를

기간("전체 공사기간 중 전·후 15에 해당하는 기간") 동안은 1명 이상으로 한다.
210) 매 2천억원 (2조원이상부터는 매 3천억원)마다 1명씩 추가한다. 다만, 전체 공사기간 중 전·후 15에 해당하는 기간은 선임 대상 안전관리자 수의 2분의 1(소수점 이하는 올림) 이상으로 한다.
211) 산업안전보건법 시행령 제14조 〔별표 2〕, '사업의 종류-33. 건설업'.
212) 산업안전보건법 시행령 〔별표 4〕: **건설산업기본법 제8조에 따른 종합공사를 시공하는 업종의 건설현장에서 안전보건관리책임자로 10년 이상 재직한 사람**, 산업안전지도사 자격을 가진 사람, 산업안전산업기사 이상의 자격을 취득한 사람, 건설안전산업기사 이상의 자격을 취득한 사람, 4년제 대학 이상의 학교에서 산

보좌하고 관리감독자에게 지도·조언하는 업무를 수행하고, 50명 이상 사업장 또는 **공사금액 80억원 이상인 건설공사부터 안전관리자를 두어야** 하며, 사업의 종류와 사업장의 상시근로자의 수에 따라 배치하는 안전관리자의 수가 달라진다(산업안전보건법 제17조, 법 시행령 부칙 제2조 제4항).[213]

보건관리자[214]는 보건에 관한 기술적인 사항에 관하여 사업주·안전보건관리책임자를 보좌하고 관리감독자에게 지도·조언하는 업무를 수행하고, 50명 이상 사업장 또는 **공사금액 800억원 이상인 건설업 사업장부터 보건관리자를 둬야** 하며, 사업의 종류와 사업장의 상시근로자의 수에 따라 배치하는 인원이 달라진다(산안법 제18조).

산업보건의는 근로자의 건강관리나 그 밖에 보건관리자의 업무를 지도하는 사람으로 상시근로자 수가 50명 이상으로 보건관리자를 두어야 하는 사업장에 해당하는 경우 산업보건의를 두어야 한다. 그러나 의사를 보건관리자로 선임하였거나 보건관리전문기관에 보건관리자의 업무를 위탁한 경우는 산업보건의를 별도로 두지 않을 수 있다. 또한 산업보건의는 외부에서 위촉할 수 있으며 이 경우 근로자 2천명당 1명의 산업보건의를 위촉한다.

건설업의 공사금액 120억원 미만인 사업장(토목공사업은 150억원 미만)의 경우(**안전관리자에 한함**)에는 안전관리자, 보건관리자 및 안전보건관리담당자는 다른 업무와의 겸직이 가능하다. 다만 업무를 겸직하는 경우에도 고용노동부의 별도 고시에 따라 일정 기준 이상의 시간을 안전·보건 업무를 수행할 수 있도록 보장하여야 한다.

안전관리 업무 및 보건관리 업무를 위탁(위탁 후 수탁기관 변경 포함)한 경우 안전관리자·보건관리자·산업보건의 선임 등 보고서(산안법 시행규칙 별지 제2호서식 또는 건설업은 제3호서식을 관할 지방노동관서의 장에게 제출해야 한다(법 시행규칙 제11조). **안전관리·보건관리전문기관에서는** 안전·보건관리전문기관 및 재해예방 전문지도기관 관리규정에 따라 **매월 안전관리·보건관리 상태에 관한 보고서를 작성**하여 다음 달 10일까지 전산시스템에 등록하고 **사업주에게 제출**해야 한다.

전문기관은 법 시행규칙 제20조 제2항에 따라 안전·보건관리상태 보고서에 위탁사업

업안전 관련 학위를 취득한 사람 또는 이와 같은 수준 이상의 학력을 가진 사람, 전문대학 등에서 산업안전 관련 학위를 취득한 사람 등은 안전관리자가 될 수 있다.
[213] ④ 별표 3 제46호의 개정규정은 다음 각 호의 구분에 따른 날부터 적용한다.
  1. 공사금액 100억원 이상 공사의 경우: 2020년 7월 1일. 2. 공사금액 80억원 이상 100억원 미만 공사의 경우: 2021년 7월 1일. 3. 공사금액 60억원 이상 80억원 미만 공사의 경우: 2022년 7월 1일. 4. 공사금액 50억원 이상 60억원 미만 공사의 경우: 2023년 7월 1일
[214] 시행령 〔별표 6〕 보건관리자는 다음 각 호의 어느 하나에 해당하는 사람으로 한다.
  1. 법 제143조 제1항에 따른 산업보건지도사 자격을 가진 사람. 2. 의료법에 따른 의사. 3. 의료법에 따른 간호사. 4. 내지 6. 생략.

장의 안전·보건관리상태, 업무수행 내용 및 구체적인 개선의견 등을 포함하여야 하고, 개선의견에 따른 안전·보건상의 조치가 이행될 수 있도록 안전보건관리책임자로 하여금 보고서에 실명으로 서명하도록 하여야 하며, 사업주(중대재해 처벌 등에 관한 법률 제2조 제9호에 따른 경영책임자등을 포함할 수 있다)에게 제출하여야 한다. 다만, 안전관리전문기관에서 작성한 안전관리 상태보고서에 위탁사업장의 공정별 설비·장비에 대한 **위험성평가**(위험요인, 현재 안전조치, 위험성 추정 및 평가, 개선계획, 담당확인 등)가 반드시 포함되어야 하며, 보건관리전문기관의 경우 **자격자별로 보건관리상태 보고서를 작성**하여야 한다.215)

〈상태보고서 예시〉

---

215) ③ 규칙 제20조 제3항에 따른 사업장관리카드는 별지 제1호 서식에 의한다. 다만, 안전관리전문기관은 보건관련 부분(건강증진, 위생보호구, 건강상담 등을 말함), 보건관리전문기관은 안전관련 부분(안전보호구, 위험기계·기구 방호조치 등을 말한다)에 대한 서식 또는 내용의 기재를 생략하거나, 관리·활용에 필요한 경우 서식에서 정하지 아니한 부분을 추가하여 사용할 수 있으며, 기재하여야 할 사항 중 별도 기재가 필요한 경우에는 사업장관리카드와 분리하여 기록·보존할 수 있다.

9월 보건관리상태보고서(산업위생기사)

사업장 서울○○○○청

1. 보건관리 상태

근로자인원현황	총인원수	177 명	(채용: 0명 퇴직: 0명 부서전환자: 0명 질병결근자: 0명)
산재발생현황	재해자수	0명	(사망: 0명 부상: 0명 직업병: 0명)

비고		측정일	년 월	예정일	년 월
작업환경측정현황	주요유해인자	☑야간 ☑화학적인자(유기화합물, 산알칼리류 등) ☑금속류 ☐분진 ☑물리적인자(소음,방사선 등)			

2. 업무수행내용

법별 내용		법조항	점검사항	비고
안전보건관리 책임자 선임		법 제15조	양호	고검장님
관리감독자 지정		법 제16조	양호	
산업안전보건위원회 설치/운영		법 제24조	양호	
산업안전보건위원회 회의록		법 제24조	양호	22.9.29
안전보건관리 규정		법 제25조	양호	
안전보건교육	신규채용시교육	법 제29조	양호	
	정기안전보건교육	법 제29조	양호	
	특별안전보건교육	법 제29조	미흡	
	관리감독자교육	법 제29조	양호	
	MSDS교육	법 제114조 제3항	미흡	
	작업내용변경시교육	법 제29조	해당없음	
	안전보건관리책임자교육	법 제32조	양호	
법령 요지 등의 게시 (법령 및 규정)		법 제34조	양호	
위험성평가의 실시		법 제36조	미흡	10-11월 개선 예정.
고객의 폭언 등으로 인한 건강장해 예방조치		법 제41조	해당없음	
보호구 지급		기준규칙 제32조	미흡	
근골격계 유해요인조사		기준규칙 제657조	미흡	

3. 작업장순회점검표

점검사항	구분	상태	비고
사무실 및 복도, 계단 등 일반환경	일반환경	양호	
화장실 일반 환경		양호	
휴게실 설치 및 활용 여부		양호	
탁카실 샤워실 설치 및 활용 보유		양호	
식당 일반 환경 상태		해당없음	
작업장 정리정돈 상태	작업장 상태	양호	
보호구 비치 및 착용상태		미흡	
물질안전보건자료(MSDS) 비치 및 게시 상태		미흡	
용기 및 포장 경고표지 상태		양호	
안전보건표지판 부착상태		미흡	
작업장 환기상태		미흡	
국소배기 장치 운영 상태		미흡	
공정별 관리요령 상태		미흡	
밀폐공간 작업상태		해당없음	
근골격계질환 사전 예상실태		양호	

(9) 월 보건관리상태보고서(간호사)

사업장명: [판독불가]

1. 보건관리상태

근로자원현황	총인원수: 177	명 (채용: 0 명 퇴직: 0 명 부서전환자: 명 질병결근자: 명)
산재발생현황	재해자수: 금월 — / 누적	명 (사망: 명 부상: 명 작업관련질환: 명 직업병: 명)
	비고.	

건강검진 실시현황	일반검진	□ 대상 (실시일:)21.10	예정일:)22.)
	특수검진	□ 대상 (실시일:)	예정일:) □ 비대상
	주요유해인자: ☑야간 ☑화학적인자(유기화합물,산알칼리류 등) □금속류 □분진 □물리적인자(소음, 방사선 등)

2. 업무수행내용

구분	업무내용	점검사항	비고
안전보건관리체계	안전보건관리책임자교육	□지도 ☑확인 □해당없음	22.08
	관리감독자교육	□지도 ☑확인 □해당없음	22.08 (30명) 이상 담당자 LOY
산업안전보건위원회	설치/운영/회의록	□지도 ☑확인 □해당없음	3회 예정 4분기
작업환경관리	작업공정 및 작업절차	□지도 ☑확인 □해당없음	
	작업환경측정	□지도 □확인 ☑해당없음	
위험성평가	위험성평가 실시 상태	☑지도 □확인 □해당없음	22. 9~12
응급의료체계	응급처치활동	□지도 □확인 ☑해당없음	
	구급함 상태	□지도 ☑확인 □해당없음	
작업관련 질환관리	뇌심혈관질환관리	□지도 □확인 ☑해당없음	
	근골격계예방관리	□지도 ☑확인 □해당없음	
	직무스트레스관리	□지도 ☑확인 □해당없음	
건강관리	건강진단	□지도 □확인 ☑해당없음	DN___명 CN___명 D1___명 C1___명 D2___명 C___명
	사후관리/건강상담	☑지도 □확인 □해당없음	유소견자 사후관리___명 요관찰자 사후관리___명 기타 6
	건강증진운동	☑지도 □확인 □해당없음	금연___명 금주/절주___명 운동 2 명 영양/식생활___명 스트레스___명 기타___명
보건교육 및 자료제공	보건교육	☑지도 □확인 □해당없음	자료주제: 직장 내 괴롭힘 공문, 안전건강공단 자료 (총 3부)

3. 작업장순회점검표

구분	점검사항	상태	비고
일반환경	사무실 및 복도, 계단 등 일반환경	☑양호 □미흡 □해당없음	
	화장실 일반 환경	☑양호 □미흡 □해당없음	
	휴게실 설치 및 활용 여부	☑양호 □미흡 □해당없음	
	락카실 샤워실 설치 및 활용 보유	☑양호 □미흡 □해당없음	
	식당 일반 환경 상태	☑양호 □미흡 □해당없음	
작업장 상태	작업장 정리정돈 상태	☑양호 □미흡 □해당없음	
	보호구 비치 및 착용상태	☑양호 □미흡 □해당없음	
	안전보건자료(MSDS) 비치 및 게시	☑양호 □미흡 □해당없음	
	용기 및 포장 경고표지 상태	☑양호 □미흡 □해당없음	
	안전보건지판 부착상태	☑양호 □미흡 □해당없음	
	작업장 환기상태	□양호 ☑미흡 □해당없음	
	국소배기 장치 운영 상태	□양호 □미흡 ☑해당없음	
	공정별 작업요령 상태	☑양호 □미흡 □해당없음	
	밀폐공간 작업상태	□양호 □미흡 ☑해당없음	
	근골격계질환 사전 예방실태	□양호 ☑미흡 □해당없음	
기타			

방문일자: 2022년 9월 16일

보건관리자: 간호사 이지○ (이지○) 사업자 확인 직위: 경영총사관 성명: 김호○ (서명)

19. 위탁업무수행 일지(총괄) (담당자 : 간호사)

사업장명: [판독불가]

연도일자	업무수행자 자격/성명	업무수행 내용	문제점 및 개선지도사항	사업주 조치내용	사업주 확인
2022 9/16	간호사 이지	직장 내 괴롭힘 등으로 인한 건강장해 예방	근로기준법에 의한 '직장 내 괴롭힘' 직장 내 괴롭힘 예방 및 조치 등에 관한 사항을 취업규칙에 정하도록 의무를 부여 (위반 시 과태료) •피해자에 대한 조치(제76조의3③): 근무장소 변경, 배치전환, 유급휴가 명령 등 •행위자에 대한 조치(제76조의3⑤): 징계, 근무장소의 변경 등 <사업장의 직장 내 괴롭힘 예방·대응방법> • '직장 내 괴롭힘 판단·예방 대응 매뉴얼' 中 ① 취업규칙 등 사내 규정을 통한 사내 예방·대응체계 마련 - 사내에서 금지되는 직장 내 괴롭힘 행위, 직장 내 괴롭힘 예방교육 관련 사항, 직장 내 괴롭힘 사건처리절차, 피해자 보호 조치, 행위자 제재, 재발방지 조치 등 ② 직장 내 괴롭힘 사건 발생 시 조사 및 조치 이행 - 최고경영자의 의지에 기반하여 완비된 사내 규정에 따른 조치를 실시 1. 사건의 접수 2. 상담을 통한 피해자의 의사 확인 3. 피해자의 의사에 기초하여 당사자 간 해결 및 정식 조사 4. 정식 조사의 결과를 토대로 한 직장 내 괴롭힘의 확인 5. 행위자에 대한 징계 조치, 피해자 보호조치 등의 결정 6. 당사자 모니터링 및 교육과 경각심 제고를 통한 예방 및 재발방지 •괴롭힘이 불인정된 사안이더라도 당사자의 고충처리 및 분리 등 근무환경 개선 -사용자는 피해자·신고자 등에 대해 불이익 처우를 하여서는 아니 되고, 조사 참여자들은 조사 과정에서 알게 된 비밀을 누설하여서는 아니 되는 등 2차 피해 방지에 노력하여야 함 •사용자의 적절한 조치를 기대하기 어려운 경우에는 누구나 직장 내 괴롭힘 관련 법 위반에 대해 지방고용노동관서에 신고·고발할 수 있습니다.	진행 ✓	

다. 산업안전보건위원회

법 시행령[별표 9, 개정 2024. 6. 25.]에 따라 건설업은 공사금액 120억원 이상(토목공사업은 150억원 이상)인 경우, 금속가공제품 제조업 등 유해·위험업종에 해당하는 상시근로자 50명 이상 100명 미만 사업장, 정보서비스업 등 상시근로자 300명 이상 사업장, 기타 업종은 상시근로자 100명 이상이면 위원회를 구성·운영해야 한다. **중대재해처벌법은 보호대상을 계약의 형식에 관계없이 대가를 목적으로 노무 제공자로 확대하였으므로 대상 기업은 상시근로자에 현업종사자 등도 포함하여 산정한다.**

산업안전보건위원회 회의는 정기회의와 임시회의로 구분하며, **정기회의는 분기마다 위원장이 소집**하고, 임시회는 위원장이 필요하다고 인정할 때에 소집한다(산안법 시행령 제37조). 산업안전보건법의 건설공사의 안전 및 보건에 관한 협의체(이하 노사협의체)는 공사금액이 120억원(토목공사업은 150억원) 이상인 건설공사 도급인이 해당 건설공사 현장에 근로자위원과 사용자위원을 같은 수로 구성·운영하는 노사협의체를 말한다(법 제75조, 시행령 제63조). **정기회의는 2개월마다 노사협의체의 위원장이 소집**하며 임시회의는 위원장이 필요하다고 인정할 때에 소집한다.

〈안전보건관리규정 세부 내용216)〉

1. 총칙	가. 안전보건관리규정 작성의 목적 및 적용 범위에 관한 사항. 나. 사업주 및 근로자의 재해 예방 책임 및 의무 등에 관한 사항. 다. 하도급 사업장에 대한 안전·보건관리에 관한 사항.
2. 안전·보건 관리 조직과 그 직무	가. 안전·보건 관리조직의 구성방법, 소속, 업무 분장 등에 관한 사항. 나. 안전보건관리책임자(안전보건총괄책임자), 안전관리자, 보건관리자, 관리감독자의 직무 및 선임에 관한 사항. 다. 산업안전보건위원회의 설치·운영에 관한 사항. 라. 명예산업안전감독관의 직무 및 활동에 관한 사항. 마. 작업지휘자 배치 등에 관한 사항.
3. 안전·보건 교육	가. 근로자 및 관리감독자의 안전·보건교육에 관한 사항. 나. 교육계획의 수립 및 기록 등에 관한 사항
4. 작업장 안전관리	가. 안전·보건관리에 관한 계획의 수립 및 시행에 관한 사항. 나. 기계·기구 및 설비의 방호조치에 관한 사항. 다. 유해·위험기계등에 대한 자율검사프로그램에 의한 검사 또는 안전검사에 관한 사항. 라. 근로자의 안전수칙 준수에 관한 사항. 마. 위험물질의 보관 및 출입 제한에 관한 사항. 바. 중대재해 및 중대산업사고 발생, 급박한 산업재해 발생의 위험이 있는 경우 작업중지에 관한 사항. 사. 안전표지·안전수칙의 종류 및 게시에 관한 사항과 그 밖에 안전관리에 관한 사항
5. 작업장 보건관리	가. 근로자 건강진단, 작업환경측정의 실시 및 조치절차 등에 관한 사항. 나. 유해물질의 취급에 관한 사항. 다. 보호구의 지급 등에 관한 사항. 라. 질병자의 근로 금지 및 취업 제한 등에 관한 사항. 마. 보건표지·보건수칙의 종류 및 게시에 관한 사항과 그 밖에 보건관리에 관한 사항
6. 사고 조사 및 대책 수립	가. 산업재해 및 중대산업사고의 발생 시 처리 절차 및 긴급조치에 관한 사항. 나. 산업재해 및 중대산업사고의 발생원인에 대한 조사 및 분석, 대책 수립에 관한 사항. 다. 산업재해 및 중대산업사고 발생의 기록·관리 등에 관한 사항.
7. 위험성평가에 관한 사항	가. 위험성평가의 실시 시기 및 방법, 절차에 관한 사항. 나. 위험성 감소대책 수립 및 시행에 관한 사항
8. 보칙	가. 무재해운동 참여, 안전·보건 관련 제안 및 포상·징계 등 산업재해 예방을 위하여 필요하다고 판단하는 사항. 나. 안전·보건 관련 문서의 보존에 관한 사항. 다. 그 밖의 사항 : 사업장의 규모·업종 등에 적합하게 작성하며, 필요한 사항을 추가하거나 그 사업장에 관련되지 않는 사항은 제외할 수 있다.

사업 또는 사업장에 중대산업재해가 발생하거나 발생할 급박한 위험이 있을 경우를 대비하여 법에서 정한 조치에 관한 매뉴얼을 마련하고, 해당 매뉴얼에 따라 조치하는지를 반기 1회 이상 점검하여야 한다. 매뉴얼에는 작업 중지, 근로자 대피, 위험요인 제거 등 대응조치, 중대산업재해를 입은 사람에 대한 구호조치, 추가 피해방지를 위한 조치, 제3자에게 업무의 도급, 용역, 위탁 등을 하는 경우에는 종사자의 안전·보건을 확보하기 위해 일정한 기준과 절차217)를 마련하고, 그 기준과 절차에 따라 도급, 용역, 위탁 등이 이루어지는지를 반기 1회 이상 점검해야 한다.

---

216) 산업안전보건법 법 시행규칙 〔별표 3〕 참조.
217) 도급, 용역, 위탁 등을 받는 자의 산업재해 예방을 위한 조치 능력과 기술에 관한 평가기준·절차, 도급, 용역, 위탁 등을 받는 자의 안전·보건을 위한 관리비용에 관한 기준, 건설업 및 조선업의 경우 도급, 용역, 위탁 등을 받는 자의 안전·보건을 위한 공사기간 또는 건조기간에 관한 기준을 말함.

라. 안전보건관리규정

사업주는 사업장의 안전 및 보건을 유지하기 위하여 안전보건관리규정을 작성하여야 한다. 안전보건관리규정에는 안전 및 보건에 관한 관리조직과 그 직무에 관한 사항, 안전보건교육에 관한 사항, 작업장의 안전 및 보건관리에 관한 사항, 사고 조사 및 대책 수립에 관한 사항, 그 밖에 안전 및 보건에 관한 사항이 포함되어야 한다.

이러한 안전보건관리규정은 단체협약 또는 취업규칙에 반할 수 없다. 만약 안전보건관리규정 중 단체협약 또는 취업규칙에 반하는 부분이 있으면 그 단체협약 또는 취업규칙으로 정한 기준에 따른다. 안전보건관리규정은 노동자들의 안전에 관련한 직·간접적 내용들을 규율하는 장치이다. 작업 시 발생할 수 있는 위험은 소규모 사업장이라도 예외가 없으므로 노동자를 사용하는 모든 사업장에 안전보건관리규정 작성 의무를 적용해야 한다. 적용 대상 사업장이 안전보건관리규정을 갖추어 두지 않거나 게시하지 않은 경우 500만원 이하의 과태료에 처해질 수 있다.

3. 안전보건교육

가. 안전보건 교육대상자 및 교육시간

사업주는 소속 근로자에게 고용노동부령으로 정하는 바에 따라 정기적으로 안전보건교육을 하여야 한다(법 제29조, 위반 시 500만원 이하 과태료). 건설업의 사업주는 건설 일용근로자를 채용할 때에는 그 근로자로 하여금 안전보건교육기관218)이 실시하는 안전보건교육을 이수하도록 하여야 한다. 다만, 건설 일용근로자가 그 사업주에게 채용되기 전에 안전보건교육을 이수한 경우 이를 이수하지 않아도 된다(법 제31조).

사업주는 안전보건관리책임자 등에 대한 직무교육도 실시하여야 한다. 사업주 등은 안전보건관리책임자, 관리감독자, 안전관리자, 보건관리자, 안전보건관리담당자 등에게 안전보건교육기관에서 직무와 관련한 안전보건교육을 이수하도록 하여야 한다. 다만, 다른 법령에 따라 안전·보건에 관한 교육을 받는 등 고용노동부령으로 정하는 경우 안전보건교육의 전부나 일부를 하지 아니할 수 있고,219) **전년도에 산업재해가 발생하지 않은 사업장의 경우 근로자 정기교육을 그 다음 연도에 한정**하여 별표 4에서 정한 실시기

---

218) 법 제33조(안전보건교육기관) ① 제29조 제1항부터 제3항까지의 규정에 따른 안전보건교육, 제31조 제1항 본문에 따른 안전보건교육 또는 제32조 제1항 각 호 외의 부분 본문에 따른 안전보건교육을 하려는 자는 대통령령으로 정하는 인력·시설 및 장비 등의 요건을 갖추어 고용노동부장관에게 등록하여야 한다. 등록한 사항 중 대통령령으로 정하는 중요한 사항을 변경할 때에도 또한 같다.
219) 법 제33조(안전보건교육기관) : 안전보건교육을 하려는 자는 인력·시설 및 장비 등의 요건을 갖추어 고용노동부장관에게 (변경)등록하여야 한다.

준 시간의 **100분의 50 범위에서 면제**할 수 있다(시행규칙 제27조). 또한 타 법령에 따라 안전교육을 이수한 관리감독자에 대해서는 중복되는 교육을 줄이기 위해 교육시간을 감면한다. '광산안전법', '원자력안전법', '항공안전법', '선박안전법'에 적용되는 사업장과, 상시 근로자 50인 미만 도매업, 숙박 및 음식업에 종사하는 관리감독자의 교육시간은 절반으로 줄어든다(법 시행규칙 제27조 별표4 비고1).

안전보건교육 교육과정별 교육시간은 시행규칙 〔별표 4〕, 교육대상별 교육내용은 〔별표 5〕에서 상세히 규정하고 있다. 최근(2025. 6. 1. 시행) **정기·채용·작업변경·특수형태근로자 교육 시 화재·폭발 대피교육 항목, 근로자 및 관리감독자 정기교육 시 폭염·한파작업으로 인한 건강장해 발생 시 응급조치 항목**이 신설되었다.

안전보건관리책임자, 안전관리자, 보건관리자, 안전보건관리담당자 등은 **선임된 날로부터 3개월 이내 직무교육을 이수하여야 하고, 신규교육을 이수한 후 매 2년 전후 3개월 사이에 보수교육을 받아야** 한다. 이를 위반할 경우 산안법 제175조 제5항 제1호에 따라 500만원 이하 과태료 대상에 해당한다. 법 시행령 〔별표 2〕에서는 일반 제조업 등은 상시근로자 50명 이상, 농·어업, 정보·금융·기술 서비스업 등은 상시근로자 300명 이상, 건설업은 공사금액 20억 이상, 기타 업종은 **상시근로자 100명 이상**인 경우 안전보건관리책임자를 두도록 강제하고 있다.

〈안전보건관리책임자 등에 대한 교육〉

교육대상	교육시간	
	신규교육	보수교육
가. 안전보건관리책임자	6시간 이상	6시간 이상
나. 안전관리자, 안전관리전문기관의 종사자	34시간 이상	24시간 이상
다. 보건관리자, 보건관리전문기관의 종사자	34시간 이상	24시간 이상
라. 건설재해예방전문지도기관의 종사자	34시간 이상	24시간 이상
마. 석면조사기관의 종사자	34시간 이상	24시간 이상
바. 안전보건관리담당자	-	8시간 이상
사. 안전검사기관, 자율안전검사기관의 종사자	34시간 이상	24시간 이상

관리감독자의 지위에 있는 사람(5인 이상 사업장으로 생산관 관련된 업무와 소속 직원을 직접 지휘·감독)은 연간 16시간 이상 교육을 이수(우편통신교육, 인터넷 원격 교육시 집체·현장교육 50% 이상)하여야 한다. 다만, 관리감독자가 산업안전 및 보건 업무의 전문성 제고를 위한 교육 등 고용노동부령으로 정하는 교육을 이수한 경우(법 제30조 제1항 제3호) 관리감독자 정기교육 시간을 면제할 수 있다.[220]

〈근로자 안전보건교육 시간〉

교육과정	교육대상		교육시간
가. 정기교육	사무직 종사 근로자		매분기 3시간 이상
	사무직 종사 근로자 외의 근로자	판매업무에 직접 종사하는 근로자	매분기 3시간 이상
		판매업무 직접 종사 근로자 외 근로자	**매분기 6시간 이상**
	관리감독자의 지위에 있는 사람		**연간 16시간 이상**
나. 채용 시 교육220)	일용근로자		1시간 이상
	일용근로자를 제외한 근로자		**8시간 이상**
다. 작업내용 변경 시 교육	일용근로자		1시간 이상
	일용근로자를 제외한 근로자		2시간 이상
라. 특별교육	별표 5 제1호 라목 각 호(제40호 제외)의 어느 하나에 해당하는 작업에 종사하는 일용근로자		2시간 이상
	별표 5 제1호 라목 제40호의 타워크레인 신호작업에 종사하는 일용근로자		8시간 이상
	별표 5 제1호 라목 각 호의 어느 하나에 해당하는 작업에 종사하는 일용근로자를 제외한 근로자 (※ 단기간 작업·간헐적 작업은 2시간 이상)		- **16시간 이상**(최초작업에 종사하기전 4시간 이상 실시, 12시간은 3개월이내 분할 실시 可)
마. 건설업 기초안전 보건교육	건설일용근로자(※ 위반 시 500만원이하 과태료) : *건설공사의 종류(건축토목) 및 시공절차 1시간, *산업재해 유형별 위험요인 및 안전보건조치 2시간, *안전보건관리체제 현황 및 산업안전보건 관련 근로자의 권리와 의무 1시간(2023.1.1. 시행)		**4시간 이상** (교육대상구분 삭제, 교육내용으로 개편) *집체교육, 이수증 발급, 전산등록 (교육미실시 사업주 과태료)

나. 일반사업장 안전보건교육안(예시)

□ 관련근거

　○ 「산업안전보건법」 제29조 및 동법 시행규칙 제26조

　○ 「중대재해 처벌 등에 관한 법률」 제4조 및 동법 시행령 제5조

□ 교육대상

---

220) 관리감독자가 '원자력안전법', '항만안전특별법', '화학물질관리법'에 따른 정기안전교육을 이수한 경우, 그 시간만큼 '산업안전보건법'상 정기교육 시간이 감면됨. ※ 1. 법 제32조 제1항 각 호 외의 부분 본문에 따라 영 제40조 제3항에 따른 직무교육기관(이하 "직무교육기관")에서 실시한 전문화교육. 2. 법 제32조 제1항 각 호 외의 부분 본문에 따라 직무교육기관에서 실시한 인터넷 원격교육. 3. 법 제32조 제1항 각 호 외의 부분 본문에 따라 공단에서 실시한 안전보건관리담당자 양성교육. 4. 법 제98조 제1항 제2호에 따른 검사원 성능검사 교육. 5. 그 밖에 고용노동부장관이 근로자 정기교육 면제대상으로 인정하는 교육.

221) [별표 5] 채용 시 교육 및 작업내용 변경 시 교육 : 산업안전 및 사고 예방에 관한 사항, 산업보건 및 직업병 예방에 관한 사항, 산업안전보건법령 및 산업재해보상보험 제도에 관한 사항, 직무스트레스 예방·관리에 관한 사항, 직장 내 괴롭힘, 고객의 폭언 등으로 인한 건강장해 예방·관리에 관한 사항, 기계·기구의 위험성과 작업의 순서 및 동선에 관한 사항, 작업 개시 전 점검에 관한 사항, 정리정돈 및 청소에 관한 사항, 사고 발생 시 긴급조치에 관한 사항, 물질안전보건자료에 관한 사항.

○ OOO 종사자(근로자, 수급인 근로자, 관계수급인 근로자)[222]
○ 기타 현업업무 종사자(보안업무종사자, 운전업무종사자)
○ OOO청 : 환경(53), 시설(37), 보안(44), 운전(5) 총 139명

□ 교육유형

(1) 정기교육

가. 교육시간 : 매분기 6시간 이상[223]   ※ 2024년 분기당 3시간 적용

나. 교육내용 : 산업안전·사고 예방, 직업병 예방, 건강증진·질병 예방, 유해·위험 작업환경 관리, 직무스트레스 예방·관리, 직장 내 괴롭힘·고객 폭언 등으로 인한 건강장해 예방·관리, 산업안전보건법령 및 산업재해보상보험제도 등에 관한 사항

(2) 채용 시 또는 작업내용 변경 시 교육(이하 '신규자 교육')

가. 교육시간 : 8시간 이상(일용근로자를 제외한 근로자)

나. 교육내용 : 산업안전·사고 예방, 직업병 예방, 직무스트레스 예방·관리, 직장 내 괴롭힘·고객의 폭언 등으로 인한 건강장해 예방·관리, 기계·기구의 위험성과 작업의 순서·동선, 작업 개시 전 점검, 정리정돈·청소, 사고 발생 시 긴급조치, 물진안전보건자료, 산업안전보건법령 및 산업재해보상보험 제도 등에 관한 사항

(3) 특별교육

가. 교육시간 : 16시간 이상(최초 작업 종사 전 4시간 이상 실시, 3개월 내 12시간 분할 실시 가능)

나. 교육내용

 1) 공통사항 : 신규자 교육과 동일 내용

 2) 전압이 75볼트 이상인 정전 및 활선작업

  - 전기의 위험성 및 전격 방지, 해당 설비 보수 및 점검, 정전작업·활선작업 시 안전작업방법 및 순서, 절연용 보호구·활선작업용 기구 등 사용 등 사항

 3) 밀폐공간에서의 작업

  - 산소농도 측정 및 작업환경, 사고 시 응급처치 및 비상 시 구출, 보호구 착용 및 사용 방법, 밀폐공간 작업의 안전작업방법 등에 관한 사항

 4) 허가 및 관리 대상 유해물질의 제조 및 또는 취급 작업

  - 취급물질의 성질 및 상태, 유해물질이 인체에 미치는 영향, 국소배기장치 및 안

---

[222] 구내식당 및 어린이집 위탁 시스템 내 별도 교육 실시.
[223] 산업안전보건법 시행규칙 제27조(안전보건교육의 면제) 제1항 전년도에 산업재해가 발생하지 않은 사업장의 사업주의 경우 법 제29조 제1항에 따른 근로자 정기교육(이하 "근로자 정기교육")을 그 다음 연도에 한정하여 별표 4에서 정한 실시기준 시간의 100분의 50 범위에서 면제할 수 있다.

전설비, 안전작업방법 및 보호구 사용 등에 관한 사항

□ 교육진행(정기)

(가) 교육방식 : 자체교육, 집체교육(보건·안전)

1) 자체교육 : 관리실무자(관리감독 교육 이수 근로자 대표) 교안 교육

2) 집체교육 : 보건관리자·안전관리자 주관 전문 교육(강의실 대관)

(나) 교육일정

월	교육(시수)	월	교육(시수)
1월	자체교육(1)	7월	자체교육(1)
2월	보건교육(1)	8월	보건교육(1)
3월	안전교육(1)	9월	안전교육(1)
4월	자체교육(1)	10월	자체교육(1)
5월	보건교육(1)	11월	보건교육(1)
6월	안전교육(1)	12월	안전교육(1)

※ 교대근무 등으로 인한 교육 불참 시, 각 관리실무자 보수교육 실시

(다) 결과보고

1) 월별보고 : 각 실별 자체교육 진행 시 근무일지 특이사항 기재

2) 분기보고 : 월별실적 취합 보고

(라). 기타사항 : 신규자 교육 및 특별교육은 해당 사유 발생 시 별도 실시 예정

다. 자체교육 공통 내용 및 방식(예시)

(1) 교육내용

```
산업안전보건법 시행규칙 [별표5] 중 '가. 근로자 정기교육' 부분 발췌

○ 산업안전 및 사고 예방에 관한 사항
○ 산업보건 및 직업병 예방에 관한 사항
○ 건강증진 및 질병 예방에 관한 사항
○ 유해·위험 작업환경 관리에 관한 사항
○ 산업안전보건법령 및 산업재해보상보험 제도에 관한 사항
○ 직무스트레스 예방 및 관리에 관한 사항
○ 직장 내 괴롭힘, 고객의 폭언 등으로 인한 건강장해 예방 및 관리에 관한 사항
```

(2) 교육방식 : ○○○○ 20층 회의실 대관하여 산업안전보건교육 영상 시청, 그 외 각 업무 분야별 필요한 부분은 추가 교육 실시

교육내용	관련 영상
○ 산업안전 및 사고 예방에 관한 사항	○ 야간(교대)작업자의 건강유지와 사고예방(약 26분) ○ (세바시)안전하려면 먼저 불편해야합니다(약 17분)
○ 산업보건 및 직업병 예방에 관한 사항	○ 사고사례로 배우는 직업병 예상(약 26분)
○ 건강증진 및 질병 예방에 관한 사항	○ 건강증진을 위한 뇌심혈관계질환 관리(약 1시간 2분) ○ 근골격계질환 및 인터넷중독 예방교육(약 1시간 6분) ○ 뇌심혈관계질환 관리(약 23분) ○ 근골격계질환 관리(약 31분)
○ 유해·위험 작업환경 관리에 관한 사항	○ MSDS 관리 및 유해화학물질 관리(약 36분)
○ 산업안전보건법령 및 산업재해보상보험 제도에 관한 사항	○ 산업안전보건법과 산업재해보상보험법(약 1시간 15분) ○ 산업안전보건법의 이해(약 34분)
○ 직무스트레스 예방 및 관리에 관한 사항	○ 직무스트레스 예방과 관리(약 1시간 8분) ○ 근로자 건강진단 및 직무스트레스 관리(약 1시간 13분)
○ 직장 내 괴롭힘, 고객의 폭언 등으로 인한 건강장해 예방 및 관리에 관한 사항	○ 감정노동과 건강관리(약 36분) ○ 직장 내 괴롭힘으로 인한 건강장해 예방법(약 7분)

4. 안전상의 조치와 보건상의 조치

가. 법령 요지 등의 게시, 위험성평가, 안전보건표지의 설치·부착

사업주는 산업안전보건법과 이 법에 따른 명령의 요지 및 안전보건관리규정을 각 사업장의 근로자가 쉽게 볼 수 있는 장소에 게시하거나 갖추어 두어 근로자에게 널리 알려야 한다(산업안전보건법 제34조).

사업주는 위험성평가를 실시하여야 한다. 즉 건설물, 기계·기구·설비, 원재료, 가스, 증기, 분진, 근로자의 작업행동 또는 그 밖의 업무로 인한 유해·위험요인을 찾아내어 부상 및 질병으로 이어질 수 있는 위험성의 크기가 허용 가능한 범위인지를 평가하여야 하고, 그 결과에 따라 이 법과 이 법에 따른 명령에 따른 조치를 하여야 하며, 근로자에 대한 위험 또는 건강장해를 방지하기 위하여 필요한 경우에는 추가 조치를 하여야 한다(산안법 제36조). 사업주는 위험성평가 시 고용노동부장관이 정하여 고시하는 바에 따라 해당 작업장의 근로자를 참여시켜야 하고, 평가의 결과와 조치사항을 기록하여 보존하여야 한다.

위험성평가의 구체적인 내용은 「사업장 위험성평가에 관한 지침」224)에 자세히 규정되어 있다. 위험성평가는 지침에 규정된 방법을 따라야 한다. 안전보건관리책임자 등 해당 사업장에서 사업의 실시를 총괄·관리하는 사람에게 위험성평가의 실시를 총괄·관리하

---

224) [시행 2025. 1. 2.] [고용노동부고시 제2024-76호, 2024. 12. 18., 일부개정].

게 하고, 사업장의 안전관리자, 보건관리자 등이 위험성평가의 실시에 관하여 안전보건관리책임자를 보좌하고 지도·조언하게 하며, 관리감독자가 유해·위험요인을 파악하고 그 결과에 따라 개선조치를 시행하게 해야 한다. 또한 기계·기구, 설비 등과 관련된 위험성평가에는 해당 기계·기구, 설비 등에 전문지식을 갖춘 사람을 참여하게 하고, 안전·보건관리자의 선임의무가 없는 경우에는 제2호에 따른 업무를 수행할 사람을 지정하는 등 그 밖에 위험성평가를 위한 체제를 구축하여야 한다.

〈안전보건표지의 종류별 용도, 설치부착장소, 형태 및 색채 예시〉

분류	종류	용도 및 설치·부착 장소	설치·부착 장소 예시	형태		색채
				기본모형번호	안전·보건표지 일람표번호	
금지표지	1. 출입금지	출입을 통제해야할 장소	조립해체 작업장 입구	1	101	바탕은 흰색, 기본모형은 빨간색, 관련부호 및 그림은 검은색
	2. 보행금지	사람이 걸어 다녀서는 안 될 장소	중장비 운전작업장	1	102	
	3. 차량통행금지	제반 운반기기 및 차량의 통행을 금지시켜야 할 장소	집단보행 장소	1	103	
	4 사용금지	수리 또는 고장 등으로 만지거나 작동시키는 것을 금지해야 할 기계·기구 및 설비	고장난 기계	1	104	
	5. 탑승금지	엘리베이터 등에 타는 것이나 어떤 장소에 올라가는 것을 금지	고장난 엘리베이터	1	105	
	6. 금연	담배를 피워서는 안 될 장소	화학물질취급 장소	1	106	
	7. 화기금지	화재가 발생할 염려가 있는 장소로서 화기 취급을 금지하는 장소	절전스위치 옆	1	107	
	8. 물체이동금지	정리 정돈 상태의 물체나 움직여서는 안 될 물체를 보존하기 위하여 필요한 장소		1	108	

사업주는 안전보건표지를 설치하고 부착하여야 한다. 즉 유해하거나 위험한 장소·시설·물질에 대한 경고, 비상 시에 대처하기 위한 지시·안내 또는 그 밖에 근로자의 안전 및 보건 의식을 고취하기 위한 사항 등을 그림, 기호 및 글자 등으로 나타낸 표지(안전보건표지)를 근로자가 쉽게 알아볼 수 있도록 설치하거나 붙여야 한다. 이 경우 **외국인근로자를 사용하는 사업주는 안전보건표지를 해당 외국인근로자의 모국어로 작성하여야** 한다. 안전보건표지의 종류, 형태, 색채, 용도 및 설치·부착 장소, 그 밖에 필요한 사항은 고용노동부령으로 정한다(법 시행규칙 별표 6 참조).

나. 안전조치 및 보건조치

(1) 주요 내용

산업안전보건법에서는 작업장의 위험요인으로 인한 산업재해를 예방하고 각종 유해요인으로부터 노동자의 건강장해를 방지하기 위해 각종 안전조치와 보건조치 실시 의무를 사업주에게 부여하고 있다.

이 법은 안전조치가 요구되는 위험요인을 물적인 위험, 작업방법으로 인한 위험, 작업장소로 인한 위험 등 3가지로 나누고 필요한 조치내용을 규정하고 있다.

보건조치에서는 일터의 유해요인을 화학적·물리적요인, 작업방식 및 작업환경 요인 등으로 구분하고 당해 환경에서 사업주의 건강장해 예방조치 의무를 규정하고 있다.

위험의 종류	안전조치가 요구되는 위험요인의 주요 내용
물적인 위험 (제38조 제1항)	사업주는 기계·기구, 그 밖의 설비에 의한 위험, 폭발성, 발화성 및 인화성 물질 등에 의한 위험, 전기, 열, 그 밖의 에너지에 의한 위험으로 인한 산업재해를 예방하기 위하여 필요한 조치를 하여야 함225)
작업방법으로 인한 위험 (제38조 제2항)	굴착, 채석, 하역, 벌목, 운송, 조작, 운반, 해체, 중량물 취급, 그 밖의 작업을 할 때 불량한 작업방법 등에 의한 위험으로 인한 산업재해를 예방하기 위하여 필요한 조치를 하여야 함226)
작업장소로 인한 위험 (제38조 제3항)	사업주는 근로자가 근로자가 추락할 위험이 있는 장소, 토사·구축물 등이 붕괴할 우려가 있는 장소, 물체가 떨어지거나 날아올 위험이 있는 장소, 천재지변으로 인한 위험이 발생할 우려가 있는 장소에서 작업을 할 때 발생할 수 있는 산업재해를 예방하기 위하여 필요한 조치를 하여야 함

작업장소로 인한 위험과 관련하여, 건설현장 및 작업장 등에서의 노동자가 추락하는 것을 예방하는 추락예방조치는 제1편 제6장 제1절에서 상세히 규정하고 있다. 보호망이나 출입금지구역 등의 설정을 통하여 낙하물에 의한 위험을 방지하기 위한 낙하물 등에 의한 위험예방조치는 법 제14조 등에서 상세히 규정하고 있다.

---

225) 기계·기구·그 밖의 설비에 의한 위험과 관련하여 제87조(기계의 원동기나 벨트 등 위험한 부위에는 덮개를 설치하라는 내용), 제92조, 제2편 제1장에서 정하고 있다. 폭발성·발화성·인화성 물질 등에 의한 위험과 관련해서는 규칙 제225조 및 별표 1에서 폭발성·발화성·산화성·인화성·인화성가스·부식성·독성물질로 분류하면서, 제2편 제2장에서 규정하고 있다. 전기·열·그 밖의 에너지에 의한 위험에 대해서는 전기작업 등으로 인한 위험을 방지하는 내용으로 주로 제2편 제3장에서 정하고 있다.

226) 건설현장 및 작업장 등에서의 붕괴 등 위험예방조치는 건설현장·작업장이 붕괴하는 것을 예방하기 위한 조치로, 제339조, 제340조, 제351조, 제352조, 제370조, 제372조, 제373조 등에서 정하고 있다. 기계·기구·그 밖의 설비 등의 붕괴·도괴방지 조치는 기계·기구가 넘어지는 것을 방지하기 위한 조치로 제154조, 제161조, 제209조 등에서, 화물 취급 시의 붕괴 등 위험예방조치는 제392조에서 규정하였다.

사업주는 위험요인에 대한 안전조치와 함께 환경에 따른 건강장애를 예방하기 위하여 필요한 보건조치를 취하여야 한다.

유해요인 종류	보건조치가 요구되는 건강장해의 주요 내용
화학적 유해 요인 노출 (제39조 1항 제1·3호)	1. 원재료·가스·증기·분진·흄(fume, 열이나 화학반응에 의하여 형성된 고체증기가 응축되어 생긴 미세입자)·미스트(mist, 공기 중에 떠다니는 작은 액체방울)·산소결핍·병원체 등에 의한 건강장해 3. 사업장에서 배출되는 기체·액체 또는 찌꺼기 등에 의한 건강장해
물리적 유해 요인 노출(제2호)	2. 방사선·유해광선·고온·저온·초음파·소음·진동·이상기압 등에 의한 건강장해
작업방식에 의해 발생(제4·5호)	4. 계측감시, 컴퓨터 단말기 조작, 정밀공작 등의 작업에 의한 건강장해. 5. 단순반복작업 또는 인체에 과도한 부담을 주는 작업에 의한 건강장해
작업환경에 의해 발생(제6호)	6. 환기·채광·조명·보온·방습·청결 등의 적정기준을 유지하지 아니하여 발생하는 건강장해
작업환경에 의해 발생(제7호)	7. 폭염·한파에 장시간 작업함에 따라 발생하는 건강장해

안전·보건조치의 세부 내용은 총 674개 조문으로 구성된 「산업안전보건기준에 관한 규칙」(이하 '안전보건규칙')에서 각 작업별, 위험물질별 사업주가 준수할 안전·보건 조치의무의 내용을 상세히 규정하였다. 여기에는 세부적인 위험·유해요인, 작업방식·환경 등 여러 기준을 바탕으로 사업주의 조치사항이 포함돼 있고, **벌칙규정은 대부분 안전보건규칙상 조치의무 불이행에 대한 처벌규정이다.** 구체적으로 제1편 총칙(통칙, 작업장, 통로, 보호구, 관리감독자의 직무·사용의 제한227), 추락 또는 붕괴에 의한 위험방지, 비계, 환기장치, 휴게시설, 잔재물 등의 조치기준), 제2편 안전기준(기계·기구·그 밖의 설비에 의한 위험 예방228), 폭발·화재 및 위험물 누출에 의한 위험방지, 전기·**건설작업 등에 의한 위험방지**, 중량물 취급 시의 위험방지, 하역작업 등 벌목작업에 의한 위험방지, 궤도 관련 작업 등에 의한 위험방지), 제3편 보건기준, 제4편 특수형태 **근로종사자 등에 관한 안전조치 및 보건조치**로 구분하여 규정되어 있다.

제3편 보건기준에는 관리대상 유해물질·허가대상 유해물질·석면·금지물질에 의한 건강장해의 예방, 소음·진동·이상기압·온도·습도에 의한 건강장해의 예방, 방사선·병원체에 의한 건강장해의 예방, 분진·밀폐공간 작업으로 인한 건강장해의 예방, 사무실에서의 건강장해의 예방, 근골격 부담작업으로 인한 건강장해의 예방, 그 밖의 유해인자에 의한 건강장해의 예방 등이 규정되어 있다.

제2편 안전기준에 따라 기계·기구·그 밖의 설비에 의한 위험을 예방해야 한다. 이 가운데 차량용 건설기계(15종 이상)는 동력원을 사용하여 불특정 장소로 스스로 이동할

---
227) 관리감독자의 유해·위험방지 업무, **사전조사 및 작업계획서의 작성(별표 4, 작업계획서의 내용)** 등.
228) 공작기계, 프레스·전단기, 목재가공용 기계, 원심기·분쇄기, 고속회전체, 보일러, 사출성형기, 양중기 등.

수 있는 건설기계로서 안전보건규칙〔별표 6〕에서 규정하고 있다.

〈산업안전보건기준에 관한 규칙〔별표 4〕사전조사 및 작업계획서 내용〉

작업명	사전조사 내용	작업계획서 내용
1. 타워크레인을 설치·조립·해체하는 작업	-	가. 타워크레인의 종류 및 형식 나. 설치·조립 및 해체순서 다. 작업도구·장비·가설설비 및 방호설비 라. 작업인원의 구성 및 작업근로자의 역할 범위 마. 제142조에 따른 지지 방법
2. 차량계 하역운반기계등을 사용하는 작업	-	가. 해당 작업에 따른 추락·낙하·전도·협착 및 붕괴 등의 위험 예방대책 나. 차량계 하역운반기계등의 운행경로 및 작업방법
3. 차량계 건설기계를 사용하는 작업	해당 기계의 굴러 떨어짐, 지반의 붕괴 등으로 인한 근로자의 위험을 방지하기 위한 해당 작업장소의 지형 및 지반상태	가. 사용하는 차량계 건설기계의 종류 및 성능 나. 차량계 건설기계의 운행경로 다. 차량계 건설기계에 의한 작업방법
6. 굴착작업	가. 형상·지질 및 지층의 상태 나. 균열·함수(含水)·용수 및 동결의 유무 또는 상태 다. 매설물 등의 유무 또는 상태 라. 지반의 지하수위 상태	가. 굴착방법 및 순서, 토사 반출 방법 나. 필요한 인원 및 장비 사용계획 다. 매설물 등에 대한 이설·보호대책 라. 사업장 내 연락방법 및 신호방법 마. 흙막이 지보공 설치방법 및 계측계획 바. 작업지휘자의 배치계획 사. 그 밖에 안전·보건에 관련된 사항
7. 터널굴착작업	보링 등 적절한 방법으로 낙반·출수 및 가스폭발 등으로 인한 근로자의 위험을 방지하기 위하여 미리 지형·지질 및 지층상태를 조사	가. 굴착의 방법 나. 터널지보공 및 복공의 시공방법과 용수의 처리방법 다. 환기 또는 조명시설을 설치할 때에는 그 방법
10. 건물 등의 해체작업	해체건물 등의 구조, 주변 상황 등	가. 해체의 방법 및 해체 순서도면 나. 가설설비·방호설비·환기설비 및 살수·방화설비 등의 방법 다. 사업장 내 연락방법. 라. 해체물의 처분계획 마. 해체작업용 기계·기구 등의 작업계획서 바. 해체작업용 화약류 등의 사용계획서 사. 그 밖에 안전·보건에 관련된 사항
11. 중량물의 취급 작업	-	가. 추락위험을 예방할 수 있는 안전대책 나. 낙하위험을 예방할 수 있는 안전대책 다. 전도위험을 예방할 수 있는 안전대책 라. 협착위험을 예방할 수 있는 안전대책 마. 붕괴위험을 예방할 수 있는 안전대책
12. 궤도와 그 밖의 관련설비의 보수·점검작업 13. 입환작업	-	가. 적절한 작업 인원 나. 작업량 다. 작업순서 라. 작업방법 및 위험요인에 대한 안전조치방법 등

〈안전보건규칙 안전기준(제2편) 기계·기구에 의한 위험예방(제1장)〉

분류 및 관련 규정(안전보건규칙)
1. 기계 등 일반기준(제86조~제99조) 2. 공작기계(100조~102조) 3. 프레스 및 전단기(103조~104조) 4. 목재가공용 기계(105조~110조) 5. 원심기·분쇄기(111조~113조), 6. 고속회전체(114조~115조), 7. 보일러 등(116조~120조) 8. 사출성형기 등(121조~131조), 9. 양중기(132조~170조, 크레인, 리프트 등) 10. 차량계 하역운반기계등(171조~190조, 지게차 등) 11. 컨베이어(191조~195조, 이탈방지, 비상정지장치, 통행의 제한 등)
12. 건설기계 등 제196조~제206조(**차량계 건설기계**: 전조등 설치, 헤드가드, 전도 방지, 접촉방지, 이송, 안전도 준수, 주용도 외 사용제한, 수리작업 시 조치 등; **항타기 및 항발기**: 조립 시 점검, 강도, 무너짐 방지, 와이어로프 사용 시 유의사항, 널말뚝과 연결, 브레이크 부착, 권상기 설치, 도르래 부착, 버팀목을 늦추는 경우 조치, 사용 시 조치, 이동, 가스배관 손상방지 등

도저형 건설기계(불도저 등), 모터그레이더(땅 고르는 기계), 로더(포크 등 부착물 종류에 따른 용도 변경 형식 포함), 스크레이퍼(흙을 절삭·운반하거나 펴 고르는 등의 작업을 하는 토공기계), 크레인형 굴착기계(크램쉘, 드래그라인 등), 굴착기(브레이커, 드릴 등 부착물 종류에 따른 용도 변경 형식 포함), 항타기·항발기, 천공용 건설기계(어스드릴 등), 지반 압밀침하용 건설기계(샌드드레인머신 등), 지반 다짐용 건설기계(타이어롤러 등), 준설용 건설기계(버킷준설선 등), 콘크리트 펌프카, 덤프트럭, 콘크리트 믹서트럭, 도로포장용 건설기계(아스팔트 살포기 등), 앞의 기계들과 유사한 구조·기능을 갖는 건설기계로서 건설작업에 사용하는 것 등이 있다.

산업안전보건법 제39조 제1항 제1호 내지 제7호(폭염·한파에 장시간 작업함에 따라 발생하는 건강장해)는 여러 유해요인으로부터 발생할 수 있는 노동자의 건강장해를 예방하기 위해 사업주에게 보건조치를 요구하고 있다. 유해요인은 화학적, 물리적 요인과 작업방식 및 작업환경 등 기준으로 분류한다. 안전보건규칙 제3편 '보건기준'과 관련하여 최근 **폭염 및 한파 작업 시 냉방장치 설치, 작업시간 조정, 휴식시간 부여 등 노동자의 건강을 보호하는 내용으로 법령이 개정**되었다.[229] 이를 위반할 경우 사업주는 5년

---

[229] 산업안전보건기준에 관한 규칙 [시행 2025. 7. 17.] [고용노동부령 제448호, 2025. 7. 17., 일부개정] ② 사업주는 근로자가 폭염작업을 하는 경우에는 다음 각 호의 어느 하나 이상에 해당하는 조치를 해야 한다. 다만, 사업주가 제1호 또는 제2호의 조치를 하였음에도 불구하고 해당 작업장소에서의 작업이 폭염작업에 해당하는 경우에는 제3호에 따른 조치를 해야 한다. <신설 2025. 7. 17.> 1. 냉방 또는 통풍 등을 위한 적절한 온도·습도 조절장치의 설치·가동. 2. 작업시간대의 조정 등 폭염 노출을 줄일 수 있는 조

이하의 징역 또는 5천만원 이하의 벌금 등 형사처벌을 받게 된다.

또한 사업주는 폭염작업으로 인한 건강장해를 예방하기 위하여 첫째, 폭염작업이 예상되는 작업장소에 온·습도계 등 온도·습도를 측정하는 기기를 상시 갖추어 두어야 하고, 둘째, 근로자에게 폭염작업에 따른 건강장해의 증상 및 예방조치, 응급조치 요령 등에 관한 사항을 폭염작업 전에 미리 알려야 하며, 셋째, 폭염작업이 이루어진 작업장소에서 측정한 체감온도와 조치사항을 폭염작업이 이루어진 일자별로 기록하고, 그 내용을 폭염작업이 있었던 해당 연도 12월 31일까지 보관하여야 한다.

(2) 안전·보건의무 위반에 대한 처벌규정 및 해석 기준

안전조치(법 제38조) 또는 보건조치(제39조)를 위반할 경우 5년 이하 징역 또는 5천만원 이하 벌금에 처하고, 이로 인해 근로자가 사망에 이른 경우 7년 이하 징역 또는 1억원 이하 벌금에 처한다. 안전조치 또는 보건조치 위반으로 근로자가 사망한 경우 유죄판결과 함께 200시간 범위에서 산업재해 예방 수강명령 또는 산업안전보건프로그램의 이수명령(법 제174조)을 내릴 수 있다. 이러한 이수명령등에 불응하여 경고를 받은 후에도 재차 불응 시 벌금형 또는 징역형이 선고될 수 있다.[230]

산업안전보건법에서 정한 안전·보건조치 의무위반 여부는 법·시행규칙에 근거한 안전보건규칙의 개별 조항에서 정한 의무의 내용과 해당 산업현장의 특성 등을 토대로 이 법의 입법목적, 관련 규정이 사업주에게 안전·보건조치를 부과한 구체적인 취지, 사업장의 규모와 해당 사업장에서 이뤄지는 작업의 성격 및 이에 내재되거나 합리적으로 예상되는 안전·보건상 위험의 내용, 산업재해의 발생 빈도, 안전·보건조치에 필요한 기술 수준 등을 구체적으로 살펴 규범 목적에 부합하도록 객관적으로 판단한다. 나아가 해당 **안전보건규칙 관련 일정한 조치가 있었다고 하더라도 해당 산업현장의 구체적 실태에 비추어 예상 가능한 산업재해를 예방할 정도의 실질적인 안전조치에 이르지 못할 경우에는 안전보건규칙을 준수하였다고 볼 수 없다.** 특히 해당 산업현장에서 동종의 산업재해가 이미 발생하였던 경우 사업주가 충분한 보완대책을 마련함으로써 산업재해 재발 방지를 위해 안전보건규칙에서 정하는 각종 예방조치를 성실히 이행하였는지 엄격하게 판단해야 한다(대법원 2020도3996 판결 등).

치. 3. 폭염작업으로 인한 건강장해 예방을 위하여 필요한 적절한 휴식시간의 부여.

230) 제170조의2(벌칙) 제174조 제1항에 따라 이수명령을 부과받은 사람이 보호관찰소의 장 또는 교정시설의 장의 이수명령 이행에 관한 지시에 따르지 아니하여 보호관찰 등에 관한 법률 또는 형의 집행 및 수용자의 처우에 관한 법률에 따른 경고를 받은 후 재차 정당한 사유 없이 이수명령 이행에 관한 지시에 따르지 아니한 경우에는 다음 각 호에 따른다. 1. 벌금형과 병과된 경우는 500만원 이하의 벌금에 처한다. **2. 징역형 이상의 실형과 병과된 경우에는 1년 이하의 징역 또는 1천만원 이하의 벌금에 처한다.**

(3) 산업안전보건기준에 관한 규칙 개정사항

고용노동부는 2024년 6월 28일, 반복되는 식품제조기계 등 사고에 대한 후속대책의 일환으로 분쇄기·혼합기 등을 이용한 작업이나 식품가공용 기계에 의한 위험방지 조치를 마련하는 등 근로자에 대한 안전조치를 보다 강화하고, 배달종사자에게 지급하는 안전모에 대한 기준을 배달종사자가 운행하는 이동 수단의 종류에 적합하게 구체화하고, 기본·설계·공사 안전보건대장의 의무적 포함사항을 정비[231]하는 등 산업안전보건법 시행규칙 및 안전보건규칙을 개정하였다.

첫째, 사다리식 통로의 추락방지 조치를 보완(제24조 제1항 제9호)하였다. 사다리식 통로에 등받이울이 있으면 근로자의 이동이 곤란한 경우에는 등받이울 설치 대신 한국산업표준 기준에 적합한 개인용 추락 방지 시스템을 설치하고, 전신안전대를 사용하도록 하였다. 둘째, 배달종사자 안전모에 대한 안전기준을 구체화(제32조·제672조·제673조)하였다. 배달종사자에게 제공·착용하도록 하는 안전모에 대한 안전기준을 「도로교통법」에 따른 이륜자동차 및 원동기장치자전거의 경우와 자전거, 전기자전거 및 개인형 이동장치의 경우로 구분하여 정함이동식 사다리에 대한 안전기준 마련(제42조 제4항 신설)하였다. 셋째, 작업발판·추락방호망 설치가 곤란한 경우 근로자로 하여금 3개 이상의 버팀대를 가지고 지면으로부터 안정적으로 세울 수 있는 구조를 갖춘 이동식 사다리를 사용하여 작업할 수 있게 하고, 이동식 사다리의 설치 및 작업 시 준수해야 하는 조치사항을 정하였다. 넷째, 분쇄기 등을 이용한 작업 시 위험방지 조치를 마련(제87조 제8·9항)하였다. 분쇄기·파쇄기·마쇄기·미분기·혼합기 및 혼화기 등의 가동 중에 덮개 또는 울 등을 열어야 하는 경우 ①미리 근로자가 분쇄기 등의 가동을 정지하도록 하거나, ②연동장치를 설치하여 덮개나 울 등이 열리면 분쇄기 등이 자동으로 멈추게 하는 등의 조치사항을 정하였다. 다섯째, 식품가공용 기계에 의한 위험방지 조치를 마련(제130조 제2항 신설, 2024. 12. 28. 시행)하였다. 식품 제조과정에서 내용물이 담긴 용기를 들어올려 부어주는 기계를 작동할 때 비상정지장치를 설치하고, ①고정식 가드 또는 울타리를 설치하거나 ②센서 등 감응형 방호장치를 설치하는 등의 위험방지 조치를 하도록 하였다.

---

[231] 건설공사발주자가 산재 예방을 위해 건설공사의 계획, 설계 및 시공단계에서 작성·확인해야 하는 기본·설계·공사 안전보건대장의 내용 중에서 작성자인 건설공사발주자, 설계자 및 시공자가 현실적으로 알기 어려운 사항(공사 시 유해·위험요인과 감소대책 수립을 위한 설계조건 등)은 제외하고, 건설공사 현장에서 안전관리가 반드시 필요한 사항(건설공사용 기계·기구의 건설현장 배치 및 이동계획 등)이 누락되지 않도록 포함하여 건설공사발주자가 건설공사 단계별로 효과적인 재해예방 조치를 마련·이행할 수 있도록 함(고용노동부 보도자료 참조).

5. 유해·위험방지계획서, 공정안전보고서, 안전보건진단

가. 유해·위험방지계획서

사업주는 유해·위험 방지에 관한 사항을 적은 계획서(이하 '유해·위험방지계획서'라 함)를 작성하여 고용노동부장관에게 제출하고 심사를 받아야 한다.

유해·위험방지계획서를 작성해야 하는 경우는 다음과 같다.

첫째, 금속가공제품 제조업, 전자부품 제조업 등 전기 계약용량이 300kw 이상인 사업[232]으로 해당 제품의 생산 공정과 직접적으로 관련된 건설물·기계·기구 및 설비 등 전부를 설치·이전하거나 그 주요 구조 부분을 변경하려는 경우이다.

둘째, 유해하거나 위험한 작업 또는 장소에서 사용하거나 건강장해를 방지하기 위하여 사용하는 기계·기구 및 설비로서 금속, 화학설비 등 대통령령으로 정하는 기계·기구 및 설비를 설치·이전하거나 그 주요 구조 부분을 변경하려는 경우이다.

〈유해·위험방지계획서 첨부서류〉

공사 개요 및 안전보건계획	유해·위험 방지 계획 작성 작업공사 종류 (시행령 제42조 제3항 각 호)
가. 공사 개요서 (별지 제101호서식)	1. 제1호 : 건축물 또는 시설 등의 건설·개조 또는 해체(이하 "건설등") 공사 2. 제2호 : 냉동·냉장창고시설의 설비공사 및 단열공사 3. 제3호 : 다리 건설등의 공사 4. 제4호 : 터널 건설등의 공사 5. 제5호 : 댐 건설등의 공사 6. 제6호 : 굴착공사
나. 공사현장의 주변 현황 및 주변과의 관계를 나타내는 도면(매설물 현황 포함)	
다. 전체 공정표	
라. 산업안전보건관리비 사용계획서 (별지 제102호서식)	
마. 안전관리 조직표	
바. 재해 발생 위험 시 연락 및 대피방법	

셋째, 대통령령으로 정하는 크기, 높이 등에 해당하는 건설공사를 착공하려는 경우에도 유해·위험방지계획서를 제출해야 한다. 이 경우 유해·위험계획서를 작성할 때 건설안

---

[232] 법 시행령 제42조(유해위험방지계획서 제출 대상) ① 법 제42조 제1항 제1호에서 "대통령령으로 정하는 사업의 종류 및 규모에 해당하는 사업"이란 다음 각 호의 어느 하나에 해당하는 사업으로서 전기 계약용량이 300kw 이상인 경우를 말한다. 1. 금속가공제품 제조업; 기계 및 가구 제외, 2. 비금속 광물제품 제조업, 3. 기타 기계 및 장비 제조업, 4. 자동차 및 트레일러 제조업, 5. 식료품 제조업, 6. 고무제품 및 플라스틱제품 제조업, 7. 목재 및 나무제품 제조업, 8. 기타 제품 제조업, 9. 1차 금속 제조업, 10. 가구 제조업, 11. 화학물질 및 화학제품 제조업, 12. 반도체 제조업, 13. 전자부품 제조업.

전 분야 산업안전지도사, 건설안전기술사, 토목·건축분야 기술사, 건설안전산업기사 이상의 자격을 취득한 후 건설안전 관련 실무경력자(건설안전기사 이상의 자격은 5년, 건설안전산업기사 자격은 7년 이상)의 의견을 들어야 하고 이를 위반할 경우 300만원 이하 과태료가 부과될 수 있다. "대통령령으로 정하는 크기 높이 등에 해당하는 건설공사"란 건축물 또는 시설 등의 건설·개조 또는 해체(이하 "건설등"이라 한다) 공사[233], 연면적 5천㎡ 이상인 냉동·냉장 창고시설의 설비공사 및 단열공사, 최대 지간길이(다리의 기둥과 기둥의 중심사이의 거리)가 50m 이상인 다리의 건설등 공사, 터널의 건설등 공사, 다목적댐, 발전용댐, 저수용량 2천만톤 이상의 용수 전용 댐 및 지방상수도 전용 댐의 건설등 공사, 깊이 10m 이상인 굴착공사를 말한다.

다만, 건설공사의 경우 산업재해발생률 등 고려하여 고용노동부령으로 정하는 기준에 해당하는 사업주는 유해·위험방지계획서를 스스로 심사하고, 그 심사결과서를 작성하여 제출해야 한다. 고용노동부령으로 정하는 기준에 해당하는 사업주란 〔별표 11〕의 기준에 적합한 건설업체(자체심사 및 확인업체)의 사업주이다.[234]

---

[233] 가. 지상높이가 31m 이상인 건축물 또는 인공구조물, 나. 연면적 3만㎡ 이상인 건축물, 다. 연면적 5천㎡ 이상인 시설로서 다음의 어느 하나에 해당하는 시설, 1) 문화 및 집회시설(전시장 및 동물원·식물원 제외), 2) 판매시설, 운수시설(고속철도의 역사 및 집배송시설은 제외), 3) 종교시설, 4) 의료시설 중 종합병원, 5) 숙박시설 중 관광숙박시설, 6) 지하도상가, 7) 냉동·냉장 창고시설.

[234] 산업안전보건법 시행규칙 [별표 11] <개정 2022. 8. 18.> 자체심사 및 확인업체의 기준, 자체심사 및 확인방법 (제42조 제5항·제6항 및 제47조 제1항 관련).
  1. 자체심사 및 확인업체의 기준: 다음 각 목의 요건을 모두 충족할 것. 다만, 영 제110조 제1호 및 이 규칙 제238조 제2항에 따른 동시에 2명 이상의 근로자가 사망한 재해(별표 1 제3호 라목의 재해는 제외한다. 이하 이 표에서 같다)가 발생하거나 그 밖에 부실한 안전관리 문제로 사회적 물의를 일으켜 더 이상 자체심사 및 확인업체로 둘 수 없다고 고용노동부장관이 인정하는 경우에는 즉시 자체심사 및 확인업체에서 제외된다.
  가. 「건설산업기본법」 제8조 및 같은 법 시행령 별표 1 제1호 다목에 따른 토목건축공사업에 대해 같은 법 제23조에 따라 평가하여 공시된 시공능력의 순위가 상위 200위 이내인 건설업체. 나. 별표 1에 따라 산정한 직전 3년간의 평균산업재해발생률(직전 3년간의 사고사망만인율 중 산정하지 않은 연도가 있을 경우 산정한 연도의 평균값을 말한다)이 가목에 따른 건설업체 전체의 직전 3년간 평균산업재해발생률 이하인 건설업체. 다. 영 제17조에 따른 안전관리자의 자격을 갖춘 사람(영 별표 4 제8호에 해당하는 사람은 제외한다) 1명 이상을 포함하여 3명 이상의 안전전담직원으로 구성된 안전만을 전담하는 과 또는 팀 이상의 별도조직을 갖춘 건설업체. 라. 제4조 제1항 제7호 나목에 따른 직전년도 건설업체 산업재해예방활동 실적 평가 점수가 70점 이상인 건설업체. 마. 해당 연도 8월 1일을 기준으로 직전 2년간 근로자가 사망한 재해가 없는 건설업체
  2. 자체심사 및 확인방법
  가. 자체심사는 임직원 및 외부 전문가 중 다음에 해당하는 사람 1명 이상이 참여하도록 해야 한다. 1) 산업안전지도사(건설안전 분야만 해당한다). 2) 건설안전기술사. 3) 건설안전기사(산업안전기사 이상의 자격을 취득한 후 건설안전 실무경력이 3년 이상인 사람을 포함한다)로서 공단에서 실시하는 유해위험방지계획서 심사전문화 교육과정을 28시간 이상 이수한 사람
  나. 자체확인은 가목의 인력기준에 해당하는 사람이 실시하도록 해야 한다.
  다. 자체확인을 실시한 사업주는 별지 제103호서식의 유해위험방지계획서 자체확인 결과서를 작성하여 해당 사업장에 갖추어 두어야 한다.

건설공사 유해·위험방지계획서에 법 시행규칙〔별표 10〕에 규정된 서류를 첨부235)하여 해당공사의 착공236)전날까지 2부를 제출해야 한다.237)

〈작업 공사 종류별 유해·위험방지계획〉

대상공사	작업공사종류	주요 작성대상	첨부서류
영 제42조 제3항 제1호에 따른 건축물 또는 시설 등의 건설·개조 또는 해체(이하 "건설 등")공사 (이하 냉동·냉장창고시설 공사, 다리건설공사, 터널건설공사, 댐 건설공사, 굴착공사 생략)	1. 가설공사 2. 구조물공사 3. 마감공사 4. 기계설비공사 5. 해체공사	가. 비계 조립 및 해체 작업(외부비계 및 높이 3m이상 내부비계만 해당) 나. 높이 4m를 초과하는 거푸집동바리〔동바리가 없는 공법(무지주공법으로 데크플레이트, 호리빔 등)과 옹벽 등 벽체 포함〕조립 및 해체작업 또는 비탈면 슬래브(판 형상의 구조부재로서 구조물의 바닥이나 천장)의 거푸집동바리 조립 및 해체 작업 다. 작업발판 일체형 거푸집 조립 및 해체 작업 라. 철골 및 PC 조립 작업 마. 양중기 설치·연장·해체 작업 및 천공·항타 작업 바. 밀폐공간 내 작업. 사. 해체 작업 아. 우레탄폼 등 단열재 작업〔취급장소와 인접한 장소서 이뤄지는 화기작업 포함〕 자. 같은 장소(출입구를 공동으로 이용하는 장소를 말한다)에서 둘 이상의 공정이 동시에 진행되는 작업	1. 해당 작업공사 종류별 작업개요 및 재해예방 계획 2. 위험물질의 종류별 사용량과 저장·보관 및 사용 시 안전작업계획 〈비고〉 1. 바목의 작업에 대한 유해위험방지계획에는 질식·화재 및 폭발 예방계획이 포함돼야 한다. 2. 각 목의 작업과정에서 통풍이나 환기가 충분하지 않거나 가연성 물질이 있는 건축물 내부나 설비 내부에서 단열재 취급·용접·용단 등과 같은 화기작업이 포함되어 있는 경우에는 세부계획이 포함되어야 한다.

한편, 같은 사업장 내에서 공사의 착공 시기를 달리하는 사업의 사업주는 해당 공사별 또는 해당 공사의 단위 작업공사 종류별로 유해·위험방지계획서를 분리하여 각각 제출할 수 있다. 이 경우 이미 제출한 유해·위험방지계획서의 첨부서류와 중복되는 서류는 제출하지 않을 수 있다. 사업주가 공정안전보고서를 제출한 경우에는 해당 유해·위험설비에 대해서는 유해·위험방지계획서를 제출한 것으로 본다.

건설공사를 착공하려는 사업주로서 유해·위험방지계획서 및 그 심사결과서를 사업장에

---

235) 1. 공사 개요 및 안전보건관리계획. 가. 공사 개요서(별지 제101호서식). 나. 공사현장의 주변 현황 및 주변과의 관계를 나타내는 도면(매설물 현황을 포함한다). 다. 전체 공정표. 라. 산업안전보건관리비 사용계획서(별지 제102호서식). 마. 안전관리 조직표. 바. 재해 발생 위험 시 연락 및 대피방법. 2. 작업 공사 종류별 유해위험방지계획.
236) 유해위험방지계획서 작성 대상 시설물 또는 구조물의 공사를 시작하는 것을 말하며, 대지 정리 및 가설사무소 설치 등의 공사 준비기간은 착공으로 보지 않는다.
237) 이 경우 해당 공사가 건설기술진흥법에 따른 안전관리계획을 수립해야 하는 건설공사에 해당하는 경우에는 유해위험방지계획서와 안전관리계획서를 통합하여 작성한 서류를 제출할 수 있다.

갖추어 둔 사업주는 해당 건설공사의 공법의 변경 등으로 인하여 그 유해·위험방지계획서를 변경할 필요가 있는 경우에는 이를 변경하여 갖추어 두어야 한다.

제조업 등 유해·위험방지계획서 제출·심사·확인에 관한 고시에서 제조업 등 유해·위험방지계획서 작성자 자격요건을 규정하고 있으므로, 해당 자격요건을 구비해야 하고, 전문업체 등을 이용하여 대리 작성하는 것도 가능하다.

유해·위험방지계획서에 대한 심사를 받은 사업주는 고용노동부령으로 정하는 바에 따라 유해·위험방지계획서의 이행에 관하여 고용노동부장관의 확인을 받아야 한다. 이를 위반할 경우 300만원 이하 과태료가 부과된다. 유해·위험방지계획서를 작성하여 제출하고 심사를 받지 아니하면 1천만원 이하 과태료를 부과받을 수 있다.

〈유해·위험방지계획서 작성 위반 관련 벌칙〉

위반내역	벌칙
고용노동부장관이 노동자의 안전 및 보건의 유지·증진을 위하여 필요하다고 인정하는 경우에 해당 삭업 또는 건설공사를 중지하거나 **유해·위험방지계획서를 변경할 것을 명하였음에도 이를 이행하지 않은 경우**	5년 이하 징역 또는 5천만원 이하 벌금 (법 제168조 제2호)
유해·위험방지계획서를 작성하여 고용노동부 장관에게 제출하고 **심사를 받지 아니한 경우**	1천만원 이하의 과태료 (법 제175조 제4항 제3호)
건설공사를 착공하려는 사업주가 유해·위험방지계획서를 작성할 때 건설안전 분야의 자격 등 고용노동부령으로 정하는 **자격을 갖춘 자의 의견을 듣지 아니한 경우**	300만원 이하의 과태료 (법 제175조 제6항 제4호)
유해·위험방지계획서에 대한 심사를 받은 사업주가 고용노동부령238)으로 정하는 바에 따라 **유해·위험방지계획서의 이행에 관하여 고용노동부장관의 확인을 받지 아니한 경우**	300만원 이하의 과태료 (법 제175조 제6항 제5호)

---

238) 제46조(확인) ① 법 제42조 제1항 제1호 및 제2호에 따라 유해위험방지계획서를 제출한 사업주는 해당 건설물·기계·기구 및 설비의 시운전단계에서, 법 제42조 제1항 제3호에 따른 사업주는 건설공사 중 6개월 이내마다 법 제43조 제1항에 따라 다음 각 호의 사항에 관하여 공단의 확인을 받아야 한다.
  1. 유해위험방지계획서의 내용과 실제공사 내용이 부합하는지 여부
  2. 법 제42조 제6항에 따른 유해위험방지계획서 변경내용의 적정성
  3. 추가적인 유해·위험요인의 존재 여부.

나. 공정안전보고서

겉으로 드러나지 않는 잠재된 위험요인을 미리 찾아내어 관리할 수 있다면 중대산업사고를 예방하는 데 도움이 될 것이다. 이러한 목적으로 작성하는 것이 공정안전보고서이다. 공정안전보고서는 중대산업사고가 발생할 우려가 큰 유해·위험 설비들을 체계적으로 관리하기 위해 작성하는 보고서를 말한다. 여기에서 '중대산업사고'는 근로자나 인근 주민이 사망 또는 부상을 당할 수 있는 설비에서의 누출·화재·폭발 사고를 말한다.

사업주는 사업장에 유해하거나 위험한 설비가 있는 경우 그 설비로부터의 위험물질 누출, 화재 및 폭발 등으로 인하여 사업장 내의 근로자에게 즉시 피해를 주거나 사업장 인근 지역에 피해를 줄 수 있는 사고(이하 "중대산업사고"라고 함)를 예방하기 위하여 공정안전보고서(PSM, Process Safety Management)를 작성하고 고용노동부장관에게 제출하여 심사를 받아야 한다. 이 경우 공정안전보고서의 내용이 중대산업사고를 예방하기 위하여 적합하다고 통보받기 전에는 관련된 유해하거나 위험한 설비를 가동해서는 아니 된다(법 제44조).

공정안전보고서를 반드시 제출해야 하는 대상에는 원유정제업 등이 있다.[239]

법 시행령 제43조 제출대상 업종외 사업을 하는 사업장의 경우에는 염소, 불소 등 51개 유해·위험물질을 규정량 이상 제조·취급·저장하는 설비 및 그 설비의 운영과 관련된 모든 공정설비에 대해 사업주는 공정안전보고서를 제출해야 한다.

사업주는 공정안전보고서를 작성할 때 산업안전보건위원회의 심의를 거쳐야 한다. 다만, 산업안전보건위원회가 설치되어 있지 아니한 사업장의 경우에는 근로자대표의 의견을 들어야 한다. 고용노동부장관은 공정안전보고서를 심사하여 그 결과를 사업주에게 서면으로 알려 주어야 한다. 이 경우 근로자의 안전 및 보건의 유지·증진을 위하여 필요하다고 인정하는 경우에는 그 공정안전보고서의 변경을 명할 수 있다. 공정안전보고서와 관련한 법규를 위반하면 형사처벌, 과태료 등 일정한 제재가 있다.[240]

---

[239] 원유 정제처리업, 기타 석유정제물 재처리업, 석유화학계 기초화학물질 제조업 또는 합성수지 및 기타 플라스틱물질 제조업. 다만, 합성수지 및 기타 플라스틱물질 제조업은 별표 13 제1호 또는 제2호에 해당하는 경우로 한정한다. 질소 화합물, 질소·인산 및 칼리질 화학비료 제조업 중 질소질 비료 제조, 복합비료 및 기타 화학비료 제조업 중 복합비료 제조(단순혼합 또는 배합에 의한 경우는 제외한다), 화학 살균·살충제 및 농업용 약제 제조업[농약 원제(原劑) 제조만 해당한다], 화약 및 불꽃제품 제조업 등이 있다.

[240] 공정안전보고서의 내용이 중대산업사고를 예방하기 위하여 적합하다고 통보받기 전에 관련된 유해하거나 위험한 설비를 가동한 경우 : 3년 이하의 징역 또는 3,000만원 이하의 벌금, 노동자의 안전 및 보건의 유지·증진을 위하여 공정안전보고서의 변경을 명령을 받았음에도 이를 이행하지 아니한 경우 : 3년 이하의 징역 또는 3,000만원 이하의 벌금, 고용노동부장관이 보고서의 보완 상태가 불량한 사업장의 사업주에게 공정안전보고서의 변경을 명하였는데 이에 따르지 아니한 경우 : 3년 이하의 징역 또는 3천만원 이하의 벌금, 공정안전보고서를 작성하고 고용노동부장관에게 제출하여 심사를 받지 아니한 경우 : 1천만원 이하의 과태료, 심사를 받은 공정안전보고서를 사업장에 갖추어 두지 아니한 경우 : 1천만원 이하의 과태료, 심사를 받은

다. 안전보건진단 등

고용노동부장관은 추락·붕괴, 화재·폭발, 유해하거나 위험한 물질의 누출 등 산업재해 발생의 위험이 현저히 높은 사업장의 사업주에게 제48조에 따라 지정받은 기관(안전보건진단기관)이 실시하는 안전보건진단을 받을 것을 명할 수 있다.

사업주는 안전보건진단 명령을 받은 경우 안전보건진단기관에 안전보건진단을 의뢰하여야 한다. 안전보건진단기관은 안전보건진단을 실시한 경우에는 안전보건진단 결과보고서를 고용노동부령으로 정하는 바에 따라 해당 사업장의 사업주 및 고용노동부장관에게 제출하여야 한다.

사업주는 중대재해가 발생하였을 때에는 즉시 해당 작업을 중지시키고 근로자를 작업장소에서 대피시키는 등 안전 및 보건에 관하여 필요한 조치를 하여야 한다. 사업주는 중대재해가 발생한 사실을 알게 된 경우에는 지체없이 고용노동부장관에게 보고하여야 한다.

중대재해가 발생한 사업장 등 산업재해 예방을 위하여 종합적인 개선조치를 할 필요가 있다고 인정되는 사업장[241]의 사업주에게 고용노동부장관은 그 사업장, 시설, 그 밖의 사항에 관한 안전 및 보건에 관한 개선계획(**안전보건개선계획**)을 수립하여 시행할 것을 명할 수 있다. 안전진단의무 위반 시 일정한 제재가 가해진다.[242]

공정안전보고서의 내용을 사업주나 노동자가 지키지 아니한 경우 : 1천만원 이하의 과태료, 보고서를 작성할 때 산업안전보건위원회의 심의를 거치지 않았거나, 근로자대표의 의견을 청취하지 아니한 경우 : 500만원 이하의 과태료, 심사를 받은 공정안전보고서의 내용을 실제로 이행하고 있는지 여부에 대하여 고용노동부장관의 확인을 받지 아니한 경우 : 300만원 이하의 과태료 등.

[241] 산업재해율이 같은 업종의 규모별 평균 산업재해율보다 높은 사업장, 사업주가 필요한 안전조치 또는 보건조치를 이행하지 아니하여 중대재해가 발생한 사업장, 대통령령으로 정하는 수 이상의 직업성 질병자가 발생한 사업장, 제106조에 따른 유해인자의 노출기준을 초과한 사업장.

[242] 제47조 제3항 전단을 위반하여 안전보건진단을 거부·방해하거나 기피한 자 또는 같은 항 후단을 위반하여 안전보건진단에 근로자대표를 참여시키지 아니한 자는 1천 500만원 이하 과태료, 추락·붕괴, 화재·폭발, 유해하거나 위험한 물질의 누출 등 산업재해 발생의 위험이 현저히 높은 사업장의 사업주에게 제48조에 따라 지정받은 기관("안전보건진단기관")이 실시하는 안전보건진단을 받을 것을 명령 받고 이를 이행하지 않을 경우 1천만원 이하 과태료, 안전보건진단 및 안전보건개선 계획의 명령을 받고 이행하지 아니한 경우는 1천만원 이하의 과태료, 안전보건개선계획을 수립할 때에는 산업안전보건위원회의 심의를 거치지 아니하거나, 근로자대표의 의견을 듣지 아니한 경우에는 500만원 이하 과태료가 부과된다.

6. 도급 시 산업재해 예방

2019년 산업안전보건법 개정 전에는 도급인이 수급인의 노동자와 '동일한 장소'에서 작업을 하고, 사업의 '일부'를 분리하여 도급을 주거나 '전문분야 공사'의 전부를 도급 주는 경우에 한하여 수급인 노동자에 대한 안전·보건조치 의무를 부담하도록 하였다. 또, 도급인의 사업장 내에서 수급인 노동자의 산업재해가 발생하더라도 고용노동부령에서 정하는 22개 위험장소에서 발생한 경우에만 도급인의 책임을 물을 수 있었다. 이러한 법률 체제에서 2016년 구의역의 스크린도어 정비 협력업체 노동자가 사망하고, 2018년 태안화력발전소 협력업체 노동자가 사망하였다. 그러나 당시 산업안전보건법으로는 도급인의 책임이 인정되는 22개 위험장소에 해당하지 않는다는 이유로 도급인의 안전조치 미흡에 대한 책임을 묻지 못하는 한계가 있었다.

이처럼 수급인의 사업장이 도급인의 사업장 밖에 있거나 고용노동부령에서 정하는 22개 위험장소 이외의 작업장소에서도 수급인 노동자의 산재 사망사고가 잇따르면서 2019년 전부개정 시 도급인의 책임 범위를 확대하였다. 도급인이 수급인 노동자의 작업장소 등 위험에 대하여 지배·관리권이 있다면 도급의 유형, 위험장소 여부등에 관계없이 수급인 근로자의 안전·보건조치의 책임을 부담하는 것이 타당하다는 취지를 반영한 것이다. 개정법령에 따라 **도급인은 수급인과 체결한 계약의 형식과 상관없이 자신의 사업장에서 일하는 수급인의 노동자에 대하여 안전·보건조치 의무를 부담해야 한다.** 또, **도급인의 사업장 밖이라고 하더라도 도급인이 지정·제공한 장소로서 지배·관리하는 경우**에는 대통령령이 정하는 21개 위험장소에서 발생하는 수급인 노동자의 산업재해에 발생에 대해 책임을 부담한다.

한편, 종전에는 도급작업 등 법 시행령에서 정하는 유해·위험한 작업을 도급하기 위해서는 고용노동부장관의 인가만 있으면 가능하여 사실상 도급 행위가 금지되지 않았다. 그러나 유해하거나 위험성 높고 특히 단기간에 직업병 여부를 확인하기 어려운 유해화학물질을 취급함에도 불구하고 담당자 변경이 잦은 도급을 허용하게 되면 수급인인 노동자에 대한 안전 및 보건에 중대한 위해를 초래하게 된다. 이에 2019년 개정법에서는 도급작업 등 유해·위험성이 높은 중대 화학물질을 취급하는 작업에 대해서는 원칙적으로 사내도급을 금지하고 일시·간헐적 또는 수급인의 기술이 전문적이고 도급인 사업 운영에 필수 불가결한 경우로서 승인을 받은 경우에만 예외적으로 사내도급을 허용하게 되었다.

건설공사와 관련하여 유의할 점은 도급인과 건설공사발주자의 책임 부담 정도이다. 건설공사발주자란 건설공사를 도급하는 자로서 건설공사의 시공을 주도하여 총괄·관리하지 아니하는 자를 말한다. 그러므로 **도급하는 업무가 건설공사인 경우, 공사의 시공을 주**

도하여 총괄·관리하는 경우 도급인이 책임을 지지만, 총괄·관리하지 않는 경우 건설공사 발주자의 책임을 부담하게 된다.

가. 도급의 제한

도급에서 **유해한 작업의 도급금지**(법 제58조)와 관련이다. 사업주는 근로자의 안전 및 보건에 유해하거나 위험한 도금작업, 수은, 납 또는 카드뮴을 제련, 주입, 가공 및 가열하는 작업, 허가대상물질(법 제118조 제1항)을 제조하거나 사용하는 작업을 도급하여 자신의 사업장에서 수급인의 근로자가 그 작업을 하도록 해서는 아니 된다.

그러나 사업주는 이에도 불구하고, **일시·간헐적으로 하는 작업을 도급**하는 경우, **수급인이 보유한 기술이 전문적이고 사업주**(수급인에게 도급을 한 도급인으로서의 사업주를 말함)**의 사업 운영에 필수 불가결한 경우로서 고용노동부장관의 승인**을 받은 해당 작업을 도급하여 자신의 사업장에서 수급인의 근로자가 그 작업을 하도록 할 수 있다. 이 경우 고용노동부장관의 승인을 받으려는 경우에는 고용노동부장관이 실시하는 안전 및 보건에 관한 평가를 받아야 한다. 이 승인의 유효기간은 3년의 범위에서 정한다. 유효기간의 연장을 신청하면 승인의 유효기간이 만료되는 날의 다음 날부터 3년의 범위에서 그 기간의 연장을 승인할 수 있다. 승인받은 사항 중 도급공정, 도급공정 사용 최대 유해화학 물질량, 도급기간(3년 미만으로 승인받은 자가 승인일부터 3년 내에서 연장하는 경우만 해당)을 변경하려는 경우에는 변경에 대한 승인을 받아야 한다(법 제58조 제6항, 시행규칙 제75조, 제76조).

---

1. 도급승인 예외 기준
중량비율 1퍼센트 이상의 황산, 불화수소, 질산, 염화수소 취급설비의 개조, 분해, 해체, 철거작업 또는 해당 설비 내부 작업을 사내도급하려는 도급인은 미리 안전보건조치 후 승인을 받아야 하나, 도급인이 해당 화학물질을 모두 제거한 후 증명자료를 첨부하여 고용노동부장관에게 신고한 경우 도급승인 제외.
2. 긴급한 도급의 경우 절차 간소화
□ 긴급하게 도급을 해야 할 경우 승인절차 간소화
○ 산업재해가 발생할 급박한 위험이 있어 긴급하게 도급을 해야 할 경우에는 도급작업 안전보건관리계획서만 첨부하여 도급승인 신청 가능.
* 도급승인 신청 시 제출서류는 ①도급대상 작업의 공정 관련 서류 일체, ②도급작업 안전보건관리계획서, ③안전 및 보건에 관한 평가 결과이나, 산업재해가 발생할 급박한 위험이 있어 긴급하게 도급을 해야 할 경우에는 도급 공정 관련 서류 일체와 안전 및 보건에 관한 평가 결과 제출 생략.243)
* 예시244)

변경승인은 안전보건평가를 수행하지 않으므로 그 요건인 '도급공정 변경'은 최초 승인받은 도급공정에서 유지보수 등 작업방법이 변경되지 않는다는 조건 내 작업절차의 일부 변경으로 제한하여 해석하고 있다. 주요 해석사례는 다음과 같다. 첫째, 승인대상 화학물질 취급설비를 해체·철거하기 위해 도급승인을 받았으나 해체절차(과정 등)의 일부 변화 발생한 경우 ⇒ 변경승인 가능, 둘째, 기 승인받은 화학물질 취급설비와 동일·유사설비(제조사 및 모델변경 포함)를 신규공장에 증설하여 화학물질 투입 후 개조·분해하는 경우 도급승인 가능, 셋째, 사업장 내 1공장(단위공장) 취급설비의 유지·보수작업에 대한 도급승인 이후 이를 2공장으로 이전하기 위해 해체·철거 및 이전·설치하는 경우 도급승인 가능 등이 있다.245)

사업주는 자신의 사업장에서 안전 및 보건에 유해하거나 위험한 작업 중 급성 독성, 피부 부식성 등이 있는 물질의 취급 등 대통령령으로 정하는 작업(중량비율 1% 이상의 황산, 불화수소, 질산 또는 염화수소를 취급하는 설비를 개조·분해·해체·철거하는 작업 또는 해당 설비의 내부에서 이루어지는 작업. 다만, 도급인이 해당 화학물질을 모두 제거한 후 증명자료를 첨부하여 고용노동부장관에게 신고한 경우는 제외한다.) 그 밖에 산업재해보상보험 및 예방 심의위원회의 심의를 거쳐 고용노동부장관이 정하는 작업을 도급하려는 경우에는 고용노동부장관의 승인을 받아야 한다. 이 경우 사업주는 고용노동

---

243) 고용노동부 "도급승인 제도 안내문" 참조
<배경 및 목적>
○ 하청 노동자 안전보건관리 강화를 위한 원청의 책임 확대, 위험의 외주화 방지를 위한 유해·위험작업 도급제한 등의 제도 개선 내용을 포함한 산업안전보건법 전부개정이 완료('19.1.15. 공포, '20.1.16. 시행)됨에 따라 - 중량비율 1퍼센트 이상의 황산, 불화수소, 질산, 염화수소 취급설비의 개조·분해·해체·철거작업 또는 해당 설비 내부 작업의 사내도급은 미리 안전보건조치 후 승인*을 받아야함. * 도급인이 해당 화학물질을 모두 제거한 후 증빙자료를 첨부하여 노동부장관에게 신고한 경우는 도급승인 제외, 산업재해가 발생할 급박한 위험이 있어 긴급하게 도급을 해야 할 경우에는 도급승인 절차 간소화

244) [예시]
1. 화학물질 취급공정에서 부속설비의 심각한 고장, 변형 등에 대한 조치를 긴급하게 도급하지 않으면 중대산업사고* 발생의 우려가 높은 경우 전문업체가 긴급하게 해당 설비를 개·보수(개조·분해·해체·철거 또는 설비 내부에서의 작업) 하지 않으면 중대재해가 발생하거나 주변으로 산업재해가 확산될 수 있는 상황
* 중대산업사고 : 유해·위험설비로부터 위험물질 누출, 화재, 폭발 등으로 인하여 사업장 내 근로자에게 즉시 피해를 주거나 사업장 인근지역에 피해를 줄 수 있는 사고로서 대통령령으로 정하는 사고(근로자가 사망하거나 부상을 입을 수 있는 설비에서의 누출·화재·폭발 사고, 인근 지역 주민이 인적 피해를 입을 수 있는 설비 누출·화재·폭발 사고)
2. 화학물질의 가스·증기·분진 밀폐·차단 설비 또는 배기장치의 미설치, 고장에 대한 조치를 긴급하게 도급하지 않으면 사고 발생 우려가 높은 경우 전문업체가 긴급하게 화학물질 밀폐·차단 설비 또는 배기장치를 설치하거나 보수(개조·분해·해체·철거 또는 설비 내부 작업)하지 않으면 중대재해가 발생하거나 주변으로 산업재해가 확산될 수 있는 상황

245) 고용노동부 공지사항, "도급금지 및 도급승인 제도 운영지침" 개정안 세부내용" 참조.
<https://www.moel.go.kr/local/busan/news/notice/noticeView.do?bbs_seq=20210200156>.

부령으로 정하는 바에 따라 안전 및 보건에 관한 평가를 받아야 한다.

그런데 **도급을 승인하더라도 하도급은 여전히 금지**(법 제60조)된다. 제58조에 따른 승인, 연장승인 또는 변경승인 및 제59조 제1항에 따른 승인을 받은 작업을 도급받은 수급인은 그 작업을 하도급할 수 없다. 그런데 법 시행령 제51조 제1호 단서에 따라 해당 화학물질을 모두 제거한 후 신고한 경우에는 도급승인 대상에서 제외되므로 도급을 받은 수급인이 하도급할 수 있다고 볼 수 있다.246)

〈도급 관련 규정 위반 시 제재〉247)

위반내역	과징금(10억원 이하)
유해한 작업 도급금지 규정을 위반하여 도급한 경우(제58조 제1항 위반)	**연간 도급금액의 100의 50** (법 제161조 제1항 제1호)
일시·간헐적 작업 도급 등 승인을 받지 않고 도급한 경우(제58조 제2항 제2호 위반)	**연간 도급금액의 100의 40** (법 제161조 제1항 제2호)
급성독성 등 물질취급 등 도급을 하면서 승인을 받지 않고 도급한 경우(제59조 제1항)	**연간 도급금액의 100의 40** (법 제161조 제1항 제2호)
승인을 받아 도급받은 작업을 재하도급한 경우(제60조 도급 승인 시 하도급 금지 위반)	**연간 도급금액의 100의 50** (법 제161조 제1항 제3호)
납부기한까지 내지 아니하면 내지 아니한 과징금의 연 100분의 6의 범위에서 가산금 징수	과징금 납부기한이 지난 날부터 매 1개월이 지날 때마다 **체납된 과징금의 1천분의 5에 해당하는 금액**(60개월 초과 금지)

한편「도급금지 및 도급승인 제도 운영지침(`20.1.16.)」일부 개정(신설·보완)사항에서 안전 및 보건분야 진단기관에서 안전보건평가 업무 수행에 필요한 추가인력을 확보하도록 하기 위해 운영지침에 최소인력 기준을 명시(`21년까지 채용 권고[채용 전까지는 전문가 촉탁으로 운영])하였다.248)

---

246) 법 시행령 제51조(도급승인 대상 작업) 법 제59조 제1항 전단에서 "급성 독성, 피부 부식성 등이 있는 물질의 취급 등 대통령령으로 정하는 작업"이란 다음 각 호의 어느 하나에 해당하는 작업을 말한다.
  1. 중량비율 1% 이상의 황산, 불화수소, 질산 또는 염화수소를 취급하는 설비를 개조·분해·해체·철거하는 작업 또는 해당 설비의 내부에서 이루어지는 작업. 다만, 도급인이 해당 화학물질을 모두 제거한 후 증명자료를 첨부하여 고용노동부장관에게 신고한 경우는 제외한다.
247) 종전에는 형사처벌을 하였으나 2019년 개정법에서는 10억원 이하 과징금으로 변경하였다.
  법 제161조 ③ 고용노동부장관은 제1항에 따른 과징금을 내야 할 자가 납부기한까지 내지 아니하면 납부기한의 다음 날부터 과징금을 납부한 날의 전날까지의 기간에 대하여 내지 아니한 과징금의 연 100분의 6의 범위에서 대통령령으로 정하는 가산금을 징수한다. 법 시행령 제113조 ② 법 제161조 제3항 전단에서 "대통령령으로 정하는 가산금"이란 **과징금 납부기한이 지난 날부터 매 1개월이 지날 때마다 체납된 과징금의 1천분의 5에 해당하는 금액**을 말한다.
248) ○ 최소인력 기준은 안전 및 보건분야 모두에 대해 진단할 수 있는 '종합안전보건진단 인력기준 ※(최소 13명 이상)에서 최소 절반(7명) 이상의 수준이 되도록 현행 기준(안전진단기관 6명, 보건진단기관 5명)에서 3명씩 추가. ※ 안전분야: 8명 이상(화공·기계·전기관련분야 지도사·기술사 2명, 기사 6명) +보건분야: 5명 이-

나. 도급인의 안전조치 및 보건조치

도급인은 관계수급인 근로자가 도급인의 사업장에서 작업을 하는 경우에 자신의 근로자와 관계수급인 근로자의 산업재해를 예방하기 위하여 안전 및 보건 시설의 설치 등 필요한 안전조치 및 보건조치를 하여야 한다. 다만, **보호구 착용의 지시 등 관계수급인 근로자의 작업행동에 관한 직접적인 조치는 제외**한다. 그러므로 도급인이 산재예방을 위하여 필요한 안전·보건조치를 하였음에도 관계수급인인 근로자가 이를 따르지 않고 보호구 미착용 상태로 작업을 하는 등 사유로 산재가 발생한 경우 도급인의 책임을 물을 수 없다고 보아야 한다.

도급인은 관계수급인 근로자가 도급인의 사업장에서 작업을 하는 경우에는 그 사업장의 안전보건관리책임자를 도급인의 근로자와 관계수급인 근로자의 산업재해를 예방하기 위한 업무를 총괄하여 관리하는 안전보건총괄책임자로 지정하여야 한다. 도급인은 노동자가 자신의 사업장에서 작업하는 경우뿐만 아니라 도급인이 제공하거나 지정한 경우로서 지배·관리하는 21개 산업재해 발생 위험장소에 대해서도 안전보건총괄책임자를 지정하여야 한다.

수급인 노동자의 작업장소가 도급인의 사업장과 분리된 경우에도 도급인이 제공·지정한 장소로서 관리하는 21개 위험장소에 대해서는 법 시행령 제11조에서 토사·구축물·인공구조물 등이 붕괴될 우려가 있는 장소 등에 대하여 자세히 규정하고 있다.[249] **도급인은 관계수급인 근로자가 도급인의 사업장에서 작업을 하는 경우 도급에 따른 산업재해 예방조치를 이행**하여야 한다. 여기에는 도급인과 수급인을 구성원으로 하는 **안전 및**

　　상(의사 등 1명, 분석사 2명, 위생기사 2명) ⇒ 총 13명 이상.
　- 안전보건평가기관으로 지정받은 안전진단기관은 보건분야 업무 수행 인력인 위생기사 이상 2명 및 화공·전기·기계·산업안전기사 이상 1명 추가.
　- 안전보건평가기관으로 지정받은 보건진단기관은 안전분야 업무수행 인력인 화공·전기·기계·산업안전기사 2명 및 위생기사 1명 추가.

249) **법 시행령 제11조(도급인이 지배·관리하는 장소) 법 제10조 제2항에서 "대통령령으로 정하는 장소"란** 다음 각 호의 어느 하나에 해당하는 장소를 말한다. 1. 토사·구축물·인공구조물 등이 붕괴될 우려가 있는 장소. 2. 기계·기구 등이 넘어지거나 무너질 우려가 있는 장소. 3. 안전난간의 설치가 필요한 장소. 4. 비계 또는 거푸집을 설치하거나 해체하는 장소. 5. 건설용 리프트를 운행하는 장소. 6. 지반을 굴착하거나 발파작업을 하는 장소. 7. 엘리베이터홀 등 근로자가 추락할 위험이 있는 장소. 8. 석면이 붙어 있는 물질을 파쇄하거나 해체하는 작업을 하는 장소. 9. 공중 전선에 가까운 장소로서 시설물의 설치·해체·점검 및 수리 등의 작업을 할 때 감전의 위험이 있는 장소. 10. 물체가 떨어지거나 날아올 위험이 있는 장소. 11. 프레스 또는 전단기를 사용하여 작업을 하는 장소. 12. 차량계 하역운반기계 또는 차량계 건설기계를 사용하여 작업하는 장소. 13. 전기 기계·기구를 사용하여 감전의 위험이 있는 작업을 하는 장소. 14. 철도산업발전기본법 제3조 제4호에 따른 철도차량(도시철도법에 따른 도시철도차량 포함)에 의한 충돌 또는 협착의 위험이 있는 작업을 하는 장소. 15. 그 밖에 화재·폭발 등 사고발생 위험이 높은 장소로서 고용노동부령으로 정하는 장소.

보건에 관한 협의체의 구성 및 운영, 작업장 순회점검, 관계수급인이 근로자에게 하는 안전보건교육을 위한 장소 및 자료의 제공 등 지원, 관계수급인이 근로자에게 하는 안전보건교육의 실시 확인, **작업장소에서 발파작업을 하는 경우 또는 작업장소에서 화재·폭발, 토사·구축물 등의 붕괴 또는 지진 등이 발생한 경우 경보체계 운영과 대피방법**[250] **등 훈련**, 위생시설, 휴게시설, 세면·목욕시설, 세탁시설, 탈의시설, 수면시설의 설치 등을 위하여 필요한 장소의 제공 또는 도급인이 설치한 위생시설 이용의 협조, 같은 장소에서 이루어지는 도급인과 관계수급인 등의 작업에 있어서 관계수급인 등의 작업시기·내용, 안전조치 및 보건조치 등의 확인, 확인 결과 관계수급인 등의 작업 혼재로 인하여 화재·폭발 등 대통령령으로 정하는 위험이 발생할 우려가 있는 경우[251] 관계수급인 등의 작업시기·내용 등의 조정 등이 있다. 안전 및 보건에 관한 협의체는 도급인 및 그의 수급인 전원으로 구성해야 하며, 협의체는 작업의 시작시간, 작업 또는 작업장 간의 연락방법, 재해발생 위험이 있는 경우 대피방법, 작업장에서의 법 제36조에 따른 위험성평가의 실시에 관한 사항, 사업주와 수급인 또는 수급인 상호 간의 연락 방법 및 작업공정의 조정 등을 협의하고, 협의체는 매월 1회 이상 정기적으로 회의를 개최하고 그 결과를 기록·보존해야 한다(법 시행령 제79조).

또한 도급인은 도급인, 관계수급인, 자신의 및 관계수급인의 근로자와 함께 정기적으로 또는 수시로 작업장의 안전 및 보건에 관한 점검을 하여야 한다. 도급인은 사업의 종류에 따라 주기적으로 작업장 순회점검을 실시해야 한다. **건설업**, 제조업, 토사석 광업, 서적·잡지 및 기타 인쇄물 출판업, 음악 및 기타 오디오물 출판업, 금속 및 비금속 원료 재생업은 **2일에 1회 이상 실시**하고, 그 외의 사업은 1주일에 1회 이상 순회점검을 실시하여야 한다.

---

[250] 개정전에는 경보운영사항 통보의무만 있었으나 개정법에서 대피방법 등 훈련 의무가 추가되었다.
　　　[시행 2020. 1. 16.] [법률 제16272호, 2019. 1. 15., 전부개정] 법 제64조 제1항 5. 다음 각 목의 어느 하나의 경우에 대비한 경보체계 운영과 대피방법 등 훈련. 가. 작업장소에서 발파작업을 하는 경우. 나. 작업장소에서 화재·폭발, 토사·구축물 등의 붕괴 또는 지진 등이 발생한 경우
[251] 법 시행령 제53조의2(도급에 따른 산업재해 예방조치) 법 제64조 제1항 제8호에서 "화재·폭발 등 대통령령으로 정하는 위험이 발생할 우려가 있는 경우"란 다음 각 호의 경우를 말한다.
　　1. 화재·폭발이 발생할 우려가 있는 경우. 2. 동력으로 작동하는 기계·설비 등에 끼일 우려가 있는 경우. 3. 차량계 하역운반기계, 건설기계, 양중기 등 동력으로 작동하는 기계와 충돌할 우려가 있는 경우. 4. **근로자가 추락할 우려가 있는 경우**. 5. 물체가 떨어지거나 날아올 우려가 있는 경우. 6. **기계·기구 등이 넘어지거나 무너질 우려가 있는 경우**. 7. **토사·구축물·인공구조물 등이 붕괴될 우려가 있는 경우**. 8. 산소결핍이나 유해가스로 질식이나 중독의 우려가 있는 경우.

⟨도급인의 안전 및 보건 조치 위반 제재⟩

위반내역	제재
도급인의 안전조치 및 보건조치를 위반(법 제63조 위반)하여 근로자를 사망에 이르게 한 자	7년 이하 징역 또는 1억원 이하 벌금 (법 제167조)
도급인의 안전조치 및 보건조치 위반 (법 제63조 위반)	3년 이하 징역 또는 3천만원 이하 벌금 (법 제167조 제1호)
도급인이 해당 작업 시작 전에 수급인에게 안전 및 보건에 관한 정보를 제공하지 않은 경우 (제65조 제1항)	1년 이하 징역 또는 1천만원 이하 벌금 (법 제170조 제4호)
제64조 제1항 위반(안전·보건에 관한 협의체의 구성 및 운영하지 않은 경우, 작업장 순회점검을 하지 않은 경우, 안전보건교육을 위한 장소·자료의 제공 등 지원하지 않은 경우, 안전보건교육의 실시 확인을 하지 않은 경우, 경보체계 운영과 대피방법 등 훈련을 하지 않은 경우, 위생시설 등 고용노동부령으로 정하는 시설의 설치 등을 위하여 필요한 장소의 제공, 도급인이 설치한 위생시설 이용의 협조를 하지 않은 경우, 정기·수시로 작업장의 안전 및 보건에 관한 점검을 하지 않은 경우	500만원 이하 벌금 (법 제172조)
안전보건총괄책임자를 지정하지 않은 경우(법 제62조 제1항)	500만원 이하 과태료 (법 제175조 제5항 제1호)
도급인의 시정조치를 관계수급인 및 관계수급인 노동자가 정당한 사유없이 이행하지 아니하는 경우(법 제66조)	

다. 도급인의 안전보건 관련 정보 제공

도급인은 안전 및 보건에 관한 정보를 제공해야 한다. 즉 폭발성·발화성·인화성·독성 등의 유해성·위험성이 있는 화학물질 중 고용노동부령으로 정하는 화학물질 또는 그 화학물질을 포함한 혼합물을 제조·사용·운반 또는 저장하는 반응기·증류탑·배관 또는 저장탱크로서 고용노동부령으로 정하는 설비를 개조·분해·해체 또는 철거하는 작업, 이와 관련하여 설비의 내부에서 이루어지는 작업, 질식 또는 붕괴의 위험이 있는 작업으로서 대통령령으로 정하는 작업을 도급하는 자는 그 작업을 수행하는 수급인 근로자의 산업재해를 예방하기 위하여 해당 작업 시작 전에 수급인에게 안전 및 보건에 관한 정보를 문서로 제공하여야 한다.

이러한 도급인의 안전조치 및 보건조치 위반에 대해서는 일정한 제재가 가해진다.

라. 도급인 측 처벌사례

도급과정에서 관련 법률을 위반한 주요 사례는 다음과 같다(고용노동부 매뉴얼 자료 참조).

첫째, 트럭운전기사를 고용한 지입차주가 지입회사와 계약한 후 건설현장에서 운반작업 중, 트럭고장으로 수리작업을 하던 운전자가 적재함에 끼이는 사망사고에 대해 법원은 정비자격이 없는 운전기사 방치 및 정비를 게을리한 지입차주와 안전교육을 게을리한 지입회사에게 책임을 물었다.

둘째, 교각제작공사 하청업체 근로자가 철근조립작업 중 철근지지대 수량부족 등으로 수직철근에 맞아 사망한 사고와 관련하여 하청업체 현장소장에게는 무죄를 선고하면서도 적절한 수량의 철근 지지대가 충분히 설치되도록 감독하는 등 주의를 위반한 컨소시엄 주관회사(원청회사) 현장소장을 처벌하였다.

셋째, 선박수리 작업장에서 도급업체와 수급업체 간 도급계약을 하고 수급업체에 고용된 일용근로자가 선박갑판 위에서 작업 중 분사장치에 연결된 압축호스가 선박 밖으로 떨어지면서 그 반동으로 지상으로 추락한 사고에 대해서는 법원은 도급업체는 선박이 좁고 위험한 곳에서 작업을 할 때에는 주의하라는 안전교육 및 작업지시 하였으나, 일용근로자가 지급한 안전모, 안전띠 등을 착용하지 않고 작업하다가 사고가 발생하여 도급업체에게 책임의 일부만 물었다.

넷째, 고밀도 폴리에틸렌 사일로에 있던 인화성물질을 제거하지 않은 채 화기작업으로 화재 및 폭발사고로 다수 사망사고와 관련하여 도급을 준 원청업체 공장장에게 동시 보수작업 및 인력을 보강하지 않는 등 구조적 원인을 제공하였다고 하여 공장장을 처벌하였다.

다섯째, 물류창고 신축공사 현장에서 크레인 작업 중 유로폼을 떨어뜨려 발생한 다수의 사망사고와 관련하여, 해당 신축공사를 일괄 도급받은 원수급업체 안전보건총괄책임자가 무리하게 공기 단축을 시도하는 등 산업재해예방 직무를 게을리한 점이 인정되어 처벌되었다.

마. 적격 수급인 선정 의무

사업주는 산업재해 예방을 위한 조치를 할 수 있는 능력을 갖춘 사업주에게 도급하여야 한다(법 제61조). 상세한 기준과 내용은 고용노동부 **"도급사업 안전보건관리 운영 매뉴얼"**에서 정하고 있다. 매뉴얼의 **적격 수급업체 선정 가이드라인**에는 도급계약 입찰시 공지사항, 수급업체 안전보건수준평가(평가항목, 평가기준 및 배점), 평가결과 선정 기준 및 환류 등을 자세히 규정하고 있다.

첫째, 도급계약 입찰 시부터 산업재해 예방을 위하여 노력하여야 한다.

즉 도급사업 운영 시 최초 단계에서부터 안전보건에 관한 사항을 검토하고, 사업 수행

시 수급업체 재해예방을 위한 안전보건관리 실행과 평가 및 환류를 통해 지속적으로 발전하는 체계를 운영하는 것이 바람직하다.

도급사업은 계약, 수행, 환류 각 진행 단계별로 안전보건활동을 점검하여야 한다. 계약단계는 도급사업의 검토, 도급계약 입찰, 입찰서류의 검토, 도급업체 계약의 순서로 나누어 볼 수 있다. 도급사업의 검토에서는 도급사업이 도급인가 대상인지, 안전보건관리규정은 작성되어 있는지 확인하고, 입찰단계에서는 안전작업 계획서 및 안전보건수준평가 기준 제시를 점검하고, 입찰서류 검토에서는 수급업체 안전보건수준을 평가한다. 마지막으로 적격 수급업체를 선정하여 도급계약을 체결하게 된다.

수행단계에서는 안전보건총괄책임자 지정, 안전보건협의체 구성, 위험성평가, 점검, 예방조치 등을 통하여 도급사업의 안전보건활동을 보장하고, 환류단계에서는 안전보건수준 재평가, 평가결과 환류를 실시한다.

무엇보다 최초 입찰단계에서부터 수급인 선정 시 안전보건관련 활동계획 제출을 요구하여, 수급인의 안전보건 수준을 확보하기 위한 체계를 구축하고, 지원과 평가를 통하여 수급인의 안전보건관리를 적정수준으로 확보하여야 한다.

이를 위하여 입찰단계 「도급사업의 안전보건관리계획서」 및 「수급업체 선정가이드라인」 내용을 입찰 설명 시 명확하게 제시하는 것이 좋다.

도급사업의 안전보건관리 계획서 주요 제시사항에서는 안전보건관리 인력의 구성 및 운영 방안, 안전보건관리 활동계획, 안전보건교육 계획, 사용 기계·기구 및 설비의 종류 및 관리 계획, 작업관련 실적, 작업자 이력·자격·경력현황, 최근 산업재해발생 현황 등이 포함되게 하고, 수급업체 안전보건수준평가 기준에서는 도급작업 시 사망사고 예방에 주안점을 둔 항목으로 구성한다.

계약단계에서는 「수급업체 선정가이드라인」에 따른 수급업체 안전보건관리수준 평가를 통하여 적격 수급업체 선정한다. 구체적으로는 도급인의 조치사항과 수급인의 준수사항을 명확히 하고, 법규 준수 및 안전보건 조치이행 여부 등을 확인한다.

둘째, 수급업체 안전보건수준평가(평가항목, 평가기준 및 배점)를 철저히 하여야 한다. 안전보건수준평가는 도급인의 안전보건활동 및 지도에 따를 수 있는 최소한의 역량을 갖춘 수급업체를 공정하게 선정하기 위하여 필요하다.

고용노동부 매뉴얼에 따르면, 평가항목에서 도급작업 시 사망사고 예방에 주요한 4개 분야 12개 항목으로 구성할 것을 권고하고 있다. 이를 통하여 도급업체의 안전보건시스템 운영 등 도급작업장의 안전보건관리 하에서, 수급업체가 안전한 작업을 이행할 수 있는 역량의 수준을 제대로 평가하게 된다.

⟨안전보건수준평가 주요항목⟩

안전보건관리 체계	1. 일반원칙	도급·수급인의 안전보건방침 적정 여부
	2. 계획수립	산업재해예방 활동에 대한 수급인의 이행계획 적정 여부
	3. 역할 및 책임	이행계획 추진을 위한 구성원의 역할 분담(본사, 현장)
실행수준	4. 위험성평가	도급작업의 위험성평가 결과에 대한 이해수준 및 자체 유해·위험요인 평가수준
	5. 안전점검	안전점검 및 모니터링(보호구 착용 확인 포함)
	6. 이행확인	안전조치 이행 여부 확인(도급업체의 지도조언에 대한 이행 포함)
	7. 교육 및 기록	안전보건교육 계획 및 기록관리
	8. 안전작업허가	유해·위험작업에 대한 안전작업허가 이행수준
운영관리	9. 신호 및 연락체계	도급·수급업체 신호 및 연락체계
	10. 위험물질 및 설비	유해·위험 물질 및 취급 기계·기구·설비의 안전성 확인
	11. 비상대책	비상 시 대피 및 피해 최소화 대책(고용부 소방서, 병원 포함)
재해발생수준	12. 산업재해 현황	최근 3년간 산업재해 발생 현황

평가기준 및 배점에서는 도급작업장에서 재해예방의 중요도를 고려하여 평가항목별로 점수를 부여하여 총 100점 만점으로 구성한다. 특히 실행 수준에 높게 배점을 부여하여 작업장 안전실행을 강조하고, 항목별로 정량적 평가 배점 부여한다.

❖ (안전보건관리체계 : 20점)
- 일반원칙(5), 계획수립(10), 역할 및 책임(5)
❖ (실행수준 : 40점)
- 위험성평가(5), 안전점검(10), 이행확인(10), 교육 및 기록(5), 안전작업허가(10)
❖ (운영관리 : 20점)
- 신호 및 연락체계(5), 위험물질 및 설비(10), 비상대책(5)
❖ (재해발생수준 : 20점)

정량적 평가점수를 부여하기 위해 안전보건관리체계, 실행 수준, 운영관리 등의 분에 속한 항목별로 세부 평가기준을 마련한다.

셋째, 평가결과 선정기준 및 환류에도 유의해야 한다.

먼저 안전보건수준 등급을 분류한다. 평가항목별 득점에 따라 안전보건수준의 등급을 S(90점 이상, 도급작업을 안전하게 수행할 역량이 우수), A(80점 이상, 도급작업을 안전하게 수행할 기본적인 역량을 갖춤), B(70점 이상, 도급작업을 수행할 안전보건관리 역량이 보통임), C(60점 이상, 도급작업을 수행할 안전보건관리 역량이 부족함), D(60점 미만, 도급작업을 수행할 안전보건관리 역량이 매우 낮음)로 나누며, 평가항목 중 "안전보건관리체계", "실행 수준", "운영관리" 개별 분야의 득점이 하나라도 50% 미만 시 D등급으로 분류한다.252)

평가결과 우수한 사업장은 인센티브를 부여하고, 미흡한 사업장은 수급업체 스스로 안전관리활동을 강화하도록 관리한다. 평가결과에 따라 우수한 사업장은 차기 도급 계약 시 가점 부여 등의 혜택을 제공하고, 미흡한 사업장은 자체 안전관리계획 수립 등을 통해 안전관리 활동을 강화하도록 유도한다. 평가를 통해 수급업체의 안전보건수준과 문제점 도출이 가능하며, 평가결과를 수급업체 지원방안 수립에 활용한다.253)

원·하도급 간 상생체계 구축에도 노력한다.

도급인의 지원 활동은 능동적이고 명확히 하여 수급업체가 독립적으로 안전보건 관리를 수행하는 능력 배양하게 된다. 안전보건수준평가 결과를 수급업체 선정에 반영함으로서 수급업체에서 자발적, 점진적 안전보건수준 향상을 유도하고, 수급업체의 안전보건수준이 미흡한 점을 파악하여 도급업체에서 수급업체 지원 필요 사항을 도급작업 전에 확인하여 안전보건관리에 반영할 수 있다.

---

252) 위험작업과 관련하여 일반작업은 C등급 이상, 산업재해발생 위험장소 중 화재폭발 우려 장소 및 밀폐공간 이외의 작업장소는 B등급 이상, 화재폭발 우려 장소 및 밀폐공간 작업장소는 A등급 이상으로 한다. S등급은 차기 선정 시 안전보건수준평가을 면제하거나 인센티브를 부여할 수 있다.
253) <예 : 안전보건수준 평가를 통해 수급업체 선정(S사)>
수급업체별 안전보건수준 평가를 실시하여 100점 만점에 70점 미만에 해당하는 수급업체는 탈락. 평가항목은 안전보건경영체계/이행성 평가 및 실적평가로 구성 (7개 분야, 23개 항목), 안전보건경영시스템 인증 및 위험성평가 인정 시 가점 부여.

〈안전보건 평가기준 예시〉

수급업체 안전보건수준평가 기준(예시)

(1개월 이상 상주하면서 추정가격 2,000만원 이상인 도급 등 사업)

☐ 사업장명 :

구 분	배 점	득 점
합 계	100	
A. 안전보건관리체제	10	
B. 안전보건관리 계획 및 구체적 운영	70	
C. 재해발생 수준	20	
※ 가점사항	5	

☐ 평가항목 및 기준

평 가 항 목	평 가 기 준	배점	득점
A. 안전보건관리체제		10	
1. 안전보건관리 인력	◎ 도급 등 현장에 수급업체의 안전보건관리 인력 배치 및 안전보건 업무 부여 확인	10	
B. 안전보건관리 계획 및 구체적 운영		70	
2. 계획수립	◎ 안전보건관리계획서 제출	5	
3. 위험성평가	◎ 위험성평가 계획 및 위험성평가 교육 이수현황의 적정성	20	
4. 안전점검	◎ 안전점검 계획의 적정성 ◎ 개인 보호구 지급 계획의 적정성 ◎ 유해·위험 물질 및 취급 기계·기구·설비의 안전성 확인 ◎ 유해·위험작업에 대한 안전작업허가 이행계획의 적정성	25	
5. 안전보건교육	◎ 안전보건교육 계획 및 이수현황의 적정성	10	
6. 비상대책	◎ 안전사고 발생 시 유형별 대피 및 대책의 적정성	10	
C. 재해발생 수준		20	
7. 산업재해 현황	◎ 최근 3년간 산업재해발생 현황	20	
※ 가점사항	◎ 도급 등 현장에 안전보건관련 유자격자 배치	5	

수급업체 안전보건수준평가 세부기준(예시)

(1개월 이상 상주하면서 추정가격 2,000만원 이상인 도급 등 사업)

A. 안전보건관리체제(총 10점)

1. 안전보건관리 인력(10점 만점)

점수	구분
10	- 도급 등 사업 현장에 수급업체의 안전보건관리 인력 배치 및 안전보건 업무 부여 확인된 경우
5	- 도급 등 사업 현장에 수급업체의 안전보건관리 인력 배치하였으나, 안전보건 업무 부여 미확인된 경우
1	- 도급 등 사업 현장에 수급업체의 안전보건관리 인력 미배치된 경우

B. 안전보건관리 계획 및 구체적 운영(총 70점)

2. 계획 수립(5점 만점)

점수	구분
5	- 안전보건관리계획서 제출한 경우
1	- 안전보건관리계획서 미제출한 경우

3. 위험성평가(20점 만점)

점수	구분
20	- 위험성평가 계획이 적정하고, 위험성평가 교육 이수자 확인된 경우
15	- 위험성평가 계획이 적정하나, 위험성평가 교육 이수자 미확인된 경우
10	- 위험성평가 계획이 미흡하나, 위험성평가 교육 이수자 확인된 경우
5	- 위험성평가 계획이 미흡하고, 위험성평가 교육 이수자 미확인된 경우
1	- 위험성평가 계획을 미수립한 경우

4. 안전점검(25점 만점)

점수	구분
25	- 아래 4가지 항목 모두 적정한 경우
20	- 아래 4가지 항목 중 1가지 미흡한 경우
15	- 아래 4가지 항목 중 2가지 미흡한 경우
1	- 아래 4가지 항목 중 3가지 이상 미흡한 경우
① 대형사고 예방을 위한 작업 전·중·후 필수 안전점검계획이 적정한 경우 ② 작업개시 전 공정별로 적절한 보호구 지급 계획이 적정한 경우 ③ 유해·위험물질 및 취급 기계설비에 대한 점검, 정비 등의 관리계획이 적정한 경우 ④ 도급업체의 안전작업허가 대상작업에 대한 이행계획이 적정한 경우	

5. 안전보건교육(10점 만점)

점수	구분
10	- 안전보건교육계획을 수립하고, 최근 1년간 교육이수 현황 양호한 경우
5	- 안전보건교육계획을 수립하였으나, 최근 1년간 교육이수 현황 미흡한 경우
1	- 안전보건교육계획을 미수립한 경우

※ 5인 미만 사업장의 경우 10점 부여

6. 비상대책(10점 만점)

점수	구분
10	- 안전사고 발생유형별 비상대응계획을 수립한 경우(비상연락체계, 대응절차 등 포함)
5	- 비상대응계획을 수립한 경우(비상연락체계, 대응절차 등 포함)
1	- 비상대응계획을 미수립한 경우

C. 재해발생 수준(총 20점)

7. 산업재해 현황(20점 만점)

점수	구분
20	- 최근 휴업을 제외한 2년 연속 산업재해 미발생한 경우 또는 3년 연속 동종업종 평균재해율 미만이고 재해율이 지속적으로 감소한 경우
10	- 최근 2년 연속 동종업종 평균재해율 미만인 경우
1	- 최근 2년 동안 동종업종 평균재해율 이상인 연도가 있는 경우 또는 최근 2년 동안 사망재해가 1건이라도 있는 경우

※ 사업장 가동 기간이 2년 미만인 경우는 해당 가동 기간만으로 산정
　(1년 미만 신규업체는 재해발생 수준을 확인할 수 없으므로, 20점 부여)

※ 가점사항

점수	구분
5	- 도급 등 사업 현장에 *안전보건관련 유자격자를 배치하는 경우
*안전보건관련 유자격자(산업안전보건법 시행령 제24조 제2항) 1. 제17조에 따른 **안전관리자의 자격**을 갖추었을 것 - **산업안전보건법 시행령 〔별표4〕 참고** 2. 제21조에 따른 **보건관리자의 자격**을 갖추었을 것 - **산업안전보건법 시행령 〔별표6〕 참고** 3. 고용노동부장관이 정하여 고시하는 **안전보건교육을 이수**했을 것 - **안전보건교육규정 〔별표7〕 참고**	

7. 건설업 등의 산업재해예방 및 발생 시 조치

2022년 1월 11일 광주광역시 아파트 신축공사 현장에서 고층아파트 외벽이 붕괴되는 사고가 발생하였다. 이 사고는 하도급업체의 건물 철거과정에서 발생하였는데, 해당 업체는 해체계획서를 제대로 따르지 않았고, 공기를 단축하기 위해 무리하게 작업을 하는 바람에 발생한 것으로 밝혀지고 있다.[254] 이처럼 건설업에서는 고층건물의 시공이 증가하고, 여러 직종과 건설기계가 혼재되어 공사가 진행되면서 대형 건설장비로 인한 사고가 발생하는 등 매년 600명이 넘는 노동자가 산업재해로 사망하고 있다. 이에 2019년 개정법에서는 건설업의 산업재해예방을 위하여 제3절 '건설업 등의 산업재해 예방'을 신설하여 기존의 건설업 관련 안전·보건조치 규정을 통합하고, 계획·설계 단계에서의 건설공사발주자의 산업재해예방 의무, 도급인에게 건설기계의 작동, 설치·해체·조립 시 필요한 안전조치 의무 등을 신설하였다.

가. 건설공사발주자의 산업재해 예방조치

총공사금액이 50억 이상(법 시행령 제55조)인 건설공사를 발주하는 발주자는 산업재해 예방을 위하여 건설공사의 계획, 설계 및 시공 단계에서 법에서 정한 산업재해 예방조치를 하여야 한다(법 제67조).

먼저 건설공사 계획단계에서는 해당 건설공사에서 중점적으로 관리하여야 할 유해·위험요인과 이의 감소방안을 포함한 기본안전보건대장을 작성해야 하며, 건설공사 설계단계에서는 이러한 '기본안전보건대장'을 설계자에게 제공하고, 설계자로 하여금 유해·위험요인의 감소방안을 포함한 '설계안전보건대장'을 작성하게 하고 이를 확인하여야 한다. 그리고 시공단계에서는 건설공사발주자로부터 건설공사를 최초로 도급받은 수급인에게 '설계안전보건대장'(법 제67조 제1항 제2호)을 제공하고, 그 수급인에게 이를 반영하여 안전한 작업을 위한 '공사안전보건대장'을 작성하게 하고 그 이행 여부를 확인해야 한다. 이 경우 건설공사발주자는 산업안전지도사, 건설안전기술사, 건설안전기사 자격 취득 후 건설안전 분야 3년 이상 실무경력자, 건설안전산업기사 자격 취득 후 건설안전 분야 5년 이상 실무경력자 등 대통령령으로 정하는 안전보건 분야의 전문가에게 같은 계획·설계·시공 단계에 따른 대장에 기재된 내용의 적정성 등을 확인받아야 한다.

건설공사발주자는 설계자 및 건설공사를 최초로 도급받은 수급인이 건설현장의 안전을 우선적으로 고려하여 설계·시공 업무를 수행할 수 있도록 적정한 비용과 기간을 계상·

---

[254] 한경증권, 2022. 1. 12.자 기사, "공사기간 앞당겨라" 이 한마디가…HDC현산 참사 불렀다" 참조. ⟨https://www.hankyung.com/finance/article/2022011243351, 2022. 1. 17. 방문⟩.

설정하여야 한다.

〈건설공사 단계별 발주자의 산업재해 예방조치〉

건설공사 단계	산업재해 예방조치 (포함사항)
1. 계획단계	해당 건설공사에서 중점적으로 관리하여야 할 유해·위험요인과 이의 감소방안을 포함한 기본안전보건대장을 작성할 것
	1. 공사규모, 공사예산 및 공사기간 등 사업개요 2. 공사현장 제반 정보 3. 공사 시 유해·위험요인과 감소대책 수립을 위한 설계조건
2. 설계단계	제1호에 따른 기본안전보건대장을 설계자에게 제공하고, 설계자로 하여금 유해·위험요인의 감소방안을 포함한 설계안전보건대장을 작성하게 하고 이를 확인할 것
	1. 안전한 작업을 위한 적정 공사기간 및 공사금액 산출서 2. 제1항 제3호의 설계조건을 반영하여 공사 중 발생할 수 있는 주요 유해·위험요인 및 감소대책에 대한 위험성평가 내용 3. 법 제42조 제1항에 따른 유해위험방지계획서의 작성계획 4. 법 제68조 제1항에 따른 안전보건조정자의 배치계획 5. 법 제72조 제1항에 따른 산업안전보건관리비의 산출내역서 6. 법 제73조 제1항에 따른 건설공사의 산업재해 예방지도의 실시계획 ※ 건설기술진흥법 시행령 제75조의2에 따른 설계안전검토보고서를 작성한 경우에는 제1호 및 제2호를 포함하지 않을 수 있음.
3. 시공단계	건설공사발주자로부터 건설공사를 최초로 도급받은 수급인에게 제2호에 따른 설계안전보건대장을 제공하고, 그 수급인에게 이를 반영하여 안전한 작업을 위한 공사안전보건대장을 작성하게 하고 그 이행 여부를 확인할 것
	1. 설계안전보건대장의 위험성평가 내용이 반영된 공사 중 안전보건 조치 이행계획 2. 법 제42조 제1항에 따른 유해위험방지계획서의 심사 및 확인결과에 대한 조치내용 3. 산업안전보건관리비의 사용계획 및 사용내역 4. 건설공사의 산업재해 예방지도를 위한 계약 여부, 지도결과 및 조치내용

「건설공사 안전보건대장의 작성 등에 관한 고시」[255]에서는 산업안전보건법 건설공사발주자가 건설공사 근로자의 산업재해 예방을 위하여 실시하여야 하는 건설공사의 계획, 설계 및 시공 단계별 조치에 관하여 필요한 사항을 정하고 있다(고시 제1조). 그리고 2개 이상의 건설공사를 도급한 건설공사발주자는 그 2개 이상의 건설공사가 같은 장소에서 행해지는 경우에 작업의 혼재로 인하여 발생할 수 있는 산업재해를 예방하기 위하여 건설공사 현장에 안전보건조정자를 두어야 한다.[256]

---

[255] [시행 2024. 7. 1.] [고용노동부고시 제2024-35호, 2024. 6. 28., 일부개정], 고용노동부(건설산재예방정책과).
[256] 개정 전에는 전기공사업법 제11조에 따라 분리발주하여야 하는 전기공사와 정보통신공사업법 제25조에 따라 분리하여 도급하여야 하는 정보통신공사와 그 밖의 건설공사를 함께 발주하는 경우에만 안전보건조정자를 두도록 하였다. 그러나 건설현장은 전기공사, 정보통신공사 이외에도 동시작업으로 인한 위험이 상존하는 점을 고려하여 안전보건조정자 선임의 범위를 확대하였다.

한편 건설공사에서는 원도급과 하도급을 거치는 과정에서 업체 간 낙찰 경쟁으로 하도급 금액이 최저가로 정해진다. 그런데 이러한 과정에서 하도급을 받은 전문건설업체는 고정비를 우선 지출하고 공사기간을 단축하는 방법으로 노무비를 절약하여 이익을 창출하는 수익구조로 되어 있다. 따라서 건설공사의 발주자 또는 도급인이 적정 공사기간을 보장해 주지 않으면 수급인은 이익확보를 위하여 노동자의 안전조치에 소홀하게 된다. 이러한 건설공사의 구조적 문제를 반영하여 산업안전보건법은 건설공사발주자 또는 건설공사도급인(건설공사발주자로부터 해당 건설공사를 최초로 도급받은 수급인 또는 건설공사의 시공을 주도하여 총괄·관리하는 자)에게 공사기간 단축을 금지하고, 공사비를 줄이기 위하여 위험성이 있는 공법을 사용하거나 정당한 사유 없이 정해진 공법을 변경하지 못하도록 규정하고 있다.

다만, 불가항력의 사유가 발생한 경우 등에는 공사 기간을 연장할 수 있다. 즉 태풍·홍수 등 악천후, 전쟁·사변, 지진, 화재, 전염병, 폭동, 그 밖에 계약 당사자가 통제할 수 없는 사태의 발생 등 불가항력의 사유가 있는 경우 또는 건설공사발주자에게 책임이 있는 사유로 착공이 지연되거나 시공이 중단되는 사유로 건설공사가 지연되어 해당 건설공사도급인이 산업재해 예방을 위하여 공사기간의 연장을 요청하는 경우에는 건설공사발주자는 특별한 사유가 없으면 공사기간을 연장하여야 한다(법 제70조 제1항).

또한 건설공사의 관계수급인은 태풍·홍수 등 악천후, 전쟁·사변, 지진, 화재, 전염병, 폭동, 그 밖에 계약 당사자가 통제할 수 없는 사태의 발생 등 불가항력의 사유가 있는 경우 또는 건설공사도급인에게 책임이 있는 사유로 착공이 지연되거나 시공이 중단되어 해당 건설공사가 지연된 경우에 산업재해 예방을 위하여 건설공사도급인에게 공사기간의 연장을 요청할 수 있다. 이 경우 건설공사도급인은 특별한 사유가 없으면 공사기간을 연장하거나 건설공사발주자에게 그 기간의 연장을 요청하여야 한다(법 제70조 제2항).

건설공사도급인(법 제69조 제1항에 따른 건설공사도급인)은 공사기간 연장을 요청(법 제70조 제1항)하려면 불가항력 등 사유[257]가 종료된 날부터 10일이 되는 날까지 공사기간 연장 요청서(별지 제35호서식)에 공사기간 연장 요청 사유 및 그에 따른 공사 지연사실을 증명할 수 있는 서류, 공사기간 연장 요청 기간 산정 근거 및 공사 지연에 따른 공정 관리 변경에 관한 서류 서류를 첨부하여 건설공사발주자에게 제출해야 한다. 다만, 해당 공사기간의 연장 사유가 그 건설공사의 계약기간 만료 후에도 지속될 것으로 예상되는 경우에는 그 계약기간 만료 전에 건설공사발주자에게 공사기간 연장을 요청할 예정임을 통지하고, 그 사유가 종료된 날부터 10일이 되는 날까지 공사기간 연장을 요

---

[257] 발주자·도급인에게 책임이 있는 사유로 착공이 지연되거나 시공이 중단되어 해당 건설공사 지연.

청할 수 있다.

⟨공사기간 연장 요청서(산업안전보건법 시행규칙)⟩

산업안전보건법 시행규칙 〔별지 제35호서식〕			
공사기간 연장 요청서				
건설현장 개요	건설업체명		공사명	
	전화번호		팩스번호	
	소재지			
	공사금액		공사기간	
	발주자			
공사기간 연장 요청사항	연장 일수			
	변경공사기간			
공사기간 연장사유				

산업안전보건법 제70조 및 같은 법 시행규칙 제87조 제1항 또는 제2항에 따라 공사기간 연장 요청서를 제출합니다.
 	
                                년   월   일
        제출자(사업주 또는 대표자)   (서명 또는 인)
       귀 하				

첨부 서류	1. 공사기간 연장 요청 사유 및 공사 지연 사실 증빙 서류 2. 공사기간 연장 요청 기간 산정 근거 및 공사 지연에 따른 공정 관리 변경에 관한 서류			수수료 없음
210mm×297mm〔백상지(80g/㎡) 또는 중질지(80g/㎡)〕				

 건설공사도급인과 관계수급인은 해당 건설공사 중에 대통령령으로 정하는 가설구조물의 붕괴 등으로 산업재해가 발생할 위험이 있다고 판단되면 건축·토목 분야의 전문가 등 대통령령으로 정하는 전문가의 의견을 들어 건설공사발주자에게 해당 건설공사의 설계변경을 요청할 수 있다. 이 경우 건설공사도급인은 그 요청받은 내용이 기술적으로 적용이 불가능한 명백한 경우가 아니면 이를 반영하여 해당 건설공사의 설계를 변경하거나 건설공사발주자에게 설계변경을 요청하여야 하며, 설계변경 요청을 받은 건설공사발주자는 그 요청받은 내용이 기술적으로 적용이 불가능한 명백한 경우가 아니면 이를 반영하여 설계를 변경하여야 한다.

 그리고 건설공사발주자가 도급계약을 체결하거나 건설공사의 시공을 주도하여 총괄·관리하는 자(건설공사발주자로부터 건설공사를 최초로 도급받은 수급인은 제외)가 건설공사 사업 계획을 수립할 때에는 산업재해 예방을 위하여 사용하는 비용(이하 "산업안전보건관리비")을 도급금액 또는 사업비에 계상(計上)하여야 한다. 건설공사도급인은 산업안전보건관리비를 사용하고 그 사용명세서를 작성하여 보존하여야 한다.

공사금액 1억원 이상 120억원(건설산업기본법 시행령 별표 1의 종합공사를 시공하는 업종의 건설업종란 제1호의 토목공사업에 속하는 공사는 150억원) 미만인 공사와 건축법 제11조에 따른 건축허가의 대상이 되는 공사인 건설공사의 건설공사발주자 또는 건설공사도급인(건설공사발주자로부터 건설공사를 최초로 도급받은 수급인은 제외)은 해당 건설공사를 착공하려는 경우 건설재해예방전문지도기관(법 제74조)[258]과 건설 산업재해 예방을 위한 지도계약을 체결하여야 한다.

건설재해예방전문지도기관은 건설공사도급인에게 산업재해예방을 위한 지도를 실시하여야 하고, 건설공사도급인은 지도에 따라 적절한 조치를 하여야 한다.

한편 공사금액이 120억원(토목공사업은 150억원) 이상인 건설공사의 도급인은 안전 및 보건에 관한 협의체를 구성하여 산업안전보건위원회를 갈음할 수 있다. 산업안전보건위원회는 공사금액이 120억원(토목공사 150억원)인 경우 해당 사업주, 즉 도급인과 수급인이 자기의 공사금액이 해당 금액 이상인 경우 각각 구성하여 운영하여야 하나, 안전·보건 협의체는 도급인과 수급인의 공사금액을 합하여 120억원 이상인 경우 도급인이 구성하여 운영할 수 있다.

건설공사도급인은 자신의 사업장에서 타워크레인[259], 건설용 리프트, 항타기(해머나 동력을 사용하여 말뚝을 박는 기계) 및 항발기(박힌 말뚝을 빼내는 기계)가 설치되어 있거나 작동하고 있는 경우 또는 이를 설치·해체·조립하는 등의 작업이 이루어지고 있는 경우에는 필요한 안전조치 및 보건조치를 하여야 한다.[260]

나. 작업 중지

---

[258] 법 시행령 제61조(건설재해예방전문지도기관의 지정 요건) 법 제74조 제1항에 따라 건설재해예방전문지도기관으로 지정받을 수 있는 자는 다음 각 호의 어느 하나에 해당하는 자로서 별표 19에 따른 인력·시설 및 장비를 갖춘 자로 한다. 1. 법 제145조에 따라 등록한 산업안전지도사(전기안전 또는 건설안전 분야의 산업안전지도사만 해당한다). 2. 건설 산업재해 예방 업무를 하려는 법인.

[259] 법 시행령 제72조(타워크레인 설치·해체업의 등록요건) ① 법 제82조 제1항 전단에 따라 타워크레인을 설치하거나 해체하려는 자가 갖추어야 하는 인력·시설 및 장비의 기준은 별표 22와 같다. ② 법 제82조 제1항 후단에서 "대통령령으로 정하는 중요한 사항"이란 다음 각 호의 사항을 말한다. 1. 업체의 명칭(상호). 2. 업체의 소재지. 3. 대표자의 성명.
법 시행령 제73조(타워크레인 설치·해체업의 등록 취소 등의 사유) 법 제82조 제4항에 따라 준용되는 법 제21조 제4항 제5호에서 "대통령령으로 정하는 사유에 해당하는 경우"란 다음 각 호의 어느 하나에 해당하는 경우를 말한다. 1. 법 제38조에 따른 안전조치를 준수하지 않아 벌금형 또는 금고 이상의 형의 선고를 받은 경우. 2. 법에 따른 관계 공무원의 지도·감독을 거부·방해 또는 기피한 경우.

[260] 그런데 건설기계관리법상의 건설기계로 건설현장에서 수시로 사용되는 기계는 타워크레인 등 27개 기종이 있으나 일부 기종에 대해서만 도급인의 안전조치의무를 규정하고 있다.

(1) 작업 중지

사업주는 산업재해가 발생할 급박한 위험이 있을 때에는 즉시 작업을 중지시키고 근로자를 작업장소에서 대피시키는 등 안전 및 보건에 관하여 필요한 조치를 하여야 한다(법 제51조). 또한 근로자도 산업재해가 발생할 급박한 위험이 있는 경우에는 작업을 중지하고 대피할 수 있다.

이에 따라 작업을 중지하고 대피한 근로자는 지체없이 그 사실을 관리감독자 또는 그 밖에 부서의 장(관리감독자등)에게 보고하여야 한다. 관리감독자등은 이에 따른 보고를 받으면 안전 및 보건에 관하여 필요한 조치를 하여야 한다.

사업주는 산업재해가 발생할 급박한 위험이 있다고 근로자가 믿을 만한 합리적인 이유가 있을 때에는 작업을 중지하고 대피한 근로자에 대하여 해고나 그 밖의 불리한 처우를 해서는 아니 된다. 이러한 작업 중지 관련 규정을 위반한 경우 형사처벌 또는 과태료 등 일정한 제재가 가해진다.

〈안전보건조치 위반, 작업중지 관련 규정 위반 시 제재〉

위반내역	제재
사업주의 안전조치(법 제38조)·보건조치(제39조) 위반 도급인의 안전조치 및 보건조치 위반(제63조)으로 근로자를 사망에 이르게 한 자261)	**7년 이하 징역 또는 1억원 이하 벌금** (※ 형 확정후 5년이내 범죄 2분의 1 가중)
사업주가 작업중지를 할 상황임에도 불구하고 조치를 취하지 아니하거나, **중대재해가 발생한 상황에서 작업중지 등 필요한 조치를 하지 않은 경우**, 또는 고용노동부장관이 해당 기계·설비등에 대한 시정조치 명령을 이행하지 아니하여 작업의 전부 또는 일부를 중지할 것을 명령하였음에도 이를 위반한 경우	5년 이하 징역 또는 5천만원 이하 벌금 (법 제168조, 제51조, 제53조 제3항, 제54조)
중대재해 발생현장을 훼손하거나 고용노동부장관의 **원인조사를 방해**한 자의 경우	1년 이하 징역 또는 1천만원 이하 벌금 (법 제170조)
중대재해가 발생하였음에도 불구하고 사업주가 그 사실을 고용노동부장관에게 **보고하지 않거나 거짓 보고**한 경우	**3천만원 이하 과태료** (법 제175조 제2항 제2호)

---

261) **안전보건조치위반치사죄에서 쟁점**은 첫째, 피해자가 '근로자'인지 문제가 된다. 치사죄 피해자는 '근로자로 한정하므로, 근로관계의 실질을 살펴 '근로자'가 아니면 치사죄는 무죄가 된다. 다만, 단순 안전보건조치 위반 범죄는 성립가능하고, 업무상 과실치사상죄로는 처벌가능. ② 안전보건조치 위반이 객관적으로 확인되는지도 문제이다. 안전보건조치 위반이 인정되지 않으면 무죄이나, 업무상 과실치사상죄로는 처벌될 수 있다. 셋째, 대표이사, 안전보건관리책임자 등 산안법 위반 행위자의 특정과 그 자의 고의 인정 여부가 문제된다. 행위자를 대표이사 등 고위직으로 정하면 산안법 위반의 고의가 인정되지 않아 무죄가 될 수 있다. 넷째, 산안법 위반과 사망 사이에 상당인과관계가 인정 여부도 문제가 된다. 형법상 상당인과관계가 인정되지 않는다면 무죄가 선고될 수 있다. 다섯째, 양벌규정으로 법인을 형사처벌하고자 하는 경우, 법인 또는 개인이 그 위반행위를 방지하기 위하여 해당 업무에 관하여 상당한 주의와 감독을 게을리하지 않았다면(상

(2) 중대재해 발생 시 조치 및 해제 절차

중대재해란 산업재해 중 사망 등 재해 정도가 심하거나 다수의 재해자가 발생한 경우로서 고용노동부령에서 정한 아래의 재해를 말한다.

> ① 사망자가 1명 이상 발생한 재해
> ② 3개월 이상의 요양이 필요한 부상자가 동시에 2명 이상 발생한 재해
> ③ 부상자 또는 직업성 질병자가 동시에 10명 이상 발생한 재해

중대재해와 관련하여 산업안전보건법에서는 여러 가지 규정을 두고 있다.

위와 같이 법 제2조 제2호 및 법 시행규칙 제3조에서는 중대재해의 유형을 정하고 있고, 법 제24조에서는 중대재해산업안전보건위원회에서 안전보건관리책임자의 업무 '산업재해의 원인 조사 및 재발 방지대책 수립에 관한 사항'(법 제15조 제6호)에 따른 사항 중 중대재해에 관한 사항을 심의·의결하도록 규정하고 있다.

그리고 고용노동부장관은 사업주가 필요한 안전조치 또는 보건조치를 이행하지 아니하여 중대재해가 발생한 사업장에 대하여 안전보건개선계획(법 제49조)을 수립하여 시행할 것을 명할 수 있다.

사업주는 중대재해가 발생하였을 때에는 즉시 해당 작업을 중지시키고 근로자를 작업장소에서 대피시키는 등 안전 및 보건에 관하여 필요한 조치를 하여야 한다(법 제54조). 또한 사업주가 중대재해가 발생한 사실을 알게 된 경우에는 전화·팩스 또는 그밖의 방법으로 ①발생개요 및 피해 상황, ②조치 및 전망, ③그 밖의 중요한 사항에 대해 지체없이 사업장 소재지를 관할하는 지방고용노동관서의 장에게 보고하여야 한다. 다만, 천재지변 등 부득이한 사유가 발생한 경우에는 그 사유가 소멸되면 지체없이 보고하여야 한다.

고용노동부장관은 중대재해가 발생하면 사업장에서 이루어지는 작업 중 해당 작업 및 그와 동일한 작업을 중지시킬 수 있다. 즉 중대재해가 발생하였을 때 ①중대재해가 발생한 해당 작업, ② 중대재해가 발생한 작업과 동일한 작업으로 인해 해당 사업장에 산업재해가 다시 발생할 급박한 위험이 있다고 판단되는 경우에는 그 작업의 중지를 명할 수 있다(법 제55조). 이와 관련해서도 해당하는 위험상황이 발생한 경우 근로자 또는 노동조합은 고용노동부의 위험상황 신고전화(1588-3088)로 연락하여 작업중지 명령을 내려줄 것을 요청할 수 있다.

당한 주의감독 입증 여부) 무죄가 될 수 있다.

또 토사·구축물의 붕괴, 화재·폭발, 유해하거나 위험한 물질의 누출 등으로 인하여 중대재해가 발생하여 그 재해가 발생한 장소 주변으로 산업재해가 확산될 수 있다고 판단되는 등 불가피한 경우에는 해당 사업장의 작업을 중지할 수 있다. 이 경우 사업장 전체의 작업을 전부 중지할 수 있다.

고용노동부장관은 사업주가 고용노동부장관이 명한 작업중지의 해제를 요청한 경우에 작업중지 해제에 관한 전문가 등으로 구성된 **심의위원회의 심의를 거쳐 해당조치가 완료되었다고 판단될 경우** 즉시 작업중지명령을 해제해야 한다. 작업중지 해제 시 사업주는 작업중지명령 해제신청서(시행규칙 별지 제29호서식)를 작성해야 하며, 사업장 소재지를 관할하는 지방고용노동관서의 장에게 제출해야 한다. 사업주가 작업중지명령 해제신청서를 제출하는 경우에는 미리 유해·위험요인 개선내용에 대하여 중대재해가 발생한 해당 작업 근로자의 의견을 들어야 한다.[262]

지방고용노동관서의 장은 작업중지명령 해제를 요청받은 경우 근로감독관으로 하여금 안전·보건을 위하여 필요한 조치를 확인하도록 하고, 천재지변 등 불가피한 경우를 제외하고는 해제요청일 다음 날부터 4일 이내(토요일·공휴일을 포함, 토요일·공휴일이 연속하는 경우 3일까지만 포함)에 작업중지해제 심의위원회를 개최하여 심의한 후 해당 유해·위험업무에 대한 안전·보건 조치가 충분히 개선되었다고 판단될 경우에는 즉시 작업중지명령을 해제해야 한다.[263]

해당 작업중지해제 심의위원회는 지방고용노동관서의 장, 공단 소속 전문가 및 해당 사업장과 이해관계가 없는 외부전문가 등을 포함하여 4명 이상으로 구성해야 한다.

---

[262] 고용노동부 지침(중대재해 발생에 따른 작업중지 운영기준)에서는 사업장이 안전·보건 관련 개선 한 사항에 대해 해당 작업에서 일한 노동자 과반수 의견을 청취한 의견서를 첨부하도록 하고 있다.
'중대재해 발생에 따른 작업중지의 범위·해제절차 및 심의위원회 운영 기준'의 내용은 다음과 같다.
첫째, 작업중지 명령은 중대재해가 발생한 사업장에 산업재해가 다시 발생할 "급박한 위험"이 있는 경우에 '해당 작업' 또는 '중대재해가 발생한 작업과 동일한 작업*'에 대하여 작업중지 조치를 하도록 했다. 다만, '토사·구축물 붕괴, 화재·폭발 등 재해가 발생한 장소 주변으로 산업 재해가 확산'하는 등 추가 대형사고의 발생 우려가 높은 경우에만 해당 사업장의 작업을 중지하도록 했다. 둘째, 작업중지의 해제는 해당 사업주가 작업중지 대상의 유해·위험요인에 대하여 안전·보건 개선조치를 하고 해당 작업의 노동자 과반수의 의견을 들은 다음 신청하도록 했다. 근로감독관이 현장을 방문하여 유해·위험요인이 실질적으로 개선됐는지를 확인하고, 신청일로부터 4일 안에 '작업중지 해제 심의위원회'를 열어 해제 여부를 심의·결정하도록 했다. 셋째, '작업중지 해제 심의위원회'는 당해 사업장과 이해관계가 없는 관련 분야의 외부 전문가를 반드시 포함하여 4명 이상으로 구성하여 해제 과정의 전문성과 투명성을 높였다. 한편 안전관리자 선임대상 사업장에서 안전·보건조치를 소홀히 해 중대재해가 발생하여 잠재적인 위험이 있는 경우는 안전.보건진단을 명령하고 재해예방 대책을 수립하여 시행토록 하였다.
[263] 개정법 이전에도 해제요청일 다음 날부터 4일 이내에 작업중지해제 심의위원회를 개최하도록 하였었으나, 개정법에서는 그 4일에 토요일과 공휴일이 포함된다는 것을 명문화하였다. 중대재해가 발생했던 사업장의 작업중지 해제는 해제의 신속성보다 노동자의 안전 측면을 더 고려해야 한다.

지방고용노동관서의 장은 심의위원회가 작업중지명령 대상 유해·위험업무에 대한 안전·보건조치가 충분히 개선되었다고 심의·의결하는 경우 즉시 작업중지명령의 해제를 결정해야 한다.

　고용노동부장관은 중대재해가 발생하였을 때에는 그 원인 규명 또는 산업재해 예방대책 수립을 위하여 그 발생 원인을 조사할 수 있고, 중대재해가 발생한 사업장의 사업주에게 안전보건개선계획의 수립·시행, 그밖에 필요한 조치를 명할 수 있다. 고용노동부장관이 중대재해 원인조사를 할 때는 누구든지 중대재해 발생 현장을 훼손하거나 방해해서는 아니 되며, 원인조사 시 현장을 방문하여 조사해야 하고, 안전보건 관련 서류 및 목격자 진술 확보에 노력해야 하고, 그 경우 중대재해 발생의 원인이 사업주의 법 위반에 기인한 것인지 등을 조사해야 한다.

〈작업중지 명령과 해제 절차〉[264]

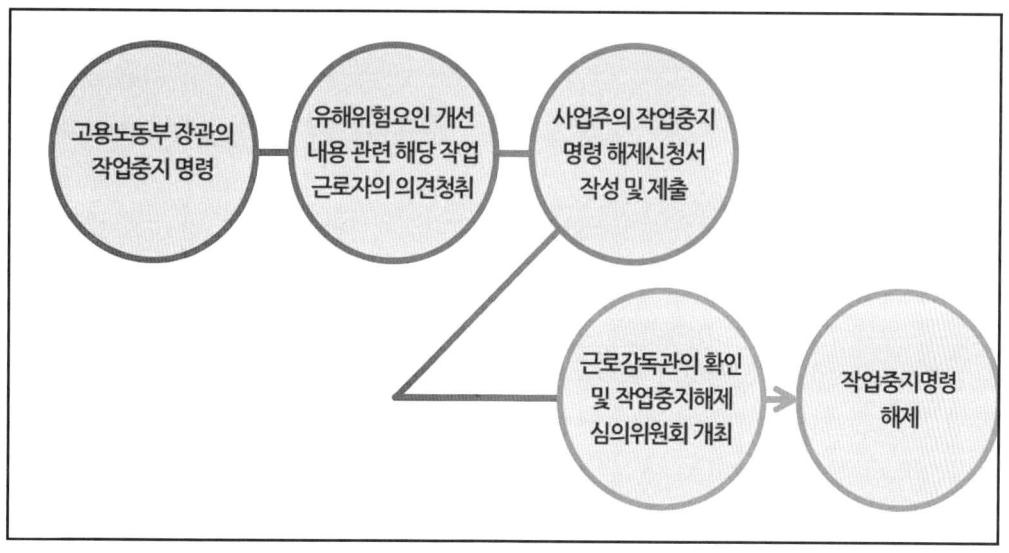

---
[264] 노동자의 권리로 이해하는 산업안전보건법 해설서, 한국노동안전보건연구소, 2021. 6. 293면 참조.

다. 산업재해조사표의 작성 등

사업주는 산업재해가 발생하였을 때에는 그 발생 사실을 은폐해서는 아니 되고(산업안전보건법 제57조 제1항), 고용노동부령으로 정하는 바에 따라 산업재해의 발생 원인 등을 기록하여 보존하여야 하며, 산업재해로 사망자가 발생하거나 3일 이상의 휴업(의사의 진단 등 객관적 근거 필요)이 필요한 부상을 입거나 질병에 걸린 사람이 발생한 경우(고용노동부령으로 정하는 산업재해265))에 대해서는 그 발생 개요·원인 및 보고 시기, 재발방지 계획 등을 해당 산업재해가 발생한 날부터 1개월 이내에 별지 제30호서식의 산업재해조사표(사업장정보, 재해정보, 재해발생개요 및 원인, 재발방지계획 포함)를 작성하여 관할 지방노동관서의 장(산재예방지도과)에게 보고하여야 한다. **2025년 6월부터 산업재해조사표 서식이 개편**되었다. 업무처리 흐름도가 추가되었고, 접수번호·접수일자·처리기간란이 신설되고, 주민등록번호 앞 7자리만 기입하도록 변경되었고, 성별 기입란도 삭제되었다.

산업재해 발생 사실을 보고하지 않거나 거짓으로 보고하면 1,500만원 이하 과태료가 부과될 수 있고 산업재해발생 사실을 은폐하면 형사처벌(1년 이하 징역 또는 1천만원 이하 벌금)을 받을 수 있다.

국민건강보험법 제53조에서는 일정한 경우 급여를 제한하고 있다. "업무 또는 공무로 생긴 질병·부상·재해로 다른 법령에 따른 보험급여나 보상을 받게 되는 경우" 등이 이에 해당한다. 따라서 건강보험공단에서는 산업재해조사표 제출 여부 등을 주기적으로 확인하여 산재보험으로 진료를 받아야 함에도 건강보험으로 진료를 받은 것으로 의심되는 경우 당사자에게 이를 통지하여 산업재해요양신청을 안내하고, 향후 요양급여가 인정되면 그 부분에 대해서는 건강보험에서 발생된 공단부담금을 부당이득금으로 환수하게 된다.

산업재해가 발생하여 요양급여의 신청을 받은 근로복지공단은 그 사실을 보험가입자에게 알리고, 보험가입자는 10일 이내 의견을 제출할 수 있다. 이때 보험가입자 의견서와 함께 표준근로계약서, 근무상황내역, 급여내역 등을 함께 송부하게 된다. 업무상 사유에 의한 재해 여부가 명확한 경우 7일 이내에 요양승인여부 결정 통지를 하게 된다. 요양 불승인 처분을 받았을 경우 그 처분에 이의가 있을 때는 처분이 있음을 안 날로부터 90일이내 공단 산재심사실에 심사청구하거나 관할 행정법원에 행정소송을 제기할 수 있다.

---

265) 법 시행규칙 제73조(산업재해 발생 보고 등) ① 사업주는 산업재해로 사망자가 발생하거나 3일 이상의 휴업이 필요한 부상을 입거나 질병에 걸린 사람이 발생한 경우에는 법 제57조 제3항에 따라 해당 산업재해가 발생한 날부터 1개월 이내에 별지 제30호서식의 산업재해조사표를 작성하여 관할 지방고용노동관서의 장에게 제출(전자문서로 제출하는 것을 포함한다)해야 한다.

산재 보험급여에는 요양급여(진료비, 간병료, 이송료, 기타 보조기 및 본인이 직접 낸 치료비용), 휴업급여, 상병보상연금, 장해급여, 간병급여, 직업 재활급여, 유족급여, 장의비 등이 있다.[266]

〈산업재해조사표 예시〉

---

[266] 이와 같이 산업재해가 발생할 경우, 형벌과 과태료 처분은 물론이고, 인력소실, 산재보험료 할증, 민사적 손해배상, 생산차질 등 피해가 발생하게 된다.

8. 건설업 산업안전보건관리비

가. 의의 및 경과

건설업은 사업의 특성상 다단계 하도급으로 사업이 진행되는데 그 과정에서 경쟁이 치열하여 관행적으로 최저가 낙찰이 이루어진다. 비용 절감을 강조하다 보면 이 과정에서 산업안전보건에 필수적인 비용이 생략·감액될 수 있으므로 이를 방지하기 위하여 발주자가 원가계산에 의한 예정가격 산정 시 공사비와 별도로 계상하도록 강제할 필요가 있다. 특히 공사입찰과정에서 낙찰률을 적용받음으로써 당초 계상된 금액보다 감액되는 문제점을 해결하기 위하여, 발주자가 건설공사 도급인과 공사계약을 체결할 때 산업안전보건관리비 항목에 낙찰률을 적용하지 않도록 하여 안전보건관리를 위한 비용을 충분히 확보할 수 있도록 하였다.[267]

건설업 산업안전보건관리비는 산업재해 예방을 위하여 건설공사 현장에서 직접 사용되거나 해당 건설업체의 본사에 설치된 안전전담부서에서 법령에 규정된 사항을 이행하는 데 소요되는 비용을 말한다. 산업안전보건관리비 대상액이란 예정가격 작성기준(기획재정부 계약예규) 및 지방자치단체 입찰 및 계약집행기준(행정안전부 예규) 등 관련 규정에서 정하는 공사원가계산서 구성항목 중 직접재료비, 간접재료비와 직접노무비를 합한 금액(발주자가 재료를 제공할 경우에는 해당 재료비 포함을 말한다.

2025년 2월 12일 개정(고용노동부고시 제2025-11호)에서는 노·사가 함께 유해·위험요인을 발굴·개선하는 '자기규율 예방체계'가 현장에 확산·정착할 수 있도록 관련 항목의 사용한도를 확대하고, 간이 휴게시설, 냉·난방기 임대 등 온열·한랭 질환 예방 품목에 대해 산업안전보건관리비로 사용 가능하도록 규정을 신설하였다.[268]

---

[267] 건설업 산업안전보건관리비 계상 및 사용기준 [시행 2025. 02. 12.] [고용노동부고시 제2025-11호, 2025. 2. 12., 일부개정].
[268] ◇ 주요내용
　가. 노사 발굴 규정 접근성 및 상한 확대(제7조 제1항)
　　- 노·사 발굴 규정 사용 한도를 총액의 10→15%로 확대
　　- 산업안전보건위원회 또는 노사협의체가 없는 현장에 대한 규정 신설
　나. 온열·한랭질환 예방 품목을 사용토록 허용(제7조 제1항)
　　- 간이 휴게시설 설치·해체, 냉·난방기 임대 등 품목은 기간에 관계없이 산업안전보건관리비로 사용할 수 있도록 규정 신설
　다. 대행 용역계약에 대한 산안비 사용 기준 마련(제7조 제1항)
　　- 안전보조원 채용, 안전시설물 설치·해체 등을 대행하는 용역계약에서 안전시설물, 인건비 외 부가적으로 발생되는 비용도 사용 가능
　라. 건설현장의 스마트 안전장비 활성화(제7조 제1항)
　　- 스마트 안전장비 구입·임대를 위해 산업안전보건관리비에서 사용할 수 있는 총액 한도를 현행 10 → 20%로 확대
　마. 다양한 작업에 따른 보호구 선택폭 확대(제7조 제1항)

나. 적용대상 공사 및 계상기준

법 제2조 제11호의 건설공사 중 총공사금액 2천만원 이상인 공사에 적용한다. 다만, 단가계약에 의하여 행하는 공사에 대하여는 총계약금액을 기준으로 적용한다.

산업안전보건법 제72조 1항에 따라 건설공사발주자와 건설공사의 시공을 주도하여 총괄·관리하는 자(자기공사자)는 산업안전보건관리비를 계상할 의무가 있다.[269]

산업안전보건관리비는 건설업 산업안전보건관리비 계상 및 사용기준(고용노동부고시 제2025-11호, 2025. 2. 12., 일부개정)」〔별표 1〕에서 정하는 건설공사의 종류 및 규모별 산업안전보건관리비 계상기준표에 따라 계상한다. 발주자가 도급계약 체결을 위한 원가계산에 의한 예정가격을 작성하거나, 자기공사자가 건설공사 사업 계획을 수립할 때에는 아래 기준에 따라 산정한 금액 이상의 산업안전보건관리비를 계상하여야 한다. 다만, 발주자가 재료를 제공하거나 일부 물품이 완제품의 형태로 제작·납품되는 경우에는 해당 재료비 또는 완제품 가액을 대상액에 포함하여 산출한 산업안전보건관리비와 해당 재료비 또는 완제품 가액을 대상액에서 제외하고 산출한 산업안전보건관리비의 1.2배에 해당하는 값을 비교하여 그중 작은 값 이상의 금액으로 계상한다. 기준은 다음과 같다. 첫째, 대상액이 5억원 미만 또는 50억원 이상인 경우에는 대상액에 별표 1에서 정한 비율을 곱한 금액으로 한다. 둘째, 대상액이 5억원 이상 50억원 미만인 경우에는 대상액에 별표 1에서 정한 비율을 곱한 금액에 기초액을 합한 금액으로 한다. 셋째, 대상액이 명확하지 않은 경우에는 제4조 제1항의 도급계약 또는 자체사업계획상 책정된 총공사금액의 10분의 7에 해당하는 금액을 대상액으로 하고 제1호 및 제2호에서 정한 기준에 따라 계상한다.

- 영 제77조에서 인정하는 자율안전확인대상 보호구를 산업안전보건관리비 사용품목에 추가
바. 안전관리자 임금 사용기준일에 대한 명확화(제7조 제1항)
- '지방관서에 선임 보고한 날부터 발생한 비용에 한정한다' 문구를 포함하여 안전관리자 임금 사용일 관련 기준 명확화
사. 산업재해 예방이 주된 목적인 교육으로 산업안전보건관리비 사용 범위 확대(제7조 제1항)
아. 기타 (보칙, 부칙)
- 제3장 보칙의 제12조(재검토기한) 고시의 타당성 재검토 기간 연장 등

[269] 산안법 제72조(건설공사 등의 산업안전보건관리비 계상 등) ① 건설공사발주자가 도급계약을 체결하거나 건설공사의 시공을 주도하여 총괄·관리하는 자(건설공사발주자로부터 건설공사를 최초로 도급받은 수급인은 제외한다)가 건설공사 사업 계획을 수립할 때에는 고용노동부장관이 정하여 고시하는 바에 따라 산업재해 예방을 위하여 사용하는 비용(이하 "산업안전보건관리비"라 한다)을 도급금액 또는 사업비에 계상(計上)하여야 한다. ③ 건설공사도급인은 산업안전보건관리비를 제2항에서 정하는 바에 따라 사용하고 고용노동부령으로 정하는 바에 따라 그 사용명세서를 작성하여 보존하여야 한다.

〈안전보건관리비 계상 기준〉

대상액		계상기준	비고
제1호	5억원 미만 또는 50억원 이상	대상액x 〔별표1〕 비율	※ 발주자와 건설공사도급인 중 자기공사자를 제외하고 도급인은 공사계약을 체결할 경우 산업안전보건관리비를 공사도급계약서에 별도로 표시해야 함 ※ 하나의 사업장 내의 건설공사 종류가 둘 이상인 경우(분리발주제외) 공사금액이 가장 큰 공사종류 적용 ※ 설계변경 등으로 대상액의 변동이 있는 경우 별표 1의3[270]에 따라 지체없이 산업안전보건관리비를 조정 계상하여야 한다. 다만, 설계변경으로 공사금액이 800억원 이상으로 증액된 경우 증액된 대상액을 기준으로 제1항에 따라 재계상
제2호	5억원 이상 50억원 미만	대상액x 〔별표1〕 비율 + 기초액	
제3호	대상액이 명확하지 않은 경우	제4조 제1항의 도급계약 또는 자체사업계획상 책정된 총공사금액의 10분의 7에 해당하는 금액을 대상액으로 하고 제1호 및 제2호에서 정한 기준에 따라 계상	

　발주자와 법 제69조에 따른 건설공사도급인 중 자기공사자를 제외하고 발주자로부터 해당 건설공사를 최초로 도급받은 수급인(이하 "도급인")은 공사계약을 체결할 경우 계상된 산업안전보건관리비를 공사도급계약서에 별도로 표시하여야 한다. 별표 1의 공사의 종류는 별표 5의 건설공사의 종류 예시표에 따른다. 다만, 하나의 사업장 내에 건설공사 종류가 둘 이상인 경우(분리발주한 경우를 제외한다)에는 공사금액이 가장 큰 공사종류를 적용한다. 발주자 또는 자기공사자는 설계변경 등으로 대상액의 변동이 있는 경우 별표 1의3에 따라 지체 없이 산업안전보건관리비를 조정 계상하여야 한다. 다만, 설계변경으로 공사금액이 800억원 이상으로 증액된 경우에는 증액된 대상액을 기준으로 제1항에 따라 재계상한다.

---

[270] 【별표 1의3】 설계변경 시 산업안전보건관리비 조정·계상 방법
1. 설계변경에 따른 산업안전보건관리비는 다음 계산식에 따라 산정한다. ○ 설계변경에 따른 산업안전보건관리비 = 설계변경 전의 산업안전보건관리비 + 설계변경으로 인한 산업안전보건관리비 증감액
2. 제1호의 계산식에서 설계변경으로 인한 산업안전보건관리비 증감액은 다음 계산식에 따라 산정한다. ○ 설계변경으로 인한 산업안전보건관리비 증감액 = 설계변경 전의 산업안전보건관리비 × 대상액의 증감 비율
3. 제2호의 계산식에서 대상액의 증감 비율은 다음 계산식에 따라 산정한다. 이 경우, 대상액은 예정가격 작성 시의 대상액이 아닌 설계변경 전·후의 도급계약서상의 대상액을 말한다. ○ 대상액의 증감 비율 = 〔(설계변경후 대상액 - 설계변경 전 대상액) / 설계변경 전 대상액〕× 100%

⟨공사 종류 및 규모별 안전관리비 계상기준표⟩

공사의 종류	5억원 미만 적용비율(%)	5억원 이상 50억원 미만		50억이상 적용비율	영 별표5에 따른 보건관리자 선임 대상 건설공사의 적용비율(%)
		적용비율(%)	기초액		
건축공사	3.11%	2.28%	4,325,000원	2.37%	2.64%
토목공사	3.15%	2.53%	3,300,000원	2.60%	2.73%
중건설공사	3.64%	3.05%	2,975,000원	3.11%	3.39%
특수건설공사	2.07%	1.59%	2,450,000원	1.64%	1.78%

다. 산업안전보건비 사용기준

수급인 또는 자기공사자는 안전보건관리비를 항목별 사용기준에 따라 건설사업장에서 근무하는 근로자의 산업재해 및 건강장해 예방을 위한 목적으로만 사용하여야 한다. 그러나 도급인 및 자기공사자는 첫째, (계약예규)예정가격작성기준 제19조 제3항 중 각 호(단, 제14호는 제외)[271]에 해당되는 비용, 둘째, 다른 법령에서 의무사항으로 규정한

---

[271] 1. 전력비, 수도광열비는 계약목적물을 시공하는데 소요되는 해당 비용을 말한다. 2. 운반비는 재료비에 포함되지 않은 운반비로서 원재료, 반재료 또는 기계기구의 운송비, 하역비, 상하차비, 조작비등을 말한다. 3. 기계경비는 각 중앙관서의 장 또는 그가 지정하는 단체에서 제정한 "표준품셈상의 건설기계의 경비산정기준에 의한 비용을 말한다. 4. 특허권사용료는 타인 소유의 특허권을 사용한 경우에 지급되는 사용료로서 그 사용비례에 따라 계산한다. 5. 기술료는 해당 계약목적물을 시공하는데 직접 필요한 노하우(Know-how) 및 동 부대비용으로서 외부에 지급되는 비용을 말하며 「법인세법」상의 시험연구비 등에서 정한 바에 따라 계상하여 사업초년도부터 이연상각하되 그 사용비례를 기준으로 배분계산한다. 6. 연구개발비는 해당 계약목적물을 시공하는 데 직접 필요한 기술개발 및 연구비로서 시험 및 시범제작에 소요된 비용 또는 연구기관에 의뢰한 기술개발 용역비와 법령에 의한 기술개발촉진비 및 직업훈련비를 말하며 「법인세법」상의 시험연구비 등에서 정한 바에 따라 이연상각하되 그 사용비례를 기준하여 배분계산한다. 다만, 연구개발비중 장래 계속시공으로서의 연결이 불확실하여 미래 수익의 증가와 관련이 없는 비용은 특별상각할 수 있다. 7. 품질관리비는 해당 계약목적물의 품질관리를 위하여 관련법령 및 계약조건에 의하여 요구되는 비용(품질시험 인건비를 포함한다)을 말하며, 간접노무비에 계상(시험관리인)되는 것은 제외한다. 8. 가설비는 공사목적물의 실체를 형성하는 것은 아니나 현장사무소, 창고, 식당, 숙사, 화장실 등 동 시공을 위하여 필요한 가설물의 설치에 소요되는 비용(노무비, 재료비를 포함한다)을 말한다. 9. 지급임차료는 계약목적물을 시공하는데 직접 사용되거나 제공되는 토지, 건물, 기계기구(건설기계를 제외한다)의 사용료를 말한다. 10. 보험료는 산업재해보험, 고용보험, 국민건강보험 및 국민연금보험 등 법령이나 계약조건 에 의하여 의무적으로 가입이 요구되는 보험의 보험료를 말하고, 동 보험료는 「건설산업기본법」 제22조 제7항 등 관련법령에 정한 바에 따라 계상하며, 재료비에 계상되는 보험료는 제외한다. 다만 공사손해보험료는 제22조에서 정한 바에 따라 별도로 계상된다. ⟨개정 2015.9.21.⟩ 11. 복리후생비는 계약목적물을 시공하는데 종사하는 노무자·종업원·현장사무소직원 등의 의료위생약품대, 공상치료비, 지급피복비, 건강진단비, 급식비등 작업조건 유지에 직접 관련되는 복리후생비를 말한다. 12. 보관비는 계약목적물의 시공에 소

사항을 이행하는 데 필요한 비용, 셋째, 근로자 재해예방 외의 목적이 있는 시설·장비나 물건 등을 사용하기 위해 소요되는 비용, 넷째, 환경관리, 민원 또는 수방대비 등 다른 목적이 포함된 경우에는 산업안전보건관리비를 사용할 수 없다.

다만, 스마트 안전장비 구입·임대 비용(다만, 제4조에 따라 계상된 산업안전보건관리비 총액의 10분의 1을 초과할 수 없음), 용접 작업 등 화재 위험작업 시 사용하는 소화기의 구입·임대비용, 중대재해 목격으로 발생한 정신질환을 치료하기 위해 소요되는 비용, 감염병예방법 제2조 제1호에 따른 감염병의 확산 방지를 위한 마스크, 손소독제, 체온계 구입비용 및 감염병병원체 검사를 위해 소요되는 비용, 법 제128조의2 등에 따른 휴게시설을 갖춘 경우 온도, 조명 설치·관리기준을 준수하기 위해 소요되는 비용, 건설공사 현장에서 근로자 심폐소생을 위해 사용되는 자동심장충격기(AED) 구입에 소요되는 비용, 위험성평가 등 비용(제1항 제9호)의 경우에는 그러하지 아니하다.

요되는 재료, 기자재 등의 창고사용료로서 외부에 지급되는 비용만을 계상하여야 하며 이중에서 재료비에 계상되는 것은 제외한다. 13. 외주가공비는 재료를 외부에 가공시키는 실가공비용을 말하며 외주가공품의 가치로서 재료비에 계상되는 것은 제외한다. **14. 산업안전보건관리비는 작업현장에서 산업재해 및 건강장해예방을 위하여 법령에 따라 요구되는 비용을 말한다.**
15. 소모품비는 작업현장에서 발생되는 문방구, 장부대등 소모용품 구입비용을 말하며, 보조재료로서 재료비에 계상되는 것은 제외한다. 16. 여비·교통비·통신비는 시공현장에서 직접 소요되는 여비 및 차량유지비와 전신전화사용료, 우편료를 말한다.
17. 세금과 공과는 시공현장에서 해당공사와 직접 관련되어 부담하여야 할 재산세, 차량세, 사업소세 등의 세금 및 공공단체에 납부하는 공과금을 말한다.
18. 폐기물처리비는 계약목적물의 시공과 관련하여 발생되는 오물, 잔재물, 폐유, 폐알칼리, 폐고무, 폐합성수지등 공해유발물질을 법령에 의거 처리하기 위하여 소요되는 비용을 말한다.
19. 도서인쇄비는 계약목적물의 시공을 위한 참고서적구입비, 각종 인쇄비, 사진제작비(VTR제작비를 포함한다) 및 공사시공기록책자 제작비등을 말한다. 20. 지급수수료는 시행령 제52조 제1항 단서에 의한 공사이행보증서 발급수수료, 「건설산업기본법」 제34조 및 「하도급거래 공정화에 관한 법률」 제13조의2의 규정에 의한 건설하도급대금 지급보증서 발급수수료, 「건설산업기본법」 제68조의3에 의한 건설기계 대여대금 지급보증 수수료 등 법령으로서 지급이 의무화된 수수료를 말한다. 이경우 보증서 발급수수료는 보증서 발급기관이 최고 등급업체에 대해 적용하는 보증요율중 최저요율을 적용하여 계상한다. 〈개정 2015.9.21.〉 21. 환경보전비는 계약목적물의 시공을 위한 제반환경오염 방지시설을 위한 것으로서, 관련법령에 의하여 규정되어 있거나 의무 지워진 비용을 말한다. 22. 보상비는 해당 공사로 인해 공사현장에 인접한 도로 하천·기타 재산에 훼손을 가하거나 지장물을 철거함에 따라 발생하는 보상·보수비를 말한다. 다만, 해당공사를 위한 용지보상비는 제외한다. 23. 안전관리비는 건설공사의 안전관리를 위하여 관계법령에 의하여 요구되는 비용을 말한다. 24. 건설근로자퇴직공제부금비는 「건설근로자의 고용개선 등에 관한 법률」에 의하여 건설근로자퇴직공제에 가입하는데 소요되는 비용을 말한다. 다만, 제10조 제1항 제4호 및 제18조에 의하여 퇴직급여충당금을 산정하여 계상한 경우에는 동 금액을 제외한다. 25. 관급자재 관리비는 공사현장에서 사용될 관급자재에 대한 보관 및 관리 등에 소요되는 비용을 말한다. 〈신설 2015.1.1.〉
26. 법정부담금은 관련법령에 따라 해당 공사와 직접 관련하여 의무적으로 부담하여야 할 부담금을 말한다. 〈신설 2019.12.18.〉 27. 기타 법정경비는 위에서 열거한 이외의 것으로서 법령에 규정되어 있거나 의무 지워진 경비를 말한다.

〈산업안전보건비 사용기준〉

항목	주요 내용
1. 안전관리자· 보건관리자의 임금 등	가. 법 제17조 제3항 및 법 제18조 제3항에 따라 안전관리 또는 보건관리 업무만을 전담하는 안전관리자 또는 보건관리자의 임금과 출장비 전액 나. 안전관리 또는 보건관리 업무를 전담하지 않는 안전관리자 또는 보건관리자의 임금과 출장비의 각각 2분의 1에 해당하는 비용호만을 목적으로 배치된 유도자 및 신호자 또는 감시자의 인건비 다. 안전관리자를 선임한 건설공사 현장에서 산업재해 예방 업무만을 수행하는 작업지휘자, 유도자, 신호자 등의 임금 전액 라. 별표 1의2에 해당하는 작업을 직접 지휘·감독하는 직·조·반장 등 관리감독자의 직위에 있는 자가 영 제15조 제1항에서 정하는 업무를 수행하는 경우에 지급하는 업무수당(임금의 10분의 1 이내)
2. 안전시설비 등	가. 산업재해 예방을 위한 안전난간, 추락방호망, 안전대 부착설비, 방호장치(기계·기구와 방호장치가 일체로 제작된 경우, 방호장치 부분의 가액에 한함) 등 안전시설의 구입·임대 및 설치를 위해 소요되는 비용 나. 「산업재해예방시설자금 융자금 지원사업 및 보조금 지급사업 운영규정」(고용노동부고시) 제2조 제12호에 따른 "스마트안전장비 지원사업" 및 「건설기술진흥법」 제62조의3에 따른 스마트 안전장비 구입·임대 비용. 다만, 제4조에 따라 계상된 산업안전보건관리비 총액의 10분의 1을 초과할 수 없다. 다. 용접 작업 등 화재 위험작업 시 사용하는 소화기의 구입·임대비용
3. 보호구 등	가. 영 제74조 제1항 제3호에 따른 보호구의 구입·수리·관리 등에 소요되는 비용 나. 근로자가 가목에 따른 보호구를 직접 구매·사용하여 합리적인 범위 내에서 보전하는 비용 다. 제1호 가목부터 다목까지의 규정에 따른 안전관리자 등의 업무용 피복, 기기 등을 구입하기 위한 비용 라. 제1호 가목에 따른 안전관리자 및 보건관리자가 안전보건 점검 등을 목적으로 건설공사 현장에서 사용하는 차량의 유류비·수리비·보험료
4. 안전보건진단비 등	가. 법 제42조에 따른 유해위험방지계획서의 작성 등에 소요되는 비용 나. 법 제47조에 따른 안전보건진단에 소요되는 비용 다. 법 제125조에 따른 작업환경 측정에 소요되는 비용 라. 그 밖에 산업재해예방을 위해 법에서 지정한 전문기관 등에서 실시하는 진단, 검사, 지도 등에 소요되는 비용
5. 안전보건교육비 등	가. 법 제29조부터 제32조까지의 규정에 따라 실시하는 의무교육이나 이에 준하여 실시하는 교육을 위해 건설공사 현장의 교육 장소 설치·운영 등에 소요되는 비용 나. 가목 이외 산업재해 예방 목적을 가진 다른 법령상 의무교육을 실시하기 위해 소요되는 비용 다. 「응급의료에 관한 법률」 제14조 제1항 제5호에 따른 안전보건교육 대상자 등에게 구조 및 응급처치에 관한 교육을 실시하기 위해 소요되는 비용 라. 안전보건관리책임자, 안전관리자, 보건관리자가 업무수행을 위해 필요한 정보를 취득하기 위한 목적으로 도서, 정기간행물을 구입하는 데 소요되는 비용 마. 건설공사 현장에서 안전기원제 등 산업재해 예방을 기원하는 행사를 개최하기 위해 소요되는 비용. 다만, 행사의 방법, 소요된 비용 등을 고려하여 사회통념에 적합한 행사에 한한다. 바. 건설공사 현장의 유해·위험요인을 제보하거나 개선방안을 제안한 근로자를 격려하기 위해 지급하는 비용
6. 근로자 건강장애예방비등	가. 법·영·규칙에서 규정하거나 그에 준하여 필요로 하는 각종 근로자의 건강장해예방에 필요한 비용 나. 중대재해 목격으로 발생한 정신질환을 치료하기 위해 소요되는 비용 다. 감염병예방법 제2조 제1호에 따른 감염병의 확산 방지를 위한 마스크, 손소독제, 체온계 구입비용 및 감염병병원체 검사를 위해 소요되는 비용 라. 법 제128조의2 등에 따른 휴게시설을 갖춘 경우 온도, 조명 설치·관리기준을 준수하기 위해 소요되는 비용 마. 건설공사 현장에서 근로자 심폐소생을 위해 사용되는 자동심장충격기(AED) 구입에 소요되는 비용

〈산업안전보건비 사용기준〉

7. 기술지도비	법 제73조 및 제74조에 따른 건설재해예방전문지도기관의 지도에 대한 대가로 제2조 제1항 제5호의 자기공사자가 지급하는 비용
8. 본사 사용비용	중대재해처벌법 시행령 제4조 제2호 나목에 해당하는 건설사업자가 아닌 자가 운영하는 사업에서 안전보건 업무를 총괄·관리하는 3명 이상으로 구성된 본사 전담조직에 소속된 근로자의 임금 및 업무수행 출장비 전액. 다만, 제4조에 따라 계상된 산업안전보건관리비 총액의 20분의 1을 초과할 수 없다.
9. 위험성평가 등 비용	법 제36조에 따른 위험성평가 또는 「중대재해 처벌 등에 관한 법률 시행령」 제4조 제3호에 따라 유해·위험요인 개선을 위해 필요하다고 판단하여 법 제24조의 산업안전보건위원회 또는 법 제75조의 노사협의체에서 사용하기로 결정한 사항을 이행하기 위한 비용. 다만, 제4조에 따라 계상된 산업안전보건관리비 총액의 10분의 1을 초과할 수 없다.

도급인 및 자기공사자는 [별표 3]에서 정한 공사진척에 따른 산업안전보건관리비 사용기준[272]을 준수하여야 한다. 다만, 건설공사발주자는 건설공사의 특성 등을 고려하여 사용기준을 달리 정할 수 있다.

도급인 및 자기공사자는 도급금액 또는 사업비에 계상된 산업안전보건관리비의 범위에서 그의 관계수급인에게 해당 사업의 위험도를 고려하여 적정하게 산업안전보건관리비를 지급하여 사용하게 할 수 있다.

발주자는 도급인이 법 제72조 제2항에 위반하여 다른 목적으로 사용하거나 사용하지 않은 산업안전보건관리비에 대하여 이를 계약금액에서 감액조정하거나 반환을 요구할 수 있다.

라. 사용내역 확인 및 정산

도급인은 산업안전보건관리비 사용내역에 대하여 공사 시작 후 6개월마다 1회 이상 발주자 또는 감리자의 확인을 받아야 한다. 다만, 6개월 이내에 공사가 종료되는 경우에는 종료 시 확인을 받아야 한다. 이와 별개로 발주자, 감리자 및 근로기준법 제101조에 따른 관계 근로감독관은 산업안전보건관리비 사용내역을 수시 확인할 수 있으며, 도급인 또는 자기공사자는 이에 따라야 한다. 발주자 또는 감리자는 산업안전보건관리비 사용내역 확인 시 기술지도 계약 체결, 기술지도 실시 및 개선 여부 등을 확인하여야 한다.

공사금액 4천만원 이상의 도급인 및 자기공사자는 공사실행예산을 작성하는 경우에 해당 공사에 사용하여야 할 산업안전보건관리비의 실행예산을 계상된 산업안전보건관리비 총액

---

[272]

공정율	50% 이상 70% 미만	70% 이상 90% 미만	90% 이상
사용기준	50% 이상	70% 이상	90% 이상

이상으로 별도 편성해야 하며, 이에 따라 산업안전보건관리비를 사용하고 별지 제1호서식의 산업안전보건관리비 사용내역서를 작성하여 해당 공사현장에 갖추어 두어야 한다. 도급인 및 자기공사자는 산업안전보건관리비 실행예산을 작성하고 집행하는 경우에 해당 사업장의 안전관리자가 참여하도록 하여야 한다.

산업안전보건관리비의 정산에 관해서는 별도로 정하고 있지 않다. 사용에 대한 증빙은 당해 산업안전보건관비를 사용한 사실을 입증할 수 있는 서류를 구비하고, 당해 공사에 계상된 산업안전보건관리비를 초과하여 사용한 경우 법령에서 별도로 정하지 않고 있으므로 발주자와 수급인간에 협의하여 처리할 수 있을 것이다.

법 제72조(건설공사 등의 산업안전보건비 계상)을 위반하여 **산업안전보건관리비를 도급금액 또는 사업비에 계상하지 않거나 일부만 계상한 경우**, 산업안전보건관리비 사용명세서를 작성하지 않은 경우에는 **1,000만원 이하의 과태료**가 부과된다(법 제175조 제4항 제3호, 제72조 제1항).

9. 주요 사례 및 판결

가. 주요 쟁점사항에 대한 판례의 입장

> 〈산업안전보건법 관련 주요 판례〉
> 1. 안전보건규칙과 관련한 일정한 조치가 있었다고 하더라도 해당 산업현장의 구체적 실태에 비추어 예상 가능한 산업재해를 예방할 수 있을 정도의 **실질적인 안전조치에 이르지 못할 경우에는 안전보건규칙을 준수하였다고 볼 수 없다.**
> 2. 산업안전보건법 제64조 제1항 제7호 "같은 장소에서 이루어지는 도급인과 관계수급인 등의 작업에 있어서 관계수급인 등의 작업시기, 내용, 안전조치 및 보건조치 등의 확인"에서 같은 장소란 특정 장소를 의미하는 것이 아니라 해당 사업이 이루어지는 도급인의 사업장 내에서 수급인의 작업이 이루어지는 경우로서 사업주 또는 안전보건총괄책임자의 **관리감독이 미치는 같은 사업장**이다.
> 3. 안전보건총괄책임자에게 부과된 직무의 성격은 사업장 전반의 안전한 작업환경 조성을 위한 관리·감독이다. 안전보건총괄책임자는 도급인과 관계수급인이 같은 장소에서 작업을 하게 되는 경우 작업 혼재로 인한 산업재해를 예방하기 위하여 관계수급인의 작업시기·내용, 안전조치 및 보건조치를 확인할 의무가 있으나, 이는 위와 같은 '특정한 상황에 한하여' 관계수급인의 작업내용 등에 대한 '확인'의무를 부과한 것에 불과하고, **도급인에게 관계수급인이 담당하는 개별 작업에 관한 작업계획을 '항상' '수립'하고, 그에 따라 작업이 이뤄지고 있는지 '관리·감독'할 의무를 부과하는 의미로 볼 수 없다.**
> 4. 사업장에서 위험성이 있는 작업이 필요한 안전조치가 취해지지 않고 이루어졌다는 사실만으로 바로 산업안전보건법위반죄가 성립하는 것은 아니며, **사업주가 위험성이 있는 작업을 안전조치 없이 하도록 지시하거나, 사업주가 안전조치 없이 작업이 이루어지고 있다는 사실을 알면서도 방치해야 범죄가 성립**한다.

산업안전보건법의 해석과 관련하여 몇 가지 해석상 쟁점이 되는 부분에 대법원 등의 태도를 확인해 볼 필요가 있다. 그중 주요한 내용은 다음과 같다.

첫째, 산업안전보건법은 기본적으로 현장에서 노무를 제공하는 사람의 안전과 보건을 확보하기 위한 법률인데, 어느 정도로 안전보건과 관련한 조치가 있으면 규정을 준수한 것으로 평가할 수 있는지가 문제이다.

대법원 판례에서는 해당 **안전보건규칙과 관련한 일정한 조치가 있었다고 하더라도** 해당 **산업현장의 구체적 실태에 비추어 예상 가능한 산업재해를 예방할 수 있을 정도의 실질적인 안전조치에 이르지 못할 경우에는 안전보건규칙을 준수하였다고 볼 수 없다**(대법원 2021. 9. 30. 선고 2020도3996 판결 등 참조)고 판시하였다.

〈공소사실 요지〉

OO중공업과 현장대리인은 크레인 간 중첩작업에 따른 충돌 등으로 인하여 물체가 떨어지거나 날아올 위험이 있는 구역에 출입금지구역 등을 설정하거나 이를 건의하지 않았고, 작업계획서에 크레인 간 중첩작업에 따른 간섭 내지 충돌을 방지하기 위한 구체적인 조치방법이나 크레인의 전도·낙하위험 등을 예방할 수 있는 안전대책을 포함하지 아니하였고, 현장반장이 현장을 이탈하여 작업지휘 등의 업무를 수행하지 않게 하였고, 크레인 간 중첩작업에 의한 충돌 예방을 위한 신호수 배치나 신호방법을 제대로 정하지 않는 등, 고용노동부령으로 정하는 안전조치 및 산업재해 예방을 위한 조치를 하지 않았다.

사례를 살펴보면, 원심에서는 작업계획서에 크레인 간 중첩작업으로 인한 간섭 내지 충돌을 방지하기 위한 구체적인 조치방법이나 크레인의 전도 낙하위험 등을 예방할 수 있는 안전대책을 포함하여 작성하지 않은 점, 법 시행규칙 등에는 '중량물'이나 '중량물 취급작업'의 정의나 기준에 관한 규정이 없고, 크레인 간 충돌로 인해 크레인 자체가 전도되거나 낙하하는 경우의 위험을 방지하기 위한 안전대책까지 포함하여 작업계획서를 작성해야 한다는 명시적인 규정이 없고, '중량물 취급작업'의 의미도 명백하지 않은 등 사유로 무죄를 선고하였다.

그러나 대법원은 산업안전보건법은 사업주로 하여금 기계, 기구, 중량물 취급, 그 밖의 설비 혹은 불량한 작업방법으로 인한 위험의 예방에 필요한 조치를 할 의무를 부과하고 있고, 산업안전보건법 및 법 시행규칙에서는 크레인 등 양중기에 의한 충돌 등 위험이 있는 작업을 하는 장소에서는 그 위험을 방지하기 위하여 필요한 조치를 취할 의무가 있음을 특별히 명시하고 있으며, 이 사건 사고 2개월 전 OO조선소 8안벽에서 골리앗 크레인이 크롤러 크레인 보조 붐을 충돌하는 사고가 발생하는 등 이 사건 산업현장에서는 이미 크레인 간 충돌사고가 수차례 발생한 바 있으므로 수범자인 사업주로서는 합리적으로 필요한 범위 내의 안전조치를 보강함으로써 크레인 간 충돌에 따른 대형 안전사고의 발생을 예방할 의무가 요구된다고 볼 수 있다고 하였다. 즉 사업주가 안전보건규칙 별표에 따른 작업계획서 작성 의무 및 규칙에 따른 신호방법을 정하여 신호할 의무 등과 같이 크레인 간 중첩작업으로 인한 대형 사고의 위험 방지를 위하여 사업주에게 마땅히 요구되고 기대되는 직접적인 안전조치를 취하지 않은 경우라면, 그에 따른 위험의 발생을 방지하기 위한 최소한의 조치로라도 규칙에 따른 출입금지구역 설정 등 보완적 조치 의무가 구체적으로 발생·부과되는 것으로 볼 수 있다. 따라서 OO중공업과 현장 대리인은 이 규정에 따라 이 사건 크레인의 각 단독작업으로 인하여 물체의 낙하위험이 있는 구역

뿐만 아니라 크레인 간 중첩작업으로 인하여 충돌 및 물체의 낙하위험 있는 구역에 해당하는 P모듈 상부의 일정 구역에 대하여는 일정한 시간 동안이라도 출입 금지 등 위험을 방지하기 위한 조치를 취할 구체적인 의무가 있었다고 할 수 있다. 그럼에도 이에 관한 어떠한 조치도 취하지 아니하였으므로 유죄취지로 파기환송하였다.

둘째, 산업안전보건법 제64조(도급에 따른 산업재해 예방조치) 제1항 제7호 "같은 장소에서 이루어지는 도급인과 관계수급인 등의 작업에 있어서 관계수급인 등의 작업시기, 내용, 안전조치 및 보건조치 등의 확인"에서 같은 장소의 의미가 문제된다.

대법원은 2008도7030 등 판결에서 같은 장소란 특정 장소를 의미하는 것이 아니라 **해당 사업이 이루어지는 도급인의 사업장 내에서 수급인의 작업이 이루어지는 경우로서 사업주 또는 안전보건총괄책임자의 관리감독이 미치는 같은 사업장**이라고 판시하였다.

또한, 도급사업주가 건설공사를 도급하였는데 해당 건설공사가 도급사업주의 사업의 일부이거나, 도급사업주의 사업을 구성하는 전문분야의 공사에 해당하는 경우에 그 도급사업주는 산업안전보건법에 따른 안전조치 의무를 부담하였고, 이에 대하여 대법원은 산업안전보건법 조항은 사업의 일부를 도급한 발주자 또는 사업의 전부를 도급받아 그중 일부를 하도급에 의하여 행하는 수급인 등 **사업의 전체적인 진행과정을 총괄하고 조율할 능력이나 의무가 있는 사업주에게 그가 관리하는 작업장에서 발생할 수 있는 산업재해를 예방하기 위한 조치를 하여야 할 의무**를 규정한 조항이라고 판시하였다(대법원 2016. 3. 24. 선고 2015도8621 판결 등 참조).

한편, 안전보건총괄책임자에게 부과된 직무의 성격은 사업장 전반의 안전한 작업환경 조성을 위한 관리·감독임을 알 수 있다. 이와 관련, 산업안전보건법 제64조 제1항 제7호에서 보듯 안전보건총괄책임자는 도급인과 관계수급인이 같은 장소에서 작업을 하게 되는 경우 작업 혼재로 인한 산업재해를 예방하기 위하여 관계수급인의 작업시기·내용, 안전조치 및 보건조치를 확인할 의무가 있으나, 이는 위와 같은 **'특정한 상황에 한하여' 관계수급인의 작업내용 등에 대한 '확인'의무를 부과**한 것에 불과하다고 보이고, 도급인에게 관계수급인이 담당하는 개별 작업에 관한 작업계획을 **'항상' '수립'**하고, 그에 **따라 작업이 이뤄지고 있는지 '관리·감독'할 의무를 부과하는 의미로 해석되지 않는다**. 그렇다면, 안전보건총괄책임자에게 작업자의 긴장작업 및 정리작업이라는 구체적이고 개별적인 작업에 관하여 작업계획서대로 작업이 이뤄지고 있는지까지 관리·감독할 의무가 부과된다고 보기 어렵다(서울남부지방법원 2024노1713 판결 등).

셋째, 안전조치 의무위반에 해당하지 않아 산업안전보건법 위반죄가 성립하지 않으면 형법상 업무상과실치상죄도 성립하지 않는 것인지가 문제가 된다.

대법원 2009도13252 판결 등에서는 산업안전보건기준에 관한 규칙에서 요구하는 안전조치의무 위반에 해당하지 않아 산업안전보건법위반죄가 성립하지 않는 경우에도 관리·감독업무 등에 관한 주의의무 위반이 인정되는 경우 업무상과실치사상죄가 성립할 수 있다. 업무상 과실은 업무와 직무에 종사하는 일반적 보통인의 합리적 객관적 주의의무를 표준으로 하고 결과발생을 예견할 수 있었음에도 불구하고 예견하지 못하였는지 결과발생을 회피할 수 있었음에도 회피하지 못하였는지 검토하되 이례적인 사태의 발생까지 요구하지 않는다(대법원 2021도11948판결 등).

넷째, 현장에서 안전사고가 발생한 경우 안전관리책임자나 관리감독자 외에 안전관리자, 보건관리자도 형사처벌을 받는지가 문제이다. 특히 건설 현장에서는 현장대리인인 현장소장은 당연히 피의자로 입건되는데 그밖에 안전관리자의 형사처벌 대상 여부에 관심이 많다. 또한 처벌되는 경우, 안전관리자는 직접 산업안전보건법으로 처벌받는지 아니면 형법상 업무상과실치사상죄의 공동정범으로 처벌받는지도 문제가 된다.273) **일반적으로는 현장소장은 산업안전보건법, 형법상 업무상과실치사상 위반 둘 다 해당(상상적 경합)되며, 안전관리자는 업무상과실치사상죄의 공동정범으로 처벌받는 사례가 대다수이다**(부산지방법원 동부지원 2020고단652 판결, 금고 4개월 집행유예 2년 등). 드물게 산업안전보건법 위반과 업무상과실치상죄의 경합범으로 처벌되기도 하며(의정부지방법원 2016고단579 벌금 200만원 등), 현장소장 없이 안전관리자만 단독으로 처벌받은 사례도 있다.

구체적으로 대전지방법원 2024노3381(2023고정1325) 판결에서 안전관리자에게 업무상과실치사죄로 벌금 400만원이 선고되었다. 즉 높이가 7미터인 곳에서 배관 시공작업을 하는 경우 작업발판을 설치하되 작업발판 재료가 뒤집히거나 떨어지지 않도록 둘 이상의 지지물에 연결하거나 고정하고 그 연결 및 고정 상태를 점검하여 사고 방지 업무상 주의의무가 있음에도 이를 소홀히 하여 작업발판이 낙하하여 바닥에 떨어져 전치 8주의 상해를 입은 사례가 대표적이다.

한편, 공사현장에서 보건조치(산재예방 필요조치) 미이행으로 처벌받은 사례도 있다. 밀폐공간 작업 전에 산소, 유해가스 농도를 측정하고, 환기 등 산재예방 필요 조치를 해야 하는데 이를 위반한 사안이다(산안법 제168조 제1호, 제39조 보건조치 위반, 5년 이하 징역 또는 5천만원 이하 벌금). 수원지방법원 2024 고단7269 판결에서 안전보건

---

273) 관련 규정 : 형법 제30조 (공동정범), 제268조 (업무상과실치사상) 2인 이상이 공동으로 죄를 범한 때에는 각자를 그 죄의 정범으로 처벌한다.

관리책임자에게 징역 10월 집행유예 2년이 선고되었다. 밀폐공간에서 작업을 할 경우 산재예방을 위하여 필요한 보건조치를 하여 사고를 방지할 업무상 주의의무가 있음에도 이를 해태하여 사망사고가 발생한 것이다. 즉 지하 펌프실 등 유해가스가 가득찬 공간에서 작업을 하는 경우 작업 시 안전프로그램을 수립하여 시행하고, 작업 시작 전 산소 및 유해가스 농도를 측정하여 적정 공기가 유지되는지 평가하며, 작업 시작 전 환기를 실시하고 환기가 불가할 경우 공기호흡기 또는 송기마스크를 지급하여 착용하도록 하고, 밀폐공간에 근로자를 입퇴장 시 인원을 점검하며, 감시인을 지정하여 밀폐공간외부에 배치하고, 비상 시 근로자를 피난시키거나 구출하기 위한 기구를 갖추어야 함에도 이를 위반하여 사고가 발생한 것이다.

〈의정부지방법원 2016고단579, 안전관리자(벌금 600만원, 벌금 200만원)〉
(1) 산업안전보건법 제168조 등 *추락 등 위험예방 미조치(안전조치)
안전방망의설치가 곤란한 경우가 아님에도 이를 설치하지 아니한 채 철골 조립작업을 하다가 철골보 위를 이동하던 작업자가 실족하여 추락하여 사망
(2) 형법 제30조(공동정범), 제268조 (업무상과실치사상)에 해당. *현장소장은 안전관리책임자로 벌금 800만원 선고, 안전관리자들은 벌금 600만원, 200만원이 각 선고. 현장소장, 안전관리자 모두 산안법, 업무상과실치사죄를 인정하되 형량만 차이남.

〈부산지방법원 2021노2129 판결〉
안전관리자 업무상과실치상죄 (금고 4개월 집행유예 1년)
아파트 옹벽 면고르기 작업을 포함한 전체 공사 공정을 관리·감독하는 안전관리자는 추락의 위험(승하강을 위한 수직사다리 이용)이 있으므로 (1)수직사다리가 비계 안쪽에 설치되어 이동 시 안전한 통로인지 확인하고, (2)비계 바깥쪽에 설치된 수직사다리를 이용할 경우 추락의 위험성을 고지하며, (3)비계 바깥쪽에서 작업을 하거나 이동을 하는 경우 관리자를 배치하여 근로자에게 **안전대를 착용하도록 관리·감독하고 사고를 방지할 주의의무**가 있음에도 이를 소홀히 한 과실로 안전대를 착용하지 않고 작업을 준비하다가 제2사다리를 비계 바깥쪽으로 이용하여 이동하던 작업자가 2m 아래 바닥으로 추락하여 사망케 한 사안에서,
* 현장소장 징역 6개월(집행유예 1년), 안전관리자 금고 4개월(집행유예 1년)이 선고 되었음. 해당 공사에 적극적인 지시, 감독권을 행사하지 않더라도 옹벽공사 현장이 포함된 공사 전체 현장에서 근무하며 수급인 근로자까지 전체적으로 지휘·감독한다면 과실책임이 인정된다는 것임.

> 〈대구지법 포항지원 2024고단1024, 안전관리자(벌금 1,000만원)
> (1) 형법 제30조(공동정범)제268조 (업무상 과실치사상) : 타워크레인 설치 순서가 포함된 작업계획서를 작성하고, 소속근로자(관계수급인)로 하여금 그 계획에 따라 타워크레인 설치작업을 하게 하는지 확인하지 않은 채 작업을 하다가 케이지가 떨어져 그 충격으로 작업자가 사망하고 부상함.
> (2) 산안법상안전조치 위반 (법 제169조, 제76조 기계 기구등에대한 안전조치)
> *현장소장은 안전관리책임자로 산안법위반, 업무상과실치사상죄벌금 1,500만원
> *안전보건관리자는 업무상과실치사죄의 공동정범으로 벌금 1,000만원. *타워크레인 현장소장은 징역 6월(집유1년), 타워크레인 공사부장은 금고 8개월(집유1년).

> 〈춘천지방법원 영월지원 2024고단638 판결 징역 6개월 집행유예 2년〉
> 안전보건관리책임자가 소성로해체 작업 시 산재예방에 필요한 보건조치를 하여 사고 방지 업무상 주의의무가 있음에도 이를 위반하여 사망사고 발생.
> 소성로 내부 작업 시 작업 시작 전 밀폐공간의 산소와 유해가스 농도를 측정하여 적정공기가 유지되는지 평가하며, 감시인을 지정하여 현장에서 상주하며 작업 근로자를 지휘 감독해야 함에도 이러한 업무상 주의의무를 해태한 과실로 소성로 내 연료인 무연탄에서 발생한 일산화탄소가 누출되어 흡입하게 하여 사고 발생
> *산업안전보건법 위반, 형법상 업무상 과실치사상

다섯째, 산업안전보건법상 안전조치 미행과 관련하여, **사업장에서 위험성이 있는 작업이 필요한 안전조치가 취해지지 않고 이루어졌다는 사실이 존재하면 그것만으로 바로 산업안전보건법 위반죄가 성립할 수 있는지**가 문제이다. 법 제38조에서는 사업주에게 법에서 규정하고 있는 각종 위험으로 인한 산업재해를 예방하기 위하여 필요한 조치를 하도록 의무를 부여하고 있고, 이를 위반하여 근로자가 사망에 이르는 경우 7년 이하의 징역 또는 1억원 이하 벌금에 처하도록 규정하고 있다(법 제167조). 그리고 제168조에서는 법 제38조의 안전조치(산재예방 필요 조치)를 하지 않기만 하면 5년 이하의 징역 또는 5천만원 이하 벌금에 처해질 수 있도록 규정되어 있어 명확한 해석이 필요한 실정이다.

실무상 안전조치(산업재해 예방조치 미이행) 미이행 사례로는, 근로자가 추락 위험 있는 장소에 안전모 등 미착용 상태로 작업(산안법 제167조 제1항, 제38조 제3항 제1호 위반)하거나, 근로자가 추락할 위험 있는 장소에 덮개 미설치상태로 작업(산안법 제167조 제1항, 제38조 제3항 제1호)을 한 사례, 근로자가 추락할 위험 있는 높이 2미터 이상 장소 작업 시 안전대 착용 등 추락방지 위험방지 조치의무(규칙 제32조 제1항 제2

호, 제42조 제2항, 산안법 제167조 제1항, 법 제38조 제3항 제1호)위반 등이 있다.

대법원 판례274)는 사업장에서 위험성이 있는 작업이 필요한 안전조치가 취해지지 **않고 이루어졌다는 사실만으로 바로 산안법위반죄가 성립하는 것은 아니며**(대법원 2009도12515판결 등), **사업주가 위험성이 있는 작업을 안전조치 없이 하도록 지시하거나, 사업주가 안전조치 없이 작업이 이루어지고 있다는 사실을 알면서도 방치해야 범죄가 성립**한다고 하였다.

예를 들어 4m 높이 배관 내부청소를 하면서 안전모 등 미착용 상태로 작업을 하다가 추락사한 사안에서, 개인별로 안전모와 안전대 지급, 안전모 착용 교육을 하였으나, 피해자만 안전모를 착용하지 않고 작업하다가 추락사고 발생한 점 고려하여 최종 무죄가 선고되었다(1심에서는 안전모 미착용, 작업발판 미설치 등 이유로 벌금 300만원이 선고되었음. 수원지방법원 2015고정673 판결 참조). 또한 법인에 대해서도 법인이 관리소장과 기술직 직원을 대상으로 주기적으로 안전교육을 실시하고, 법인에서 안전모 등 장비 지급하였으며, 산업안전보건 관련 정기점검 실시 및 결과보고서 작성 등을 고려하여 법인에서 상당한 주의 또는 관리감독 의무를 다한 것으로 인정되어 무죄가 선고되었다.

마찬가지로 대법원 2009도13252 판결에서는 산업안전보건법 제167조 위반죄는 규칙에서 정한 안전조치 외에 다른 가능한 안전조치가 취해지지 않은 상태에서 위험성이 있는 작업이 이루어졌다는 사실만으로 성립하는 것은 아니고, 사업주가 안전상의 위험성이 있는 작업과 관련하여 규칙이 정하고 있는 안전조치를 취하지 않은 채 작업을 지시하거나, 그와 같은 안전조치가 취해지지 않은 상태에서 작업이 이루어지고 있다는 사실을 알면서도 이를 방치하는 등 그 위반행위가 사업주에 의하여 이루어졌다고 인정되는 경우에 한하여 성립한다고 판단하였다. 원심(창원지방법원 2009노1197) 판결에서는 주식회사 OO건설의 도급업체인 위 컨소시엄에서 케이슨 제작에 있어서 수직철근을 시공할 때 전도 또는 붕괴를 방지하기 위한 시공계획을 수립하는 과정에서 안전성 검토를 하였고 **정기적으로 전문안전진단기관에 의뢰하여 안전진단도 실시하였다** 할 것이고 나아가 위 산업안전보건 기준에 관한 규칙 제8조의2에서 요구하는 안전진단의 범위에 붕괴의 위험성이 있는 구조물인 수직철근의 전도를 막기 위해 필요한 철근지지대의 수량 이외에 그 밖에 각 수직철근의 설치작업의 진행단계에 따라 비율적으로 필요한 철근지지대의 수량 및 그 설치순서에 관한 세부적인 내용까지 포함된다고 보기 어렵고 그와 같은 사항은 실제 시공단계에서 안전관리를 책임지는 감독자가 구체적인 작업공정의 일환으로 관리·감독하여야 할 사항에 불과하다고 판단되므로 이 사건 사고의 발생 사실 자체

---

274) 수원지방법원 2015노6966 판결, 대법원 2016도11133 무죄 판결.

만으로 규칙 제8조의2에서 정하는 안전진단 등의 위험방지 조치의무를 위반하였다고 보기 어렵다고 한 원심이 정당하다고 판단하였다.

<인천지방법원 2024 고단2063 판결 무죄>
*현장소장, 관리감독자/산업안전보건법 및 업무상과실치사죄로 기소
안전조치를 취하지 않은 채 위험성이 있는 작업을 하도록 지시하거나 안전조치가 취해지지 않은 상태에서 작업이 이루어지고 있다는 것을 알면서도 방치하는 등 그 위반행위가 사업주에 의하여 이뤄졌다고 인정되는 경우에 한하여 산업안전보건법위반죄가 성립(대법원 2022도10384판결 등)한다.
(1) 신규채용자 안전준수 서약서에 고소작업 시 근로자의 안전벨트(고리) 미착용자등은 3회 적발 시 퇴출한다고 명시된 점. (2) 일일안전교육을 하면서 고소작업 시 안전대착용을 강조하고, 현장 이동 직전 복장점검이 이루어지고 일일순회 점검일지에도 점검 내용이 기재된 점. (3) 정기안전보건교육 실시 등 안전대착용을 지속적으로 점검하고 감독한 사실이 인정됨. *피해자가 작업현장에 도착한 직후 관리자가 잠시 자리를 비우는 사이 임의로 안전대를 벗어 사고가 발생함. 이 경우 관리자가 쉽게 예측할 수 없으므로 산업안전보거법위반죄 등 무죄

<인천지방법원 2017 고단3965 판결 무죄, 2017노4616 판결 벌금 300만원>
1. 사고 경위 : 에스컬레이터 내부 수리작업을 하면서 운전을 정지하지 아니하여 에스컬레이트가 작동되면서 상부 발판에 끼어 사망사고 발생. *전원차단 후 작업실시 등 안전교육을 실시하였고, 현장에서 작업하면서 전원을 차단하였는지 확인할 주의의무가 있다고 보기 어려운 점 등 고려 1심에서 무죄가 선고됨
2. 그러나, 항소심에서는 사업주는 직접 해당 기계의 운전을 정지할 의무를 부담하지 않는 경우에도 작업하는 과정에서 적절하지 아니한 방법으로 인하여 기계가 갑자기 가동될 우려가 있다면 **작업수행자와 별도로 작업지휘자(규칙 제162조)를 파견하고, 작업지휘자가 현장에서 직접 작업수행자를 지휘하도록 해야 한다고 하여 산안법 위반죄 인정**하였고, 대법원(2018도10318)도 항소심 의견에 동조함

한편, 보건조치를 위반하여 사망사고가 발생하여 형사처벌된 사례도 있다.

안전보건관리책임자가 소성로 해체작업 중 밀폐공간에서 산소와 유해가스 관련 산재예방 보건조치를 하여 사고 방지 업무상 주의의무가 있음에도 이를 위반하여 사망사고 발생하였다. 소성로 내부 작업 시에는 작업 시작 전 밀폐공간의 산소와 유해가스 농도를 측정하여 적정공기가 유지되는지 평가하며, 감시인을 지정하여 현장에서 상주하며 작업 근로자를 지휘 감독해야 함에도 이러한 업무상 주의의무를 해태한 과실로 소성로 내 연료인 무연탄에서 발생한 일산화탄소가 누출되어 작업자가 흡입하여 사망에 이르렀고, 산

업안전보건법위반으로 현장소장은 징역 6개월(집행유예 2년)을 선고받았다.

> ⟨수원지방법원 2024 고단7269 판결, 안전보건관리책임자징역 10월 집행유예 2년⟩
> 밀폐공간 작업 시 산재예방을 위하여 필요한 보건조치를 하여 사고를 방지할 업무상 주의의무가 있음에도 이를 해태하여 사망사고 발생
> *지하 펌프실 등 유해가스가 가득찬 공간에서 작업을 하는 경우 작업 시 안전프로그램을 수립하여 시행하고, 작업 시작 전 산소 및 유해가스 농도를 측정하여 적정 공기가 유지되는지 평가하며, 작업 시작 전 환기를 실시하고 환기가 불가할 경우 공기호흡기 또는 송기마스크를 지급하여 착용하도록 하고, 밀폐공간에 근로자를 입·퇴장 시 인원을 점검하며, 감시인을 지정하여 밀폐공간 외부에 배치하고, 비상 시 근로자를 피난시키거나 구출하기 위한 기구를 갖추어야 함.
> *산업안전보건법 위반, 형법상 업무상 과실치사상

마지막으로 안전조치 위반과 관련하여 미필적 고의 또는 과실 여부에 따라 법률위반이 성립할 수 있는지가 문제이다.

사업주에 대한 산업안전보건법 제168조 제1호, 제38조 제2항, 제3항 및 제169조 제1호, 제63조 각 위반죄는 사업주가 자신이 운영하는 사업장에서 안전상의 위험성이 있는 작업을 안전보건규칙이 정하고 있는 바에 따른 안전조치를 취하지 않은 채 하도록 지시하거나, 그 안전조치가 취해지지 않은 상태에서 위 작업이 이루어지고 있다는 사실을 알면서도 이를 방치하는 등 그 위반행위가 사업주에 의하여 이루어졌다고 인정되는 경우에 한하여 성립하되, 사업주가 사업장에서 안전조치가 취해지지 않은 상태에서의 작업이 이루어지고 있고 향후 그러한 작업이 계속될 것이라는 사정을 **미필적으로 인식하고서도 이를 그대로 방치하고**, 이로 인하여 사업장에서 안전조치가 취해지지 않은 채로 작업이 이루어졌다면, 사업주가 그러한 작업을 개별적·구체적으로 지시하지 않았더라도 위 각 죄가 성립한다(대법원 2022. 7. 14. 선고 2020도9188 판결 등 참조).

최근 판례에서 나타난 사례이다. 사업주가 신축공사 현장에서 근로자로 하여금 고소작업대로 자재 인양 작업을 하게 하면서 고소작업대 전면부에 안전난간이 설치되지 아니하여 안전인증기준에 적합하지 않은 고소작업대를 사용하여 기계·기구, 그 밖의 설비의 위험으로 인한 산업재해를 예방하기 위하여 필요한 조치를 하지 아니하였고, 같은 신축공사 현장에서 근로자로 하여금 차량계 하역운반기계 등인 고소작업대로 175kg 상당의 자재 인양 작업을 하게 하면서 추락 등과 같은 근로자의 위험을 방지하기 위한 작업계획서를 작성하지 아니하여 굴착, 채석, 하역, 벌목, 운송, 조작, 운반, 해체, 중량물 취급, 그 밖의 작업을 할 때 불량한 작업방법 등에 의한 위험으로 인한 산업재해를 예방하는 데

필요한 조치를 하지 아니하여 재판을 받게 되었다(부산지방법원 동부지원 2023고단 2447 판결).

재판부는 현장소장이 이 사건 당일 11:30경 자재를 실은 트럭 및 차량탑재형 고소작업대가 현장에 들어오는 것을 보았지만, 피해 근로자들이 추후 진행할 작업에 관하여 아무런 관리·감독을 하지는 않았던 점, 피해 근로자들은 2022년 10월 말경부터 이 사건 현장에서 일하였으므로 현장에서의 작업절차를 잘 알고 있었을 것으로 보이는데, 이 사건 당시 현장소장의 지시 내지 확인 없이 곧바로 자재인양 작업을 개시하였고 그와 같이 작업을 개시하는 데 어떠한 장애요소도 없었던 것으로 미루어 볼 때 종전에도 피해 근로자들이 작업 개시 전에 현장소장에게 보고하거나 승인을 받는 절차가 있었던 것으로 보이지 않고, 달리 이를 인정할 자료도 없는 점, 수급 사업주인 00창호의 대표자는 작업계획서 작성 의무 자체를 알지 못하고 있어 현장소장, 00산업개발 측에서 00창호 측에 작업계획서를 작성하도록 지시한 사실이 없는 것으로 보이고, 현장소장 및 00산업개발 측에서 직접 작업계획서를 작성하지도 않은 점 등을 보태어 보면, 산업안전보건법위반이 인정된다고 판시하였다.

나. 원청이 도급인에 해당하여 유죄가 선고되기 위한 요건

원청(○○제지) 사업장에서 난방용 스팀배관 교체 공사 중이던 하청 근로자가 추락해 사망한 사건275)에서, 원심은 원청을 건설공사발주자로 판단하여 무죄를 선고하였으나, 항소심은 원청을 도급인으로 판단하여 원심을 파기하고 유죄를 선고(수원지방법원 2024. 6. 24. 선고 2023노1420 판결)하였다.

이 사건에서, 원청에게 산업안전보건법상 '도급인'의 지위(안전조치의무)가 인정되는지, 아니면 '건설공사발주자'의 지위(안전조치의무 無)에 해당하는지가 쟁점이었다.276) 1심 판결에서는 이 사건 스팀배관 교체 공사는 원청의 업종(지류 제조·판매업)과는 무관하며, 원청의 사업수행에 필요불가결한 고유의 생산설비이거나 사업의 일부도 아니다. 원청과 하청의 전문성, 업체의 규모 및 각 도급계약의 내용 등을 종합하여 보면, 원청은 건설공사발주자에 해당한다고 보아 해당 회사는 도급인의 안전조치 책임을 부담한다고 할 수 없다고 하였다.

그러나 2심 판결에서는, 산업안전보건법의 개정 취지 및 개정 내용은 안전조치 및 보건조치를 부담하는 "도급인"의 범위를 최대한 넓히고, "도급인"에서 제외되는 "건설공사발주자"는 건설공사의 시공을 주도하여 총괄·관리할 능력과 의무가 없는 발주자로 그 범위를 최대한 좁히는 것으로 이해할 수 있다. 따라서, ① 사업의 주목적을 수행함에 있어 필수불가결한 업무를 수행하기 위한 공사이거나, 예산, 인력, 기술적 측면 등을 종합적으로 고려할 때 상당한 전문성을 보유하고 있음에도 예산 절감 또는 위험의 회피 등을 이유로 도급하는 경우(이른바 '위험의 외주화'), ② 사업의 일부를 분리하여 도급함으로써 사업의 전체적 진행 과정을 총괄하고 조율할 능력이나 의무가 있는 경우, ③ 작업상 유해·위험 요소에 대한 실질적인 관리 권한이 있고 관계수급인이 임의로 유해·위험 요소를 쉽게 제거할 수 없는 경우 등의 어느 하나에 해당한다면, 산안법에 의하여 도급사업주로서의 책임을 부담하는 건설공사도급인으로 볼 수 있다고 판단하였다. 당사자 사이의 계약의 명칭이나 형식, 계약 조항의 형식적 문구에 얽매이거나, 사실상 의미에서 실제로

---

275) 범죄사실 요지 : 2021. 8. 16. 14:04경 경기 평택시 소재 피고인 회사 사업장(지류 제조업체)에서 난방용 스팀배관 노후부 교체 공사 중이던 하청업체 소속 피해자가 건물 2층 자재 및 장비 투입구의 덮개 위로 이동하는 순간 덮개가 파손되면서약 6.6m 아래 지면으로 추락하여 사망한 사건임.
276) 산업안전보건법 제2조(정의) 이 법에서 사용하는 용어의 뜻은 다음과 같다.
   6. "도급"이란 명칭에 관계없이 물건의 제조·건설·수리 또는 서비스의 제공, 그 밖의 업무를 타인에게 맡기는 계약을 말한다.
   7. "도급인"이란 물건의 제조·건설·수리 또는 서비스의 제공, 그 밖의 업무를 도급하는 사업주를 말한다. 다만, 건설공사발주자는 제외한다.
   10. "건설공사발주자"란 건설공사를 도급하는 자로서 건설공사의 시공을 주도하여 총괄·관리하지 아니하는 자를 말한다. 다만, 도급받은 건설공사를 다시 도급하는 자는 제외한다.

시공을 주도하여 총괄·관리하였는지에 초점을 맞추기보다는 그 실질에 따라 계약의 진정한 목적 및 당사자의 의사, 계약의 전체적인 내용 및 실제 수행방법, 실행형태 등을 면밀히 고찰하여 도급하는 사업주가 사업장을 실질적으로 지배·관리하면서 시공을 주도하여 총괄·관리하는 지를 규범적으로 판단하여야 한다. 이 사건 스팀배관 교체 공사는 원청이 진행하던 대정비 작업의 일부로 이루어진 것으로서 그 공사를 할 수 있는 전문건설업 등록도 마치지 않은 하청에게 그 공사를 도급하여 이루어진 것이므로 대정비 작업의 주체인 원청이 여전히 그 시공을 주도하고 총괄·관리하는 지위에 있었다고 인정함이 타당하다고 하였다.277)

다만, 하도급 관계에서 하청의 과오에 대하여 원청이 언제나 책임을 지는 것은 아니다. 전주지방법원 군산지원 2023고단1699 판결에서는 원청은 산업안전보건법 위반이나 중대재해처벌법 위반으로 처벌받지 않고 하청만 처벌받은 사례도 있다. 즉 하청의 현장소장은 산안법 위반이 인정되어 징역 8개월(집행유예 2년, 회사 벌금 500만원)이 선고되었다. 즉 흙막이지보공(strut, timbering)을 시공할 경우 흙막이지보공을 뽑기 전 되메움을 하여야 한다는 공사시방서에 기재된 시공 순서와 달리 공사의 편의를 위하여 흙막이지보공을 제거한 후 되메움을 하게 하고, 굴착에 의한 지반의 붕괴 또는 토사·토석의 낙하에 의하여 근로자에게 위험을 미칠 우려가 있음에도 흙막이지보공을 제거한 상태에서 근로자의 굴착 장소 출입금지 등 그 위험을 방지하기 위한 필요한 조치를 이행하지 아니한 채 공사를 만연히 진행하게 한 과실로 위 굴착 장소에서 공구를 챙기러 내려간

---

277) 주요 논거는 다음과 같다.
○○엔지니어링은 스팀배관 교체 공사를 할 수 있는 가스·난방공사업을 등록한 바 없음. 스팀배관 교체 공사는 ○○엔지니어링이 피고인 회사로부터 도급받은 기존의 '발브레스 필터 및포마 프레임 철거 및 설치공사'와는 관련성이 없고, 별도 발주에 따라 진행한 것이므로 두 공사 사이에 종속성 또는 연계성이 인정되지 않아 부대공사 또는 복합공사라고 보기 어려움. 피고인 회사는 스팀배관의 누수가 있음을 발견하고 이에 주기적으로 공장의 가동을 중단하고 정비를 하는 '대정비 작업'에 위 교체공사를 포함시켜 진행하고자 하청에 추가계약 없이 발주만 하는 형식으로 공사를 요청하여 이루어진 것임. 대정비 작업의 주체인 피고인 회사가 여전히 그 시공을 주도하고 총괄·관리하는 지위에 있었다고 인정함이 타당함. ○○엔지니어링은 자체적으로 그 공사를 수행하기 곤란하여 그 소속 근로자가 아닌 ○○덕트 소속 인부를 데려와 이 사건 스팀배관교체 공사를 수행하도록 하였음. 피고인 회사와 ○○엔지니어링은 모두 이 사건스팀배관 교체 공사를 수행하기 위한 사업등록이나 이와 관련한 전문적 기술인력을 보유하고 있지 아니하다는 측면에서는 동일함. 피고인 회사가 이 사건 스팀배관 교체 공사에 지급한 금액은 860만원에 불과. ○○엔지니어링은 근로자수 6명의 영세한 건설공사업체로서 피고인 회사가 위험 요소를 지배하고 있는 덮개 등 주변에 스스로 안전보건조치를 이행할 능력이 충분하다고 볼 수 없음 피해자는 1.2㎜의 얇은 덮개 위로 넘어졌다가덮개가 피해자의 하중을 견디지 못하면서 개구부가 발생하여 추락한 것인데, 위 덮개는 피고인 회사의 필요에 의하여 설치된 것이고 공장 건물의 전체적인 구조와 결합되어 있음 위 덮개 및 개구부 하부에서 발생할 수 있는 추락 위험은 피고인 회사 지배하에 있었고 실질적인 관리 권한도 피고인 회사에 있음 피고인 회사는 사고 이후 덮개의 강도 보강, 안전난간 개선, 개구부 하부에 낙하 위험구역 설정 등 개선사항을 이행하였는데, ○○엔지니어링이 위와 같은 조치를 용이하게취할 수 있었다고 보이지 아니함. 피고인 회사에 난방공사를 수행할 인력이 존재하지 않았다는 이유만으로 건설공사발주자로 보는 것은 오히려 '위험의 외주화'를 인정하는것과 동일한 결과를 초래함.

피해자로 하여금 지반이 붕괴되어 매몰되어 사망하였다.

반면, 도급인 회사의 책임은 인정되지 않았다. 이 사고는 공사시방서와 안전관리계획서에 기재되어 있는 작업방식을 따르지 않고 굴착 장소에 되메우기를 하지 않은 상태에서 흙막이지보공을 철거하고, 그 굴착 장소에 근로자의 출입금지 조치를 취하지 않은 조00등의 과실로 발생한 것으로, 도급인인 00건설사의 사용인에게 산안법 제173조, 제167조 제1항, 제63조 위반죄가 성립하려면 위와 같은 잘못된 방식의 작업을 지시하거나, 위와 같은 잘못된 방식으로 작업이 이루어지고 있다는 사실을 알면서도 이를 방치한 경우이어야 한다.[278] 마찬가지로 **도급인 회사의 중대재해처벌법 위반 혐의에 대해서도 무죄가 선고되었다. 즉 00건설사 현장소장(안전보건총괄책임자)이 잘못된 방식의 작업을 지시하거나 이런 잘못된 방식으로 작업이 이루어지고 있다는 사실을 알면서도 방치한 사실이 없으며, 현장소장은 안전보건총괄책임자의 직무인 위험성평가를 실시**하였고, 그 외 안전보건총괄책임자의 직무를 소홀히 하였다고 볼 만한 증거가 없다. 또한 00건설사 경영책임자가 법 시행령 제4조 제5호 나목 소정의 조치의무 위반(평가기준 관련)[279]과 이 사고의 발생 사이에 상당인과관계 또는 사고 발생에 대한 예견 가능성도 있다고 보기 어렵다고 판단하였다.[280]

---

[278] 피고인은 이 사건 사고 발생 무렵인 2022. 10. 17. 13시경에는 이 사건 작업 현장에 없었고, 피고인이 그날 오전 이 사건 작업 현장에 왔다간 사실은 인정되나 당시 위와 같이 잘못된 방식으로 작업이 이루어지고 있었던 사실을 인정할 만한 증거가 없다.

[279] 범죄사실 : 경영책임자는 법인 또는 기관이 실질적으로 지배·운영·관리하는 사업 또는 사업장에서 종사자의 안전·보건상 유해 또는 위험을 방지하기 위하여 그 사업 또는 사업장의 특성 및 규모 등을 고려하여 재해예방에 필요한 인력 및 예산 등 안전보건관리체계의 구축 및 그 이행에 관한 조치를 취하여야 하고, 그에 따라 사업 또는 사업장의 특성에 맞는 유해·위험요인을 확인하여 개선하는 업무절차를 마련하고, 안전보건관리책임자, 관리책임자 및 안전보건관리총괄책임자가 업무를 각 사업장에서 충실히 수행할 수 있도록 안전보건관리책임자 등이 해당 업무를 충실하게 수행하는지를 평가하는 기준을 마련하여야 한다. 그럼에도 불구하고 피고인은 주식회사 00건설사의 경영책임자로서 이 사건 공사현장에서 이루어진 굴착작업 등의 특성과 작업의 공정을 적절히 파악하고 해당 작업을 수행하는 근로자들의 참여 등을 통해 실질적인 위험요인을 찾아내 평가하는 등 사업장 특성에 따른 유해·위험요인을 확인하여 개선하는 업무절차를 마련하지 아니하고, 안전보건관리책임자가 해당 업무를 충실히 수행하는지 평가하는 기준을 마련하지 아니한 채 이 사건 공사를 진행하여 2022. 10. 17. 13:18경 수급인 주식회사 00 소속 근로자인 종사자 유00으로 하여금 지반의 붕괴로 매몰되어 흉복부 다발성 손상으로 사망에 이르게 하였다. 이로써 피고인은 재해예방에 필요한 안전보건관리체계의 구축 및 그 이행에 관한 조치를 취하지 아니하여 종사자가 사망하는 중대산업재해에 이르게 하였다.

[280] 노동법률, 2025년 6월호(2025-05-26), "중대재해 원청 대표 '무죄' 또 나왔다…원하청 유무죄 갈린 첫 사례". <https://www.worklaw.co.kr/main2022/view/view.asp?bi_pidx=37977>.

다. '안전조치 미이행 공사현장' 벌금형 최근 주요 사례

사건명	위반유형	선고형	관련법률
대구지방법원 서부지원 2021고약6748 (2022. 1. 24.)	**근로자의 추락위험 장소 안전조치 미이행**(공사현장 내 5층 다락층 난간에서 근로자가 작업을 함에 따라 추락 위험이 있음에도 불구하고 **추락방호망**을 설치하거나 근로자에게 **안전대**를 착용하도록 하지 않음)	벌금 100만원 (OO건설 벌금 50만원)	제168조 제1호 제38조 제3항 제1호 제173조(양벌규정) 안전난간 관련 : 규칙 제30조(계단난간), 제42조(추락의 방지), 제56조(작업발판의 구조), 제68조(이동식비계)
대구지방법원 서부지원 2021고약6749 (2022. 1. 24.)281)	근로자의 추락위험 장소 안전조치 미이행(공사현장 내 건물 1층과 2층 각 엘리베이터 단부 등에 근로자의 추락 위험이 있음에도 **안전난간 설치** 등 방호조치를 하지 않음)	벌금 150만원 (OO건설 벌금 100만원)	
대구지방법원 김천지원 2021고약3450 (2022. 1. 19.)	**기계·기구 등 설비 위험 안전조치 미이행**, 근로자의 추락위험 장소 안전조치 미이행(공사현장 신축아파트 계단실 각층에 설치한 가설전등에 감전 및 파손에 의한 위험을 방지하기 위한 보호망을 설치하지 않았고, 아파트 12층부에 조립하여 설치한 갱 폼의 시트볼트가 다수 누락되었음에도 이를 점검하지 않아 갱 폼의 시트볼트가 누락된 상태를 방치하였으며, 10층에서 11층으로 올라가는 계단의 높이가 3미터임에도 해당 계단의 개방된 측면에 안전 난간을 설치하지 않음)	벌금 100만원 (OO건설 벌금 150만원 OO 벌금 150만원) ※ 공동 도급받아 공동이행방식으로 시공 두 회사 모두 책임	제168조 제1호 제38조 제1항·3항 제173조(양벌규정)
부산지방법원 동부지원 2021고약4681 (2022. 1. 19.)	**안전인증대상 기계·기구등의 제조·수입·사용 등 금지의무 위반** (현장내 105동 1호기 리프트 4층 랜딩발판 우측 지지대 1개소 볼트가 체결되지 않는 등 안전인증기준에 맞지 않은 리프트를 사용함)	벌금 50만원 (OO건설 벌금 50만원)	제169조 제1호 제87조 제1항 제2호 제173조(양벌규정)
인천지방법원 2021고약16968 (2022. 1. 17.)	**기계·기구 등 설비 위험 안전조치 미이행**, 근로자의 추락위험 장소 안전조치 미이행 (회전중인 연식숫돌(지름 5cm이상)이 근로자에게 위험을 미칠 우려가 있는 경우 그 부위에 덮개를 설치해야 함에도 지상 1층의 천정 철물 작업용 디스크 그라인더 덮개 미설치 등)		제168조 제1호 제38조 제3항 제173조(양벌규정) ※ 규칙 제122조 제1항

---

281) 전주지원 군산지원 2021고약3861 근로자가 추락할 위험이 있는 외부 비계에 작업발판 일부 미설치, 외부 비계 작업발판에 안전난간 일부 미설치, 2층 베란다에 설치한 이동식비계에 안전난간 미설치.

라. 안전보건규칙 위반과 죄형법정주의[282] 관련

(1) 사실관계(대법원 2015도9394, 수원지법 2014노7478 판결)[283]

- 사업주는 사업을 할 때 환기·채광·조명·보온·방습·청결 등의 적정기준을 유지하지 아니하여 발생하는 건강장해를 예방하기 위하여, 근로자들이 신체적 피로와 정신적 스크레스를 해소할 수 있도록 휴식시간에 이용할 수 있는 휴게시설을 갖추어야 한다.
- 그러나 주식회사 ㅇㅇㅇㅇ 대표는 2013. 9. 2.경부터 2013. 10.말경까지 안성시 양성면 한내로 ㅇㅇㅇ에 있는 ㈜ㅇㅇㅇㅇ 2공장을 운영함에 있어 근로자들이 휴식시간에 이용할 수 있는 휴게시설을 갖추지 아니하였다.

(2) 법원의 판단

피고인이 사업장에 휴게시설을 설치하지 않은 행위는 산업안전보건법 제24조 제1항 제6호를 위반한 행위에 해당한다고 볼 수 없고, 종전 제1규칙에서 이 사건 조항이 '유해인자에 의한 건강장해의 예방' 항목의 하부에 배치되어 있었다거나 노동청의 실무가 이와 다르다고 하더라도 달리 볼 것은 아니다.

① 산업안전보건법은 사업주가 사업을 할 때 '환기·채광·조명·보온·방습·청결 등의 적정기준을 유지하지 아니하여 발생하는 건강장해'를 예방하기 위하여 필요한 조치를 해야 한다고 하면서(법 제24조 제1항 제6호), 그 필요한 조치에 관한 세부사항은 고용노동부령인 안전보건규칙으로 정하도록 규정하고 있다(같은 조 제2항).

② 부령은 법률에서 구체적으로 범위를 정하여 위임받은 사항과 법률을 집행하기 위하여 필요한 사항에 관하여만 규율할 수 있으므로(헌법 제75조, 제95조 등 참조), 이 사건 규칙 중 산업안전보건법 제24조 제2항에 의하여 위임받은 내용을 규정하는 부분은

---

[282] 죄형법정주의는 국가형벌권의 자의적인 행사로부터 개인의 자유와 권리를 보호하기 위하여 범죄와 형벌을 법률로 정할 것을 요구한다. 그러한 취지에 비추어 보면 형벌법규의 해석은 엄격하여야 하고, 명문의 형벌법규의 의미를 피고인에게 불리한 방향으로 지나치게 확장해석하거나 유추해석하는 것은 죄형법정주의의 원칙에 어긋나는 것으로서 허용되지 아니한다(대법원 2013. 11. 28. 선고 2012도4230 판결 등 참조). 다만, 형벌법규의 해석에서도 법률문언의 통상적인 의미를 벗어나지 않는 한 그 법률의 입법취지와 목적, 입법연혁 등을 고려한 목적론적 해석이 배제되는 것은 아니나(대법원 2011도453, 2011전도12 판결 등 참조), 그러한 경우에도 어디까지나 '법규정 문언의 가능한 의미'가 그 한계를 이룬다고 할 것이다(대법원 1997. 3. 20. 선고 96도1167 전원합의체 판결 등 참조).
[283] 1심 : 수원지방법원 평택지원 2014. 9. 4. 선고 2014고약4311 판결 [벌금 30만원]
　　　수원지방법원 평택지원 2014고정606 판결 [무죄]
　2심 : 수원지방법원 2015. 6. 4. 선고 2014노7478 판결 [항소 기각]
　3심 : 대법원 2015. 9. 15. 선고 2015도9394 판결 [상고기각].

사업장의 환기·채광·조명·보온·방습·청결 등의 적정기준을 유지하여 근로자의 건강장해를 야기하는 상황을 방지하는 구체적 조치에 관한 내용을 설명하는 부분이라고 볼 것이다.

③ 그런데 고용노동부장관은 이 사건 규칙을 총칙(제1편), 안전기준(제2편), 보건기준(제3편)으로 구분하면서, 보건조치에 대한 기준을 구체적으로 상술하고 있는 '제3편 보건기준'에서 휴게시설의 설치와 관련하여서 '근로자가 고열·한랭·다습 작업을 하는 경우에 근로자들이 휴식시간에 이용할 수 있는 휴게시설을 갖추어야 한다'고만 규정하고 있을 뿐이고(제567조 제1항), 그 이외에 달리 환기·채광·조명·보온·방습·청결 등과 관련하여 휴게시설에 관한 언급을 하고 있지 않다.

④ '근로자들이 신체적 피로와 정신적 스트레스를 해소할 수 있도록 휴식시간에 이용할 수 있는 휴게시설을 갖추어야 한다'고 규정하고 있을 뿐인 이 사건 조항은 그 편제상 총칙(제1편)에 배치되어 있을 뿐만 아니라, 그 문언상으로도 환기·채광·조명·보온·방습·청결 등에 관한 문구가 전혀 포함되어 있지 않아 **산업안전보건법 제24조 제1항 제6호에서 위임받은 사항을 구체화한 조항이라고 보기 어렵다.**

오히려 위 조항은 문언 등에 비추어 산업안전보건법 제5조 제1항 제2호에서 명시하고 있는 '근로자의 신체적 피로와 정신적 스트레스 등을 줄일 수 있는 쾌적한 작업환경을 조성하고 근로조건을 개선할 것'을 구체화한 것으로 볼 여지가 있고, 노동청은 실무상 산업안전보건법 제5조를 '법률관계에 있어서 사업주 등에 개별적·구체적 의무를 부과하는 조항이 아니고 **일반적·추상적 의무를 부과하는 규정**으로서 처벌(단속)법규가 아닌 것'으로 해석하면서 이를 위반한 행위에 대해서 행정형벌을 부과하지 않고 있는 것으로 보인다.

⑤ 피고인의 휴게시설 미설치로 인하여 주식회사 ○○○○ 2공장의 환기·채광·조명·보온·방습·청결 등의 적정기준이 유지되지 못하였고 이로써 근로자들의 건강장해가 발생하였다고 볼만한 자료도 없다.

따라서 이 사건 공소사실에 대하여 무죄를 선고한 원심의 판단은 정당하고, 거기에 항소이유 주장과 같은 잘못은 없다.

(3) 고용노동부의 조치

이 사건 판결 선고 당시에는 안전보건규칙 제78조에 "사업주는 근로자들이 신체적 피로와 정신적 스트레스를 해소할 수 있도록 휴식시간에 이용할 수 있는 휴게시설을 갖추어야 한다"라고 규정하였으나 선언적인 규정에 지나지 않았다.[284]

판결 이후 2018년 5월에는 "사업장 휴게시설 설치 및 운영에 관한 가이드"를 제정하여, 휴게시설 설치 원칙[285], 휴게실 설치 대상사업장(우선 설치대상 사업장 중 고열·한랭·다습 작업장 등에서 미설치 시 형사처벌[286]), 휴게시설의 위치·규모·환경, 휴게시설의 설비·비품·관리, 주요 체크리스트 등을 규정하였다.

2021년 8월 17일에는 산업안전보건법을 개정(2022. 8. 18. 시행)하여 사업주의 휴게시설 설치의무 규정을 법률에 직접 규정하였다. 종전 규칙에 규정하였던 사업주의 휴게시설 설치 의무에 관한 규정을 직접 법(제128조의2 신설)에서 고용노동부령에서 정하는 설치·관리기준에 맞는 **휴게시설을 갖추도록 규정하였고, 이를 위반할 경우 휴게시설 미설치 시는 1,500만원 이하의 과태료, 휴게시설 설치·관리기준 미준수에 대하여는 1천만원 이하의 과태료를 부과**하게 하였다. 또 관계수급인 근로자가 도급인의 사업장에서 작업을 하는 경우로서 위생시설 등 고용노동부령으로 정하는 시설의 설치 등을 위하여 필요한 장소의 제공 또는 도급인이 설치한 위생시설 이용의 협조를 하지 않는 경우 1,500만원 이하 과태료를 부과하도록 규정하였다.

〈휴게시설 미설치 관련 규정 위반 시 제재〉

위반내역	제재
법 제128조의2 제1항을 위반하여 휴게시설을 갖추지 아니한 자(같은 조 제2항에 따른 대통령령으로 정하는 기준에 해당하는 사업장의 사업주로 한정)	**1천 500만원 이하 과태료** (법 제175조 제3항 제2의3호)
제128조의2 제2항을 위반하여 휴게시설의 설치·관리기준을 준수하지 아니한 자	**1천만원 이하 과태료** (법 제175조 제4항 제6의2호)
※ **법 제128조의2(휴게시설의 설치)** ① 사업주는 근로자(관계수급인의 근로자를 포함한다. 이하 이 조에서 같다)가 신체적 피로와 정신적 스트레스를 해소할 수 있도록 휴식시간에 이용할 수 있는 휴게시설을 갖추어야 한다. ② 사업주 중 사업의 종류 및 사업장의 상시근로자 수 등 대통령령으로 정하는 기준에 해당하는 사업장의 사업주는 제1항에 따라 휴게시설을 갖추는 경우 크기, 위치, 온도, 조명 등 고용노동부령으로 정하는 설치·관리기준을 준수하여야 한다.	

---

284) 동 규칙 제567조에서 "사업주는 고열·한랭·다습 작업을 하는 경우에 근로자들이 휴식시간에 이용할 수 있는 휴게시설을 갖추어야 한다"라고 규정된 것과는 대비가 된다.
285) "휴게시설은 일하는 사람들의 신체적 피로와 정신적 스트레스를 해소하기 위하여 원칙적으로 모든 사업장에 설치합니다. 실내 작업장의 경우 동 가이드에서 제시하는 기준에 따라 휴게실을 설치하시기 바랍니다. 폭염 또는 한파에 직접 노출되는 옥외 작업장소인 경우, 텐트나 휴대용 그늘막, 난방이 가능한 간이 천막 등 이동식 휴게시설을 설치합니다.".
286) 위반 시 보건안전조치 위반으로 **5년 이하 징역 또는 5,000만원 이하의 벌금 대상임**.

마. 안전조치 위반, 업무상 과실치사상죄 관련

(1) 사실관계(대법원 2019도2690, 울산지법 2018노460, 2017고단3170 판결)[287]

- (유죄 부분) 피고인들(m**, soo, 김oo)[288]은 2017. 4. 21. 08:20경부터 S** 잔사유고도화시설 프로젝트 공사 1공구에서 와이어 장력 테스트를 위해 두 개의 타워와 연결된 4개의 와이어 유압장치가 위치한 곳에 유압장치를 조작할 oooo 기술자 4명과 이를 보조할 oo건설의 근로자들을 배치하고, m**의 지시에 따라 와이어의 장력을 높이면서 타워 마스트가 하중을 잘 견디는지 확인하고, 타워 마스트를 수직으로 고정하는 등의 작업을 실시하였다. 사업주는 구축물 또는 이와 유사한 시설물에 대하여 자중, 적재하중, 적설, 풍압, 지지이나 진동 및 충격 등에 의하여 붕괴·전도·도괴·폭발하는 등의 위험을 예방하기 위하여 설계도서에 따라 시공했는지 확인하고, 크레인의 설치·조립·수리·점검 또는 해체작업을 하는 경우 작업을 할 구역에 관계 근로자가 아닌 사람의 출입을 금지하고 그 취지를 보기 쉬운 곳에 표시해야 한다. 당시 일종의 크레인이자 구축물인 타워 마스트 시스템을 설치·점검하는 작업을 하고 있었고, 그곳은 진동·충격 등으로 타워 마스트가 붕괴·전도할 수 있는 위험이 있는 곳이었으며, 작업 반경 내에 OO산업의 하청업체 소속 근로자들이 근무 중이거나 휴식을 취하고 있었으므로, 피고인 m**는 oooo의 **현장기술책임자**로서 와이어 장력 테스트 시 작업매뉴얼에 따라 타워 구조물 주변에 인원을 통제하고, 타워 마스트 시스템이 붕괴되지 않도록 적정한 장력을 가함으로써 사고를 미연에 방지할 업무상 주의의무가 있었고, 피고인 soo은 oooo의 **현장감독관**으로서 oo건설에서 조립하는 타워 마스트가 설계 도면 대로 시공되었는지 관리·감독하여 타워마스트가 적정 하중 및 압력을 견딜 수 있도록 제대로 설치·조립이 되었는지 확인하여 타워 마스트가 붕괴되지 않도록 하고, 작업 구역에 관계 근로자가 아닌 사람의 출입을 금지하고 그 취지를 보기 쉬운 곳에 표시하는 등 안전사고에 대비한 조치를 하여할 안전조치 의무 및 업무상 주의의무가 있었으며, 피고인 김OO은'중량물 설치공사'의 시공을 책임지고 있는 **oo건설의 현장소장**으로서 타워 마스트를 설계도면 대로 정확히 시공하여 타워 마스트가 중량물의 하중을 견딜 수 있도록 조립·설치하여 붕괴되지 않도록 하여야 하고, 작업 구역에 관계 근로자가 아닌 사람의 출입을 금지하고 그 취지를 보기 쉬운 곳에 표시하는 등 안전사고에 대비한 조치를 하여할 안전조치 의무 및 업무상 주의의무가 있었다. 피고인들은 위와 같은 업무상 주의의무를 게을리하여 타워A의 캐핑 빔과 사이드 빔의 연결 부분이 파손되면서 타워A가 남쪽으로 전도되고, 타워의 상단 구조물이 아래로 추락하면서 타워B를 충돌하여 타워B와 함께 붕괴하게 함으로써, 피고인들은 공동하여 위와 같은 **업무상 과실로 피해자 김O을 사망에, 피해자 정OO, 피해자 나OO을 각 상해에 이르게 함**(업무상과실치사상죄)과 동시에 피고인 soo, 김oo은 위와 같이 설계도서에 따라 시공하였는지 확인 또는 감독하지 아니하고, 작업을 할 구역에 관계 근로자가 아닌 사람의 출입을 금지하지 아니하여 **산업재해 예방에 필요한 안전조치를 하지 아니하였다**(산업안전보건법 위반).

---

[287] 1심 : 울산지방법원 2015. 5. 1. 선고 2017고단3170 판결 [징역 6개월 집행유예 2년, 김oo 징역 4개월 집행유예 2년, oooo 및 oo건설 각 벌금 500만원], OO산업 무죄]. 2심 : 울산지방법원 2019. 1. 24. 선고 2018노460판결 [항소 기각]. 3심 : 대법원 2021. 7. 8. 선고 2019도2690 판결 [상고기각].

[288] 피고인들의 신분 : OO산업은 S**에서 발주한 3조 5,773억원 상당의 잔사유고도화시설(Residue Upgrading Complex, 부가가치가 낮은 잔사유 원료를 프로페인, 프로필렌과 같은 고부가가치 제품으로 전환하는 고도화시설) 프로젝트 공사를 D**건설과 함께 공동으로 도급받아 2015. 6. 1.부터 2018. 6. 30.까지 약 37개월 동안 시공하는 법인 사업주이다. 피고인 oo건설은 서울 송파구에 본점을 두고 토공 공사업 등을 목적으로

- (무죄 부분) 산업안전보건법 시행규칙 제30조 제4항 제1, 2호 및 산업안전보건기준에 관한 규칙 제141조 제o호에 의하여, 이 사건 **중량물 설치공사의 도급사업주인 피고인 OO산업 측은 인공구조물이 붕괴될 우려가 있는 장소 또는 기계 등이 넘어지거나 무너질 우려가 있는 장소에 작업 구역에 근로자가 아닌 사람의 출입을 금지하고 그 취지를 보기 쉬운 곳에 표시할 의무가 있음에도**, 이를 제대로 하지 아니한 과실로 산업안전보건법을 위반하고 업무상과실치사상죄의 책임이 있다.

(2) 법원의 판단

(가) 유죄 부분(현장감독자, 현장기술책임자, 현장소장관련)

이 사건 사고는 이 사건 타워 마스트의 상단구조물과 타워의 연결부에 설계도면(M30)보다 작은 규격(M24)의 볼트가 조립·시공되었고, 그로 인하여 장력 테스트에서 하중 및 압력을 견디지 못하여 타워A의 캐핑 빔과 사이드 빔의 연결 부분이 파손되면서 이 사건 타워 마스트가 붕괴된 것으로 보인다.

피고인 oo건설은 이 사건 중량물 설치공사를 OO산업으로부터 하도급받아 그중 타워 마스트 공법 작업을 oooo에 도급하였고, 피고인 oooo는 oo건설로부터 제공받은 장비와 인력을 이용하여 타워 마스트 조립, 설치 작업하되, 그 작업에 대한 전체적인 관리, 감독업무를 하기로 약정한 사실을 인정할 수 있다. 따라서 **oooo측이 oo건설의 작업자들이 설계도면 또는 지시대로 이 사건 타워 마스트의 상단구조물 등의 연결부를 M30 볼트로 조립하였는지 감독할 1차적인 책임이 있다**고 할 것이다. 하지만 oo건설 역시 피고인 oo건설의 근로자들이 이 사건 타워 마스트의 조립을 실행하고 있어 근로자들에 대한 업무 지시 및 감독 권한이 존재한다고 할 것이고, 이 사건 중량물 설치공사 중 타워 마스트 공법 작업만을 피고인 oooo측에 도급을 준 것에 불과하고 **이 사건 중량물 설치공사에 대한 최종적인 책임 및 피고인 oooo측에 구체적인 업무 지시 및 감독 권한도 존재한다고 할 것이므로, 이 사건 타워 마스트가 설계도면대로 시공되었는지에 관한 관리·감독 책임이 있다**. 나아가 피고인 oo건설이 두 회사 사이에 내부적으로 다른

설립된 법인으로서 OO산업으로부터 에스오일 잔사유고도화시설 프로젝트 1공구 공사 중 약 2,000톤의 증류탑을 수직으로 세우기 위한 '중량물 설치공사(Heavy Rigging 공사)'를 62억 3,000만원에 하도급받아 2017. 3. 1.부터 2017. 7. 31.까지 약 5개월 동안 시공하는 법인 사업주이다. 피고인 김OO은 oo건설의 '중량물 설치공사'의 현장소장으로 현장 업무 전반에 대하여 총괄·관리하는 안전보건관리책임자이다. 피고인 m**은 '중량물 설치공사'에 필요한 타워 마스트 시스템의 기술·공학적인 부분을 관리·감독하는 책임자로서 타워 마스트에 연결된 지지 와이어를 4개 방향에서 고정하는 작업 등을 책임지는 oooo의 기술자(Site Engineer)이고, 피고인 Soo은 타워 마스트 조립, 설치, 중량물 설치작업 등을 관리·감독하는 oooo의 현장 감독관(Site Manager)으로 안전보건책임자이다.

근로자들의 출입 통제책임을 담당하기로 약정한 사실은 인정되나, oooo의 자체 매뉴얼에 의하더라도 장력 테스트 전 적절한 출입통제를 하여야 하고, 이는 테스트 과정에서 발생할 수 있는 돌발 상황을 대비하기 위한 안전상 필수불가결한 조치로 보이는데, 이 사건 타워 마스트의 시공에 대한 전체적인 관리 및 감독 책임이 있는 oooo는 **이 사건 장력 테스트를 실행하기 전에 출입통제가 제대로 이행되고 있는지 확인할 의무가 있음에도, 피고인 oo건설에 출입 통제를 확인하거나 협조를 구하지 아니한 채 막연히 이 사건 장력 테스트를 실시한 잘못이 있다**고 할 것이므로, 이 사건 공소사실은 모두 유죄로 인정된다.

그 결과 현장감독관, 현장기술책임자는 징역 6개월에 집행유예 2년, 현장소장은 징역 4개월에 집행유예 2년, 해당 법인은 양벌규정에 따라 벌금 500만원이 각 선고되었다.

(나) 무죄 부분(도급인 OO산업 관련)

동일한 장소에서 행하여지는 사업의 일부를 도급에 의하여 행하는 경우 재해발생을 방지하기 위하여 필요한 산업안전보건법상의 조치를 취하지 아니한 잘못이 없다.

① 이 사건 조치의무는 타워 마스트가 붕괴될 위험이 있는 기계·장소 등에 해당함을 전제로 하고 있는데, 완성되지 않은 고층의 건물·기계는 언제든지 붕괴될 위험이 있으므로 도급업자에게 붕괴될 경우를 대비하여 그 높이 대비 면적에 다른 근로자들이 출입할 수 없도록 상시 통제의무가 있다고 해석할 경우 **도급업자의 예방조치 의무는** 지나치게 확대되어 불합리하고 비현실적이다. 따라서 도급업자로서의 출입 통제 의무는 수급업자가 시공 중인 기계·장소에 대하여 **그 붕괴, 추락 등의 구체적인 위험성을 인식하였거나 할 수 있었던 경우에 한하여 발생**한다고 해석함이 상당하다.

② 이 사건 중량물 및 타워 마스트 설치공사는 전문업체인 oo건설이 일괄 하도급받아 전적으로 설계·시공하였고, 도급업자인 피고인 OO산업이 oo건설에 위 공사 및 작업에 대하여 구체적인 지휘나 감독을 행사한 바 없고, 그 권한도 있었던 것으로 보이지 아니한다. 따라서 피고인 OO산업이 이 사건 장력 테스트 당시 이 사건 타워 마스트의 **붕괴 위험성에 대해 인식하였거나 인식하였을 가능성이 희박해** 보인다.

앞서 본 바와 같이 이 사건 사고의 원인은 이 사건 타워 마스트의 상단구조물과 타워의 연결부에 설계도면(M30)보다 작은 규격(M24)의 볼트가 조립·시공되었고, 그로 인하여 장력 테스트에서 하중 및 압력을 견디지 못한 데 있는데, 이러한 시공상의 잘못을 피고인 OO산업이 알았다거나 알 수 있었다고 보기 어렵다.

③ oo건설은 OO산업에 이 사건 중량물 설치공사의 작업 계획서를 사전 제출하여 승

인반은 후 전반적인 작업들을 실시하였는데, 이 사건 장력 테스트에 대하여 OO산업에 사전 통보 내지 승인요청을 하지 않았다. 따라서 OO산업을 이 사건 장력테스트 자체를 사전에 알지 못하였다.

④ OO산업이 oo건설로부터 출입 통제를 요청받을 경우 이 사건 타워 마스트의 밑으로 통과하는 차량 및 근로자의 출입을 제한·금지하여 왔던 것으로 보이는데, 설령 OO산업이 oo건설로부터 이 사건 장력테스트를 통보받았다고 하더라도 그 과정에서 붕괴될 수 있는 위험성 내지 가능성을 인식하지 못한 OO산업에 앞서 본 일반적인 출입 통제를 넘어 타워크레인 높이(100m) 대비 면적 전체에 대하여 다른 작업 근로자의 출입을 통제하여야 할 의무를 부여하는 것은 상당히 지나치다.

⑤ 이 사건 장력테스트는 작업 시간이 아닌 점심 무렵에 다소 이례적으로 실시된 측면이 있고, 피해자들은 이 사건 타워 마스트의 아래 부분을 출입하거나 다른 작업을 하다가 다친 것이 아니라 이 사건 타워 마스트의 기둥 부분에서 25~40m 정도 떨어진 휴게실 또는 상당히 떨어진 곳에서 사고를 목격하고 피하다가 타워 마스트의 붕괴로 파편 등에 맞아 사망하거나 다치게 되었다. 따라서 이 부분 공소사실은 범죄사실의 증명이 없으므로 피고인들은 무죄이다.

바. 보건조치 위반, 업무상 과실치사상죄 관련

(1) 사실관계(대법원 2020도17108, 인천지법 2019노3663, 2018고단2940 판결)

- (수급인) 피고인은 2017. 12. 16. oo건설 주식회사 소속 근로자인 피해자 김○대)에게 같은 날 13:00경 착화한 연탄난로의 무연탄 연소 지속 시간 만료가 임박한 21:00경이 되면 내부로 들어가 바닥에 미리 놓아둔 미사용 연탄난로 4개에 착화하는 작업을 하도록 지시하였다. 이 사건 장소와 같이 연탄난로를 사용하는 콘크리트 양생장소 내부는 산소결핍이나 유해가스로 인한 질식·중독 등의 위험이 있는 밀폐공간에 해당하므로, 이 경우 사업주는 사업장 내 밀폐공간 위치 파악 및 관리 방안, 밀폐공간 내 질식·중독 등을 일으킬 수 있는 **유해·위험 요인의 파악·관리 방안 및 이에 따라 밀폐공간 작업 시 사전확인이 필요한 사항에 대한 확인절차** 등에 관한 내용이 포함된 밀폐공간 작업 프로그램을 수립하여 이에 따라 안전보건교육 및 훈련을 실시하여야 하고, 밀폐공간 내 작업을 위하여 근로자를 이 사건 장소에 투입하기 전에 밀폐공간 내부를 골고루 측정하는 방법으로 해당 밀폐공간의 산소 및 유해가스 농도를 측정하여 적정공기가 유지되고 있는지 평가하여야 하며, 이 사건 장소에서 작업을 시작 전과 작업 중에 이 사건 장소 내에 적정공기 상태가 유지되도록 환기하여야 하고, 근로자가 이 사건 장소에서 작업하는 동안 작업상황을 감시할 수 있는 감시인을 지정하여 밀폐공간 외부에 배치하는 등 근로자의 건강장해를 예방하기 위한 필요한 조치를 취하여야 한다. 따라서 사업주인 oo건설 주식회사를 위하여 이 사건 장소를 관리하는 현장소장이자 위 하도급공사 현장에서 사용하는 oo건설 주식회사 소속 근로자에 대하여 안전보건조치의무가 있는 **안전보건관리 책임자인 피고인은** 위와 같이 근로자의 건강장해를 예방하기 위하여 필요한 조치를 취하여야 한다. 그런데도 피고인은 피해자들에게 밀폐공간 작업 프로그램에 따른 안전보건교육 및 훈련을 실시하지 않았고, 작업 시작 전과 작업 중에 환기 등을 실시하지 않았고, 감시인을 지정하여 외부에 배치하지 아니하였다. 이로써 피고인은 **근로자의 건강장해를 예방하기 위한 필요한 조치를 취하지 아니함과 동시에 이러한 조치를 해야 할 업무상의 주의의무를 게을리한 업무상 과실로,** 피고인의 지시에 따라 같은 날 21:30경 내부로 들어가 연탄난로 착화 작업 중이던 피해자들이 일산화탄소 중독으로 사망에 이르게 하였다.

- (도급인) 가. 피해자들 사망 관련 업무상과실치사 및 산업안전보건법위반

  같은 장소에서 행하여지는 사업으로 사업의 일부를 분리하여 **도급을 주어 사업을 하는 사업주는 그의 수급인이 사용하는 근로자가 산업재해 발생위험이 있는 장소에서 작업을 할 때에는 산업재해 예방 조치를 해야** 하므로, oo건설 주식회사에게 위 신축공사 중 철근 콘크리트 공사를 하도급한 주식회사 OO건설의 현장소장이자 위 신축공사 현장의 안전보건총괄책임자인 하**도급자 oo건설 주식회사가 사용하는 근로자에 대한 산업재해를 예방하기 위하여 필요한 조치를 취하여야** 한다. 그런데도 피고인은 수급인이 사용하는 근로자에 대한 산업재해 예방을 위해 필요한 조치를 취하지 아니하였고, **그와 같은 조치를 취하여야 할 업무상의 주의의무를 게을리한 업무상 과실로, 피해자들을 각 일산화탄소 중독으로 사망에 이르게 하였으며,** 피해자들에게 공기호흡기·송기마스크를 지급하여 착용하도록 하여야 하는데도 피해자들에게 공기호흡기 또는 송기마스크를 지급하지 아니하여 수급인이 사용하는 근로자에 대한 산업장해를 예방하기 위하여 필요한 조치를 취하지 아니하였다.

- (도급인) 나. 중대재해발생 사업장 특별감독에 따른 산업안전보건법위반

   피고인은 2018. 1. 15.~19.경 위 신축공사 현장에서 다음과 같이 안전보건조치의무를 이행하지 아니하였다. (1) 사업주는 근로자가 작업장에서 넘어지거나 미끄러지는 등의 위험이 없도록 작업장 바닥 등을 안전하고 청결한 상태로 유지하여야 하는데도, 전도방지조치를 하지 아니하였다. (2) 제품, 자재, 부재 등이 넘어지지 않도록 붙들어 지탱하게 하는 등 안전 조치를 하여야 하는데도, 안전 조치를 하지 아니하였다. (3) 작업으로 인하여 물체가 떨어지거나 날아올 위험이 있는 경우 낙하물 방지망, 수직보호망 또는 방호선반의 설치, 출입금지구역의 설정, 보호구의 착용 등 위험을 방지하기 위하여 필요한 조치를 하여야 하는데도, 피고인은 낙하물에 의한 위험방지 조치를 하지 아니하였다. (4) 연면적 400㎡ 이상이거나 상시 50명 이상의 근로자가 작업하는 옥내작업장에는 비상 시에 근로자에게 신속하게 알리기 위한 경보용 설비 또는 기구를 설치하여야 하는데도, 경보용 설비 등을 설치하지 아니하였다. (5) 작업장으로 통하는 장소 또는 작업장 내에 근로자가 사용할 안전한 통로를 설치하고 항상 사용할 수 있는 상태로 유지하여야 하는데도, 통로를 안전하고 항상 사용할 수 있는 상태로 유지하지 아니하였다. (이하 생략)

(2) 법원의 판단[289]

밀폐공간 작업프로그램의 수립 및 시행에 관하여 정하고 있는 산업안전보건기준에 관한 규칙 제619조의 규정의 취지와 내용 등에 비추어 보면 밀폐공간 작업프로그램에는 해당 공사현장에서 밀폐공간에 해당하는 장소나 이에 대한 판단기준이 구체적으로 특정되어야 한다. 그러나 이 사건 공소사실 기재 신축공사(이하 '이 사건 공사') 현장에 관하여 작성된 밀폐공간 작업프로그램에는 고체연료, 일반온도계, 소화기 비치 장소 등의 위치가 표시된 것으로 보이는 개략적인 이 사건 공사 현장의 배치도만 있을 뿐이고, 이 사건 장소를 비롯하여 이 사건 공사 현장에서 어느 곳이 밀폐공간 작업장소에 해당하는지를 확인할 만한 내용은 기재되어 있지 않으며, 피고인 강O도 검찰에서 위 밀폐공간 작업프로그램에 이 사건 장소가 밀폐공간으로 표시되어 있지 않은 점은 인정한 바 있다.

이 사건 당일 작성된 밀폐공간 작업허가서에는 안전보건교육실시 항목과 관련하여 '2017. 12. 16. OO건설 관리감독자가 직접 특별교육 실시'라는 기재가 존재한다. 그러나 피고인 김OO은 검찰에서 '피해자들에게 안전보건 교육일지에 기재된 것과 같이 산소농도 측정, 밀폐공간 작업 방법, 양생작업에서의 질식 재해 사례 등을 교육한 적이 없고, 5분 정도 사다리 타고 내려가다 떨어질 수 있으니 한 명은 밖에서 랜턴으로 비춰 주고,

---

[289] 1심 : 인천지방법원 부천지원 2019. 10. 24. 선고 2018고단2940 판결 [피고인 각 징역 1년 집행유예 2년, OO건설 벌금 1,500만원, oo건설 벌금 1,000만원]. 2심 : 인천지방법원 2020. 11. 13. 선고 2019노3663 판결 [항소 기각]. 3심 : 대법원 2021. 6. 25. 선고 2020도18108 판결 [상고기각].

전에 작업했던 근로자들이 머리가 아프다고 하니 산소캔을 가져가고, 밖에서 천막을 걸어서 환기를 시키라는 등의 내용으로 교육을 한 다음 피해자들로부터 교육수강확인서를 받아서 OO건설 측에 제출한 것이 전부이다.'고 진술한 점, 피고인 강O은 검찰에서 '밀폐공간에서 작업을 하면서 발생하는 위험요소, 조치사항 등에 관하여는 프로그램 자료만 비치하고, 이에 관하여 하청업체와 이야기한 적이 없고, 자신과 피고인 김태성, 전강현이 이 사건 당일 15:00~17:00경 안전교육장에서 피해자들에게 안전교육을 실시한 것으로 교육일지에 기재되어 있고 자신이 위 교육일지의 결재란에 서명하였으나 실제로는 자신이 당시 위 장소에 있지 않았다.'라고 진술한 점,등의 사정에 비추어 보면, 위 밀폐공간 작업허가서에 기재된 것과 같이 피해자들을 상대로 안전보건교육이 실시된 사실은 없었던 것으로 보인다.

다) 피고인들은 이 사건 장소의 산소 및 유해가스 농도 측정이 적법하게 이루어졌다고 주장하나, 피고인 OO건설의 직원인 최OO는 개인적인 사유로 이 사건 장소에서 연료 교체작업이 실제 이루어진 시간보다 약 2시간 30분 전인 19:00경에 산소 및 일산화탄소 농도를 측정한 점, 최OO가 측정한 방법으로는 이 사건 장소 내부의 일산화탄소 농도를 제대로 측정할 수 없는 점, 경찰관이 이 사건 장소에 도착한 2017. 12. 17. 01:35경 내부에 유해가스가 심하여 산소마스크 등 필요한 장비를 사용하지 않고서는 진입이 불가능한 상태였고, 이후 이 사건 장소로의 출입구를 확장하여 상당한 시간 동안 환기가 이루어진 뒤인 같은 날 07:40경에도 일산화탄소 농도가 밀폐공간 내 적정공기 유지 여부의 판정 기준인 30ppm을 초과한 49ppm으로 측정된 점, 전OO은 검찰에서 '작업 전에 산소농도를 측정한 것은 허가서나 계획서를 보면 농도 측정을 하여 기록을 하도록 되어 있고, 이에 대하여 본사에서 점검을 하기 때문에 형식상 한 것이다.'고 진술하기도 한 점 등에 비추어 보면, 최OO가 이 사건 장소의 산소 및 유해가스 농도 측정을 적법하게 하였다고 할 수 없다.

라) 사업주에 대한 구 산업안전보건법(2019. 1. 15. 법률 제16272호로 개정되기 전의 것, 이하 '구법') 제66조의2, 제23조 제3항 위반죄는 사업주가 자신이 운영하는 사업장에서 구법 제23조 제3항에 규정된 안전상의 위험성이 있는 작업을 산업안전기준에 관한 규칙이 정하고 있는 바에 따른 안전조치를 취하지 않은 채 하도록 지시하거나, 그 안전조치가 취해지지 않은 상태에서 위 작업이 이루어지고 있다는 사실을 **알면서도 이를 방치하는 등 그 위반행위가 사업주에 의하여 이루어졌다고 인정되는 경우에 한하여 성립**한다. 사업주가 사업장에서 안전조치가 취해지지 않은 상태에서의 작업이 이루어지고 있고 향후 그러한 작업이 계속될 것이라는 사정을 **미필적으로 인식하고서도 이를**

그대로 방치하고, 이로 인하여 사업장에서 안전조치가 취해지지 않은 채로 작업이 이루어졌다면 사업주가 그러한 작업을 개별적·구체적으로 지시하지 않았더라도 구법 제66조의2, 제23조 제3항 위반죄는 성립하며, 이는 **동일 장소에서 행하여지는 사업의 일부를 도급에 의하여 행하는 사업의 사업주에 있어서 그의 수급인이 사용하는 근로자가 산업재해 발생위험이 있는 장소에서 작업을 하는 경우인** 구법 제68조 제3호, 제29조 제3항 위반죄에서도 마찬가지다(법원 2011. 9. 29. 선고 2009도12515 판결 참조).

위 법리에 비추어 보면, ① 김OO은 검찰에서 '처음에는 양생작업에 열풍기를 주로 사용하였는데, 공간이 협소하거나 열풍기가 들어가기 어려운 장소에는 고체연료를 사용하는 것이 어떻겠냐고 건의하였고, 전OO도 검찰에서 '현장 상황이 협소한 곳도 있고 해서 열풍기가 들어갈 수 없는 곳은 숯불난로를 사용해서 양생을 해보자고 하청업체와 이야기되었다.'고 진술하였으며, 경찰에서는 "피고인 강O에게 '콘크리트 보온·양생작업에 열풍기와 숯불난로를 병행하여 사용하겠다'고 보고하였다."는 취지로 진술하였고, 피고인 강O도 검찰에서 '좁은 공간에서는 숯불난로를 이용하여 보온·양생을 하는 것을 알고 있었다.'라고 진술하였으며, 실제 이 사건 발생 전부터 여러 차례 이 사건 공사 현장에서 연탄난로가 양생작업에 사용되었는데, 그중 상당수가 지하층의 양생작업에 사용된 점, ② 피고인 강O은 이 사건 당일 그 작업내용란에 '콘크리트 양생작업(고체연료 교체)'이라고 기재되어 있는 이 사건 장소에 관하여 작성된 밀폐공간 작업확인서에 결재를 한 점, ③ 피고인 강O은 위 밀폐공간 작업확인서 뿐만 아니라 이 사건 당일 피해자들을 상대로 특별안전보건교육을 실시하였다는 내용이 담긴 '안전보건 교육일지'에도 결재를 하였는데, '안전보건 교육일지'의 교육내용란 에 '밀폐공간에서의 작업, 콘크리트 양생작업 중 고체연료 교체작업'이라는 기재가 있는 점, ④ 전OO은 이 사건 당일 연탄난로를 이용하여 보온·양생작업을 하는 것을 알았음에도, 이에 대하여 별다른 조치를 하지는 않았으며, 검찰에서 '이 사건 장소에는 크레인으로 열풍기를 넣는 것은 가능한데, 사실 넣기는 어렵다.'고 진술한 점 등에 비추어 보면 다음과 같이 판단된다.

피고인 강O이 이 사건 장소의 양생작업에 연탄난로가 사용된다는 점을 알았거나 그 사용가능성을 충분히 인식하였음에도 이를 방치하였다고 봄이 상당하다.

〈판결 선고 결과〉

처벌 대상자	선고형
현장소장(안전보건총괄책임자)	징역 1년 집행유예 2년
하청 건설회사 현장소장 (안전보건관리책임자)	
도급 건설회사	벌금 1,500만원
하도급 건설회사	벌금 1,000만원

그 결과 도급 건설회사 현장소장(안전보건총괄책임자)과 하청 건설회사 현장소장(안전보건관리책임자)은 각 징역 1년 집행유예 2년이 선고되었고, 도급건설회사는 벌금 1,500만원, 하도급 건설회사는 벌금 1,000만원이 선고되었다.

사. 타워크레인 대여 사업주의 산안법상 위험방지 의무

(1) 사실관계(대법원 2019도14416, 청주지법 2019노211, 2018고단1231 판결)

- **크레인 대여 사업장 현장소장**

김00은 주식회사 대0에서 2017. 5.부터 2019. 12.까지를 기간으로 청주시 상당구 용암동 000에서 진행하는 동남지구 0-000 대원칸타빌 신축공사의 현장소장으로서 위 공사에 관하여 근로자의 안전·보건에 관한 관리책임을 부담하는 안전보건총괄책임자이다. 사업주는 튼튼한 구조로 안전난간을 설치하고, 심한 손상·부식이 없는 재료를 사용하여 견고한 구조의 사다리식 통로를 설치하는 등, 근로자 추락 등의 위험을 방지하기 위하여 필요한 조치를 취해야 할 의무가 있다. 그럼에도 불구하고 김00은 2018. 1.경 위 공사현장에서, 사다리식 통로 등을 설치하는 경우 견고한 구조로 하여야 하며, 심한 손상·부식 등이 없는 재료를 사용하여야 함에도, **운전석 상부 탑헤드 수직 이동통로 등받이 방호울 수평부재가 이탈되어 있고, 발판 용접 부위에 크랙 손상이 있는 타워크레인** 1호기(이하 이 사건 크레인)를 근로자로 하여금 사용하게 하였다. 이로써 김00은 **근로자의 추락 등 위험을 방지하기 위한 조치를 취하지 아니하였다.**

- **크레인 대여 사업주**

주식회사 대0은 회사의 사용인 김00이 위와 같이 회사의 업무에 관하여 근로자의 추락 등 위험을 방지하기 위한 조치를 취하지 아니하였다.

(2) 제1·2심의 판단[290]

- **제1심 (청주지방법원 2018고단1231) : 사다리식 통로 설치관련 위험방지의무 위반 관련 각 유죄(벌금 100만원)**

이 사건 크레인 중 이 사건 미비점에 해당하는 각 부분은 '견고한 구조로 할 것, 심한 손상·부식 등이 없는 재료를 사용할 것'이라는 이 사건 설치기준에 부합한다고 보기 어렵고, 특히, 미비점 중 등받이 방호울의 끝부분이 완전히 탈락되어 있어 근로자가 위 등받이에 몸을 기대는 등의 행위를 하였을 경우 추락 등의 안전사고가 발생할 가능성도 있다. 따라서 산업재해를 예방하기 위해 사업주 등은 튼튼한 구조로 안전난간을 설치하고 심한 손상·부식이 없는 재료를 사용하여 견고한 구조의 사다리식 통로를 설치하는 등 근로자의 추락 등 위험을 방지하기 위하여 필요한 조치를 취해야 할 의무가 있음에도 피고인들은 이를 게을리 한 점이 인정되어 각 유죄

※ 다만, 난간 하단 용접부에 크랙 손상이 있었다는 점은 100kg 이상의 하중에 견딜 수 없다는 부분의 입증이 되지 않아 무죄 선고

---

[290] 제1심 : 청주지방법원 2019. 1. 24. 선고 2018고단1231 판결 [피고인 각 벌금 100만원] . 제2심 : 청주지방법원 2019. 9. 26. 선고 2018노211판결 [무죄]. 제3심 : 대법원 2022. 4. 14. 선고 2019도14416 판결 [유죄 취지 파기].

- 제2심 (청주지방법원 2019노211) : 타워크레인을 대여받은 자는 직접 점검하여 수리보수해야 할 의무가 없으므로, 하자를 인지하고도 방치하였거나 하자를 의심할 만한 사정이 있음에도 확인하지 않는 등 특별한 사정이 없는 한 대여자로부터 제공받은 수리·보수 및 점검내역에 이상이 없다면 타워크레인의 이탈이나 크랙 손상 등 하자로 인한 위험방지의무 위반의 책임을 지지 않음(산업법 위반 무죄)

- 기계 임차인의 안전조치 의무는 있으나, 사업주의 안전조치의무는 없음

  산업안전보건법 제33조 제3항, 같은 법 시행규칙 제49조, 제50조 등에 의하면, 타워크레인을 대여하는 경우 이를 대여하는 자가 해당 타워크레인을 미리 점검하고 필요한 보수 및 정비를 함으로써 유해·위험 방지조치를 하여야 한다고 규정하고 있고, **이를 대여 받는 자는 대여자로부터 수리·보수 및 점검내역 등을 제공받는 외에 대여 받은 타워크레인을 직접 점검하여 수리·보수해야 한다고 규정하고 있지는 아니하다.**

  이 사건 하자는, 주식회사 대0이 직접 설치한 어떠한 구조물에 존재하는 것이 아니라, 00종건이 피고인 회사에 대여하여 이 사건 현장에 설치해 놓은 이 사건 타워크레인 구조물 자체에 존재하는 것들로서 이 사건 현장에 설치하기 이전부터 존재하였거나 그 설치 과정에서 발생한 것으로, **이 사건 타워크레인에 위와 같은 하자가 존재한다는 사정만으로 이 사건 타워크레인을 대여 받은 피고인 회사가 산업안전보건법 소정의 근로자 추락 등의 위험을 방지하기 위한 안전조치의무를 취하지 않았다고 단정할 수는 없다.**

  피고인들이 위 안전조치의무를 위반하였다고 하려면 적어도 그러한 하자의 존재를 인지하고서도 이를 방치하였다거나 하자의 존재를 의심할 수 있는 사정이 있음에도 불구하고 이를 전혀 확인하지 아니하는 등 근로자 추락 등의 위험을 방지하기 위하여 필요한 조치를 취하지 아니하였다는 사실이 인정되어야 한다.

  그런데 김00을 비롯한 피고인 회사에서 이 사건 하자를 인지하고서도 이를 방치하였다고 볼 만한 증거는 없고 오히려 00종건에서 실시한 자기탐상검사 및 자체 안전점검에서는 물론 대한산업안전협회의 정기검사에서도 발견되거나 지적된 것이 전혀 없는 등 피고인 회사에서 이 사건 하자의 존재를 의심할 만한 사정 역시 찾아볼 수 없으므로 김00이 산안법상의 안전조치의무를 위반하였다고 보기 어렵다. 그밖에, 이 사건 하자의 존재로 인하여 그 부분 안전난간 또는 사다리식 통로에 근로자 추락 등의 위험이 발생하였거나 증대되었다고 단정할 만한 자료도 없어 피고인 회사에서 이를 즉시 보수하지 아니하였다는 사정만으로 곧바로 산안법상의 안전조치의무를 위반하였다고 볼 수 없다.

  따라서, 원심에서 유죄를 인정한 사다리식 통로 설치 관련 안전조치의무 위반으로 인한 산안법위반의 점은 범죄사실의 증명이 없으므로 무죄를 선고한다.

(3) 대법원의 판단

- 대법원 2022. 4. 14. 선고 2019도14416 판결 : 사다리식 통로 설치 위험방지의무 위반 유죄취지 파기(구산안법 제33조 제3항, 기계 등을 대여받는 자의 위험방지조치 의무)

구산안법 제23조 제3항은 '사업주는 작업 중 근로자가 추락할 위험이 있는 장소 등에는 그 위험을 방지하기 위하여 필요한 조치를 하여야 한다'고 정하고 있다. 구산안법 제67조 제1호, 제71조에서 제23조 제3항을 위반한 행위를 처벌하는 것은, <u>산업재해의 결과 발생에 대한 책임을 물으려는 것이 아니라 사업주 등이 구산안법 제23조 제3항 등에 정한 필요한 조치를 이행하지 아니한 것에 대한 책임을 물으려는 것</u>이다. 따라서 사업주 등이 사업주 운영의 사업장에서「산업안전보건기준에 관한 규칙」이 정하고 있는 위험방지조치를 취하지 아니한 채 근로자로 하여금 안전상 위험성이 있는 작업을 하도록 지시하거나 위험방지조치가 취해지지 않은 상태에서 작업이 이뤄졌다고 인정되는 경우 구산안법 제67조 제1호, 제71조 위반죄가 성립한다(대법원 2018도10845 판결 등 참조). 그리고 구산안법 제23조 제3항이 정하는 위험방지조치의무는 사업주와 근로자 사이에 실질적 고용관계가 성립하는 경우 적용된다(대법원 2008도101 판결 등 참조).

한편 구산안법 제33조 제3항은'기계 등을 타인에게 대여하거나 대여받는 자는 고용노동부령으로 정한 유해·위험 방지를 위하여 필요한 조치'를 하도록 정하고, 구「산안법 시행규칙」제49조 제1항은 위험 기계 등을 타인에게 대여하는 자가 취해야 할 유해·위험방지 조치를, 제50조 제1항은 법 제33조 제3항에 따라 위험 기계 등을 대여받는 자는 그가 사용하는 근로자가 아닌 사람에게 해당 기계 등을 조작하도록 하는 경우에 취할 조치를 정하고 있다. 구산안법 제23조 제3항은 사업주에게 특정 조치의무를 부과함으로써 위험한 작업환경으로부터 소속 근로자를 보호하는 것을 목적으로 하는 반면, 구산안법 제33조 제3항은 유해하거나 위험한 기계·기구·설비 및 건축물의 대여를 통하여 발생할 수 있는 위험방지를 목적으로 한다. 따라서 **건설기계를 대여 받은 자가 작업자와 사이에 실질적 고용관계를 형성하여 구산안법 제2조 제3호의 사업주에 해당하는 경우, 그 사업주는 구산안법 제33조 제3항이 정한 위험 기계 등을 대여 받은 자로서 부담하는 유해·위험방지 의무와는 별개로 같은 법 제23조 제3항이 정한 위험방지조치의무도 부담한다.**

피고인 회사는 이 사건 타워크레인을 직접 운용·관리하였고, 피고인 회사와 OO종건 사이에 작성된 건설기계 임대차계약서에는 피고인 회사의 OO종건 소속 타워크레인 조종사에 대한 지휘·감독권한이 명시되어 있다. 이 사건 타워크레인의 조종사는 피고인 회사의 지시에 따라 매일 안전점검을 실시하였는데, 그 과정에서 이 사건 타워크레인의 손상 부위를 통행할 수 있어 추락의 위험이 있다. 피고인 회사는 이 사건 타워크레인 설치작업 과정을 감독하였는데, 이 사건 타워크레인의 손상이 육안으로 쉽게 확인할 수 있는 것임에도, 설치 전후의 안전점검을 통해 손상 부위를 미리 발견하고 보수하는 등의 조치를 취하지 않았다.

이처럼, 피고인 회사와 이 사건 타워크레인 조종사 사이에는 실질적인 고용관계가 인정되고, 피고인들은 이 사건 타워크레인 안전점검을 통해 손상부위를 발견, 보수하는 것과 같이「산업안전보건기준에 관한 규칙」이 정한 근로자의 추락 위험을 방지하기 위한 조치를 하여야 할 의무가 있음에도 위험방지에 필요한 아무런 조치를 취하지 않았다고 볼 수 있다. 그러므로 피고인들이 추락방지에 관한 위험방지조치의무를 위반하였다.

⟨관련 규정 및 판결 선고 결과⟩

처벌 대상자	선고형
현장소장 (안전보건총괄책임자)	벌금 100만원
양벌규정 (현장소장 사업주)	벌금 100만원
관련규정	구 산업안전보건법 제33조(유해하거나 위험한 기계·기구 등의 방호조치 등) ③ 기계·기구·설비 및 건축물 등으로서 대통령령으로 정하는 것을 타인에게 **대여하거나 대여받는 자**는 고용노동부령으로 정하는 **유해·위험 방지**를 위하여 필요한 조치를 하여야 한다. 현행 산업안전보건법 제81조(기계·기구 등의 대여자 등의 조치) 대통령령으로 정하는 기계·기구·설비 또는 건축물 등을 타인에게 **대여하거나 대여받는 자**는 **필요한 안전조치 및 보건조치**를 하여야 한다. 제63조(도급인의 안전조치 및 보건조치) 도급인은 관계수급인 근로자가 도급인의 사업장에서 작업을 하는 경우에 자신의 근로자와 관계수급인 근로자의 산업재해를 예방하기 위하여 안전 및 보건 시설의 설치 등 필요한 안전조치 및 보건조치를 하여야 한다. 다만, 보호구 착용의 지시 등 관계수급인 근로자의 작업행동에 관한 직접적인 조치는 제외한다.

(4) 판결의 의미

이 대법원의 판결은 직접 계약 여부와 관계없이 도급인의 사업장에서 작업 중인 기계·기구 등에 대한 안전조치의무를 도급인도 부담하도록 한 2019년 법 개정 전 사안이지만, 건설기계를 직접 소유하지 않고 대여하더라도 이에 대한 안전조치를 취해야 할 의무에 대한 산안법상 의무가 있음을 확인하고 있다(기계 임차인의 안전조치의무와 사업주의 안전조치 의무 모두 인정). 따라서 회사와 건설기계 조종사 사이에 실질적 고용관계가 인정되고 대여한 건설기계에 대하여 근로자의 추락 위험을 방지하기 위한 조치의무가 있음에도 위험방지에 필요한 조치를 취하지 않은 경우, **산업재해라는 결과 발생과 상관없이, 안전조치를 취하지 않은 사실 그 자체로 사업주와 현장 안전책임자는 안전조치 미이행으로 형사처벌을 받을 수 있음**을 유의해야 한다. 이 판결은 산업안전보건법상의 안전·보건조치 위반에 대한 판결이지만 그 취지는 중대재해처벌법의 안전보건확보의무 위반에도 유사하게 적용될 수 있으므로 건설기계 등에 대한 안전보건상 문제점을 철저히 확인해야 할 것이다.

아. 형식상 발주자이지만 실질적으로 도급인에 해당하는 경우

(1) 사실관계(울산지법 2021노1261, 2021고단1782 판결)

- **수급인 회사 현장 책임자 이00(안전보건관리 책임자)**

  주식회사 00개발은 00000 주식회사로부터 울산 소재 00000 주식회사 공장동 지붕·벽체 일부 보수공사(이하 이 사건 공사)를 공사금액 64,900,000원에 도급받은 법인 사업주이고, 이00은 위 주식회사 00개발 소속으로 이 사건 공사 현장책임자로서 소속 근로자의 안전보건에 관한 사항에 대하여 사업주를 위해 행위하는 자이다. 이00[291])은 2020. 9. 22. 08:40경 이 사건 공사 현장에서 근로자인 피해자 박○○ 등으로 하여금 공장동 지붕보수 작업을 진행하게 함에 있어, 피해자의 고용주인 주식회사 00개발 책임자인 이00으로서는 슬레이트, 선라이트 등 강도가 약한 재료로 덮은 지붕 위에서 작업을 할 때에 발이 빠지는 등 근로자가 위험해질 우려가 있는 경우 폭 30센티미터 이상의 발판을 설치하거나 추락방호망을 치는 등 위험을 방지하기 위하여 필요한 조치를 하여야 할 산업안전보건조치 의무 및 업무상 주의의무가 있음에도 이와 같은 조치를 제대로 취하지 아니한 채 피해자로 하여금 지붕 보수작업을 진행하게 한 업무상 과실로, 지상 9.3m 높이에서 지붕보수 작업을 하던 근로자인 피해자가 공장 지붕에 적재된 재료를 옮기는 과정에서 슬레이트가 파손되면서 철재 재질의 배관이 놓여있던 지상으로 추락하여 같은 날 두개골 골절로 인한 뇌출혈 등으로 사망에 이르게 하였다. 이로써 피고인은 위와 같은 업무상 과실로 피해자로 하여금 사망에 이르게 하고, 위와 같은 산업안전보건조치 의무에 위배하여 근로자가 사망에 이르게 하였다.

- **건설공사발주자(형식상 발주자), 실질적 도급인?**

  00000 주식회사 구00은 대표이사로서 소속 근로자와 관계수급인 근로자의 산업재해를 예방하기 위한 사항에 대하여 사업주를 위해 행위를 하는 자이다. 구00은 주식회사 00개발에 00000 주식회사 공장동 지붕·벽체 일부 보수공사를 공사금액 64,900,000원에 도급하였다.

  〈구00과 이00의 공동 범행〉
  구00과 이00은 위와 같은 업무상 공동 과실로 피해자로 하여금 사망에 이르게 하고, 피고인 구00은 위와 같은 산업안전보건조치 의무에 위배하여 근로자가 사망에 이르게 하였다.

---

[291]) 공소사실은 피고인 이00, 구00의 공동 범행으로 기재되어 있으나, 무죄 부분에서 보는 바와 같이 피고인 구본곤의 공동과실이 인정되지 않는다.

(2) 제1심의 판단[292]

> - 제1심 (울산지방법원 2021고단1782) : 업무상 과실치사, 안전조치 불이행으로 근로자 사망(산안법 제173조, 제167조 제1항(제38조 제3항)) ***징역 1년, 집행유예 2년, 법인 벌금 2,000만원**
>
> 1. **쟁점** : 구OO, OOOOO 주식회사에 대한 공소사실은 산업안전보건법 제63조에 정한 도급인의 안전조치 의무를 부담함을 전제로 한 것인바, OOOOO 주식회사가 산업안전보건법 2조 제7호에 정한 "도급인"에 해당하는지?
>
> 2. **형식상 발주자이지만 실질적으로는 도급인에 해당할 수 있는가?**[293]
>
> * (도급인에서 제외되는 건설공사발주자) 건설공사의 시공을 주도하여 총괄·관리하지 아니하는 자는 실제로 시공을 주도하여 총괄·관리하지 아니한 자를 의미하는 것이 아니고, 건설공사의 시공을 주도하여 총괄·관리해야 할 지위에 있지 않은 자를 의미한다. 그러므로 **건설공사를 도급한 도급인이 산안법이 정한 도급인의 책임을 부담하기 위해서는 그 도급인에게 건설공사의 시공을 주도하여 총괄·관리해야 할 지위에 있었음이 인정되어야 한다.** 즉도급인에서 제외되는 건설공사 발주자는 건설공사의 시공을 주도하여 총괄·관리할 능력과 의무가 없는 발주자로 그 범위가 좁혀진다.[294] * 이는 건설공사의 시공을 주도하여 총괄·관리해야 할 '지위'에 있지 않은 자임에도 선의로 시공을 총괄·관리하는 외양을 보이는 경우 불합리하게 처벌되는 부당한 결과를 방지하기 위한 것임.
>
> 〈건설공사의 시공을 주도하여 총괄·관리해야 할 지위에 있다고 볼 수 있는 3가지 기준〉
>
> (1) **도급하는 건설공사가 도급인의 사업의 일부를 구성하고 도급인의 사업과 같은 장소에서 이루어짐에도 불구하고 이를 외주화하여 도급에 의하여 행하는 사업주**(예를 들면, 도급인의 주요 생산기계에 대한 유지·보수 공사 등 그 건설공사 자체가 도급인의 사업의 본질적이고 필수적인 일부에 해당하는 경우)
>
> (2) **도급인의 지배하에 있는 특수한 위험요소가 있어, 도급인이 건설공사의 시공을 주도하여 총괄·관리하지 않고서는 수급인이 산업안전보건법이 정한 안전·보건조치를 실질적으로 이행하는 것이 현저히 곤란한 경우**(예를 들면, 도급한 건설공사의 목적물이 도급인만이 그 위험을 파악하고 적절하게 대처할 수 있는 특수한 위험 설비나 자재가 위치한 공간 내에 있고, 도급인이 주도적으로 시공을 총괄·관리하면서 그 설비나 자재의 폭발, 전도 및 낙하 방지, 근로자 출입금지 등의 적극적인 조치를 취하지 않고서는 수급인이 독자적으로 그러한 위험을 제거하는 조치를 취하는 것이 불가능한 경우)
>
> (3) 도급인과 수급인의 각 전문성, 규모, 도급계약의 내용 등에 비추어, 도급인에게 건설공사의 시공을 주도하여 총괄·관리할 능력이 있는 반면, **수급인에게는 산안법이 정한 안전·보건조치를 스스로 이행할 능력이 없음이 도급인의 입장에서 명백한 경우**(예를 들면, 스스로 충분히 건설공사 시공을 주도하여 총괄·관리할 수 있는 능력이 있는 대규모 사업체가 안전보건조치를 취하는 것이 불가능함이 명백할 정도의 낮은 금액으로 전문성과 안전조치 능력을 갖추지 못했음이 명백한 영세한 사업체와 도급계약을 체결한 경우)

---

[292] 제1심 : 울산지방법원 2021. 11. 11. 선고 2021고단1782 판결 [피고인 이OO 징역 1년, 집행유예 2년, 주식회사 OO개발 벌금 2,000만원]. 제2심 : 울산지방법원 2022. 9. 1. 선고 2021노1261 판결 [항소기각]. **항소미제기로 확정됨.**

[293] 산안법 제2조 제7호 "도급인"이란 물건의 제조·건설·수리 또는 서비스의 제공, 그 밖의 업무를 도급하는 사업주를 말한다. 다만, 건설공사발주자는 제외한다. 제10호. "건설공사발주자"란 건설공사를 도급하는 자로

- 제1심 (울산지방법원 2021고단1782) : 업무상 과실치사, 안전조치 불이행으로 근로자 사망(산안법 제173조, 제167조 제1항(제38조 제3항)) * 징역 1년, 집행유예 2년, 법인 벌금 2,000만원

3. 00000 주식회사가 이 사건 공사의 시공을 주도하여 총괄·관리해야 할 지위에 있었는지?

00000 주식회사가 이 사건 공사에 관하여 소속 직원을 공사현장 담당자로 두고, 주식회사 00개발의 근로자들에게 안전교육을 실시하고, 화기작업이나 고소작업에 대하여 작업허가서를 발부하는 등, 현실적으로 이 사건 공사의 시공을 감독·관리한 사실은 인정된다. 그러나, 건설공사의 시공을 주도하여 총괄·관리하지 아니하는 자는 건설공사의 시공을 주도하여 **총괄·관리해야 할 지위**에 있지 않은 자이므로 00000 주식회사가 실제로 이 사건 공사의 시공을 총괄하거나 관리하였다는 사정만으로 산업안전보건법이 정한 "건설공사발주자"에서 제외되고 "도급인"에 포함된다고 인정할 수 없다. 이 사건 공사는 00000 주식회사의 공장동 지붕 및 벽체 일부 보수공사인바, 이 사건 공사의 목적물인 공장 건물이 용융아연도금 제조업, 선박부품 제조업, 화공약품 제조업 등 00000 주식회사의 사업 수행에 필수적인 **고유의 생산설비에 해당한다고 볼 증거가 없으므로**(위 공장건물은 일반적인 공장건물로 보이고, 00000 주식회사가 타인이 유지·관리하는 공장건물을 임차하여 위와 같은 사업을 영위하는 것이 불가능하다고 볼 증거도 없다), **공장건물 지붕 및 벽체의 보수공사 자체가 00000 주식회사가 영위하는 사업의 일부라고 인정할 수 없다.** 또한, 이 사건 공사를 도급받은 주식회사 00개발이 산안법이 정한 각종 안전조치의무(작업발판 및 추락방지망 설치, 안전대 부착설비 설치 등)를 이행함에 있어, 00000 주식회사는 주식회사 00개발이 공장 지붕에 출입하면서 안전발판 등 설비를 반입하고 안전대 부착설비를 설치하는 것을 허용하고 주식회사 00개발의 요청에 따라 추락방지망 설치를 위해 필요한 위치에 놓여 있던 자재들을 치워주는 등의 일반적인 협조를 하면 충분할 것으로 보이고, 나아가 **이 사건 공장건물 지붕에 00000 주식회사만이 파악할 수 있는 특수한 위험요소가 있거나**, 위 피고인이 시공을 주도적으로 총괄·관리하지 않고서는 수급인이 산업안전보건법이 정한 안전·보건조치를 실질적으로 이행하는 것이 현저히 곤란한 경우에 해당한다고 볼만한 **증거도 없다.** 또한, 이 사건 공사에 대한 00000 주식회사와 주식회사 00개발의 각 전문성, 각 업체의 규모 및 이 사건 공사 도급계약의 내용에 비추어, 도급인인 00000 주식회사는 지붕 보수공사의 시공을 주도하여 총괄·관리할 능력을 갖춘 반면에 **수급인인 주식회사 00개발은 산안법이 정한 안전조치를 스스로 이행할 능력이 없음이 도급인인 00000 주식회사의 입장에서 명백한 경우에 해당한다고 볼 수도 없다.** 따라서 구00의 산업안전보건법위반의 행위자로서의 책임 및 업무상과실도 인정되지 않는다.

서 건설공사의 시공을 주도하여 총괄·관리하지 아니하는 자를 말한다. 다만, 도급받은 건설공사를 다시 도급하는 자는 제외한다.

294) 위와 같이 해석하지 않을 경우, 건설공사의 시공을 주도하여 총괄·관리해야 할 지위에 있음에도 불구하고 그와 같은 책임을 내버리고 실제로 총괄·관리하지 않은 도급인은 산안법이 정한 의무를 면하게 되고, 시공을 주도하여 총괄·관리해야 할 지위에 있지 않음에도 불구하고 수급인의 근로자들의 안전을 위해 의무가 없었던 안전조치까지 취하는 등 시공을 총괄·관리하였으나 그 안전조치가 산안법이 정한 기준에 미치지 못한 발주자는 산안법에 따라 처벌되는 불합리한 결과가 발생하게 된다.

(3) 제2심의 판단(항소기각)

> • 제2심의 판단 (울산지방법원 2021노1261): 항소기각
>
> 1. 원심이 적법하게 채택하여 조사한 증거들에 의하여 인정되는 다음의 사실 내지 사정들을 종합하면, 검사가 제출한 증거들만으로는 00000과 피고인 구00이 도급인으로서 이 사건 건설공사의 시공을 주도하여 총괄·관리한 것이라고 인정하기 부족하고 이를 전제로 한 피고인 구00의 업무상 과실을 인정할 증거가 없으므로, 원심이 피고인들에게 각 무죄를 선고한 것은 정당하고 판결에 영향을 미친 사실오인 내지 법리오해의 위법이 있다고 볼 수 없다. 검사의 주장은 이유 없다.
>
> 2. 00000과 피고인 구000이 이 사건 건설공사의 시공을 주도하여 총괄·관리하지 아니한 이상 피고인들은 산업안전보건법 제2조 제10호 "건설공사발주자"에 해당하여, 같은 법 제63조의 도급인의 안전조치 책임을 부담한다고 보기 어려워 이를 전제로 한 피고인들의 산업안전보건법 위반 및 피고인 구000의 업무상 과실을 인정하기 어렵고, 피고인 구00에게 이00의 업무상 과실치사죄에 대한 공동정범의 책임을 물을 수도 없다(검사는 피고인 구00에 대한 공소장 적용 법조에 형법 제30조를 기재하였다).

자. 대표자가 아닌 제3자를 안전보건총괄책임자로 지정한다는 임명장이 있는 경우

(1) 사실관계(부산지법 서부지원 2017고단461, 부산지법 2020노872 판결)

주식회사 오000조선은 협력업체인 한000산업 주식회사와 수리선 기본 계약을 체결하였고, **한000산업 주식회사는 위 수리선 기본 계약에 근거하여 2016. 9. 1.경부터 위 조선소 내 정박 중인 해상DCM A프레임 상부 절단 작업을 도급받아 수행하고 있었다.** 피고인 이00는 주식회사 오000조선의 공동관리인이고, 피고인 한00은 한000산업 주식회사의 대표이사이다.

1. 피고인 이00(도급인, 공동관리인)

2016. 9. 21. 위 주식회사 오000조선 사업장에서 500톤급 대형 크레인을 고려크레인으로부터 임차한 다음, 주식회사 오000조선과 수리선 기본 계약을 체결한 한000산업 주식회사에 해상DCM A프레임 상부 절단 작업을 도급하여 한000산업 주식회사로 하여금 위 A프레임 절단작업을 하도록 하였다. **사업이 전문분야의 공사로 이루어져 시행되는 경우 각 전문분야에 대한 공사의 전부를 도급을 주고 같은 장소에서 행하여지는 사업의 사업주**는 그가 사용하는 근로자와 같은 장소에서 작업을 하는 수급인이 사용하는 근로자가 토사 등의 붕괴, 화재, 폭발, 추락 또는 낙하 위험이 있는 장소 등 산업재해 발생위험이 있는 장소에서 작업을 할 때에는 산업재해 예방을 위한 조치를 하여야 하고, 특히 중량물의 취급 작업을 하는 경우에는 근로자의 위험을 방지하기 위하여 추락·낙하·전도·협착위험을 예방할 수 있는 **안전대책이 포함된 작업계획서를 작성하고 이를 근로자에게 알려 그 계획에 따라 작업을 하도록 하여야 한다.** 그럼에도 불구하고 피고인은 같은 장소에서 A프레임 상단에 올라가 절단 작업을 하는 수급인 한000산업 주식회사 소속 근로자의 중량물 취급으로 인한 추락·낙하 등 위험을 예방할 수 있는 **안전대책이 포함된 작업계획서를 작성하지 아니하였다.**

2. 피고인 한00(수급인, 대표이사)

피고인은 제1항 기재 일시, 장소에서 소속 근로자로 하여금 주식회사 오000조선으로부터 수급받은 해상 DCM A프레임 상부 절단 작업을 하도록 지시하였다. 위 해상 DCM은 기울기가 있고 힌지타입으로 고정된 A프레임 구조로 설계되어 있어 상부 프레임 일부를 절단하게 되면 프레임 자중에 의해 기울어질 위험이 있었으므로 사전에 크레인이나 윈치 등으로 프레임을 지지하거나 수직·선미 프레임과 수평 프레임 사이에 기울어짐 방지를 위한 브라켓을 설치하는 등 기울어짐 방지 조치를 한 다음 절단 작업을 진행하도록 할 업무상 주의의무가 있었다. 그럼에도 불구하고 피고인은 위와 같은 주의의무를 게을리 한 채 기울어짐을 방지할 아무런 조치 없이 절단 작업을 진행하도록 지시한 업무상 과실로 A프레임 상부가 절단되면서 갑자기 발생한 동적 하중에 의해 절단된 A프레임이 바닥으로 추락하게 되었고, 그 충격으로 이를 지지하고 있던 크레인 운전석이 지상 5m 정도 높이까지 공중으로 떠올라 보조석에서 일지를 작성하고 있던 크레인 보조기사 조00(35세)으로 하여금 약 12주간의 치료가 필요한 요추의 압박 골절 등의 상해를 입게 하였다.

3. 피고인 주식회사 오000조선

피고인은 제1항 기재 일시, 장소에서 이00가 그 업무에 관하여 제1항 기재와 같은 위반행위를 하였다.

(2) 제1심의 판단[295]

- 제1심 (부산지방법원 서부지원 2017고단461) : 업무상과실치상, 산업안전보건법위반

  (대표이사 한00(수급인, 대표이사) 금고 6월, 집행유예 2년, 이00(도급업체 공동관리인, 안전보건총괄책임자 제3자 임명) 벌금 2백만원, 도급인 주식회사 오000조선 벌금 2백만원)

1. 쟁점 : 안전보건총괄책임자를 별도로 임명한 경우에도 대표자 등 실질적인 안전총괄책임이 있는 자에게 책임을 지울 수 있는지?

2. 한00(수급인)

* 수리선 기본 계약서 제8조 제1항은 "한000산업 주식회사가 주식회사 오000조선의 작업장소에서 작업을 수행할 경우 … 한000산업 주식회사 스스로 안전관리에 만반의 조치를 취하여야 한다"고 규정하므로 주식회사 오000조선의 지시와는 별개로 한000산업 주식회사 역시 사고의 방지를 위하여 조치를 취할 의무를 부담하는 점, 실제 한000산업 주식회사는 일용직 근로자를 사용하여 절단 작업을 직접 수행한 점에 비추어, 한000산업 주식회사가 주식회사 오000조선의 지시에 의해 수동적으로 절단 작업에 임하는 것으로 볼 수 없다. 결국 한00의 이 부분 주장은 받아들일 수 없고, 한000산업 주식회사의 대표이사 한00은 A프레임의 기울어짐을 방지하기 위한 안전조치를 취할 주의의무를 위반하였다.

3. 이00(도급인, 안전보건관리총괄책임자 문00 임명)

* ① 주식회사 오000조선은 현재 회생절차 진행 중으로 소속 근로자에 대한 안전·보건 시설투자 및 그에 대한 결재권한은 공동관리자인 이00에게 있는 것으로 보이는 점, ② 주식회사 오000조선에서 산업재해 예방계획 수립 등 안전관리업무를 실제를 담당하는 QHSE 팀의 직속 결재권자는 이00이고, 문00은 QHSE 팀의 팀원에 대한 인사권한을 가지지 않은 것으로 보이는 점, ③ 이00는 A프레임 철거와 관련된 2016. 8. 29.자 회의에 직접 참석하여 안전관리에 관한 여러 문제를 실제 논의한 점 등을 종합하면, 이00는 안전관리에 관한 직접적인 주의의무를 부담할 정도로 현장에 대한 지휘·감독권을 행사한 자로서 실질적인 안전보건관리총괄책임자라고 할 수 있다.

---

[295] 제1심 : 부산지방법원 서부지원 2020. 2. 14. 선고 2017고단461 판결 [수급인 대표이사 한00) 금고 6월, 집행유예 2년, 이00(도급업체 공동관리인, 제3자 안전보건총괄책임자 임명) 벌금 2백만원, 주식회사 0000조선 벌금 2백만원] . 제2심 : 부산지방법원 2020. 10. 15. 선고 2020노872 판결[대표이사 한00 금고 6월, 집행유예 2년, 이00 무죄, 주식회사 0000조선 무죄] . 대법원 원심 무죄부분 파기환송.

(3) 제2심의 판단[296]

- 제2심 (부산지방법원 2020노872) : 업무상과실치상, 산업안전보건법위반
  (대표이사 한OO(수급인, 대표이사) 금고 6월, 집행유예 2년, 이OO(도급업체 공동관리인, 안전보건총괄책임자 제3자 임명) 및 도급인 주식회사 오OOO조선 무죄

1. **쟁점** : 안전보건총괄책임자를 별도로 임명한 경우에도 대표자 등 실질적인 안전총괄책임이 있는 자에게 책임을 지울 수 있는지?

2. **한OO(수급인)** : 무죄주장 항소기각

3. **이OO(도급인, 안전보건관리총괄책임자 문OO 임명)** : 무죄

* 주식회사 오OOO조선은 근로자 약 88명 규모의 회사로, 부산조선소와 광양조선소, 서울 사무실을 운영하고 있다. 주식회사 오OOO조선의 부산조선소에는 문OO, 광양조선소에는 정OO이 각 안전보건총괄책임자(증거기록 제77면 임명장 참조)로 임명되어 있다. 또한 주식회사 오OOO조선에는 'QHSE팀'이라는 별도의 조직의 안전환경파트에서 안전관리업무를 담당하고 있다. 이 사건 절단작업은 주식회사 오OOO조선의 부산조선소 소관이고, 작업에 앞서 2016. 8. 29. 회의(제목: 삼보 DCM1호 Leader 건)가 개최되어, 작업대상물의 형상, 구조, 중량, 현장조건 등에 대한 설명이 이루어졌으며, 위험성 및 그에 대비한 안전조치 등에 관한 설명과 토론이 있었고, 그에 기반하여 절단방식이나 절단에 사용할 크레인 종류, 사용톤수 등을 결정하였다. 이OO는 회의 정식참석자로 예정되어 있지는 아니하였지만(회의록 앞머리에 참석자들이 부동문자로 기재되어 있는데 이OO는 명단에 빠져있고, 회의록의 최종결재자도 아님), 회의 도중에 들러 "모든 일에 안전을 최우선으로 해서 계획을 세우라"는 지시를 하였고, 육상크레인으로 작업이 가능한지, 안전하게 해상크레인을 사용하는 방법도 있지 않은지 등을 질문하고 회의를 마치기 전에 자리를 떠났다. 이 사건 절단작업과 관련한 크레인작업계획서는 정OO이 작성하였고, 위 계획서에는 관리감독자로 정OO, 안전담당자로 도OO이 기재되어 있으며, 이OO는 그 작성에 관여한 바 없다. 이 사건 사고가 있던 날 당시 현장에는 문호진과 정영훈, 도용준이 상주하면서 작업자들에게 작업 지시를 하였고, 도OO은 A프레임 상부 절단 작업자들에게 안전교육을 실시하였다. 이와 같은 사실에 비추어보면, 주식회사 오OOO조선은 상당한 규모가 있는 회사로서 **대표이사가 일일이 모든 공사현장의 안전조치를 취하는 것을 기대하기는 어려워 보이고, 이OO는 실질적으로 이 사건 공사에 관한 안전조치를 수립·결정하는 회의에 참석자로 되어 있지도 않아 그 내용을 세부적으로 알 수 있는 위치에 있거나 결정권을 가지고 있다고 보기 어렵다**(이OO가 대표이사로서 '안전을 중시하여 계획을 세우라'는 추상적인 지시를 하거나, 육상크레인을 사용하기로 한 참석자들의 결정에 대하여 '불안하면 안전하게 해상크레인을 사용하는 방안도 있지 않느냐'는 등 질의는 안전조치를 결정함에 있어 더욱 주의를 하라는 취지에 불과). 따라서 이OO가 이 사건 절단작업을 함에 있어 안전조치를 하지 않은 채 작업하도록 지시하였거나 안전조치를 하지 않은 채 작업이 이뤄지는 것을 방치하였다고 단정할 수 없으므로 이OO가 산안법 제71조의 행위자라고 인정하기 부족하다.

---

[296] 제1심 : 부산지방법원 서부지원 2020. 2. 14. 선고 2017고단461 판결 [수급인 대표이사 한OO] 금고 6월, 집행유예 2년, 이OO(도급업체 공동관리인, 제3자 안전보건총괄책임자 임명) 벌금 2백만원, 주식회사 오OOO조선 벌금 2백만원]. **제2심 : 부산지방법원 2020. 10. 15. 선고 2020노872 판결[대표이사 한OO 금고 6월, 집행유예 2년, 이OO 및 주식회사 오OOO조선 무죄]**. 대법원 원심 무죄부분 파기환송.

(4) 대법원의 판단

> • 대법원 (2020도15325 판결) : 업무상과실치상, 산업안전보건법위반
> (이00(도급업체 공동관리인, 안전보건총괄책임자 제3자 임명) 및 도급인 주식회사 오000조선 **유죄취지 파기환송**)
>
> 1. **쟁점** : 안전보건총괄책임자를 별도로 임명한 경우에도 대표자 등 실질적인 안전총괄책임이 있는 자에게 책임을 지울 수 있는지?
>
> 2. 이00(도급인, 안전보건관리총괄책임자 문00 임명)
>
> * 대법원은 공동관리인 이00이 해당 사업장에 상주하며 업무를 처리한 점, **해당 작업 관련 회의에서 구체적 지휘·감독을 한 것으로 보이는 점, 제3자를 안전보건총괄책임자로서 임명한다는 '임명장'만으로는 이 제3자에게 안전보건총괄책임자로서의 실질적인 역할과 책임이 부여되었다고 보기 어려운 점** 등을 근거로 공동관리인(대표)인 이00에게 작업계획서 작성 등 안전조치의무가 있다고 보아 원심을 파기환송함.
>
> * 이00는 오000조선의 대표이사였는데, 2012년경 오000조선에 대한 회생절차가 개시된 이후에는 공동관리인의 지위에서 오000조선의 사업 전반을 총괄 관리하였고, 주로 부산조선소에 상주하면서 업무를 처리하였다. 이 사건 작업 전인 2016. 8. 29. 이00, 오000조선의 부산조선소장 문00, 직원 정00, 한000산업 대표 한00, 선주 감독관 등이 참석한 회의가 열려 이 사건 작업 대상물의 형상, 구조, 중량, 현장조건 등에 대한 설명이 이루어졌으며, 절단방식이나 절단에 사용할 크레인 종류, 사용톤수 등이 결정되었다. 위 회의에서 이00는 이 사건 작업에 쓸 구체적인 장비를 알아보기 위해 강00(극00기 대표)를 호출할 것을 지시하고, 그에 따라 회의에 참석한 강00에게 육상크레인으로 작업이 가능한지를 질문하여 답변을 들었으며, 대상물의 폭이 길어 순간적으로 방향을 틀거나 움직일 수 있고 실제 중량이 설계상 계산보다 더 무거울 수 있음을 지적하면서 해상크레인을 사용하는 방안에 대하여 질문하는 등 위 회의에 실질적으로 관여하였는바, 이 사건 작업에 대하여 구체적 지휘·감독을 한 것으로 볼 수 있다. 이 사건 작업은 오000조선과 한00 사이에 체결된 수리선 기본계약에 근거하여 진행되었는데, 위 계약에 의하면 ….이 사건 작업의 성질은 일종의 노무도급에 불과한 것으로 볼 수 있다(피해자가 제기한 손해배상청구 소송에서도 동일하게 판단). 오000조선이 2014. 2. 1. 부산조선소장 문00을 부산조선소의 안전보건총괄책임자로 임명하였다는 내용의 '임명장'이 수사과정에서 제출되었으나, 문00을 관련 법령의 규정에 따른 '안전보건총괄책임자'로 단정하기 어렵고, 기록상 문00에게 안전보건총괄책임자로서 실질적인 역할과 책임이 부여되어 있었다고 볼 만한 흔적도 찾을 수 없다.[297]

---

[297] 문00을 '부산조선소에서 사업을 총괄 관리하는 자'로 단정하기 어렵다. 수사기관에서, 오000조선 근로자의 안전보건관리 등 업무를 담당하는 QHSE팀 팀장 홍00은 '이00가 수리조선업 전체를 총괄 경영하는 등 오000조선의 사업을 실질적으로 경영하고 근로자에 대한 안전보건 시설투자 자금집행도 결정하며, 문00은 부산조선소의 수주, 선박수리, 협력업체선정 등 부산조선소 선박수리 업무 전반을 관리한다'고 진술하였고, 위 부산조선소 생산1팀 대리 정00은 '문00은 영업, 생산에 대한 총괄 관리를 담당한다'고 진술하였으며, 문00 스스로도 '자신은 생산1팀을 총괄한다', '자신이 부산조선소 안전보건총괄책임자로 인사명령을 받기는 했으나, 근로자의 안전보건관리 업무를 담당하는 QHSE팀 업무에 대한 결재권한이 없고, QHSE팀은 피고인 이00의 직속 부서이다'라는 취지로 진술한 점, 오000조선의 조직도에 의하더라도 문00은 생산1팀을 직속 부서로 두고 있을 뿐이고 위 QHSE팀은 이00 등 공동관리인의 직속 부서인 점, 이00는 주로 부산조선소에 상주하면서 업무를 처리한 점을 알 수 있다.

저자 김병현 약력

법무법인 LKB평산 대표이사/대표변호사
서울대학교 법과대학 졸업
Stanford University, APARC
제35회 사법시험 (사법연수원 25기)

**부산지검 동부지청장, 안산지청 차장검사, 서울중앙지검 공안2부장
인천지검 공안부장**, 대검찰청 형사2과장, 대통령실 민정수석실 선임행정관
감사원장 특별보좌관, **울산지검**, 수원지검·서울중앙·서울남부 등 **공안부검사**

▲ 주요 활동·기고
울산지검에서 공안부에 산업안전전담 신설, 전국 검찰로 확대
중앙지검 등에서 최초로 노사 양측과 산업안전 세미나 등 개최, 경각심 고취
노조가 사랑한 공안검사(한겨레), 한국의 검사-공안1호(오마이뉴스)
한국경제 등과 '**산업재해, 노사분쟁**' 등 관련 인터뷰
LG그룹 등 노사 및 중대재해사건 다수 변론

저자 한생일 약력

법학박사(형사법, 공법)
독일 프라이부르크대학교 법과대학원(LL.M.), 막스플랑크 형사법연구소 연구원
제43회 행정고등고시 합격
수원지방검찰청성남지청 사무국장, 법무연수원 특사경 외래교수(현)
환경부 한강유역청 환경감시단장(직대)·수사과장, 서울동부지검 조사과장
서울고검 관리과장, 대전고검 총무과장(관리감독자, 안전관리책임자)
대통령비서실 법무행정관, 법무부(검찰과, 법무과), 대검찰청, 서울중앙·수원고지검
▲ 강의 및 저술
법무연수원, 환경부, 서울특별시, 경상북도, 국세청, 소방청, 병무청, 한국건설환경협회, DL건설, 한화건설, 동원건설산업, 동양건설산업, 태영건설 등에서 유관 강의
비교형사사법론(2010, 남일), 환경형법 이론과 실무(2019, 한강유역환경청)
환경감시단속과 대처방안(2021, 환경기술인협회)
※ 중대재해처벌법 해설 기고(환경기술인, 2022.4.~11월호)

〈이 책의 주요 특징〉

1. 최신 실무사례를 담고 있어 사업체, 공사현장의 안전관리책임자, 안전관리자 등 안전담당자가 현장에서 바로 적용 및 응용 가능

2. 추상적 이론보다는 사례와 실무중심으로 편제하여 기업체 중대재해전담 부서에서 조직의 안전관리를 하면서 중점을 두어야 할 핵심적인 내용 쉽게 확인 가능

3. 변호사, 공인노무사, 중대재해 관련 컨설팅업체에서 활용할 수 있도록 사례와 예시를 다수 수록

4. 중대재해를 총괄하는 기업의 CSO나 기업대표가 반드시 알아야 하는 핵심적인 내용을 수록하여 보고 및 지시에 활용

※ 중대재해처벌법 대비책에 대해서는 "제1장_9. 중대재해처벌법 대응 요령, 10_나_(7) 정부 규제 방향과 단속 대비 방안"을 참고하시기 바랍니다.

* 중대재해처벌법 강의 문의

 (010-8109-0020 / enfconsultant@nate.com)

중대재해처벌법 실무와 최신 동향
현장 중심의 사례와 조사·행정조치 대응 방안

초판 1쇄 2025년 9월 15일

지은이 김병현, 한생일
펴낸이 김현종
출판본부장 안형태 책임편집 배소라
디자인 푸른나무디자인 마케팅 김예리 신잉걸
미디어·경영지원본부 신혜선 문상철 백범선 박윤수 이주리 함동원

펴낸곳 (주)메디치미디어
출판등록 2008년 8월 20일 제300-2008-76호
주소 서울특별시 중구 중림로7길 4, B1
전화 02-735-3308 팩스 02-735-3309
이메일 medici@medicimedia.co.kr 홈페이지 medicimedia.co.kr
페이스북 medicimedia 인스타그램 medicimedia
유튜브 medici_media

© 김병현, 한생일 2025
ISBN 979-11-5706-472-4 (93360)

이 책에 실린 글과 이미지의 무단 전재·복제를 금합니다.
이 책 내용의 전부 또는 일부를 재사용하려면 반드시 출판사의 동의를 받아야 합니다.
파본은 구입처에서 교환해드립니다.